Dieter Hertz-Eichenrode

Deutsche Geschichte 1890 – 1918

Das Kaiserreich in der Wilhelminischen Zeit

Verlag W. Kohlhammer
Stuttgart Berlin Köln

Die Deutsche Bibliothek – CIP-Einheitsaufnahme

Hertz-Eichenrode, Dieter
Deutsche Geschichte 1890 – 1918 : das Kaiserreich in der Wilhelminischen Zeit / Dieter Hertz-Eichenrode. – Stuttgart ; Berlin ; Köln : Kohlhammer, 1996
ISBN 3-17-011612-6

Umschlag: Kaiser Wilhelm II. (1890 – 1914).
Gemälde von Max Koner, 1890.
Staatsbibliothek Preußischer Kulturbesitz, Bildarchiv, Berlin.

Stuttgart Berlin Köln
Verlagsort: Stuttgart
Umschlag: Data Images Stuttgart
Gesamtherstellung: W. Kohlhammer Druckerei GmbH + Co. Stuttgart
Printed in Germany

Inhaltsverzeichnis

I. Einleitung. Das Verlangen nach Weltpolitik

Für das Deutsche Reich begann 1890 eine neue Epoche. Die Entlassung Bismarcks symbolisierte das Ende eines Zeitalters, denn weit über den Personenwechsel hinaus setzte ein Wandel der ökonomischen, sozialen und politischen Kräfteverteilung ein, der das innere Gefüge des Landes sowie das Bewußtsein seiner Bewohner veränderte. Das Tempo der industriellen Entwicklung stieg und mit ihm die Emotionen der Menschen. Zwanzig Jahre nach der Gründerkrise von 1873 wich die wirtschaftliche Depression einer neuen Hochkonjunktur, Industrie und Gewerbe erlebten einen kräftigen Aufschwung, die Verflechtung in den Welthandel nahm zu und auch der Blick der Zeitgenossen weitete sich: Weltpolitik, Weltgeltung, Weltmacht wurden gängige Begriffe. Die Bismarcksche Tradition einer europäischen, kontinentalen Gleichgewichtspolitik verblaßte und die Ambitionen einer weltweit operierenden Machtpolitik wuchsen. Seinen sinnfälligen Ausdruck fand dieser Ehrgeiz seit 1898 in der Flottenpolitik. Ihr erster Propagandist war Wilhelm II. Er definierte: „Reichsgewalt bedeutet Seegewalt", und geleitet von der Absicht, den deutschen Überseehandel militärisch zu schützen, meinte er, „bitter not tut uns eine starke deutsche Flotte"[1].

Die Phantasie der Deutschen fixierte sich mehr und mehr auf Ansprüche, die sich von der bloßen Existenzsicherung des Reiches entfernten und an den verschwommenen Konturen eines größeren Deutschlands orientierten.

Was sich hier gewissermaßen als Übermut kundtat, beruhte auf einer tiefgehenden Verlagerung der sozioökonomischen Gewichte. In den Jahren nach 1890 tat Deutschland einen großen Schritt weg vom Agrarstaat und hin zum Industriestaat. Bisher hatte der relativ größte Teil der Bevölkerung von der Landwirtschaft gelebt, die Agrarproduktion hatte den größten Einzelposten zur volkswirtschaftlichen Gesamtproduktion beigetragen, ganz zu schweigen davon, daß die meisten Menschen in ländlich-kleinstädtischen Gemeinden gewohnt haben. Diese Relationen verschoben sich zugunsten von Industrie

Zahlen zum agrarisch-industriellen Übergang in Deutschland

	1882	1895	1907
Bevölkerung (Mio.)	45,2*	52,3	64,9**
Bevölkerungsanteil (%) der			
a) Gemeinden bis zu 2 000	58,6*	53,0***	40,0**
b) Gemeinden über 100 000 Einwohner	•	12,1***	21,3**
Bevölkerungsanteil (%), lebend von			
a) Landwirtschaft	41,6	35,0	28,4
b) Industrie, Handwerk	34,8	38,5	42,2
c) Handel, Verkehr	9,4	11,0	12,9
Erwerbstätige (Mio.) in			
a) Landwirtschaft	8,2	8,3	9,9
b) Industrie, Handwerk	6,4	8,3	11,3
c) Handel, Verkehr	1,6	2,3	3,5
Wirtschaftliche Wertschöpfung (Mrd. M)			
a) insgesamt	18,4	27,6	40,0
b) Landwirtschaft	6,7	8,6	10,1
c) Industrie, Handwerk	5,9	10,5	17,1
d) Handel, Verkehr	2,1	3,5	6,2

* = 1880 ** = 1910 *** = 1890

Nach *Gerd Hohorst, Jürgen Kocka, Gerhard A. Ritter,* Sozialgeschichtliches Arbeitsbuch [II], München 1975, S. 22, 43, 66, 88f.; *Statistisches Handbuch für das Deutsche Reich,* Berlin 1907, Teil I, S. 36.

und Gewerbe. Obwohl die Landwirtschaft in absoluten Zahlen nicht zurückging, ihre Produktion sogar erheblich steigerte, fiel sie aufs Ganze gesehen in Wirtschaft und Gesellschaft auf den zweiten Platz zurück. Industrialisierung und Verstädterung schritten voran, und der überwiegende Industriestaat verwirklichte sich in Deutschland. Das war eine fundamentale Umwälzung, die sich im politischen und geistigen Leben bemerkbar machen mußte.

Einen wichtigen Reflex fand sie in der Handelspolitik der Regierung, die die Förderung der Industrie betonte. Ausgehend von der Erkenntnis, daß eine wachsende Bevölkerung mehr und neue Arbeitsplätze brauche und sie vorwiegend in der Industrie suchen müsse, erklärte Bismarcks Nachfolger Caprivi: „Handel und Industrie sind und bleiben die wesentlichsten Quellen des Wohlstandes und damit politischer Macht, kultureller Bedeutung". Aus diesem Grunde sorgte er dafür, daß ab 1891 die Handelsverträge des Reichs den Absatz deutscher Industrieprodukte im Ausland erleichterten und den Vertragspartnern Österreich-Ungarn, Rumänien, Rußland im Gegenzug eine Reduktion der deutschen Agrarzölle gewährten. „Lohnende Arbeit" biete sich nur „durch den Export; wir müssen exportieren: entweder wir exportieren Waren oder wir exportieren Menschen", d. h. lassen einen Teil der Bevölkerung auswandern[2].

Caprivis Ja zum Industriestaat erntete zwar bei Liberalen und Sozialdemokraten sowie bei Handel, Gewerbe und Industrie viel Beifall, aber die ländliche Bevölkerung mit dem landbesitzenden Adel an der Spitze opponierte. Die Verteidiger der Landwirtschaft erwarteten von der forcierten Industrialisierung den Ruin des Reichs: er werde eintreten, sobald die in den Städten konzentrierte Bevölkerung „moralisch und körperlich verkommen, keinen Halt mehr bietet gegen innere und äußere Feinde" und ihre Versorgung mit Lebensmitteln „ganz in Abhängigkeit vom Ausland gekommen sein wird". Anders als Caprivi gaben sie sich überzeugt, „daß die dauernde und sicherste Grundlage für unseres Vaterlandes Macht und Größe in dem Gedeihen der Landwirtschaft beruht"[3]. Damit war gemeint, daß eine stabile Ordnung in Staat und Gesellschaft vor allem der Landwirtschaft bedürfe und daß die Verteidigungsfähigkeit des Reichs von der gesunden Landbevölkerung sowie der inländischen Agrarproduktion, die die Zufuhr von außen überflüssig mache, gewährleistet werde. Nicht Verflechtung in die Weltwirtschaft, sondern ein hoher Grad an Autarkie sollte das Ideal sein. Es standen sich zwei Konzepte gegenüber, die im jahrelangen Disput über Deutschlands Zukunft als Agrar- oder Industriestaat aufeinanderprallten.

Der Gang der Geschichte wies auf weitere Industrialisierung und Verstädterung hin, denn der allgemeine Trend ließ sich weder umkehren noch aufhalten. Aber trotzdem blieben Landwirtschaft und Landbevölkerung noch auf Jahrzehnte starke Faktoren, die politisch durchaus zur Geltung kamen. Der sich entfaltende „Industriestaat" mußte also immer wieder auf den „Agrarstaat" Rücksicht nehmen, und es machte einen großen Teil der Regierungskunst aus, eine Balance zwischen den beiden Grundelementen zu finden. Eine wichtige Rolle spielte dabei der Bezug auf das gemeinsame Verständnis nationaler Interessen, denn sowohl Agrar- wie Industriefreunde wollten das Reich in der Spitzengruppe der Staaten sehen, sprachen sich also für eine energische Außenpolitik, für die Teilnahme am internationalen Wettbewerb um Macht und Einfluß, für ein kraftvolles Militär sowie für die Verteidigung der monarchischen Ordnung aus. Der substantielle Interessenkonflikt zwischen der Orientierung auf eine industriell-kapitalistische Weltwirtschaft oder auf eine agrarischautarkistische Binnenwirtschaft verhüllte sich also im gemeinsamen Bekenntnis zur nationalen Machtpolitik. Die Formel des Konsenses lieferten die Begriffe Weltmacht und Weltpolitik.

Seit 1890 war der Wunsch nach einem neuen Zuschnitt deutscher Außenpolitik oft zu hören. Es ging weniger darum, im Stile Caprivis durch vertraglich geregelten Außenhandel Deutschlands Anteil an der Weltwirtschaft zu erweitern, als vielmehr darum, mit einer gewissen Entschiedenheit den Anspruch auf weltpolitische Betätigung geltend zu machen. Es genügte nicht mehr, als Nationalstaat in Europa anerkannt zu sein, sondern als zeitgemäß galt nun, sich mit den zwei oder drei größten Weltmächten zu vergleichen und einen Platz neben ihnen zu heischen. Ein nationalistischer Heißsporn wie der junge Alfred Hugenberg betrachtete die Reichsgründung nur noch als „Grundlage einer größeren nationalen Entwicklung“, und zwar zur „kulturellen und politischen Weltgeltung des deutschen Volkes, wie sie das englische Volk bereits erlangt hat und das russische zweifellos erlangen wird.“ Der Alldeutsche Verband sah 1891 die Deutschen dazu bestimmt, „beherrschend in den Gang der Weltgeschichte mit einzugreifen und erhobenen Hauptes den Fremden gegenüberzutreten“. Wortstarke Appelle an Stolz, Ehrgefühl und Verantwortungsbewußtsein sollten die Landsleute ihrer spießigen Krähwinkelei entreißen und an die Perspektiven der Weltpolitik gewöhnen. Manch einer zürnte den Mitbürgern ob ihrer Unreife und stellte sie vor die Alternative, das „harte Schicksal des politischen Epigonentums“ zu wählen oder „die Bedeutung der großen politischen Machtfragen“ zu erkennen und somit einzusehen, daß die Reichsgründung historisch überflüssig gewesen wäre, „wenn sie der Abschluß und nicht der Ausgangspunkt einer deutschen Weltmachtpolitik sein sollte“[4].

Je länger die Diskussion lief, desto mehr wich das Motiv des Prestiges dem der ökonomischen Notwendigkeit. Der neue Schub der Industrialisierung, der steigende Export und das Wachstum der Bevölkerung weckten den Eindruck, als sei Deutschland durch die Tatsachen dazu gezwungen, sein Heil in der wirtschafts- und machtpolitischen Expansion zu suchen. Was anfänglich eine Frage des Stolzes oder Willens war, verwandelte sich in den kategorischen Imperativ der Existenzsicherung. Das Maß seiner Politik sollte Deutschland nicht mehr bei sich selbst, sondern bei den „Weltreichen“ England, USA und Rußland finden, die als neuartige Machtgebilde die Normen vorgäben, nach denen im 20. Jahrhundert Einfluß und Größe unter den Staaten reguliert würden. Die bisherige Gemeinschaft „gleichmäßiger, friedlicher Staaten“ werde jetzt - um 1900 - durch „drei erobernde, riesenhafte Weltreiche“ überlagert, und wenn Deutschland „nur wenige Jahrzehnte [!?] unbenutzt dahinstreichen“ lasse, werde es „zum Range eines Mittel- und Kleinstaates herabsinken, der allen Mißhandlungen der Großen preisgegeben“ sei. Um das zu verhindern, müßten „Ellbogenfreiheit auf dem Weltmarkt" oder „weite Kolonialgebiete" gesichert werden, sonst drohe der „Zusammenbruch unserer Exportindustrie", und das wäre „die furchtbarste Katastrophe der deutschen Geschichte", die das Reich „vielleicht sogar ... der Knechtschaft Rußlands unterwerfen" würde. Was blieb Deutschland angesichts seines beengten Territoriums, seiner wachsenden Bevölkerung und seiner expandierenden Wirtschaft? - allein die bewußte, entschiedene Teilnahme an der weltpolitischen Konkurrenz, da die Zukunft der europäischen Völker von ihrer Fähigkeit abhänge, im „allgemeinen Wettlaufe zur Beherrschung der fremden Weltteile durch Wissen und Macht" zu bestehen. Ahnungsvoll und düster rief man sich zu: „Kein lachender Tag goldenen Friedens dämmert herauf", vielmehr werde „der Beginn des 20. Jahrhunderts heftige Kämpfe, folgenschwere Entscheidungen bringen". Die Nachfahren hätten „nicht Frieden und Menschenglück" zu erwarten, „sondern den ewigen Kampf um die Erhaltung und Emporzüchtung unserer nationalen Art"[5].

Wir lesen heute mit Befremden, wie sich die Zeitgenossen der Jahrhundertwende durch ihren voreiligen Pessimismus ein Weltbild zimmerten, das sie scheinbar zwang, ihre gegenwärtige Prosperität in den Schatten künftiger Katastrophen zu rücken. Gequält von Sorgen darüber, was in Jahrhzehnten sein könnte, verpflichteten sie sich zu einem Pathos des Kampfes, das den Wunsch nach Frieden und Glück als trügerisch abwertete - alles sollte davon abhängen, „ob wir von den nächsten zehn Jahren oder den nächsten drei Generationen sprechen"! Nicht der konkrete wirtschaftliche Aufschwung seit 1894 sollte zählen, sondern die Prognose dessen, was in dreißig oder fünfzig Jahren sein könnte. Damit wurde der Politik ein hohes Maß an Spekulation angedient, sie wurde auf zeitliche Dimensionen verwiesen, die kein Mensch überblicken konnte und die auch jene Prognostiker nur nach Maßgabe subjektiver Annahmen beurteilten. Sie werteten die wirtschaftliche Blüte ihrer Tage als beunruhigend, weil ihnen das Vertrauen fehlte, daß diese Entwicklung in einer konflikt- und kampforientierten Welt friedlich weitergehen könne. Sie antizipierten Krisen, auf die sich Deutschland vorbereiten sollte. Das war nicht ganz willkürlich, da es seit 1890 genügend Kriege gab, an denen die USA, Rußland, England oder Japan beteiligt waren, aber von einer objektiven Notwendigkeit, daß sich Deutschland dem Reigen anschloß, konnte keine Rede sein. Es lag vielmehr an der politisch-psychischen Disposition der Menschen, denen nationales Prestige, staatliche Macht und sozioökonomische Bedürfnisse als ein System handlungsbestimmender Komponenten erschienen, dem sie sich fügen müßten. Vor ihrem seherischen Auge weiteten sich die Konflikte und Rivalitäten, die die Welt erfüllten, zu Katastrophen, in denen es um Sein oder Nichtsein ging. Ein sonderbarer Hang zu schicksalsschweren Hypothesen nistete sich ein, eine bedenkliche Selbstprogrammierung, der der liberale Freihändler Heinrich Dietzel mit Recht vorhielt, wenn sie weiter die Gehirne umneble und chauvinistisch errege, so sei sicher, „daß wir uns mit dem einen oder dem anderen, vielleicht mit allen jenen 'Weltreichen' brouillieren"[6].

Was die Sache vollends heikel machte, war die Bereitschaft der Deutschen, die vermuteten Risiken durch ein forsches Selbstvertrauen zu kompensieren. „Noch ist uns an physischer, militärischer und kultureller Kraft keine andere Nation der Erde überlegen", sagten sie sich; in gesteigerter Form lautete das, wir seien „zweifellos das beste Kriegervolk der Erde!... Wir sind das tüchtigste Volk auf allen Gebieten des Wissens und der schönen Künste", und dank der hohen Tugend der Disziplin seien wir „die besten Schulmeister... der Welt geworden, haben aber auch das geordnetste Staatswesen und die beste Armee der Welt". Der Rausch der Superlative beflügelte auch Wilhelm II., der seinen Untertanen ankündigte, als patriotisch geeintes Volk würden sie „der Granitblock sein, auf dem unser Herrgott seine Kulturwerke an der Welt aufbauen und vollenden kann"[7]. Solch fatales Wortgeklingel wurde einem Teil der Bevölkerung zum Glaubensbekenntnis und verdarb seine Fähigkeit zu realistischer Politik; der Wunsch verdrängte die Wirklichkeit.

Doch kehren wir zurück zum Ausgangspunkt, dem beschleunigten ökonomischen und sozialen Wandel, den Deutschland seit 1890 durchlief. Wir haben gesehen, daß die Generation, deren Werk großenteils der wirtschaftliche Aufschwung war, von ihrer Leistung zu größeren Ambitionen fortgetragen wurde, zu Ansprüchen auf Weltgeltung und Weltpolitik. Der Zuwachs an Kräften ermunterte zur Kraftentfaltung. Doch dann erwachte der Zweifel, ob der Anspruch Erfolg haben könne, weil er auf mächtige Rivalen stoßen müsse. Dagegen wurde die Überlegung aufgeboten, der Erfolg sei wahrscheinlich, weil Deutschland eine große Exportindustrie, eine zahlreiche Bevölkerung, einen starken Staat besitze; auf jeden Fall müsse aber der Erfolg gesucht werden, weil spätestens in dreißig Jahren keine andere Alternative mehr bestehen werde. Diese Art, ökonomischen Wandel in politisches Erleben umzusetzen, war bezeichnend für das wilhelminische Deutschland. Die Ära Wilhelms II. begann optimistisch und anspruchsvoll und verfing sich allmählich in den Konsequenzen ihrer Vorhaben. Das Streben nach Weltmacht und der ihm korrespondierende Flottenbau führten in eine außenpolitische Isolierung, die neue Phase der Industrialisierung mobilisierte den Widerstand des agrarisch-konservativen Lagers und die auf Befriedung der Arbeiter angelegte Sozialpolitik entbehrte des letzten Erfolges, weil sie die Verständigung mit der Arbeiterbewegung verfehlte. Die Dynamik der gesellschaftlichen und politischen Prozesse stieg und damit die Anforderungen an die Steuerung auf der staatlichen Ebene.

Die Situation komplizierte sich, weil Wilhelm II. ein Kaiser war, der die Funktionsweise des monarchischen Systems eher schwächte als stärkte. So begann ein Zeitalter, in dem sich die Entwicklung der wirtschaftlichen Kräfte mit einer lebhaften Konfrontation der politisch-sozialen Gruppierungen, einer drängenden Erörterung des nationalen Interesses und mit erweiterten Ambitionen in der Außenpolitik verschränkte - ein Zeitalter, reich an Neuem und an Irritationen, dessen changierender Glanz noch in der Rückschau wirkte und dem diejenigen, die es kannten, nachrühmten: „Nur wer vor 1914 gelebt hat, weiß eigentlich, was leben heißt"[8].

II. Der Aufbruch der Epigonen 1890 - 1900

Die Wilhelminische Ära stellte die Bewährungsprobe des Reichs als Nationalstaat und konstitutionelle Monarchie dar. Was die Generation Bismarcks und Wilhelms I. geschaffen hatte, mußte sich in den Händen der Erben erst noch als druckfest und dauerhaft erweisen. Obwohl die Belastungen durch eine sprunghafte Politik, den Ersten Weltkrieg und den Wechsel der Staatsform von 1918/19 erheblich gewesen sind, hat die Einheit standgehalten und insofern das Ergebnis von 1871 bestätigt. Weniger stabil war die Verbindung von Nationalstaat und Monarchie, denn Wilhelm II. gelang es nicht, seine kaiserliche Autorität zu festigen. Er verbrauchte das ererbte Prestige und begriff nicht, daß die Monarchie keine konstitutive Voraussetzung politischer Einheit mehr war, sondern neben Reich und Reichstag nur noch als dritter Faktor fungierte, der sich durch eine anderweitige Organisation der Regierung ersetzen ließ. Es gehört zur Verquickung von Schein und Wirklichkeit in der Geschichte, daß Wilhelm eigenhändig den Weg pflastern half, auf dem er ins Exil und die Deutschen in die Republik gelangen sollten.

1. Neuer Kurs und persönliches Regiment

a) Wilhelm II. und das persönliche Regiment

1890 folgte der Entlassung Bismarcks ein Personenwechsel auf sieben weiteren Positionen der Reichs- und preußischen Staatsregierung. Die neuen Männer beschritten neue Wege in der Sozial-, Handels- und Außenpolitik, und der Kaiser verkündete stolz, daß Deutschland „in tadelloser Ordnung im neuen Kurs aus dem Nebel" heraussteuere[1).

Obwohl der Kurswechsel viel Zustimmung fand, weckte er bald ein Unbehagen, weil das Verhalten des Kaisers sehr vom gewohnten Bild eines konstitutionellen Monarchen abwich. Getragen von einem Hang zur öffentlichen Schaustellung beeinflußte Wilhelm II. teils durch Reden, teils durch Gespräche, Briefe oder Erlasse den Gang der Regierungsgeschäfte, ohne sich mit den Ministern abgestimmt und, was schlimmer war, die Konsequenzen seiner Initiativen bedacht zu haben. Er drängte in den Vordergrund der Tagespolitik, so daß der Schluß nahelag, er wolle persönlich die Regierungsgeschäfte leiten. Das zog die Frage nach sich, ob die Ordnung des Reichs von oben her verändert, vielleicht durch einen Staatsstreich umgestürzt und zum Nachteil der demokratisch-parlamentarischen Kräfte zerbrochen werden sollte. Je länger desto mehr provozierte Wilhelms Eigenart den Verdacht, dem Reich drohe Willkür, Reaktion und Absolutismus.

Am meisten irritierte Wilhelm II. seine Zeitgenossen dadurch, daß er sein königliches Gottesgnadentum betonte. Oft sprach er davon, daß die Hohenzollern ihre Krone „nur vom Himmel" genommen hätten, also ihr „Königtum von Gottes Gnaden" sei, und daß er selbst „von dieser Auffassung ... beseelt" und entschlossen sei, nach ihr „zu walten und zu regieren"[2]. Die Regierungsarbeit störten nicht minder seine Äußerungen, die er in Gesprächen oder Briefen fallen ließ und die ein falsches Bild von der deutschen Politik gaben. Berüchtigt geworden ist das sog. Daily Telegraph-Interview vom Herbst 1908, das auf Gesprächen beruhte, in denen Wilhelm seine Freundschaft mit England anpries sowie die deutsche Haltung gegenüber Rußland, Frankreich und Japan in ein schiefes Licht rückte. Vollends unberechenbar waren die spontanen Äußerungen und Handlungen, die viel Anlaß zum Kopfschütteln boten: 1891 schrieb er in das Münchener Fremdenbuch den Satz „suprema lex regis voluntas", 1895 teilte er dem Zaren mit, „mein Reichstag führt sich so schlecht wie nur möglich auf" und Sozialdemokratie und Zentrumspartei seien, „soweit ich sehen kann, bald reif, samt und sonders gehenkt zu werden"[3], oder 1902 richtete er an den bayerischen Prinzregenten ein Telegramm, in dem er sich darüber entrüstete, daß der bayerische Landtag den Etat für Kunstankäufe gekürzt hatte, und anbot, den Fehlbetrag aus seiner Privatschatulle herzugeben - Ausdrücke der Taktlosigkeit und Wichtigtuerei, die kaum über dem Niveau eines Gardeleutnants lagen. Wer war dieser Mensch, der sich zu einem politischen Faktor eigener Art entwickelte?

Wilhelm II. (1859 - 1941) war ein Regent, den es zeitlebens quälte, als Jüngerer unter Älteren bestehen zu müssen. Als er am 10. November 1918 ins Exil fuhr, brach der Jammer des mißhandelten Kindes aus ihm heraus: „jeder hätte an ihm herumerzogen", am meisten hätte er darunter gelitten, „daß das Alter ihn immer wieder überstimmt habe", und jetzt, wo er endlich älter als seine Minister sei und „auch mal seinen Willen hätte durchsetzen können, da jage man ihn davon". Er war von seiner Aufgabe als deutscher Kaiser, preußischer König und Chef des Hauses Hohenzollern überfordert. Mit beschwörendem Pathos und dennoch furchtsam sprach er von seiner ungeheueren Arbeit, Pflicht und Verantwortung, wich aber auf seinen häufigen Reisen, Besuchen, Jagdaufenthalten dieser Aufgabe aus und behauptete dennoch 1907, sein damaliger Englandaufenthalt sei der erste Urlaub „seit 19 Jahren harter Bergaufarbeit"[4] - alles Worte eines unreifen Mannes, den der Zufall des monarchischen Erbrechts dazu verurteilt hatte, Größe und Macht zu verkörpern.

Die Ursachen seines persönlichen Zwiespalts sind in allerlei Umständen gesucht worden: in seinem seit Geburt verkrüppelten linken Arm, in einem vielleicht durch eine Ohrenentzündung bewirkten Gehirnschaden oder in einer Anlage teils zu nervöser Erschöpfung, teils zu phantasievoller Verdrängung der Tatsachen, auf jeden Fall bleibt das Phänomen psychischer Instabilität bestehen. In der Jugend von seiner Mutter, der englischen Prinzessin Victoria, und seinem Lehrer, dem kalvinistischen Pädagogen Georg Hinzpeter, mehr anspruchsvoll als liebevoll erzogen, lernte er seit 1877 als Student, dann als Gardeoffizier den Lebensstil junger, reicher Aristokraten kennen, und insbesondere der forsche Ton Potsdamer Offizierskasinos nahm ihn gefangen. Seine Vorliebe für das militaristisch-monarchische Preußentum festigte sich unter dem Einfluß Bismarcks, der ihn im Gegensatz zu seinen liberalen, englandfreundlichen Eltern auf konservative Grundsätze hinlenkte. Noch erfüllt von dem Konflikt mit den Eltern, kam er am 15. Juni 1888 auf den Thron - ein junger Mann, der im Kaiserreich aufgewachsen war und große Ambitionen für die Zukunft hegte.

Seine Herrscherrolle hat er mit einem Sendungsbewußtsein ausgefüllt, in dem sich traditionales und modernes Beiwerk mischte. Traditionell war sein Rückgriff auf das Gottesgnadentum, das sich an Armee, Adel, Landwirtschaft und höfische Gesellschaft anlehnte. Bezeichnend war sein Bemühen, den Hohenzollern ein spezifisches Herrscher-Charisma zuzuschreiben, das sich in der Reichsgründung bewährt habe und ihn in die Tradition stelle, wonach es „höchster Lohn" sei, „Tag und Nacht für mein Volk und sein Wohl zu arbeiten". Sein dynastisches Sendungsbewußtsein hat er auf Volk und Reich ausgedehnt und ihm eine überparteiliche, nationale Aura gegeben. Die Deutschen sah er als erste berufen, die Kunstideale der Menschheit zu pflegen, denn große Kulturaufgaben habe ihnen „die Vorsehung in der Welt bestimmt". Das Weltimperium germanischen Geistes sollte zwar nicht durch Weltherrschaft, sondern „durch gegenseitiges Vertrauen der nach gleichen Zielen strebenden Nationen" entstehen, aber trotzdem gehörten Weltpolitik und „Weltmachtstellung des deutschen Volkes" mit in das Bild. Den Führungsanspruch wähnte Wilhelm um so besser begründet, als die deutsche Armee, „wachend über den Frieden der Erde", eine „unüberwindliche Macht" sei und als solche bisher „den Frieden [habe] bewahren können"[5].

Geistig-kulturelle Leistung und militärische Macht gaben also Deutschland eine friedliche Führung unter den Völkern, und Wilhelm wollte der Mann sein, der seinem Volk hierbei voranging. Unermündlich appellierte er an die Zuhörer, geschlossen und einmütig zum Kaiser zu stehen. „Das Geheimnis der Größe unseres Vaterlandes" beruhe im Einklang zwischen Fürstenhaus und Volk, das „fest vertrauend der Hand seines Führers" folgt. Vereint mit dem „wohlgesinnten Teile der Nation" fühlte er sich ermutigt zu verkünden, „zu Großem sind wir noch bestimmt, und herrlichen Tagen führe ich euch noch entgegen". Sich selbst verpflichtete er, sein „Volk in sich zu einigen und das, was es trennen könnte, zu beseitigen". In die Industriearbeiter drang er, sich bewußt zu sein, „daß sie zunächst Deutsche sind", und beschwörend gab er die Formel aus: „Ein Reich, Ein Volk, Ein Gott"[6].

Wer hinter die Worte blickt, wird bemerken, daß der Kaiser nach Art der politischen Rede darum warb, das Volk möge ihm folgen und über alle sozialen Schranken hinweg in ihm seinen Führer erkennen. Der Monarch suchte das Publikum, mischte sich in die öffentliche Diskussion und politisierte die Institution Monarchie. Sein Erfolg war zwiespältig. Er hat erreicht, daß gegen manche Widerstände eine zeitgemäße Sozial- und Handelspolitik eingeleitet, in Preußen der Mittellandkanal begonnen und der deutschen Machtpolitik in der Kriegsflotte ein neues Instrument geboten wurde. Solche Initiativen hoben ihn von der früheren Politik ab, und er hatte dabei scheinbar „die ganze Jugend hinter sich". Manchem gefiel auch sein burschikoses Auftreten: „Urgermane, verbrämt mit englisch-welfischem Selbstbewußtsein, dazu die mächtige Persönlichkeit und fürstliche Unverfrorenheit!" Doch auf die Dauer verfehlten Kaiser und Nation einander. Nicht genug damit, daß Wilhelm bei seinem Bemühen um öffentliche Wirkung im höfischen Milieu befangen blieb, schlich sich allmählich die Sorge ein, daß das Genialische an ihm eigentlich etwas Infantiles sei. Die Kritik vermißte hinter seinen Sprüchen die Konsequenz des Handelns. Das nationalistische Ungestüm der Deutschen rieb sich vor allem an der Außenpolitik, der es schwerfiel, die herrlichen Zeiten wilhelminischer Weltpolitik zu verwirklichen. Wilhelm enttäuschte die Hoffnungen, die er geweckt hatte, und 1912 konnte er in einer vielgelesenen alldeutschen Schrift die Sätze finden: „Die Zeiten des Gottesgnadentums im landläufigen Sinne sind vorüber", und niemand werde bestreiten, „daß gehäufte Fehler der Krone und dauernde Untüchtigkeit ihrer Träger dahinführen könnten, daß unser Volk sich fragt, weshalb es eine Staatsform weiter hinnehmen soll, die es zwingen will, ein unbrauchbares Oberhaupt zu ertragen"[7]. Wilhelm II., der ein populärer Führer sein wollte, ist an der 'Modernisierung' des Kaisertums gescheitert. Persönliches Unvermögen und ein übermächtiger borussischer Traditionalismus haben verhindert, daß er auf neue Weise zum Oberhaupt der Deutschen geworden wäre. Letzten Endes erschöpfte sich seine Herrschaft in Effekten statt in Leistungen.

Zu den Wirkungen Wilhelms II. gehörte, daß er das System der konstitutionellen Monarchie gestört und das monarchische Prestige verbraucht hat. Er bot sich mit seiner Geschäftigkeit als Zielscheibe für Lob und Tadel an. Der Verfassung hätte es entsprochen, wenn er die laufenden Geschäfte den Ministern überlassen und sich die letzte Sanktion der Regierungsakte reserviert hätte (vgl. I, S. 38ff.)* . Allgemeiner Auffassung nach galt die Person des Königs als unverletzlich, und die Verteidigung der Regierungspolitik oblag den Ministern. Diese besaßen sogar eine gewisse Kontrolle über den König, weil dessen Amtsakte nur mit ihrer gegenzeichnenden Unterschrift veröffent-

---

* Der Hinweis „I, S. ..." bezieht sich jeweils auf mein Buch Deutsche Geschichte 1871–1890, Stuttgart 1992.

licht werden durften. Ihre Gegenzeichnung bedeutete Zustimmung und lud ihnen deshalb nach außen die Verantwortung für die Politik auf. Doch das System hatte einige Schwächen, die sich Wilhelm zunutze machte. Die persönlichen Äußerungen des Monarchen in Reden, Gesprächen oder Briefen entzogen sich meist der Kenntnis der Minister. 1903 behauptete Reichskanzler Bülow geradezu, es liege „unserer Verfassung vollständig fern", die freie Meinungsäußerung des Kaisers zu beschränken. Das begünstigte die Neigungen Wilhelms, der in einem explosiven Moment rief: „Ich kenne keine Verfassung. Ich kenne nur das, was ich will!"[8)]

Die verantwortlichen Minister scheuten sich, dem Kaiser energisch in die Parade zu fahren. 1903 regten die Fraktionsführer der Konservativen, der Nationalliberalen und des Zentrums beim Reichskanzler an, den Kaiser in einer zurückgezogenen Stellung zu halten, die ihm den verfassungsgemäßen, „in der alleinigen Verantwortung des Reichskanzlers gegebenen Schutz" vor öffentlicher Kritik sichere. Doch Bülow lehnte die Mithilfe der Parteien ab. Ähnlich verzichtete er im November 1908 nach dem Daily Telegraph-Interview darauf, im Verein mit preußischem Ministerium, Bundesrat und Reichstag den Kaiser unter eine strengere Kontrolle zu nehmen. Er wollte ihm „keinerlei Kapitulation oder gar ein unwürdiges Pater peccavi" zumuten und begnügte sich mit der mündlichen Zusicherung, daß nun die verfassungsgemäßen Verantwortlichkeiten gewahrt sein sollten[9)]. Die konservativen Politiker verfingen sich in ihrem Royalismus und waren also unfähig, die Schwächen der konstitutionellen Monarchie durch Reformen auszumerzen.

Freilich ist zuzugeben, daß sich der Kampf mit dem persönlichen Regiment gegen eine Hydra von Institutionen und Personen gerichtet hätte, die schwer zu besiegen gewesen wäre. Da waren die drei Kabinette - Zivil-, Militär- und Marinekabinett -, die außer dem allgemeinen Schriftverkehr vor allem die Personalfragen bearbeiteten, und deren Leiter dank ihrem engen Umgang mit Wilhelm II. einen großen Einfluß hatten. Einen auffallenden Platz nahm das militärische Gefolge von Generälen, Generaladjutanten und Flügeladjutanten ein, etwa dreißig Personen, die im sog. Hauptquartier zusammengefaßt waren und im täglichen Dienst den Kaiser begleiteten. Nicht zu vergessen der eigentliche Hof, eine weitläufige Gesellschaft aus Prinzen, Marschällen, Zeremonienmeistern, Kammerherren usw., die als fester Kranz die Lebenswelt des Kaisers bündelte. Last not least sind die kleinen Gruppen privater Freunde zu nennen, mit denen Wilhelm II. verkehrte und auf deren Gütern er regelmäßig zu Gast war: z. B. Philipp zu Eulenburg-Hertefeld, Richard von Dohna-Schlobitten oder Egon Fürst zu Fürstenberg. Um den Kaiser herum hatte sich aus dienstlichen Obliegenheiten und persönlichen Beziehungen ein Umfeld gebildet, das ein idealer Nährboden für Intrigen und Querverbindungen war und das ihn in seiner Abneigung gegen die Minister, den Reichstag und die Parteien bestärkte. Was Wunder, daß bald von Adjutantenpolitik, Nebenregierung und Kamarilla gemunkelt wurde.

Zum Charakter des Wilhelminischen Regimes gehörte seine Anfälligkeit für Skandale. Der schleichende Autoritätsverlust, den die Monarchie erlitt, äußerte sich in sensationellen Verdächtigungen, die in steten Wellen die Öffentlichkeit behelligten. Es begann mit der Vermutung, der Kaiser sei geisteskrank, weil anders sein Reden und Handeln unbegreiflich schien. Bereits im Frühjahr 1890 wurden „in der ganzen Welt tendenziöse Gerüchte ausgesprengt,... Seine Majestät sei nervenkrank"[10]. Die Floskel vom Cäsarenwahnsinn bürgerte sich ein, und als der Historiker Ludwig Quidde 1894 seinen Aufsatz „Caligula. Eine Studie über römischen Cäsarenwahnsinn" veröffentlichte, erkannte jeder hinter dem alten Römer den neuen Imperator. Viel Unruhe weckten ebenfalls 1894 einige Artikel in der satirischen Zeitschrift „Kladderadatsch", die unter Decknamen drei Mitarbeiter des Auswärtigen Amtes attackierten, nämlich Holstein, Kiderlen-Wächter und Philipp Eulenburg, die als maßgebliche Ratgeber Wilhelms II. galten.

Es schien, als schöbe sich ein Schleier von Intrigen vor die Politik des Neuen Kurses, und immer öfter fiel der Name eines Mannes, der die Hauptrolle im Hintergrund spielen sollte: *Philipp zu Eulenburg-Hertefeld* (1847 - 1921). Es handelte sich um einen intimen Freund Wilhelms II., der zwischen 1890 und 1900 einen großen Einfluß besessen hat. Eulenburg hatte die diplomatische Karriere eingeschlagen und 1886 auf einem Jagdaufenthalt mit Prinz Wilhelm Freundschaft geschlossen. Überschwenglich pries er die Begegnung als „Wendepunkt meines Lebens", und erging sich in Huldigungen gegenüber dem Prinzen[11]. Ihm kamen seine geselligen Qualitäten zu Hilfe, denn als Künstler, dessen Werke damals einigen Erfolg hatten, konnte er Wilhelms Leben neben Politik, Militär und Jagd einen ästhetischen Zusatz bieten, der begierig angenommen wurde. Musizierend, singend, dichtend bereicherte er die gemeinsamen Abende und festigte so eine gefühlvolle Beziehung, die sich bis in mystisch-spiritistische Regionen versteigen konnte.

Wichtig waren die politischen Folgen. Eulenburg hatte zwar keinen Gefallen am Militär, war aber ein konservativer, monarchischer Preuße, dem es unstrittig war, daß sein König das Recht habe, „selbst [zu] regieren". Er hat Wilhelm II. gegenüber Bismarck unterstützt und auf die Etablierung des monarchischen Regiments hingearbeitet. 1894 glaubte er die Zeit gekommen, die Regierung so umzubilden, daß sie dem Kaiser das persönliche Regieren erleichterte. Insbesondere lag ihm daran, Bernhard von Bülow, der hemmungslos für Wilhelm schwärmte - der Kaiser sei aus dem Holze, „aus dem unser Herrgott die großen, die sehr großen Herrscher zu schnitzen liebt" -, als Reichskanzler zu installieren. Trotz aller Bewunderung war Eulenburg nicht blind für Wilhelms Schwächen. Er hat früh vom rhetorischen Überschwang abgeraten, eine ruhige Lebensweise empfohlen und in vielen Krisen ausgleichend gewirkt. Doch er hielt daran fest, daß der Kaiser „als Selbstregierer" auftreten dürfe, und wenn ihn Zweifel behelligten, floh er zur „Absicht der Vorsehung, die in jenem elementaren Charakterzug des Kaisers, das Königtum durch sich selbst zu bestätigen, liegt. Ob sie uns verderben will oder helfen, das weiß ich nicht"[12].

Eulenburgs Stellung in den Kulissen und seine sensitive, ins Irrationale ausweichende Freundschaft mit Wilhelm hat den Argwohn jener, die den Erfolg des persönlichen Regiments vermißten, geweckt. Er trug nolens volens die Verantwortung für eine mißglückte Politik. Angefeindet, irritiert und erschöpft schied er Ende 1902 aus dem Amt des Botschafters in Wien. Da seine Verbindung zu Wilhelm nicht abriß, traf ihn im Herbst 1906, als der Unmut über das persönliche Regiment wieder hoch ging, ein Frontalangriff: der Publizist Maximilian Harden nannte ihn einen „ungesunden Spätromantiker und Geisterseher", dessen unheilvolles Wirken enden müsse. Es folgte noch ein Hinweis auf „normwidrige [d. h. homosexuelle] Gefühlsregungen" und der Verdacht, daß „an der sichtbarsten Stelle des Staates Männer von abnormem Empfinden einen Ring" um den Kaiser gebildet hätten[13]. Die Mixtur von Politik und Moral war für die höfisch-aristokratische Gesellschaft gefährlich, weil das Sexualverhalten mehrerer Personen ambivalent war. Das galt auch von Eulenburg. Obwohl sein „normales", kinderreiches Familienleben offenkundig war, hat er homoerotische Neigungen gehabt und um Wilhelm einen Freundeskreis gelegt, der ein eigentümliches emotionales Flair besaß. Ob Eulenburg sexuellen Kontakt zu Männern gehabt hat, blieb ungeklärt, weil das Gerichtsverfahren wegen Erkrankung des Beschuldigten abgebrochen wurde. Seine Beziehung zu Wilhelm war jedenfalls zerstört. Hardens Angriff ist rüde gewesen, aber er entsprach der Situation des persönlichen Regiments: am wirkungsvollsten war die persönliche Diskreditierung, und daß sie an Eulenburg vollzogen wurde, war insofern logisch, als er viel zur Entfaltung der fatalen Herrschaft beigetragen hatte.

Wichtiger als die Anhäufung von Peinlichkeiten war die permanente Herausforderung, die Wilhelms Regierung für das politische Bewußtsein der Deutschen bildete. Den Eskapaden Wilhelms war die fest verwurzelte monarchische Loyalität nicht gewachsen. Es geschah das Unglaubliche, daß die Person des Kaisers Gegenstand der öffentlichen Kritik wurde. Die Parteien fanden im Reichstag ein Forum für ihre Angriffe. Erstmals geschah das 1897 durch den Linskliberalen Eugen Richter, der bei der Regierung den einheitlichen Willen vermißte, das „Programm: sic volo sic jubeo - regis voluntas suprema lex" als ungeeignet für Deutschland zurückwies und hintersinnig anmerkte, „daß das Reich als solches keine angestammte Dynastie" habe. Wurde hier noch vermieden, Wilhelm direkt zu nennen, so fiel diese Schranke 1903, als ein Zentrums-Abgeordneter sich auf die Swinemünder Depesche (s. S. 15) bezog und gegen imperialistisches Gehabe sowie „die Verwirrung der konstitutionellen und parlamentarischen Begriffe" protestierte. Reichskanzler Bülow verteidigte zwar das Recht des Kaisers auf freie Meinungsäußerung, gab den Kritikern aber indirekt Recht, indem er sich zu der Pflicht bekannte, Vorfälle zu verhindern, die „das Wohl des Reichs wirklich und dauernd schädigen würden". Daß solche Schäden vorlagen, wurde bald zur opinio communis. 1906 bewog der „Ernst der Lage" den Nationalliberalen Bassermann, die „Periode der Unstetigkeit" und die „Menge unkontrollierter Einflüsse" anzuprangern, und der Sozialdemokrat Vollmar warnte, ein „kaum verhüllter Absolutismus" und „unberechenbare Stimmungen" könnten „zu Katastrophen führen", die sich nur umgehen ließen, wenn „die deutsche Politik endlich das Organ des Willens des deutschen Volkes" würde. Doch Bülow lavierte abermals, indem er die „Äußerungen einer starken Persönlichkeit wie es ... unser Kaiser ist", verteidigte und trotzdem einräumte, ein Minister könne „ein übertriebenes persönliches Hervortreten des Regenten ... vor Krone, Land und Geschichte" nicht verantworten[14).

Ihren Höhepunkt erreichte die öffentliche Kritik im Herbst 1908, als nach dem Daily Telegraph-Interview die Empörung über Wilhelms Naivität allgemein war. Bassermann stellte fest, es sei „nahezu ein einmütiger Protest gegen das ... persönliche Regiment" des Kaisers ausgebrochen. Freilich legte er dem Protest eigenhändig Fesseln an, als er sagte, er wolle mit einer geeigneten Erklärung des Kaisers zufrieden sein, also nicht die parlamentarische Kontrolle über die Regierung ausbauen. Die anderen bürgerlichen Parteien dachten ähnlich, und so konnte Bülow einmal mehr mit einer inhaltsarmen, verbalen Remedur die Affäre beilegen. Wilhelm II. sagte zu, die verfassungsgemäße Zuständigkeit zu wahren und eine stetige Politik zu ermöglichen[15).

Das Ergebnis entsprach nicht dem emotionalen Engagement, das sich in der Kritik entladen hatte, und deshalb wirkte das Gift des Mißtrauens weiter. Die Älteren, die noch die Zeit Wilhelms I. kannten, waren entsetzt darüber, wie sehr das Ansehen der Monarchie gelitten hatte. Trotzdem verharrte das politische System Deutschlands in seinem gewohnten Zirkel. Wilhelm II. war unverbesserlich, die Konservativen in Adel und Bürgertum hielten um ihrer selbst willen an der monarchischen Ordnung fest, die Parteien waren unlustig, ihren Protest in einen kampfbereiten Reformwillen umzuwandeln, und die Regierung übte sich in der Kunst, durch Beschwichtigen offene Konflikte zu vermeiden. In größerer Perspektive offenbarte das persönliche Regiment den Innovationsverlust der Monarchie in Deutschland. Nach den Reformperioden von 1807-20, 1848-50 und 1866-71 trat Stillstand auf einem Niveau ein, an dem noch die Schlacken der absolutistischen Vergangenheit hafteten. Es bedurfte der besonderen Umstände des Ersten Weltkriegs, um den altmodischen Panzer der Macht zu zerbrechen und in totaler Umkehrung die These Eulenburgs von 1894 zu bestätigen, daß wohl „nur ein glücklicher Krieg dem Kaiser das nötige Prestige" zur Verwirklichung des persönlichen Regiments geben werde[16). Es wurde schließlich ein unglücklicher Krieg, aber Herrschaft, die sich durch Krieg legitimieren soll, trägt ohnehin den Keim des Selbstmordes in sich.

b) Reichskanzler und Regierung

Trotz der absolutistischen Allüren Wilhelms II. haben sich die Jahrzehnte zwischen 1890 und 1918 als Übergangsphase zu einer Staatsform mit erweiterten demokratisch-parlamentarischen Strukturen erwiesen. Ab 1890 erlaubte das Ende des Sozialistengesetzes der Arbeiterbewegung eine freiere Betätigung, die Wahlniederlage der konservativ-nationalliberalen Reichstagsmehrheit zwang die Regierung zur Zusammenarbeit mit anderen Parteien und die Mobilisierung einer breiten Öffentlichkeit durch außerparlamentarisch operierende Verbände steigerte die Lebhaftigkeit der politischen Prozesse - das mündete in eine Dynamik, die der Wilhelminischen Ära etwas Ungestümes gab. Der monarchische Staat hatte Mühe, sich dieser Dynamik anzupassen, aber er tat es, indem er sich um die Mitarbeit bisheriger Oppositionsparteien wie des Zentrums oder der Linksliberalen bemühte und ihnen so manches Opfer brachte (z. B. Befreiung der Parteien vom sog. Verbindungsverbot 1899, Gewährung von Diäten für die Reichstagsabgeordneten 1906, Einführung eines reichseinheitlichen Vereinsrechts 1908). Die Fortschritte waren bis 1914 bescheiden, doch die Richtung war klar. Auf andere Weise war es kennzeichnend, daß der oft erwogene Gedanke, durch eine staatsstreichartige Verfassungsänderung das Gewicht des Reichstags zu mindern, von der Regierung nie vollzogen wurde. Immer, wenn die Rechtsparteien oder die Umgebung Wilhelms Derartiges anregten, wichen die Reichskanzler aus: Caprivi warnte 1894, den Einfluß der Parteien bzw. den „Willen der Nation" zu beschneiden, denn Reich und Nation brauchten einander unbedingt, und Hohenlohe meinte 1897, aus einem Konflikt zwischen Regierung und Reichstag „folgen Gewaltmaßregeln", die vom Bundesrat nicht getragen würden, eine schwere Krise nach sich ziehen und schließlich „mit Frankreich aneinander" führen müßten, d. h. Frankreich würde das innerlich geschwächte Reich angreifen[17]. Die Staatsstreichpläne waren ein gespenstischer Reflex der monarchischen Kreise auf die unumkehrbaren politischen Veränderungen. Reich und Nation, Staat und Volk waren zu fest verwachsen, als daß eine herrschende Clique zwischen sie noch einen Keil treiben konnte.

Es liegt auf der Hand, daß die Position des Reichskanzlers unter Wilhelm II. noch schwieriger werden mußte als bisher. Nicht zufällig machte das Reich die ungewohnte Erfahrung eines öfteren Kanzlerwechsels. Hatte Bismarck fast dreißig Jahre als Ministerpräsident und Reichskanzler amtiert, so brachte es Caprivi auf viereinhalb und Hohenlohe auf sechs Jahre, im Herbst 1900 trat mit Bülow der dritte Kanzler nach Bismarck an. Die Kanzlerkrisen ergaben sich aus der spezifischen Situation eines konstitutionellen Ministers, der der Vertrauensmann des Kaisers sowie der verantwortliche Träger der Regierungspolitik und Vermittler einer diese Politik stützenden Reichstagsmehrheit sein mußte. An dieser Aufgabe hatte Bismarck schwer getragen, wieviel mehr erst Caprivi oder Hohenlohe, die es mit einem Kaiser zu tun hatten, der mutwillig die Balance verschob.

Bismarcks Nachfolger *Leo von Caprivi* (1831-1899) ist von Wilhelm II. berufen worden, weil er als Soldat und General seinem königlichen Kommandoherrn besonderen Gehorsam schuldete und keine ausgeprägten politischen Absichten mitbrachte. Andererseits ging ihm der Ruf eines urteils- und handlungsfähigen Offiziers voraus, den selbst Bismarck für höhere Aufgaben, sei es im Generalstab, sei es in der preußischen Regierung, vorgeschlagen hatte.

Obwohl Caprivi fest in der preußischen Tradition stand, lag ihm die Beschränkung auf adlige oder militärische Interessen fern. In der Militär-, Handels- und Sozialpolitik hat er zeitgemäße Reformen durchgesetzt und dafür einen wachsenden Widerstand bei Offizieren, Landjunkern und Besitzbürgern geerntet. Auch in der Außenpolitk ging er neue Wege, indem er mit England einen Ausgleich in Kolonialfragen fand und dem Dreibund mit Österreich und Italien den Vorrang vor einem Vertrag mit Rußland gab. Distanziert betrachtete er das Verlangen nach Kolonien oder einer großen Flotte, denn sein Maß der Dinge war Deutschlands kontinentale Lage zwischen Frankreich und Rußland, den Zweifrontenkrieg hielt er für wahrscheinlich. Diese fixe Idee mochte sein Denken einengen, aber insgesamt überwogen darin die vernünftigen Absichten.

Caprivi entstammte einer Familie von Offizieren und Beamten. Er hat nach dem Abitur die militärische Laufbahn eingeschlagen und sich 1870/71 als Generalstäbler ausgezeichnet. Seine weitere Karriere führte ihn 1883 an die Spitze der Admiralität, d. h. auf die oberste Ebene der Reichsverwaltung. Von hier wechselte er 1888 als Kommandierender General nach Hannover, und am 20. März 1890 folgte die Ernennung zum Reichskanzler (ergänzt um die Funktionen des preußischen Ministerpräsidenten und Außenministers).

Er kam als Außenseiter ins Amt, allein gestützt auf das Vertrauen Wilhelms II. Spätestens seit Mitte 1891 wußte er, daß der Kaiser sich in wichtigen Dingen von seinen Hofgenerälen statt vom Reichskanzler beraten ließ, das Vertrauen war also gestört. Bei den Parteien konnte Caprivi dafür keinen Ausgleich finden, denn als konservativer Politiker war ihm eine enge Anlehnung an Zentrum oder Linksliberale nicht möglich, der Schulterschluß mit den Nationalliberalen scheiterte, weil diese seine Sozial- und Bildungspolitik mit Vorbehalten betrachteten, und die Konservativen verwandelten sich in seine Feinde, als die Handelspolitik den fanatischen Protest der Landwirte weckte. Bei den Konservativen verfiel er schließlich einer gewissen Ächtung, und vergnügt registrierte 1894 ein Adliger, daß auf einem Diner des Kanzlers „nur Nullen anwesend [waren], da wir ihn sozial völlig schneiden". Caprivi hat es bitter empfunden, daß er „öffentlich gar zu geringschätzig behandelt" und dem Eindruck ausgeliefert wurde, die Nation habe mit ihm einen „kläglichen Beamten an ihrer Spitze" geduldet[18]). Sein Sturz im Oktober 1894 hat ihn desillusioniert, und resigniert zog er sich aus der Öffentlichkeit zurück. Aber dennoch steht sein Name für vier Jahre deutscher Politik, die nach innen und außen eine maßvolle Neuorientierung anstrebte und eine positive Alternative zu den späteren wilhelminischen Ambitionen darstellte.

Obwohl Caprivi über die zentralen Ämter der Reichs- und preußischen Regierung verfügte, ist es ihm nicht gelungen, eine unangefochtene Position zu erlangen. Gerade in der preußischen Regierung ist ihm der neue Finanzminister Miquel zum Rivalen geworden, der ebenso ehrgeizig wie erfolgreich war und sich in die Rolle des Mittelsmannes zwischen Wilhelm II. und den Liberalen und Konservativen drängte. Noch mißlicher wurde Caprivis Situation ab März 1892, als er am Ende einer Regierungskrise das Amt des Ministerpräsidenten dem konservativen Grafen Botho von Eulenburg überließ, also auf die Koordination der preußischen Politik verzichtete. Sein Hauptstützpunkt war neben der Reichskanzlei das Auswärtige Amt, dem seit 1890 als Staatssekretär der Badenser Adolf Freiherr Marschall von Bieberstein vorstand. Dort war eine Gruppe höherer Beamter tätig, die sich auf den neuen Kurs eingeschworen hatten und als Berater Caprivis sowie Wilhelms II. einen großen Einfluß besaßen: die Vortragenden Räte Friedrich von Holstein und Alfred von Kiderlen-Wächter sowie der Gesandte Philipp Graf zu Eulenburg. Von ihren Analysen, Informationen und Querverbindungen waren Marschall und Caprivi abhängig, was nicht ohne Risiko war, da mindestens Eulenburg ganz auf Wilhelm II. fixiert und dem Reichskanzler nur bedingt loyal war.

1894 ist das Entscheidungsjahr für Caprivi geworden. Obwohl äußerlich dank parlamentarischer Erfolge in der Militär- und Handelspolitik gestärkt, verschlechterte sich seine Situation, weil Teile des Offizierskorps mit der Militärvorlage (sie hatte die Dienstzeit der Rekruten von drei auf zwei Jahre gesenkt) und viele Landwirte mit den Handelsverträgen (sie hatten die Einfuhrzölle für Getreide um ein Drittel gesenkt) unzufrieden waren. Der Druck nahm zu, als eine Reihe anarchistischer Anschläge im Ausland am 24. Juni 1894 in der Ermordung des französischen Präsidenten Carnot gipfelte. Alle Feinde der Sozialdemokratie benutzten die Vorfälle, um ein scharfes Vorgehen gegen die Arbeiterbewegung zu fordern. „Nur eine energische, durchgreifende und zielbewußte Aktion der Reichsregierung kann die Gefahr beschwören", meinte ein konservativer Unternehmer, ähnlich verlangte die Nationalliberale Partei die Vorlage „eines klaren Programms der Regierung" gegen die Umsturzbestrebungen und Wilhelm II. hielt den Reichskanzler an, mit Hilfe verschärfter Gesetze „der Regierung Waffen gegen die Ausbreitung der sozialdemokratischen und anarchistischen Propaganda" zu verschaffen[19].

Der Kanzler gab einer drakonischen Vorlage im Reichstag keine Chance und lehnte auch die Absicht, das Parlament mit der Androhung von Neuwahlen gefügig zu machen, ab. Er widersetzte sich dem grassierenden politischen Fieber und geriet mit dem preußischen Ministerpräsidenten Botho von Eulenburg aneinander, der einen

Repressionskurs bejahte. Die Spannungen mündeten im Oktober 1894 jedoch in einen Rückzieher Eulenburgs, als die Nationalliberalen und ein Teil der Konservativen vor dem Äußersten zurückschreckten. Wilhelm II., der die harte Linie favorisierte, lenkte ebenfalls ein, als Caprivi ihm seinen Rücktritt anbot und darauf, etwas überraschend, die überschwengliche Versicherung kaiserlichen Vertrauens erntete. Dies kam einer Niederlage Botho von Eulenburgs gleich, und um dem Rivalen den letzten Stoß zu geben, sorgte Caprivis Umgebung dafür, daß am 25. Oktober die Kölnische Zeitung über den Streit der Minister und Wilhelms Stellungnahme berichtete und bemerkte, die neue Wendung werde „in sehr erfreulicher Weise dazu beitragen, die Lage zu klären“[20]. Doch die Rechnung war ohne den Kaiser gemacht. Aufgebracht über die Indiskretionen der Presse entschloß er sich am 26. Oktober 1894, beide Minister zu entlassen und durch den Fürsten Chlodwig Hohenlohe-Schillingsfürst, bisher Statthalter in Elsaß-Lothringen, zu ersetzen. Die Entscheidung reifte in Liebenberg, dem Gut Philipp Eulenburgs, heran, wo Wilhelm zwei Tage der Jagd gefrönt hat. Philipp suchte nach einem honorigen, fügsamen Nachfolger für Caprivi und verfiel auf Hohenlohe - ein verblüffender Tip, hatte doch Wilhelm ursprünglich gewünscht, „einen jüngeren Mann“ zu finden, „der mir persönlich näher steht und... nur mein Mann sein“ sollte[21]. Statt dessen nun der Griff nach einem Fünfundsiebzigjährigen, der etwas älter war als Bismarck bei dessen Entlassung.

Der neue Reichskanzler war gedacht als Mann des Übergangs zu einer Regierung, die ganz auf die Bedürfnisse des Kaisers geeicht sein sollte. Aber es zeigte sich, daß die Gabe der Selbstverleugnung bei Hohenlohe groß genug war, um sich sechs Jahre im Amte halten zu können. Über Konflikte und Krisen hinweg gelang es ihm, Kontinuität zu wahren und Gegensätze zu überbrücken: „Die Deutschen haben recht, wenn sie meine Anwesenheit in Berlin für eine Garantie der Einheit ansehen“, bescheinigte er sich selbst 1898[22]. *Chlodwig Fürst zu Hohenlohe-Schillingsfürst* (1819-1901) ist schon in jungen Jahren ein Anhänger der deutschen Einheit gewesen. Sein nationales Engagement, verbunden mit dem Bekenntnis zur Führung Preußens in Deutschland, machte ihn zu einem Außenseiter im süddeutschen Hochadel und versetzte ihn automatisch in die politische Elite des Reichs. Über die Positionen eines Botschafters in Paris (1874) und Statthalters in Elsaß-Lothringen (1885) avancierte er zum Reichskanzler, obwohl er den junkerlich-militärischen Traditionen Preußens fernstand, ein Katholik war und gemäßigt liberalen Ansichten huldigte. Mit ihm zogen Noblesse und Liberalität in die Reichskanzlei ein, freilich gebrochen durch einen Hang zum Beobachten und Abwarten, so daß die Impulse des politischen Geschehens bald mehr denn je von anderswoher kamen.

Hohenlohe war ein Aristokrat von alteuropäischem Filigran. Seine Familie, bis 1806 reichsunmittelbare Fürsten, verfügte über weitgefächerte Verbindungen in Europa, und da eine seiner Cousinen die Mutter der Kaiserin war, genoß er das Privileg, von Wilhelm II. „Onkel Chlodwig“ genannt zu werden. Sein Lebensstil besaß noch eine feudale Breite. Wenn er zu einem seiner Güter in

Böhmen oder Litauen reiste, mochte ihn das Gefühl beschleichen, einem versinkenden Zeitalter anzugehören. Dennoch besaß er als Politiker einen Blick für das Zeitgemäße und genügend Zähigkeit, um für dessen Verwirklichung zu arbeiten. Als Reichskanzler rang er dem Kaiser sowohl eine Liberalisierung des Militärstrafprozesses als auch des Vereinsrechts ab, und unentwegt widersetzte er sich der Tendenz, das demokratische Element im Reich, den Reichstag, zu schwächen: seine Politik war es, „mit dem Reichstage auszukommen". Die Vorstöße auf die Arbeiterbewegung, die er mit der Umsturz- und Zuchthausvorlage nolens volens unternehmen mußte, endeten in parlamentarischen Schlappen. Erfolgreicher war er in der Flottenpolitik, deren Anfänge er legen half und von der er spürte, daß sie nicht nur „eine Laune des Kaisers" war, sondern dem Wunsch des Volkes, „eine Rolle in der Welt" zu spielen, entsprach[23]. Es gelang ihm, auf diesem Weg die Zentrumspartei mitzuziehen, die dem süddeutschen Katholiken Hohenlohe leichter auf die Bahn „nationaler" Politik folgte, als es bei Caprivi der Fall gewesen ist.

Doch solche Leistungen bewahrten ihn nicht davor, in den Schatten jüngerer Minister, vor allem Bernhard von Bülows, zu geraten. Sein Abgang als 81-Jähriger war melancholisch; mit ihm schied die Generation, die den Aufbruch von 1848 getragen hatte, aus der deutschen Politik.

Zunächst standen dem Kanzler, personalpolitisch gesehen, drei turbulente Jahre bevor. Bis Herbst 1897 spielten sich nicht weniger als sieben wichtige Ministerwechsel ab. Fast alle Minister gingen, weil sie es Wilhelm II. nicht recht machen konnten oder im Parlament nicht genug Erfolg hatten bei der Vertretung der kaiserlichen Wünsche. Im Einzelfall kam es zu so scharfer Konfrontation mit dem Kaiser, daß ein beleidigter Minister sagte, „einem andern gegenüber würde er zum Degen gegriffen haben"[24]. Hinter solchen Differenzen war das Streben maßgebend, die Regierung auf die Herrscherrolle Wilhelms auszurichten, der unterschiedlichen politischen Mentalität in Nord- und Süddeutschland gerecht zu werden und den persönlichen Ehrgeiz von Personen zu befriedigen, die wie Philipp Eulenburg alles dem Vorteil Wilhelms unterordnen oder wie Bernhard Bülow ihrerseits in die Berliner Zentrale gelangen wollten. Philipp Eulenburg meinte, „das ganze kraft- und machtvolle Wesen des Kaisers" vertrage sich nicht mit liberalem oder katholischem Parteieinfluß, die preußische Regierung müsse also konservativ sein, aber da die Süddeutschen nur mit einer gemäßigten Politik beim Reich zu halten seien, müßten Politiker gefunden werden, die in Preußen konservativ und im Reich liberal aufträten. Ähnlich dachte Bülow, der „Autorität und Prestige Seiner Majestät" über alles stellte und voll Bescheidenheit ankündigte, „ich wäre ein andrer Reichskanzler wie die bisherigen. ... Ich würde mich als ausführendes Werkzeug seiner Majestät betrachten, gewissermaßen als sein politischer Chef des Stabes. Mit mir würde im guten Sinne, aber tatsächlich ein persönliches Regiment beginnen"[25].

Die Personalkrisen mündeten im Herbst 1897 in einen Zustand, der für die nächsten zehn Jahre die Regierung stabilisierte. Hinter

Hohenlohe hatte sich eine Vierergruppe aufgebaut, die die Schlüsselstellungen besetzte und die laufenden Geschäfte an sich zog. Zwei Männer, die bereits als Gegenspieler Caprivis aufgetreten waren, hatten sich die Stellvertretung Hohenlohes im Reich und in Preußen gesichert: Graf von Posadowski-Wehner, seit 1893 an der Spitze des Reichsschatzamtes, nunmehr als Vizekanzler und Statssekretär im Reichsamt des Innern, und Miquel, seit 1890 preußischer Finanzminister und nun Vizepräsident des Staatsministeriums. Neben sie traten zwei Neulinge: Alfred von Tirpitz als Staatssekretär im Reichsmarineamt und Bernhard von Bülow als Staatssekretär im Auswärtigen Amt. Der große Hoffnungsträger war Bülow, von dem Wilhelm II. schon 1895 gesagt hatte, er solle sein Bismarck werden, „und wie der mit Großpapa nach außen Deutschland zusammenschmetterte, so wollen wir beide im Innern den Wust von Parlamentarismus und Parteischablone reinigen".[26] Doch in Wirklichkeit wurde Bülow nicht der antiparlamentarische Kampfminister, sondern der geschickte Mittelsmann, der bis 1908 zwischen den Intentionen Wilhelms und der Reichstagsmehrheit eine gangbare Linie fand - im Herbst 1908, während der Daily Telegraph-Krise, sollte auch er am Ende seines Lateins sein.

Tirpitz übernahm es, des Kaisers Flottenwünsche zu erfüllen und dafür mit Hilfe des Zentrums eine ausreichende Parlamentsmehrheit zu gewinnen. Auf die Zusammenarbeit mit dem Zentrum war auch Posadowksi eingestellt, ein fatalistischer Konservativer, der angesichts des gesellschaftlichen Wandels damit rechnete, daß „die Monarchie entweder in [eine] Republik übergehen oder ... eine Schattenmonarchie werden" müsse, und außerdem fürchtete, Wilhelms Verhalten könne einst den Sturm des Volkes aufs Berliner Schloß provozieren. Er war ebenfalls kein Konfliktminister, und dasselbe traf für Miquel zu, obwohl er es in den Irrungen der Jahre vor 1897 mit der Sozialdemokratie aufnehmen und das allgemeine Wahlrecht beschneiden wollte. Seit 1897 zog er es vor, die Zusammenarbeit der bürgerlichen und konservativen Parteien zu fördern und dadurch Regierung und Parlament einander anzunähern. Die neuen Männer waren also keine Reaktionäre. Mit Blick auf Wilhelm und dessen höfische Umgebung bemühten sie sich, dem Reich die Exaltationen politisierender Gardeoffiziere zu ersparen. Gleichwohl waren sie auf die Person Wilhelms ausgerichtet, vom Primat des Kaisers in der deutschen Politik überzeugt und an das Herrschaftssystem der konstitutionellen Monarchie gebunden. Ihnen lag daran, preußische Tradition und deutschen Nationalismus zu vereinen, um so den konservativen Kern der bestehenden Ordnung zu bewahren. Einstweilen hofften sie, das durch geschicktes Eingehen auf die Einfälle Wilhelms zu erreichen. Der Kaiser bemerkte zufrieden den Wandel und meinte, seit Bülows Antritt sei auf der Regierungsebene „alles in Ordnung gekommen"[27].

c) Reichstag und Parteien

Wenden wir uns nun dem Reichstag und den Parteien zu, die das Ihrige zum unruhigen Verlauf der Politik beigesteuert haben. Es hat bei ihnen an Bereitschaft zur Konfrontation mit der Regierung nicht gefehlt, und bezeichnenderweise galt das seit 1890 beinahe mehr für die rechten Parteien als für die linken. Denn die Konservativen machten im Sog der agrarischen und antisemitischen Bewegung unverhohlen Front gegen einzelne Gesetzesvorlagen oder Minister. Außerparlamentarische Verbände wie der Bund der Landwirte, der Ostmarkenverein, die Alldeutschen nötigten den Rechtsparteien einen aggressiven Stil auf, der die Regierung zwang, auf das zu achten, was eine nationale Opposition im Lande propagierte. Kompliziert wurde die Situation dadurch, daß die Parteien in Richtungs- und Personalkrisen gerieten und es üblich wurde, „alle Parteien im Zustande der Zersetzung“ zu sehen sowie von den „überlebten Parteiverhältnissen“ und „ihrer politischen Zerfahrenheit“ zu sprechen[28].

Ungeachtet des gesellschaftlichen Wandels erwies sich das Parteiensystem als relativ stabil. Das zeigen recht anschaulich die Wahlergebnisse (s. Tabelle), allerdings mit zwei Ausnahmen: dem Rückgang der Nichtwähler (von 1890: 28,4 % auf 1912: 15,1 %) und dem Anstieg der Sozialdemokratie (von 1890: 1,43 auf 1912: 4,25 Mio. Wähler). Numerisch haben bis 1912 alle Parteien hinzugewonnen, aber das korrespondierte mit der allgemeinen Zunahme an Wählern, so daß sich ihr Stimmenanteil nicht wesentlich verschob. Anders die Sozialdemokratie, deren Wählerschaft absolut und relativ beträchtlich gewachsen ist. Sie besaß spätestens seit 1890 einen Massenanhang, mit dem keine Partei konkurrieren konnte und den auch die Agitationsverbände, die sich für die bürgerlichen Parteien engagierten, nicht spürbar minderten. Lediglich bei den Wahlen von 1907 fanden die Konservativen und Liberalen zusammen und jagten der Sozialdemokratie wenn schon nicht Wähler, so doch Wahlkreise und Mandate ab. Doch das ist einmalig gewesen. Der Aufstieg der Sozialdemokratie war unaufhaltsam, ließ aber dennoch zu, daß so gut wie alle Parteien, die 1871 in den Reichstag eingezogen waren, auch 1912 dort noch saßen.

Gemessen an den Stimmenanteilen haben die bürgerlichen Parteien zwischen 1890 und 1912 fast 17 Prozentpunkte verloren. Am stärksten traf es die politischen Nachbarn der Sozialdemokraten, die Linksliberalen (Freisinnige Partei, Freisinnige Vereinigung, Deutsche Volkspartei), die 5,7 Punkte einbüßten, ähnlich erging es den Konservativen (Deutschkonservative Partei, Freikonservative Reichspartei, Antisemiten), die 5,1 Punkte abgaben, während das Zentrum gemeinsam mit den Regionalparteien (-3,1) und die Nationalliberalen (-2,7) glimpflicher davonkamen.

Wahlergebnisse für den Reichstag im Überblick

	1890		1893		1898		1903		1907		1912	
Wahlberechtigte[1]	10,15		10,63		11,44		12,53		13,35		14,44	
Abgegebene Stimmen[1]	7,26		7,70		7,79		9,53		11,30		12,26	
Wahlbeteiligung %	71,6		72,5		68,1		76,1		84,7		84,9	
a) Stimmenanteil % b) Mandatszahl	a	b	a	b	a	b	a	b	a	b	a	b
Konservative	12,4	73	13,5	72	11,1	56	10,0	54	9,4	60	9,2	43
Freikonservative	6,7	20	5,7	28	4,7	23	3,5	21	4,2	24	3,0	14
Antisemiten[2]	0,7	5	3,4	16	5,1	19	3,8	15	3,3	29	2,5	10
Nationalliberale	16,3	42	13,0	53	12,5	46	13,8	51	14,5	54	13,6	45
Linksliberale[3]	16,0	66	12,6	37	9,7	41	8,3	30	9,7	42	12,3	43
Deutsche Volkspartei	2,0	10	2,2	11	1,4	8	1,0	6	1,2	7		
Zentrum	18,6	106	19,1	96	18,8	102	19,7	100	19,4	105	16,4	91
Welfen	1,6	11	1,3	7	1,4	8	1,0	6	0,7	1	0,7	5
Polen	3,4	16	3,0	19	3,1	14	3,7	16	4,0	20	3,6	18
Elsaß-Lothringer	1,4	10	1,5	8	1,4	10	1,1	9	0,9	7	1,3	9
Dänen	0,2	1	0,2	1	0,1	1	0,2	1	0,1	1	0,1	1
Sozialdemokraten	19,7	35	23,3	44	27,2	56	31,7	81	29,0	43	34,8	110
Sonstige	1,0	2	1,7	5	3,7	12	2,3	7	3,6	4	2,5	9
Insgesamt		397		397		397		397		397		397

Zahlen nach: *G. A. Ritter/M. Niehuss,* Wahlgeschichtliches Arbeitsbuch, München 1980, S.38 ff. (gekürzt und geringfügig umgestellt)

1) in Millionen

2) ab 1907 als wirtschaftliche Vereinigung; 1898–1907 einschließlich des Bundes der Landwirte

3) bis 1890 Deutsch-Freisinnige Partei; ab 1893 FreisinnigeVolkspartei und FreisinnigeVereinigung; 1912 Fortschrittliche Volkspartei

Die *Konservativen* (Deutschkonservative Partei) litten u. a. an den Folgen eines Konflikts, der die Partei während der 1890er Jahre beschäftigt hat: des Konflikts zwischen Christlich-Sozialen und Agrariern. Der interne Gegensatz schwelte bereits seit längerem und kreiste um die Frage, ob die Partei sich mehr an Kirche und Christentum, verbunden mit einer Sozialpolitik zugunsten der städtischen und ländlichen Unterschichten, orientieren sollte oder an den Interessen des traditionellen Establishments von Adel, Landwirtschaft und Militär, verbunden mit der Verteidigung einer vorindustriellen Gesellschaftsordnung. Der Streit ging um eine zeitgemäße Entwicklung des Konservativismus und endete mit dem Sieg der agrarischen Richtung. Zunächst waren die Christlich-Sozialen um Adolf Stoecker in der Vorhand, denn die sozial-politische Initiative Wilhelms II. vom Februar 1890 gab ihnen Auftrieb. Außerdem machten sie sich anheischig, den Strom der antisemitischen Agitation, die mit den Konservativen in einigen Wahlkreisen konkurrierte, wieder in die eigene Partei zurückzulenken, vertrat doch Stoecker schon seit 1878/79 einen politischen Antisemitismus. Vorübergehend verbündeten sich die Agrarier mit ihnen gegen die Regierung, da die Landwirte die neue Handelspolitik, die den Einfuhrzoll auf Getreide senkte, bekämpften. Gemeinsam besorgten sie einen innerparteilichen Umschwung. Der Parteiführer Helldorff-Bedra, der mit der Regierung kooperiert hatte, wurde abgewählt, und als nächstes folgte im Dezember 1892 eine Revision des Parteiprogramms im christlichsozialen, antisemitischen Sinne. Mit geflissentlicher Häufung war da die Rede von christlichem Volk, christlicher Obrigkeit, christlicher Volksschule und auch vom Kampf gegen den „zersetzenden jüdischen Einfluß auf unser Volksleben", etwas weniger bestimmt von der Sozialversicherung und der „Besserung der Lage der Arbeiter" und wiederum entschiedener von den Sozialdemokraten, die „als Feinde der staatlichen Ordnung zu bekämpfen" seien, sofern sie den Umsturz betrieben. Diese Sätze waren jedoch nicht unumstritten, weil der antisemitsche Schwenk manchem Konservativen ein Pakt mit Leuten zu sein schien, die auf bestem Wege seien, „zu einer Spielart der Sozialdemokratie" herabzusinken, und weil der Parteitag beim Passus über die Sozialdemokratie abgelehnt hatte, diese einem erneuerten Sozialistengesetz zu unterwerfen[29]. Solch neuartige Akzente markierten im Moment Stoeckers Triumph, bereiteten ihm aber für die Zukunft den Weg, den Helldorff schon hatte gehen müssen.

Die konservative Partei hat sich der angesonnenen sozialpolitischen Dynamik verweigert. Sie hegte ein tiefes Mißtrauen gegen jede Form von Arbeiterbewegung, und das wurde den Christlich-Sozialen zum Verhängnis, als sie für die Arbeiter im allgemeinen und die Landarbeiten im besonderen eintraten. Zum politischen Umfeld Stoeckers gehörte eine Christlich-Soziale Partei, die er 1878 gegründet und an die Konservative Partei angelehnt hatte, ein Evangelisch-sozialer Kongreß, der seit 1890 soziale Probleme in jährlichen Tagungen behandelte, und Evangelische Arbeitervereine, die anfänglich in Westfalen und seit 1890 auch in anderen protestantischen Gebieten entstanden sind. In allen drei Bereichen wirkten Kräfte, die die Organisation der Arbeiter in staatlich anerkannten Berufsvereinen, die kritische Untersuchung der ländlichen Arbeitsverhältnisse und die Ansiedlung von Kleinbauern auf dem Boden ehemaliger Großbetriebe forderten. Sie zielten auf eine Sozialreform, die das ökonomische Zentrum der Konservativen, die ostdeutsche Landwirtschaft, nicht aussparte, sondern durch Erneuerung von innen her gegen die Landagitation der Sozialdemokraten wappnen wollte. Doch diesen Theorien von Pfarrern, Professoren und Journalisten standen die Gutsbesitzer fern, und sie erwiesen sich als die Stärkeren in der Partei.

Sie verdankten ihre Kraft nicht zuletzt dem Bund der Landwirte (BdL) (s. u. S. 53ff.), der seit 1893 eine breite Gefolgschaft gegen die Caprivische Handelspolitik sammelte. Er trat an die bürgerlichen Parteien heran, um deren Abgeordnete für sein Programm zu gewinnen. Besonders galt das für die Konservativen, in deren Reichstagsfraktion 1893 bereits 19 höhere Bundesführer saßen. Sie wurden die Hauptstütze des BdL in den Parlamenten und umgekehrt wurde der BdL ihr maßgeblicher Helfer in den Wahlkreisen. Der Einfluß der ostdeutschen Gutsbesitzer verdichtete sich also in der Partei, und dementsprechend mußte der Einfluß der Christlich-Sozialen sinken. Seit Frühjahr 1895 wurde Stoecker erst in der Parteipresse, dann in der Parteileitung bedeutet, er möge sich von den Sozialreformern im Evangelisch-Sozialen Kongreß trennen: die Organisation der Landarbeiter betreiben heiße nämlich, „der Sozialdemokratie das Bett graben“[30]. Am 2. Februar 1896 trat Stoecker aus der Konservativen Partei aus.

Auf diese Weise hatten sich die Konservativen entschieden, eine vorwiegend ostdeutsche und agrarische Partei zu bleiben. Sie lavierten fortan zwischen einem allgemeinen monarchischen Staatsideal und einem bestimmten gesellschaftlich-ökonomischen Interesse. Es ist viel Energie aufgewandt worden, um monarchisches und agrarisches Ideal als identisch zu erweisen - der deutsche Osten sei der „Fels, auf welchem der Thron der Hohenzollern begründet ward und noch heute fest ruht“, oder: die Landwirtschaft sei „die sicherste Grundlage für unseres Vaterlandes Macht und Größe“[31] -, doch außerhalb der Partei galten die Interpretationen nicht viel. Und die Praxis zeigte z. B. beim Bau des Mittellandkanals (1899), beim Zolltarif (1902) und bei der Reichsfinanzreform (1909), daß es den Konservativen beinahe unmöglich war, über ihren gutsherrlichen Schatten zu springen. Nicht das Geltendmachen landwirtschaftlicher Interessen war ihnen vorzuhalten, sondern der damit verbundene Anspruch, eine in Nord- und Ostdeutschland gewohnte Verteilung politischer, sozialer und ökonomischer Macht aufrechtzuerhalten und als Fundament monarchischer Staatsgewalt zu verherrlichen. Solch eine Selbstüberschätzung war für die innere Entwicklung des Reichs gefährlich.

Der reformfeindlichen Wende der Deutschkonservativen ist auch die *Freikonservative Reichspartei* gefolgt. Ihre Fraktion rechnete im Reichstag ab 1890 zu den kleineren Gruppen, ihre Repräsentanten kamen aus Hochadel, Großlandwirtschaft und Besitzbürgertum und ihre Wählerschaft konzentrierte sich auf einige Teile Preußens. Sie stellte das Bindeglied zwischen Konservativen und Nationalliberalen dar und vermittelte im Bedarfsfall den Anschluß der ostdeutschen Agrarier an eine auf Reich und Nation orientierte Politik. Anfangs der 1890er Jahre geriet sie zwar in einen Zwiespalt zwischen der industriefreundlichen Handelspolitik Caprivis und der agrarischen Protestbewegung, denn beide Positionen lagen ihr nahe. Aber seit 1894 fand sie einen Ausweg in der Attacke auf Sozialpolitik und Arbeiterbewegung, die damals bei Unternehmern, Landwirten und Mittelständlern populär wurde. Besonders heftig engagierte sich der saarländische Abgeordnete und Unternehmer Carl Friedrich von Stumm, der z. B. am 9. Januar 1895 nicht nur die Sozialdemokratie angriff, sondern auch bürgerliche Sozialwissenschaftler - in Berlin habe sich „ein vollständiger Universitätssozialismus herausgebildet“ -, evangelische Geistliche und die evangelischen Arbeitervereine, die er „direkt in das Lager der Sozialdemokratie“ marschieren sah[32]. Dank ihrer Verbindungen, die bei Stumm bis zu Wilhelm II. reichten, blieb die Partei stets einflußreich, aber ihr kontinuierlicher Verlust an Wählern verriet, daß sie sich auf dem Abstieg zur Splitterpartei befand.

Als Splitterpartei waren die *Antisemiten* von Anfang an einzustufen, obwohl ihr Wahlerfolg von 1893 einiges Aufsehen erregte. Sie traten in zwei Richtungen auf, einer mehr sozialreformerischen und einer mehr konservativen, die von 1894 bis 1900 in der *Deutschsozialen Reformpartei* zusammenfanden. Ihr Ziel war, die Gleichberechtigung der Juden aufzuheben, ihre Teilhabe am öffentlichen Dienst zu unterbinden bzw. die Teilhabe am Bildungswesen zu beschränken, die Einwanderung von Ostjuden zu verbieten u. ä. m. (vgl. I, S. 151ff.). Sie begründeten das mit sozialen Mißständen, für die die Juden als Träger des kapitalistischen Systems verantwortlich seien, mit dem übermäßigen öffentlichen Einfluß, den die jüdische Minderheit erlangt habe, und mit der Notwendigkeit, das deutsche Volk von einer ihm fremdartigen Rasse zu befreien - die Judenfage werde die Weltfrage des 20. Jahrhunderts werden, kündigten die Deutschsozialen 1899 an, und die Völker würden sie „endgültig durch völlige Absonderung (wenn die Notwehr es gebietet) und schließliche Vernichtung des Judenvolkes“ lösen. Es wurde also bereits an das Unsägliche gedacht, aber vor dem Hintergrund einer in Gruppenkämpfen zerfahrenen Bewegung mit etwa 284 000 Wählern (1898) entbehrte das der realen Bedrohung. Wichtiger war, daß es die Antisemiten mit ihrer Agitation unter Landwirten, Handwerkern und Gewerbetreibenden schafften, den Konservativen in Hessen, Thüringen und Sachsen Wähler abzunehmen, und daß daraufhin die Deutschkonservativen, der Bund der Landwirte sowie Organisationen der Angestellten und der Studenten sich der Diskriminierung der Juden bedienten, um eine national- und standesbewußte Anhängerschaft zu werben.

Bezeichnend der martialische Ton, mit dem der BdL 1895 ausposaunte, „daß Landwirtschaft und Judentum sich bekämpfen müssen auf Tod und Leben, bis der eine Teil leblos oder wenigstens machtlos am Boden liegt“[33]. So wurde eine Hetze in Umlauf gesetzt, die nie ganz ernst genommen wurde, aber auch nie ganz wirkungslos war.

Eine einflußreiche Stelle besetzten nach wie vor die *Liberalen* im deutschen Parteiensystem. 1890 sind sie aus den Reichstagswahlen als wählerstärkste Gruppe (2,5 Mio. Wähler) hervorgegangen, und auch die 118 eroberten Mandate unterstrichen ihr Gewicht. Dieses gemeinschaftlich in die Waagschale zu legen, war ein ideales Ziel, das u. a. Anfang 1892 in den Worten Bennigsens anklang, angesichts der politischen Lage könne wieder „eine größere Annäherung zwischen liberalen Männern und Parteien“ eintreten, um dem Bürgertum und dem Liberalismus eine „größere Geltung, als sie zur Zeit besitzen“, zu geben.[34] In Wirklichkeit produzierte das liberale Lager Parteispaltungen statt -fusionen und wuchs nie zu einer geschlossenen Repräsentation des Bürgertums heran. Der Wählerzahl nach fiel es bald hinter die Sozialdemokratie zurück und steuerte, beengt von seinen antisozialistischen, antiklerikalen und antiagrarischen Ressentiments, einen gewundenen Kurs zwischen den übrigen Parteien.

Der Auftakt der Wilhelminischen Ära war für die *Nationalliberalen* zwiespältig. Ihre führenden Männer Bennigsen und Miquel rückten als Oberpräsident von Hannover (1888) und preußischer Finanzminister (1890) in wichtige Staatsämter, doch die Wahlen im Februar 1890 reduzierten ihre Reichstagsfraktion um mehr als die Hälfte. Dieser Schock bewog die Partei, die Organisation auszubauen. Es wurde eine zentrale Geschäftsführung eingerichtet, regelmäßig alle ein bis zwei Jahre Parteitag gehalten, das Netz der örtlichen Vereine verdichtet und 1900 ein Reichsverband nationalliberaler Jugendvereine gegründet. Nicht minder wichtig war die Zusammenarbeit mit überparteilichen Verbänden wie dem Alldeutschen Verband, dem Kolonialverein, Ostmarkenverein oder Bund der Landwirte, die bei verschiedenen Facetten „nationaler“ Politik als Partner auftraten. Der agrarische Rigorismus des BdL war allerdings lästig, weil er teils den Ausgleich zwischen landwirtschaftlichen und industriellen Interessen störte, teils in ländlichen Regionen konkurrierende Wahlkandidaten förderte, also die Nationalliberalen indirekt nötigte, in Fragen der Wirtschafts-, Handels- und Zollpolitik auf eine verbindliche Parteilinie zu verzichten. Wegen der Wahltaktik mußte die Partei flexibel bleiben, denn ihre Reichstagssitze gewann sie meistens erst in den Stichwahlen (1890: 23 von 42, 1903: 46 von 51), und das hieß, sie brauchte im zweiten Wahlgang, bei dem sie häufig gegen die Sozialdemokratie oder das Zentrum stand, die Anhänger anderer Parteien zum Erfolg. Oft mußte die Hilfe von rechts kommen, und das veranlaßte die Partei in der Verfassungs-, Wirtschafts- und Sozialpolitik zu einem sehr gemäßigten Liberalismus. Für die Regierung gehörte sie stets zu den Kräften, die bei der Bildung parlamentarischer Mehrheiten vonnöten waren. Ihre Bedeutung wurde noch dadurch erhöht, daß sie in Mittel-, West- und Süddeutschland verwurzelt war und der borussischen Enge der Konservativen eine gewisse nationale Weite hinzufügte, also den politischen Regionalismus im Reich abschwächte.

Zu den Gewinnern der Wahlen von 1890 gehörten die *Linksliberalen*, die 76 Mandate errangen und zeigten, daß sie die Amtszeit ihres Gegenspielers Bismarck gut überlebt hatten. Doch das schöne Bild verblaßte schnell. 1893 spaltete sich die *Deutsche Freisinnige Partei*, der 66 der erwähnten Mandate gehörten, in die Freisinnige Volkspartei und die Freisinnige Vereinigung, und beide erhielten bei den folgenden Reichstagswahlen nur 37 Sitze. Besser schnitt die *Deutsche Volkspartei* ab, eine vor allem auf Württemberg konzentrierte Partnerin, die 1893 mit 167 000 Wählern ihr Spitzenergebnis erreichte. Den Bruderzwist bei den Freisinnigen verursachte die Vorlage über eine beträchtliche Vermehrung des Reichsheeres, die der Großteil der Fraktion, angeführt von Eugen Richter, ablehnte, indes eine Minderheit in Fragen der nationalen Sicherheit kompromißbereit sein wollte. Die Gemäßigten verselbständigten sich als Freisinnige Vereinigung und halfen die Militärvorlage beschließen.

In der *Freisinnigen Vereinigung* fanden sich jene Bankiers, Kaufleute und Publizisten wieder, die 1880 von den Nationalliberalen nach links abgewandert waren - Männer mit hohem politischen Prestige, die ihren sozialen Rückhalt im Küstengebiet von Bremen bis Danzig hatten und auf 200-300 000 Wähler rechnen durften. Sie waren an einer exportorientierten Handelspolitik und einer machtbewußten Außenpolitik interessiert, ebenso an der Flottenpolitik, dabei immer geleitet von der Hoffnung, auf diesen Wegen den Einfluß der Agrarier verringern zu können: „Der Liberalismus", sagte 1897 einer von ihnen, „muß eine große, nationale Politik treiben, dann werden die Massen ihm zujauchzen"[35].

Sehr viel weniger elitär war die *Freisinnige Volkspartei*, die eine ausgebaute Organisation und eine breite Anhängerschaft besaß. Sie stand in der Tradition des entschiedenen Liberalismus, der von 1862 bis 1866 den Verfassungskonflikt in Preußen ausgefochten, der Bismarckschen Strategie bei der Reichsgründung opponiert und die Verfassung des Reichs als illiberal verworfen hatte. Die Kluft zwischen ihr und den Realitäten des Reichs wuchs noch, als sie seit 1879 die Schutzzoll- und Sozialpolitik bekämpfte, und ihr Dilemma wurde komplett, als der Aufstieg der Sozialdemokratie sie der Aussicht beraubte, für ihre Opposition jemals eine Mehrheit zu gewinnen. Unermüdlich wiederholte ein Mann wie Eugen Richter, die Sozialdemokratie habe das liberale Bürgertum zugunsten von Konservativen und Antisemiten geschwächt und würde im übrigen mit ihren Zielen „die Menschheit auf einen Grad der Dürftigkeit und Armseligkeit zurückwerfen", den nicht einmal die frühgeschichtlichen Nomaden gekannt hätten. Der Gegensatz zur Sozialdemokratie isolierte die Freisinnige Volkspartei, obwohl ihr Verlangen nach „Entwicklung eines wahrhaften konstitutionellen Verfassungslebens" mit „Kräftigung der Rechte der Volksvertretung" und „Verwirklichung der Ministerverantwortlichkeit" einen breiteren Rückhalt verdient gehabt hätte[36)].

Es hat nicht an einem Versuch gefehlt, die starren Fronten zu durchbrechen und liberale, soziale und nationale Bestrebungen in einer neuen Integrationspartei zu vereinen. Ein Außenseiter, Friedrich Naumann, ist der Initiator gewesen und der National-soziale Verein sein Mittel zum Zweck. Er brachte nur ein kurzlebiges Experiment zustande, aber mit ihm meldete sich gleichwohl eine jüngere Generation von Politikern zu Wort.

Friedrich Naumann (1860-1919) war ein evangelischer Pfarrer aus Sachsen, geboren in einer Familie von Ärzten und Pfarrern. Ihm schwebte vor, die vorhandenen Parteigegensätze in einer größeren Einheit aufzulösen und der deutschen Nation durch Versöhnung der monarchisch-konservativen Tradition mit der proletarisch-demokratischen Gegenwart mehr Festigkeit zu geben. Den Antrieb dazu bezog er aus einem Zeitverständnis, in dem sich deutsches Sendungsbewußtsein, biologisch-darwinistische Lebensanschauung und imperialistisches Machtstreben mischten. Er meinte, Deutschland werde „im Jahre 1925 etwa 80 Millionen Menschen ernähren" müssen. Um deren Bedürfnisse zu befriedigen, müsse das Reich eine „energische Ausfuhrpolitik" treiben und „vorwärts zum Weltmachtstaat" schreiten. Das werde nur gelingen, wenn die Veränderungen, die sich aus Industrialisierung und Bevölkerungswachstum ergeben hätten, innenpolitisch verarbeitet, d. h. „Demokratie und Kaisertum" (so ein Buchtitel von 1900) bzw. Sozialdemokratie und Staat vereinigt würden. Naumann war überzeugt, „daß die zukünftige Politik Deutschlands von der Arbeiterklasse getragen" werden müsse, und verfocht deshalb sowohl nationale Interessen- als auch soziale und demokratische Reformpolitik[37)].

Er predigte also einen Nationalismus, der eine kräftige demokratisch-soziale Dosis enthielt. Zunächst betätigte er sich an der Seite Stoeckers, aber seine an Marx und Lassalle geschulte Gesellschaftskritik trug ihn über die christlich-soziale Bewegung hinaus, 1896 gründete er den Nationalsozialen Verein, 1897 legte er sein Pfarramt nieder. Er hoffte, daß die Formel „national-sozial" die Einheit von Monarchie, Staat und Arbeiterbewegung stiften werde. Doch darin wurde er vollständig enttäuscht; er hatte sich politisch verschätzt, und als er den sozialisten- und judenfeindlichen Vorurteilen des Bürgertums widersprach, wurde er 1906 gar als „Herold einer antinationalen Gesinnung" gescholten. Dieser Fußtritt aus Kreisen ehemaliger Freunde galt dem Vorkämpfer der Linksliberalen, in den er sich verwandelt hatte. Als der Nationalsoziale Verein mangels Erfolgs aufgelöst wurde, hat Naumann sich der Freisinnigen Vereinigung angeschlossen, für die er 1907 in den Reichstag einzog. Sein Hauptinteresse galt nun dem Zusammenschluß der linksliberalen Parteien, der 1910 tatsächlich gelang. Nachdrücklicher als andere Politiker forderte er eine erweiterte Kontrolle des

Parlaments über die Regierung, sah aber ein, daß den meisten Parteien „der Wille zur Macht“ gänzlich fehlte und deshalb die „Regierungsunfähigkeit der Volksvertretung“ offen zutage lag[38]. Ihm fehlte es also nicht an selbstkritischer Skepsis. Wenn er auch zeitlebens der nationalen Größe der Deutschen huldigte, hob ihn doch sein Eintreten für die soziale und demokratische Komponente deutscher Politik aus dem Kreis der bürgerlichen Nationalisten heraus.

Der Nationalsoziale Verein scheiterte binnen weniger Jahre. Die Wahlen von 1903 brachten ihm etwa 30 500 Stimmen und ein Mandat, während die Sozialdemokratie 3 Mio. Wähler und 81 Mandate erreichte. Der Mißerfolg bei der Werbung um die Arbeiter war eindeutig; der Verein stellte seine Tätigkeit ein, und seine Mitglieder gingen überwiegend zu den Linksliberalen.

Viel wichtiger als Naumanns Vorstoß ist für die politische Entwicklung das Verhalten des *Zentrums* geworden. Diese Partei zog ein knappes Fünftel der Reichstagswähler an sich und ein Viertel bzw. einschließlich der ihm oft folgenden Polen, Welfen oder Elsaß-Lothringer sogar ein Drittel der Mandate. Seit 1890 gab es im Reichstag keine Mehrheit ohne das Zentrum (abgesehen von den Jahren 1907-1909, wo die Regierung die Linksliberalen für sich hatte), doch es dauerte bis etwa 1898, ehe die Partei in ihre neue „nationale“ Rolle, die sich „auf Überbrückung der konfessionellen Gegensätze durch Hervorhebung des National-Einigenden“ richtete, hineingewachsen war. Es war ein Zeichen der Zeit, als aus ihrer Mitte 1898 dafür plädiert wurde, Deutschland müsse um des Schutzes seiner wachsenden Bevölkerung und seines Handels willen „achtunggebietend neben den anderen Nationen dastehen“ und bedürfe dazu einer Flotte, da England vielleicht bald „als unser Gegner auftritt, um unseren [wirtschaftlichen] Wettbewerb abzuwehren“[39]. Kompliziert wurde der Prozeß dadurch, daß die Regierungspolitik unter Wilhelm II. schwer zu berechnen war, daß außerparlamentarische Kräfte wie Bauernvereine, Arbeitervereine und christliche Gewerkschaften auch für das Zentrum wichtig wurden und daß an der Spitze der Reichstagsfraktion nach dem Tode Windthorsts (1891) ein Tauziehen rivalisierender Gruppen einsetzte, das die Meinungsunterschiede so groß werden ließ, daß 1893/94 die Einheit der Partei gefährdet war. Noch mehr als die Nationalliberalen hatte das Zentrum an der Last der innerparteilichen Integration zu tragen: Schlesier und Rheinländer, Bayern und Westfalen mußte es ebenso zusammenhalten wie Landwirte und Industrielle oder Arbeiter, Unternehmer und Beamte. Diese Aufgabe erleichterte es sich, indem es vermehrt nach nationalen Argumenten griff, denn damit gewann es Anschluß an die bürgerlichen Parteien und die Regierung und bot seinen Wählern einen Punkt politischer Identifikation.

Für das Zentrum brachen unruhige Zeiten an, als Caprivi 1892 den Entwurf eines preußischen Schulgesetzes den Liberalen opferte, 1893 seine aufwendige Militärvorlage einbrachte und 1894 den von den Landwirten bekämpften Handelsvertrag mit Rußland abschloß. Namentlich die Militärvorlage traf die Partei, weil die adlig-konservative Fraktionsführung zum Kompromiß bereit war, dagegen die Parteianhänger in West- und Süddeutschland jede Erhöhung der Militärlasten mißbilligten.

Im Juni 1893 verschoben die vorzeitigen Reichstagswahlen die Gewichte im Zentrum zugunsten der bürgerlichen, westdeutschen Vertreter, und es war vor allem *Ernst Lieber* (1839-1902), der nun an Einfluß gewann. Der in Hessen-Nassau beheimatete Lieber wurzelte fest im katholischen Milieu: er engagierte sich in der Diskussion der sozialen Frage und ließ sich 1870/71 in den preußischen Landtag wie den Reichstag wählen. Als Parlamentarier stand er im zweiten Glied, erwarb sich aber als Spezialist für Fragen des Arbeiterschutzes, Redner auf den Katholikentagen und Mitgründer des Volksvereins für das katholische Deutschland (1890) allmählich eine beachtliche Stellung. Seine Vereins- und Versammlungsarbeit hat ihm ein Renommee eingetragen, das ihm 1893 erlaubte, auch in der Reichstagsfraktion eine entscheidende Rolle zu übernehmen. Die Regierung betrachtete seinen Aufstieg mißtrauisch, fürchtete sie doch, das Zentrum werde unter ihm aus einer „kirchlich konfessionellen zur politisch demokratischen Partei" werden. In der Tat sah Lieber das Zentrum als politische Partei an, die unabhängig von der Kirche agiere, und verteidigte das demokratische Reichstagswahlrecht als „das höchste, letzte politische Recht des wirtschaftlich schon [so stark] unterdrückten Volkes". Seine volksnahe Einstellung bewährte er 1893 im Kampf gegen die Militärvorlage, die ihn in Konflikt mit der Regierung und dem rechten Flügel der Partei brachte. Ob seiner Polemik gegen Militär, Regierung und Hohenzollern galt er für Wilhelm II. als „ausgemachter Halunke", und doch sollte er drei Jahre später für seine „vaterländische Gesinnung" den Dank des Kaisers einheimsen[40] - das geschah nach der Verabschiedung des ersten Flottengesetzes, für das er erfolgreich eingetreten ist.

Lieber ist der Politiker geworden, der seine Partei an die Regierung heran- und damit in das nationale Lager hineinführte. Dieser Positionswechsel beruhte u. a. darauf, daß das Zentrum seit 1890 eine gesteigerte Mitverantwortung für die Reichspolitik trug und deshalb die Verständigung mit der Regierung suchte, ferner litt die Partei unter der agrarischen Agitation und Spaltungstendenzen, die Lieber durch Einschwenken auf neue, große Aufgaben zu überspielen hoffte, und auch die Anfänge der wilhelminischen Weltpolitik hinterließen ihren Eindruck und weckten den Wunsch, nicht mehr in „nationalen Fragen immer in der Opposition" zu stehen[41]. In dieser Lage hat Lieber den größeren Teil seiner Fraktion dahingebracht, 1898 dem Flottengesetz zuzustimmen, also die Opposition in Fragen der Rüstungspolitik aufzugeben. Er hat erreicht, daß der Reichskanzler und die Staatssekretäre seinen Rat suchten und seine Partei ein wenig „Regierungspartei" geworden ist. Bei seinem Tode war es sicher, daß das Zentrum eine schwierige Phase erfolgreich bestanden und sich als große überregionale Kraft behauptet hatte.

Der Prestigegewinn der Partei - u. a. daran erkennbar, daß sie von 1895 bis 1906 den Präsidenten des Reichstags stellte, was bislang eine Domäne der Nationalliberalen und Konservativen war - konnte freilich die fortbestehenden Probleme nicht verdecken. Nach wie vor rivalisierte eine bürgerlich-demokratische Richtung mit einer adlig-konservativen, und ihren Konflikt verschärfte mitunter der katholische Episkopat. Er förderte seit dem Ende des Kulturkampfes die konservativ-christlichen Kräfte in Staat und Gesellschaft, verteidigte seinen leitenden Einfluß im katholischen Milieu und beobachtete mißtrauisch das autonome Auftreten der christlichen Gewerkschaften, des Volksvereins für das katholische Deutschland oder auch des Zentrums. Ein energischer Verfechter dieses Führungsanspruchs war Georg Kardinal Kopp, seit 1887 Fürstbischof von Breslau. Er hatte als Vermittler zwischen preußischer Regierung und Papst den Kulturkampf beilegen helfen, war Mitglied des preußischen Herrenhauses geworden und hat im Zentrum die regierungsfreundliche Strömung unterstützt. Sein Wort hatte Gewicht, und wenn er z. B. 1900 verlangte, daß die Gewerkschaften katholischer Arbeiter nicht allgemein christlich orientiert, sondern konfessionell gebunden sein und der kirchlichen Autorität unterstehen sollten, dann wurde deutlich, wie sehr er sein Gewicht aus dem kirchlichen in den politisch-gesellschaftlichen Bereich hinübertrug. Die Folge war, daß im katholischen Lager kirchliche Hierarchie, soziale Interessenorganisationen und politische Bewegung um Einfluß und Macht rangen und die Zentrumsführung sich ihren Kurs zwischen Regierung, Kirche und Verbänden suchen mußte.

Nach dem Einschwenken des Zentrums auf eine regierungsnahe Linie blieb von den großen Parteien nur noch die *Sozialdemokratie* der strikten Opposition treu. Aber auch sie erhielt Anstöße zur Neuorientierung, und um die Jahrhundertwende befand sie sich im offenen Disput über ihr Selbstverständnis: Reformisten, Revisionisten und Marxisten stritten darüber, ob die Partei der Revolution abschwören, eine parlamentarisch-demokratische Reformpolitik unterstützen und die Zusammenarbeit mit den Liberalen suchen sollte. Sollte sie Klassenpartei des Proletariats oder allgemeine Volkspartei, die sich auch an Akademiker, Gewerbetreibende und Bauern wandte, sein? Gewiß war, daß die Hunderttausende neuer Wähler von ihr praktische Erfolge erwarteten und sich „nicht nur auf die Zukunft des sozialistischen Staates verweisen [lassen wollten], von dem man nicht weiß, wann er kommen wird“[42]. Sie begann also, einen Weg zu suchen, auf dem sie ihr produktives Engagement in der Tagespolitik mit einem glaubwürdigen Bekennntis zum sozialistischen Fernziel verbinden konnte.

Mit drei Schritten verließ sie den Schatten des Sozialistengesetzes: mit dem Wahlerfolg vom 20. Februar 1890, der sie zur Partei mit den meisten Wählern (1,4 Mio.) machte, mit dem Hallenser Parteitag im Oktober 1890, auf dem sie ihre Organisation regelte, und mit dem Erfurter Parteitag im Oktober 1891, auf dem sie ein neues Parteiprogramm beschloß. Es glich einem Triumph, als sich zwei Wochen nach dem Ende des Ausnahmegesetzes 413 Delegierte - eine bis 1914 unübertroffene Rekordzahl - in Halle/Saale versammelten und die Partei neu konstituierten. Doch mit dem Siegesgefühl paarte sich sogleich Vorsicht, denn obwohl das generelle Verbot sozialistischer Vereine gefallen war, blieb die Reorganisation der Partei gebunden an die Vorschriften über politische Vereine, die u. a. die Zusammenarbeit einzelner Vereine, also die Zusammenfassung der Organisationen auf der Orts-, Landes- und Reichsebene verhinderten. Diesem sog. Verbindungsverbot entsprach die Sozialdemokratie mit einer dualistischen Organisation: an der Basis, den Orten oder Wahlkreisen, wurden autonome Vereine mit geregelter Mitgliedschaft gebildet, die keinen direkten Kontakt zur Partei hatten. Die Gesamtpartei schlüpfte in die Gestalt einer locker gefügten Bewegung, die ihre örtlichen Anhänger in öffentlichen Versammlungen erfaßte und durch Vertrauensmänner, die dort gewählt wurden, betreute. Auch die Delegierten, die zum jährlichen Parteitag fuhren, wurden in solchen Versammlungen nominiert. Neben den gesetzeskonformen Dualismus trat vielfach eine illegale Binnenstruktur der Ortsvereine, die sich ein nach Wohnvierteln gegliedertes Funktionärsnetz beilegten und eine informelle Kooperation zwischen benachbarten Wahlkreisen herstellten. Das waren Substrukturen, die von den Behörden als gesetzwidrig verboten werden konnten und sorgfältig geheim gehalten werden mußten. Auf diese Weise lebten noch jahrelang illegale Praktiken der Parteiarbeit fort. Doch die Sozialdemokratie agierte in dem Zwielicht, das das Verbindungsverbot für alle Parteien schuf, so geschickt, daß der Berliner Polizeipräsident, als er Ende 1895 ihre Vereine wegen illegaler Zusammenarbeit schloß, mit seinen Argumenten vor Gericht nicht durchdrang. Der Obrigkeitsstaat hatte sich eine Opposition herangezogen, die ihn auf der juristischen Ebene überlistete und ihm moralisch überlegen war, weil sie wußte, „daß Deutschland das vorgeschrittenste und aufgeklärteste Proletariat unter allen Kulturstaaten" hatte und daß sie sich auf „die freiwillige Disziplin und die Begeisterung für die Sache" bei ihren Anhängern verlassen konnte.[43].

Anders als das Organisationsstatut, das 1900 nach Aufhebung des Verbindungsverbots hinfällig wurde, hat das Erfurter Programm dreißig Jahre gegolten und Epoche gemacht in der Geschichte der Sozialdemokratie. Es hat die Grundsätze des wissenschaftlichen Sozialismus von Karl Marx übernommen und mit einem Katalog demokratischer sowie sozialpolitischer Forderungen kombiniert: Theorie und Praxis, Fernziele und Nahziele schienen glücklich vereint zu sein, und die Delegierten haben den Text in großer Einmütigkeit verabschiedet. Aber hinter der glatten Fassade verbargen sich einige Unebenheiten. Es bestand ein latenter Konflikt zwischen der Absicht, dem vorgefundenen sozioökonomischen System Reformen abzuringen, und der Hoffnung, dieses System zugunsten eines ganz anderen, des Sozialismus, verlassen zu können. Die Sozialdemokraten pendelten zwischen zwei Verhaltensweisen, nämlich gegenwartsbezogene Reformpolitiker oder zukunftsbezogene Revolutionäre zu sein.

Das Programm begann mit einem grundsätzlichen Teil, der sich in Prognosen über die bürgerliche Gesellschaft erging: die Kleinbetriebe würden untergehen und die Produktionsmittel in die Gewalt einer „kleinen Zahl von Kapitalisten" geraten, die Arbeiter und Mittelschichten träfe eine „wachsende Zunahme der Unsicherheit ihrer Existenz, des Elends, ... der Ausbeutung", unter dem Druck der Arbeitslosigkeit werde der Klassenkampf „immer erbitterter" und die Wirtschaftskrisen würden „immer umfangreicher und verheerender" - kurz, das Privateigentum an Produktionsmitteln müsse durch das gesellschaftliche Eigentum abgelöst werden, um die moderne Industrie aus einer Quelle des Elends in eine „Quelle der höchsten Wohlfahrt und allseitiger, harmonischer Vervollkommnung" zu verwandeln. Die Umwälzung der Gesellschaftsordnung werde der Hauptbetroffene, die Arbeiterklasse, vollziehen, die als erstes die politische Macht erobern müsse. Ihren Kampf „zu einem bewußten und einheitlichen zu gestalten und ihm sein naturnotwendiges Ziel zu weisen - das ist die Aufgabe der Sozialdemokratischen Partei"[44]. Neben diesen Grundsätzen nannte das Programm konkrete Forderungen, die vor der Eroberung der Macht zu verwirklichen seien, u. a. die Ausweitung des gleichen, allgemeinen, direkten Wahlrechts (unter Einschluß der Frauen) auf alle Wahlen, Entscheidung über Krieg und Frieden durch das Parlament, direkte Gesetzgebung durch das Volk, Wahl der Behörden und der Richter durch das Volk. Abschließend folgte ein sozialpolitischer Katalog, der den achtstündigen Arbeitstag, Verbot der Nachtarbeit, Errichtung eines Reichsarbeitsamts, Sicherung des gewerkschaftlichen Koalitionsrechts usw. forderte.

Das Programm besticht auf den ersten Blick durch seinen gedanklichen Schwung, die klare Abfolge der einzelnen Teile und den Realismus seiner konkreten Forderungen. Doch bei näherem Zusehen treten Mängel und Defizite hervor. Am bedenklichsten waren die spekulativen Ausssagen über die Entwicklung des bürgerlich-kapitalistischen Systems. Da war die Rede von wachsenden Krisen, Ausbeutung, Arbeitslosigkeit, Elend und Klassenkampf, es wurden also materielle Katastrophen angekündigt, die nicht eingetreten sind. Die kapitalistische Wirtschaft hat seit den 1890er Jahren eine wachsende Bevölkerung versorgt, ohne daß sich die sozialen Unterschiede polarisierend verschärft hätten. Wenn die bürgerliche Gesellschaft trotzdem vielen Menschen einiges schuldig geblieben ist, dann an Entfaltung sozialer Gleichheit und politischer Gleichberechtigung, an Auflockerung der Klassenschranken. Oft fühlten sich Arbeiter unfrei, abhängig und in ihrer Menschenwürde verletzt, weil sie anscheinend auf ewig der Gewalt der Unternehmer ausgeliefert und am vermehrten Reichtum ungleich beteiligt waren. „Verurteilt zu sein, in seinem ganzen Leben vor der Unmöglichkeit zu stehen, seine materielle und geistige Lage trotz größter Anstrengung ... nicht verbessern zu können, das ist hart", sagte ein Metallarbeiter um 1908[45]. Solch ein Schicksal konnte aber nicht das Produkt von Systemkrisen sein, die das Erfurter Programm als „immer massenhafter", „immer erbitterter", „immer verheerender" klassifizierte, weil sie bis 1914 nicht stattgefunden haben. Insofern war der „naturnotwendige" Übergang vom Kapitalismus zum Sozialismus ein willkürliches Postulat, das sich über die Lebensfähigkeit der privatwirtschaftlichen Ordnung täuschte.

Diesem Irrtum, der aus der Marxschen Theorie bezogen wurde, traten politische Unklarheiten zur Seite. Das Programm entbehrte eines schlüssigen Staatsverständnisses. Es war begreiflich, wenn es auf ein Bekenntnis zu Kaiser und Reich verzichtete, und es war auch begreiflich, daß es dem Reich eine freiere, mehr Egalität verbürgende Verfassung geben wollte. Aber es war ein Fehler, sich nicht für den parlamentarisch-demokratischen Staat auszusprechen, sondern allerlei basisdemokratische Elemente (direkte Volksgesetzgebung, Volkswahl der Beamten) mitzuschleppen, die einem Großstaat am Ende des 19. Jahrhunderts wenig gemäß waren. Hinzukam das Dilemma, sich zwischen konstitutioneller Monarchie, parlamentarischer Monarchie, demokratischer Republik oder gar Diktatur des Proletariats nicht entscheiden zu wollen. Liebknecht sagte in Erfurt, der Ausdruck Staat sei im Programm vermieden, weil es zu schwierig gewesen wäre, sich über ihn zu verstandigen. Er dachte an die kaum verklungene Diskussion über die Diktatur des Proletariats, die Friedrich Engels im Frühjahr 1891 verursacht hatte. Während der Vorarbeiten am Erfurter Programm hatte er einen Text von Marx veröffentlicht, in dem die „revolutionäre Diktatur des Proletariats" als Übergangsperiode zwischen kapitalistischer und kommunistischer Gesellschaft gesehen wurde, und in eigenen Worten hatte er sich ebenfalls zur Diktatur bekannt, die sich vornehmlich „unter der Form der demokratischen Republik" entfalten sollte. Die schwierige Begriffskombination von Demokratie und Diktatur irritierte die Sozialdemokraten. Während Liebknecht meinte, unter der Diktatur werde das Proletariat die „Gesetzgebung für sich, das heißt zum Wohle der arbeitenden Klasse" nutzen, also in parlamentarischen Formen verbleiben, erklärte Karl Grillenberger bündig, von Diktatur sei unter den Sozialdemokraten „niemals die Rede gewesen". Der Kunstgriff, die Diktatur hinter einer parlamentarischen Mehrheit verschwinden zu lassen, war aber wenig glücklich, weil zur gleichen Zeit einige Parteigenossen die Parlamentsarbeit als Ablenkung vom offenen Klassenkampf bemäkelten. Sie prangerten den Parlamentarismus als gefährlich an: er habe „die Massen, aber auch die Parlamentarier" politisch korrumpiert und die Sozialdemokratie „zur puren Reformpartei kleinbürgerlicher Richtung" verflacht. Ihren Appell an tiefwurzelnde Animositäten gegen den bürgerlich-liberalen Politikbetrieb wollte Liebknecht beschwichtigen, indem er, die basisdemokratischen Forderungen betonend, sich dagegen verwahrte, „daß der Schwerpunkt politischen Lebens in das Parlament" käme[46]. So ging es hin und her: für und gegen parlamentarisches System, für und gegen Diktatur des Proletariats, und schließlich das Ausweichen vor dem Begriff Staat.

Die grundlegenden Fragen der Verfassungspolitik blieben in der Schwebe. Gewiß war nur die allgemeine Tendenz auf mehr Demokratie und Gleichberechtigung, aber die eigentlich gemeinte Staatsform wurde nicht genannt. Die Sozialdemokratie war noch nicht so weit, im parlamentarischen Repräsentativsystem und dem ihm eigenen Pluralismus der politischen Kräfte die zeitgemäßte Form der Demokratie zu erkennen. Ja, sie fühlte sich eines Eingehens auf die Verfassungslage des Reichs um so mehr enthoben, als sie „die Befreiung ... des gesamten Menschengeschlechts" durch die „Abschaffung der Klassenherrschaft" nahe wähnte. Das Ende des Sozialistengesetzes und der Wahlsieg weckten eine Euphorie, die sich an der Hoffnung auf noch größere Erfolge berauschte. „Der 20. Februar 1890 ist der Tag des Beginns der deutschen Revolution", schrieb Engels; drei Jahre später wagte er die Prognose, „es naht die Zeit, da unsere Partei berufen sein wird, die Regierung in ihre Hände zu nehmen", um 1900 könne es soweit sein. Und ganz drastisch formulierte August Bebel, einer der beiden Parteivorsitzenden, auf dem Erfurter Parteitag, die bürgerliche Gesellschaft sei so untergangsgeweiht, „daß wir nur den Moment abzuwarten [!] brauchen, in dem wir die ihren Händen entfallende Gewalt aufzunehmen haben. ... Die Verwirklichung unserer letzten [!] Ziele" würden noch die meisten Delegierten miterleben[47]. Wo so viel Optimismus waltete, war wenig Raum für die Sorge um die tagespolitische Kleinarbeit im Kaiserreich.

Doch das ist nur eine Seite der Medaille gewesen. Die andere zeigte, daß die Partei sehr wohl an die Kleinarbeit dachte und deren Konsequenzen erwog. Karl Kautsky, einer ihrer wichtigsten Publizisten und Theoretiker, wertete das parlamentarische Prinzip gegenüber dem basisdemokratischen auf und hielt die Arbeiter an, „überall für die Kräftigung des Parlaments gegenüber der Staatsverwaltung und für die Kräftigung ihrer Vertretung im Parlament", also für die Verfassungsreform, einzutreten. Allerdings endete seine Annäherung an die Tagespolitik auf halbem Wege. Er teilte nämlich den Glauben, daß der Kapitalismus abgewirtschaftet habe und die Arbeiter zu „tatkräftigem Umsturz der bestehenden Eigentumsordnung" zwinge. Aber so tatkräftig, daß daraus revolutionärer Aktionismus würde, sollten die Sozialisten angesichts der soliden deutschen Staatsgewalt wiederum nicht werden, und so prägte er die berühmt gewordene Formel: „Die Sozialdemokratie ist eine revolutionäre, nicht aber eine Revolutionen machende Partei"[48]. Das besagte, er unterschied zwischen Revolution als historischem Prozeß und politischer Tat und stufte letztere als inaktuell, unkalkulierbar, riskant ein, also als Tat, die nicht getan, sondern besser abgewartet werden sollte.

Diese Ambivalenz versuchte Georg von Vollmar, der Führer der bayerischen Sozialdemokraten, durch die Alternative konsequenter Reformpolitik abzustreifen. Er vertrat 1890/91 die Ansicht, die Partei stehe vor einer veränderten Lage und müsse bereit sein, ihre Ziele in allmählichen Fortschritten und gelegentlicher Zusammenarbeit mit der Regierung zu verwirklichen. Sie sei „eine große Partei geworden", die sich nicht mehr mit „bequemen allgemeinen Forderungen" begnügen dürfe, sondern „auf Grundlage der heutigen Staats- und Gesellschaftsordnung Verbesserungen wirtschaftlicher und politischer Art" herbeiführen sollte, das entspräche ihrem „realpolitischen Wesen". Von der Hoffnung auf schnelle, radikale Veränderungen hielt er nichts, denn wie überall finde auch in der Politik „ein langsames, organisches [sich] Entwickeln statt", und der Sozialist müsse wohl „das Ganze wollen und anstreben, aber es in Teilen erobern"[49]. Das waren Grundsätze, die die in sozialistischen Totalvisionen schwebenden Genossen weidlich erregten.

Georg von Vollmar (1850 - 1922) verkörperte den süddeutschen Flügel der Arbeiterbewegung, der an ein föderalistisches, gemäßigt liberales Umfeld gewöhnt war und den Anspruch des Berliner Parteivorstandes, alle Genossen müßten „in strengster Disziplin und Unterwerfung unter den Willen der Gesamtpartei" handeln, als übertriebenen Zentralismus empfand[50]. Seiner Herkunft nach dem adlig-katholischen, staatstreuen Milieu in Bayern verhaftet, wählte Vollmar zunächst den Militärdienst und ließ sich 1867 zur Verteidigung des Kirchenstaats anwerben. 1870 diente er bei der Feldeisenbahn und wurde in Frankreich schwer verwundet. Als Einundzwanzigjähriger war er ein Kriegsinvalide, der auf Krücken oder Rollstuhl angewiesen war, dessen Zustand sich 1897 nur für einige Jahre besserte. Seine Karriere war ein dem körperlichen Leiden abgerungener Erfolg.

Vollmar ist durchaus überzeugt gewesen, daß die gesellschaftliche Entwicklung zum Sozialismus führe und daß die Arbeiter dabei eine treibende Kraft seien. Allerdings war er undogmatisch und praxisbezogen, so daß für ihn „die Hauptsache ... nicht die marxistische Theorie", sondern „die politische und ökonomische Hebung der Arbeiterklasse" war. Deshalb bevorzugte er eine Politik, die sich an den jeweiligen Verhältnissen orientierte. Ihm ging es darum, die Sozialdemokratie aus ihrer Isolierung herauszuführen und in eine Partei zu verwandeln, die selbstbewußt und stark genug war, „um allenthalben in die bürgerlichen Einrichtungen einzudringen, ohne von ihnen aufgesogen zu werden"[51]. Es galt, die Distanz zum Staat zu überwinden und die Möglichkeit politischen Handelns zu gewinnen.

Anfangs hat Vollmar zu radikalen Positionen geneigt. Als das Sozialistengesetz in Kraft trat, sprach er drohend von Revolution, Gewalt und der „aus dem Volke kommenden Befreiungstat". Sein Wort besaß Gewicht, war er doch zeitweilig Redakteur der illegalen Parteizeitung, ab 1881 Abgeordneter im Reichstag und ab 1883 im sächsischen Landtag. Doch 1890 änderte sich die Situation, und das nahm Vollmar zum Anlaß, seiner Partei den Mut zu konstruktiver Parlamentsarbeit und zu kritischem Vertrauen in einzelne Minister zu empfehlen. „Dem guten Willen die Hand, dem schlechten die Faust", war seine Parole[52].

Die Partei hat sich geperrt, seinem Rat zu folgen. Mit Bebel an der Spitze hat sie 1891 abgelehnt, ihre auf die Agitation gerichtete Taktik zu ändern, und 1894 hat sie die bayerischen Sozialdemokraten gerüffelt, weil sie im Landtag dem Staatshaushalt zugestimmt hatten: solch ein Vertrauensbeweis für die Regierung sei unzulässig. Vollmar ließ sich davon nicht beirren. Mit der bayerischen Landesorganisation im Rücken betrieb er seit 1893 im Münchener Landtag eine konstruktive Opposition, ging Wahlbündnisse mit bürgerlichen Parteien ein, agitierte unter der Landbevölkerung und hatte 1906 die Genugtuung, mit seiner geschmeidigen Taktik eine Reform des Landtagswahlrechts zu ermöglichen. Auch in der Reichtstagsfraktion förderte er die Verfassungsreform, indem er seit 1900 Anträge unterstützte, die die Verantwortung des Reichskanzlers für die Handlungen des Kaisers ausbauen und der Kontrolle des Reichstags unterwerfen wollten. Vollmars Kampf für den parlamentarischen Staat geriet jedoch zur Sisyphusarbeit, denn das monarchische System ließ sich nur bescheidene Erfolge abringen. Vollmars reformpolitischer Aufbruch verzehrte sich in einem doppelten Kräftemessen mit Regierung und Partei und wirkte auf die Dauer mehr durch sein Beispiel als durch seine Ergebnisse. Aber das Beispiel einer beweglichen, auf das Positive gerichteten Politik hat gleichwohl ein Zeichen gesetzt für ein neues Verhältnis zwischen Arbeiterbewegung und Staat.

Obwohl Kritik und Abwehr gegenüber den Vorschlägen Vollmars überwogen, trat die Sozialdemokratie in eine Phase scharfer Richtungskämpfe ein. Am heftigsten stritt sie über das Agrarprogramm (1894/95) und die Revision der Marxschen Theorie (1898 - 1903). Nach den Wahlen von 1890 und 1893 gewann die Meinung an Boden, daß die parlamentarische Mehrheit nicht ohne die ländlichen Wähler erreicht werden könne und deshalb unter den Bauern agitiert werden müsse. Aus solchen Erwägungen heraus wurden in einem speziellen Agrarprogramm Maßnahmen vorgeschlagen, die die bäuerlichen Betriebe dem ruinösen Sog der kapitalistischen Marktwirtschaft entziehen und die Bauernfamilien sozial stabilisieren sollten. Als der Entwurf 1895 dem Parteitag vorlag, gab es aber eine Kehrtwendung: Kautsky kritisierte, daß die Hebung des Bauerntums und der Landeskultur das Privateigentum stärke, dadurch die „Ausbeuter des Proletariats" begünstige und den Klassenkampf der Arbeiter erschwere[53]. Seine grundsätzlichen Bedenken fanden den Beifall der meisten Delegierten, und so unterblieb der Versuch, die Sozialdemokratie aus einer proletarischen Klassen- in eine demokratische Volkspartei zu verwandeln.

Offensichtlich bedurfte solch ein Schritt der gründlichen theoretischen Vorbereitung, und deshalb war es kein Zufall, daß in den folgenden Jahren intensiv über die Gültigkeit der Marxschen Lehre nachgedacht wurde. Den Anstoß lieferte Eduard Bernstein, der sich als ehemaliger Redakteur der illegalen Parteizeitung, Herausgeber der

Werke Lassalles und Betreuer des Nachlasses von Marx und Engels eines großen Ansehens erfreute. Er faßte eine seit 1896 veröffentlichte Artikelserie in dem Buch „Die Voraussetzungen des Sozialismus und die Aufgaben der Sozialdemokratie" (1899) zusammen, das in mehreren Punkten die Abkehr von Marx vorschlug. Er verwarf u. a. den Glauben an die Revolution und die Diktatur des Proletariats, an den krisenbedingten Zusammenbruch des Kapitalismus, an die Konzentration der Produktionsmittel und das idealisiert gesehene Proletariat. Der Sozialdemokratie mutete er zu, „sich von einer Phraseologie zu emanzipieren, die tatsächlich überlebt ist", und das zu sein, „was sie heute in Wirklichkeit ist: eine demokratisch-sozialistische Reformpartei". Er warnte davor, die Befähigung der Arbeiter zur Ausübung politischer Herrschaft zu überschätzen sowie die Lebenskraft des Bürgertums zu unterschätzen. Die politischen Einrichtungen des Reichs seien durchaus entwicklungsfähig, und es sei keineswegs die „politische Reaktion", die die „bezeichnendste Erscheinung im bürgerlichen Deutschland" sei[54].

Doch der Partei fiel die Absage an die ideologischen Klischees weiterhin schwer. In zwei großen Kampagnen diskutierte sie Bernsteins Revisionismus, und beide Male verweigerte sie die Neuorientierung. Zunächst ging es 1898/99 um die Auswirkungen auf Theorie und Programm. Wieder war es Kautsky, der dafür eintrat, daß die Sozialdemokratie die „Partei der sozialen Revolution" bleibe, ihren Anspruch auf Klassenkampf und Klassenherrschaft nicht einem nebulösen Demokratieverständnis opfere und die Marxsche Methode des historischen Materialismus als geistigen Fundus behalte. Noch schärfer äußerte sich Rosa Luxemburg, die 1898 in die deutsche Sozialdemokratie eingetreten war: die Hoffnungen auf Sozialreform, Demokratie und den „Hühnerstall des bürgerlichen Parlamentarismus" seien töricht, die Signatur der Zeit sei die anbrechende „Periode der kapitalistischen Schlußkrisen" und die Wende werde mit dem „Hammerschlag der Revolution, d. h. der Eroberung der politischen Macht durch das Proletariat", vollzogen. Hieran anknüpfend dekretierte der Stuttgarter Parteitag 1899, die Partei werde ihre „Grundsätze" nicht ändern und jeden Versuch zurückweisen, „ihre Stellung gegenüber der bestehenden Staats- und Gesellschaftsordnung ... zu verschleiern"[55].

Die nächste Runde fand 1903 statt, als die Sozialdemokratie nach einem großen Wahlerfolg die zweitstärkste Fraktion im Reichstag stellte und Bernstein angeregt hatte, ernsthaft den Posten eines Vizepräsidenten im Parlament zu beanspruchen. Vollmar unterstützte ihn, doch im allgemeinen überwog empörte Ablehnung, weil die Abstimmung mit den bürgerlichen Parteien und der obligatorische Antrittsbesuch des Reichstagspräsidiums beim Kaiser als Symbole staatstreuer Anpassung anstößig waren. Getragen von dieser Stimmung ritt Bebel auf dem Dresdner Parteitag eine furiose Attacke gegen die revisionistischen Reformer: sie würden ihre Möglichkeiten politischen Einflusses völlig verkennen, denn in Deutschland heiße es „in letzter Stunde stets: biegen oder brechen", d. h. Kompromisse werde es nicht geben, also müsse die Partei alles tun, „die sozialistische Gesellschaft herbeizuführen", und er - Bebel - wolle ihr dabei als „Todfeind dieser bürgerlichen Gesellschaft und dieser Staatsordnung" vorangehen. Der Parteitag lehnte es danach ab, die „sieggekrönte, auf dem Klassenkampf beruhende Taktik" einer „Politik des Entgegenkommens an die bestehende Ordnung" zu opfern[56).

So ist zu konstatieren, daß die Partei offiziell jede engere Verbindung mit dem monarchischen Staat und der bürgerlichen Gesellschaft von sich wies. Sie beharrte auf dem Dreiklang Sozialismus, Klassenkampf, Revolution und auf dem Anspruch, den Sozialismus als „ein absehbares und notwendiges Ziel praktischer Politik" festzuhalten und mit ihm einen qualitativen Wandel in der Geschichte der Menschheit anzusteuern[57). Ihr Sendungsbewußtsein mochte sie nicht gegen eine kompromißbereite Reformpolitik eintauschen. Sie durfte um so mehr zögern, als den Alternativen viel Spekulatives anhaftete: war das monarchische Regime konzessionsbereit? Waren die Liberalen ein verläßlicher Partner in Sachen Demokratie? Hatte der Kapitalismus das Stadium ausbeuterischen Raubbaus am Menschen verlassen? Ging das bürgerliche Europa einer Phase der Prosperität statt der Krisen entgegen? Das Postulat der Reformer, Bürgertum und Kapitalismus seien entwicklungsfähig, war realistisch, aber zugleich traf zu, daß die innen- und außenpolitischen Konflikte in Europa kumulierten, die Dynamik gesellschaftlicher Prozesse zunahm und die Wahrscheinlichkeit ernsthafter Krisen andauerte. In solch zwiespältiger Lage hätte es rigorosen Mutes bedurft, verehrte Traditionen zugunsten einer neuen Politik aufzugeben. Die Sozialdemokratie August Bebels und Karl Kautskys hat es nicht getan und insoweit dem Kaiserstaat die Gretchenfrage erspart, wie er es mit einer staatsbejahenden, demokratischen Arbeiterpartei halten wolle.

Unterhalb der Ebene grundsätzlicher Erwägungen verstand es sich für die Sozialdemokratie von selbst, am täglichen Spiel der Kräfte maßgeblich teilzunehmen. Seit 1890 ist ihr Votum im Reichstag wiederholt, auch aus der Sicht der Regierung, von Gewicht gewesen. Die umkämpften Handelsverträge mit Rumänien und Rußland wurden nur beschlossen, weil die 44 sozialdemokratischen Abgeordneten die Regierung unterstützten. In Fragen der Sozialpolitik bewegte sich die Sozialdemokratie 1899 sowohl positiv wie negativ im Rahmen großer Mehrheiten: einer Novelle der Invalidenversicherung stimmte sie mit allen andern Parteien zu, die gewerkschaftsfeindliche Zuchthausvorlage brachte sie mit einer breiten Koalition gegen die Konservativen zu Fall. Die Beispiele, die sich aus den Landtagen in Sachsen,

Bayern, Württemberg oder Baden vermehren ließen, zeigen, daß die Partei aktiven Anteil nahm am politischen Leben und mitunter bereits auschlaggegebend wirkte. Sie wuchs in eine Rolle hinein, die sie dem monarchischen Staat einfügte und gelegentlich zum geschätzten Partner der Liberalen machte. Nach einem der Abstimmungserfolge im Reichstag bekannte ein bürgerlicher Publizist, daß ein Ziel liberaler Kulturpolitik nur durch „die Entschlossenheit und taktische Geschicklichkeit" der Sozialdemokraten erreicht worden sei, „wir sind soweit, diese Partei schon gar nicht mehr entbehren zu können"[58]. Das Urteil deutete über den Einzelfall hinaus die Richtung an, in die die Sozialdemokratie nolens volens geriet, nämlich aus einer Partei gegen den monarchischen Staat eine Partei im monarchischen Staat zu werden.

d) Die Bismarck-Fronde und das national-konservative Lager

Der Neue Kurs Wilhelms II. und Caprivis stieß in der weiteren Öffentlichkeit bald auf ungewohnte Faktoren: auf die informelle Einmannpartei Otto von Bismarcks und die Agitationsverbände und Interessenorganisationen, die seit 1890 eine beträchtliche Wirkung entfalteten. Sie attackierten aus nationalen, sozialen oder ökonomischen Gründen die Regierung und mobilisierten große Teile der Bevölkerung gegen die offizielle Politik. Für die Regierung war das um so unbequemer, als viele der Kritiker konservativ und national gesonnen waren, also auf den ersten Blick loyal zu Kaiser und Kanzler hätten stehen sollen. Doch die Ansichten über die gemeinsamen nationalen Interessen fächerten sich auf, und die führenden Männer im Reich hatten es schwer, die seit 1871 gewachsenen Traditionen mit den aktuellen Bedürfnissen zu vermitteln.

Schnell zeigte sich ihr Dilemma an dem Konflikt, in den sie mit dem *Altkanzler Bismarck* gerieten. Die Wege, die Caprivi in der Außen-, Handels-, Sozial- oder Militärpolitik einschlug und im Reichstag mit Mehrheiten unter Einschluß des Zentrums absicherte, verurteilte Bismarck, und er erntete mit seiner Regierungsschelte zunehmende Beachtung. Seine Ansprachen, Interviews oder Presseartikel wirkten wie die Bekundungen einer eigenen Partei, deren Aktionen in Berlin nervös registriert wurden. Ausgangspunkt der Mißhelligkeiten war die brüske Art, in der sich Wilhelm II. Anfang 1890 von Bismarck getrennt hatte (s. I, S. 187ff.). Sie hatte den Entlassenen gekränkt und von jedem ernsthaften politischen Gehör abgeschnitten; Bismarck äußerte sich bald öffentlich und erwähnte, daß er „sehr gern im Amte geblieben wäre", wenn Wilhelm es gewollt hätte[59]. Und so ging es weiter: die den Arbeitern entgegenkommende Sozialpolitik werde nur Sozialdemokraten züchten, die Handelsverträge seien ein bürokratisches Kunstprodukt zum Nachteil von Landwirtschaft und Industrie, die Militärvorlage gefährde die Qualität der Armee zugunsten der Quantität, die Außenpolitik habe nach Rußland hin „alle Brücken ... abgebrochen", weil das frühere Bündnissystem „an das diplomatische Geschick ... erhebliche Anforderungen" gestellt habe und als zu kompliziert preisgegeben worden sei. Die ganze „Führung der Politik" sei „schlecht und verderbenbringend", doch was lasse sie erwarten, wenn das Zentrum „jetzt die regierende Partei" sei und zur Sozialdemokratie eine „parlamentarische Kampfgenossenschaft" bestehe?[60] Kaiser, Kanzler und Minister hatten Mühe, sich der Angriffe zu erwehren, und sie waren unbeholfen genug, ihre Situation weiter zu verschlechtern. Im Mai 1890 informierte Caprivi alle deutschen Diplomaten, daß Bismarcks Äußerungen kein politisches Gewicht besäßen, und 1892 ließ er sich gemeinsam mit Wilhelm II. dazu herbei, in Wien, München und Dresden einen Empfang Bismarcks durch die Monarchen zu verhindern, als dieser zur Hochzeit seines ältesten Sohnes nach Österreich reiste.

Die amtlichen Versuche zur Regulierung einer unbequemen Autorität blieben nicht geheim und gerieten zur moralischen Niederlage. Bismarck, seit 1890 gerne als politisches Orakel gehört, fuhr im Sommer 1892 wie ein Triumphator durch Deutschland. Wohin er kam, empfingen ihn Hunderte oder Tausende und nahmen seine Ansprachen begeistert auf. Sein Wohnsitz Friedrichsruh bei Hamburg wurde ein reich frequentierter Kultplatz, auf dem sich alle Schichten der bürgerlichen Gesellschaft einstellten. Es war eindeutig, wer - Kaiser oder Altkanzler - in der Rivalität um die Gunst des Volkes obsiegt hatte. Wilhelm beugte sich Anfang 1894 den Tatsachen, als er den Verkehr mit Bismarck wieder aufnahm und das Verhältnis entspannte. In politischen Fragen blieb die Distanz allerdings bestehen, und auch nach Caprivis Rücktritt setzte Bismarck den Kampf gegen einzelne Minister fort.

Wichtiger als der Trubel, den der Frondeur Bismarck auslöste, waren die politischen Akzente, die er setzte. Denn die Beifallswogen, die ihn umrauschten, nahm er nicht als persönliche Huldigung auf, sondern als Zustimmung zu seinem Lebenswerk, der Gründung des Reichs und der Sicherung des Friedens seit 1871. Er war im Recht, wenn er die Auftritte vor seinem Hause als „ein volles und freies Anerkenntnis für das Deutsche Reich, wie es unter Kaiser Wilhelm I. entstanden ist", deutete. Ebenso berechtigt war er 1895 zu sagen, er sei stolz, daß es gelungen sei, „den Frieden seit den fünfundzwanzig Jahren zu erhalten"; die Einheit der Deutschen sichere den Frieden, und deshalb sei „die Einigkeit bei uns populär". Diesen Grundwerten, nationale Einheit und europäischer Frieden, stellte er die Mahnung zur Seite, an der Reichsverfassung von 1871 festzuhalten. Die Deutschen sollten pflegen, was sie „gewonnen haben in Kaiser und Reich, so wie es ist, nicht so, wie es einzelne wünschen könnten". Dazu rechnete er auch die Autorität des Reichstags, „der ein Brennpunkt unserer nationalen Einheit sein soll" und gegenüber Kaiser, Ministern und Bürokratie sein Gewicht festigen müsse. Allerdings entwertete er das Plädoyer für das parlamentarische Prinzip durch seine Parteienschelte. Er hing wie eh und je an der fixen Idee, daß die Parteien und Fraktionen dem nationalen Interesse nicht gerecht würden, daß insbesondere das Zentrum ein „Gegner des Reichs" sei und daß erst noch eine „dominierende Partei" entstehen müßte, die das durchsetze, „was die nationale Entwicklung und Sicherheit fördert". Hier verfiel er in routinierte Polemik, die bei den Zuhörern Vorurteile statt Einsichten weckte. Es war wohlgetan, wenn er die junge Generation an die Existenzrisiken des deutschen Nationalstaats erinnerte. Aber sein Rat, am Bestehenden festzuhalten, fiel kaum auf fruchtbaren Boden. Die jubelnden Zuhörer suchten in Friedrichsruh letzten Endes nicht politische Lehrstunden, sondern patriotische Manifestationen und Huldigungen für den „deutschen Nationalheros" Bismarck[61]. Der alte Mann und die junge Nation waren sich begegnet, doch eigentlich gefunden hatten sie sich nicht.

Ein Beispiel dieses Sich-Verfehlens bot der *Alldeutsche Verband* (ADV), der Bismarck als Sinnbild einer kraft- und nationalbewußten Politik verehrte, gleichzeitig aber weit über ihn hinausgehen wollte. Ihm war das 1871 Erreichte zu wenig. „Der Ausbau des nationalen deutschen Reiches [sei noch] nicht beendet" und müsse „zu einer kulturellen und politischen Weltmachtstellung des deutschen Volkes" weitergeführt werden, dazu sollte, selbst um den Preis, daß „unser Vaterland vor einem neuen Kriege ... nicht verschont bleiben" würde, von der bisher überschätzten „einseitig kontinentalen Politik" abgelassen werden[62]. Solch tollkühner Geltungsdrang widersprach allen Warnungen des Altkanzlers, der sich aber trotzdem 1895 zum Ehrenmitglied des ADV küren ließ.

Der ADV war 1890/91 aus spontanen Protesten gegen ein Abkommen mit England, in dem Deutschland auf umstrittene Besitztitel in Ostafrika verzichtete, entstanden. Die Initiatoren meinten, einer Regierung, die „die kommenden Geschlechter um ihr Erbteil am Planeten" betrüge, müsse ein „entschiedenes mannhaftes 'Nein'!" zugerufen werden, und dieses Amt eines unabhängigen, überparteilichen, nationalistischen Zensors hat der Verband beibehalten. Er breitete sich überwiegend im westlichen Deutschland aus und hatte seine meisten Anhänger im Bildungsbürgertum - Professoren und Lehrer, Beamte, freie Berufe. In diesen Kreisen schwankte das Nationalbewußtsein zwischen dem Muster Staatsnation, die sich in die Reichsgrenzen von 1871 einfügte, und dem Muster Kultur- oder Sprachnation, die in

Europa nach allen Himmelsrichtungen ausgriff und gelegentlich noch das Territorium der südafrikanischen Buren als „deutschen Volksboden" reklamierte. Hinzukam der Teil der Nation, der aus ökonomischen Gründen in die Welt ausschwärmte und in den Kolonien oder fremden Hafenstädten deutsche Präsenz verkörperte. Den Alldeutschen schwebte vor, die Staatsnation im Reich als Kern und Hüter des gesamten Deutschtums zu aktivieren, ihr „Stolz und Freude am eigenen Volkstum" einzuflößen, sie mit einer „zukunftsfrohen, nationalen Weltanschauung" zu beseelen und reif zu machen „für eine nationale Politik, die das Volk über den Staat stellt", d. h. ein größeres Deutschland, als das Kaiserreich es war, anvisierte. Sie wußten, daß die Betätigung solch einer Ideologie Widerstand finden mußte, meinten aber, das Volk, das die „großen geschichtlichen Aufgaben ... zum Gegenstand seines nationalen Wollens" mache, finde die Mittel, „den Inhalt seiner Ideale zu verwirklichen". Ein Lehrsatz ihres Vorsitzenden Hasse lautete: Politik sei „die planmäßige Vorbereitung des Willens zur Tat"[63].

Es wäre einfach, solch eine emotionsgeladene Attitüde als postulatorische Gelehrtenpolitik abzutun. Noch einfacher wäre es, daran zu erinnern, daß der ADV sich anfänglich in inneren Reibungen verzehrte, daß seine Mitgliederzahl nach 1903 von 22 000 auf 14 000 sank, also seine Breitenwirkung begrenzt war. Doch damit wäre es nicht getan. Denn mochten die Forderungen und Argumente noch so übersteigert sein, ihrer Tendenz nach entsprachen sie den Wünschen vieler Zeitgenossen. Das Verlangen nach ausgreifender Kolonialpolitik, nach hegemonialer Mitteleuropapolitik oder prestigebewußter Weltmachtpolitik war zeittypisch, und ein Kernsatz wie der: „Das Ansehen und die Interessen des Reiches erfordern es gleichermaßen, daß nirgends auf der Erde eine Änderung der Besitz- und Machtverhältnisse stattfinden darf ohne eine vollwertige Entschädigung des Reiches", war gut genug, daß ihn später Kaiser und Minister variierten[64]. Noch bedenkswerter ist, daß einzelne ADV-Mitglieder verstanden haben, in ihrer beruflichen Position die Anliegen des Verbandes zu vertreten.

Erwähnt sei *Alfred Hugenberg* (1865-1951), ein Hannoveraner aus liberalem Bürgerhaus, der 1890 als Fünfundzwanzigjähriger maßgeblich an der Gründung des ADV beteiligt war. Er verknüpfte seine volklich-nationalen Ideen mit Konzepten landwirtschaftlicher Siedlung und arbeitete deshalb ab 1894 in der Preußischen Ansiedlungskomission für die systematische Besetzung der Provinzen Posen und Westpreußen mit deutschen Bauern; 1902 forderte er, die verfassungsgemäße Gleichberechtigung der polnischen Staatsbürger einzuschränken, um dem Staat die einseitige Förderung der Deutschen in den Ostprovinzen zu erlauben. 1907 ging er in die Industrie und übernahm die Leitung des Krupp-Direktoriums sowie des Essener Bergbauvereins, wurde also ein führender Vertreter der Schwerindustrie. Getreu seiner Devise, daß dem Reich „große, weite Ziele und [ein] unbedingter Wille zum Siege" not täten[65], engagierte er sich ab

1914 für ein expansives Kriegszielprogramm - auf seine weitere Karriere als Baumeister eines Presse- und Filmkonzerns (ab 1916), als Vorsitzender der Deutschnationalen Volkspartei (1928), Minister im ersten Kabinett Hitler (1933) und schließlich Internierter und Entnazifizierter (nach 1945) sei noch hingewiesen. Obwohl er nur bis 1903 leitend im ADV tätig war, ist er doch ein markanter Vertreter des Verbandes gewesen. Männer wie er sorgten dafür, daß alldeutsches Gedankengut auch dort wirkte, wo der ADV gar nicht sichtbar war. Und wie kaum ein zweiter seiner Generation verkörperte er Anfang und Ende alldeutscher Politik, nämlich den Aufbruch von 1890 und den Zusammenbruch von 1945.

Eine ebenfalls neue Stimme brachte in den politischen Chor der *Deutsche Ostmarkenverein* (DOV), der 1894 in Reaktion auf Caprivis Haltung gegenüber der polnischen Minderheit in Preußen entstand. Obwohl der Kanzler den Kern der antipolnischen Maßnahmen von 1885/86 (s. I, S. 178ff.) nicht antastete, lockerte er in Einzelfragen die Zügel so weit, daß die polnischen Abgeordneten im Reichstag an die Seite der Regierung rückten. Er brauchte angesichts der Mehrheitsverhältnisse diese Hilfe, aber darüber hinaus lag ihm generell am Abbau innerer Konflikte, damit in außenpolitischen Krisen z. B. nicht „die Stimmung der preußischen Polen auf die russische Seite“ fiele. Das bewog ihn, für die Posener Volksschulen in begrenztem Maße polnischen Lese- und Schreibunterricht wieder zuzulassen, den politisch aktiven Kleriker Florian von Stablewski als Erzbischof von Gnesen zu akzeptieren und polnische Bauern bei der staatlich geförderten Rentengutssiedlung zu beteiligen (diese Siedlungen sind zu unterscheiden von denen der Ansiedlungskommission in Posen, die nur Deutsche ansetzen durfte). Seine Konzessionen brachten die Nationalisten in Rage und Hugenberg schalt 1894 den preußischen Staat als Polonisator. Auch Bismarck stieß in dieses Horn, als er im Herbst 1894 große Reisegruppen aus Posen und Westpreußen empfing und ihnen nach Hinweis auf die polnischen Unabhängigkeitswünsche zurief: „Wir müssen auf Tod und Leben dagegen kämpfen“[66].

Unter solchen Auspizien erblickte der DOV im November 1894 das Licht der Welt. Er machte sich anheischig, das Deutschtum in den Ostprovinzen zu sammeln und wirtschaftlich zu stärken, doch da seine Finanzen nur in begrenztem Umfange Kredite und Stipendien gestatteten, verlegte er sich darauf, den Staat für seine Ziele zu gewinnen. Mehr als der ADV näherte er sich der Regierung und räumte 1902 beschämt ein, er müsse „mit der Tatsache der geringeren nationalen Widerstandskraft des Deutschtums [im Osten] rechnen und versuchen, diesen Mangel durch um so stärkere Einwirkung der Staatsgewalt auszugleichen“[67]. Es überrascht nicht, daß er seine Funktionäre großenteils unter Beamten und Lehrern fand und außerhalb der Provinzen Posen, Westpreußen und Schlesien auf schwaches Interesse stieß. Doch seine Kräfte reichten aus, in der öffentlichen Diskussion das Stereotyp der bedrohten Ostgrenze auszustreuen und eine Art ständigen nationalen Alarms zu produzieren.

Inmitten der politischen Bewegungen, die Deutschland nach 1890 erfaßt haben, nahm die Flottenagitation einen eigentümlichen Platz ein: bei ihr ist es zu einer Rivalität zwischen amtlichen Intentionen und bürgerlich-nationalen Emotionen gekommen. Beide Seiten gingen auf eine Flotte aus, die dem Reich eine weltweite Großmachtrolle gestatten würde, aber den privaten Initiatoren lag mehr als der Regierung daran, daß die Flottendiskussion über die technische Frage - Bau von Kreuzern oder Schlachtschiffen - und die parlamentarische Frage - Zustimmung des Reichstags zur Finanzierung der Flotte - hinaus auch die Frage der Identifikation breiter Bevölkerungsschichten mit einer nationalen Machtpolitik erfassen sollte. Während das Reichsmarineamt daran dachte, gemeinsam mit Industriellen und Kaufleuten, also dem besitzenden Bürgertum, die Flottenbewegung zu organisieren, forderten die Konkurrenten, die Idee des größeren, überseeischen Deutschland müsse die Phantasie des „gesamten deutschen Volks so vollständig fesseln, daß sie eine Realität wird, selbst wenn ihr von oben Hindernisse in den Weg gelegt werden“[68], d. h. das Volk sollte seine Ziele unabhängig von der Regierung äußern. Ähnlich wie beim ADV oder DOV schickte sich die neue Bewegung an, die monarchische Regierung und die Parteien unter Druck zu setzen, gewissermaßen das Volk gegen die etablierte Führung aufzubieten, wobei unter Volk vor allem das gewerbliche und gebildete Bürgertum gemeint war, aber auch Teile der Arbeiter.

Die Flottenfrage beschäftigte seit 1894 zunehmend die öffentliche Meinung. Die Regierung strebte, getreu dem Wunsch Wilhelms II., eine Vermehrung der Kriegsschiffe an, konnte aber ihre Pläne gegen die Kritik der Linksliberalen und des Zentrums im Reichstag nicht durchsetzen. Die Pattsituation ärgerte Werftbesitzer und Überseekaufleute, die von einer gesteigerten Flottenpräsenz ökonomische Vorteile erwarteten. Ihren Appellen folgend verlangte der ADV im September 1894 „zum Schutze der Deutschen im Auslande ... [eine] Vermehrung unserer Kreuzerflotte“ und machte sich zwei Jahre später anheischig, „die Notwendigkeit einer starken Flottenvermehrung öffentlich [zu] vertreten“, und zwar unabhängig vom Tun und Lassen der Regierung[69]. Seit 1895 unternahmen einige Privatleute wiederholte Anläufe, einen Flottenverein zu gründen, und als sie sich 1898 beinahe am Ziele wähnten, wurden sie durch eine blitzartige Aktion, die die Vertreter der Schwerindustrie und des Überseehandels mit dem Reichsmarineamt inszenierten, überrumpelt. Am 30. April 1898 entstand in Berlin der *Deutsche Flottenverein* (DFV), dessen Präsident Wilhelm Fürst zu Wied (gleichzeitig Präsident des Preußischen Herrenhauses), dessen Geschäftsführer der Journalist und Vertrauensmann Friedrich Alfred Krupps, Viktor Schweinburg, und dessen Schirmherr der Bruder des Kaisers, Prinz Heinrich, wurde. Der Verein war eine Komposition aus Schwerindustrie, Überseehandel, Banken, einigen Landwirten und Vertretern der Regierung. Er betrachtete sich als Schallverstärker der offiziellen Flottenpolitik und entsprach den Wünschen Alfred von Tirpitz', der seit 1897 das Reichsmarineamt leitete. Doch die Kräfte, die sich hier zusammengefunden hatten, standen im Verdacht, daß sie nur das „materielle Geschäftsinteresse der Großindustriellen und Großkapitalisten" am Flottenbau verkörperten[70)]. Die Masse des Bürgertums und der Arbeiter stand ebenso abseits wie die meisten konservativen Landwirte, so daß die Legitimation des DFV, für die Flotte als allgemeines nationales Anliegen zu werben, in Zweifel geriet.

Erst unter erheblichen Schmerzen streifte der DFV seine Geburtsfehler ab. 1898 verweigerte er noch dem gebildeten Bürgertum, als dessen Sprecher die Professoren Gustav Schmoller und Hans Delbrück auftraten, den gleichberechtigten Zugang in die Führungsgremien. Die Folge war, daß viele Wissenschaftler, Künstler und Schriftsteller 1899 die Freie Vereinigung für Flottenvorträge organisierten. Im Spätherbst des Jahres setzte eine Kampagne gegen Schweinburg ein, der als Symbolfigur der industriellen Interessen und einer arbeiterfeindlichen Sozialpolitik, d. h. als Hemmnis eines breiten nationalen Konsenses, attackiert wurde. Der Protest platzte in die parlamentarische Behandlung eines neuen Flottengesetzes hinein und machte Tirpitz so bedenklich, daß er den Rücktritt des umstrittenen Geschäftsführers veranlaßte. In mehreren Schritten wurde bis 1902 die Führung des DFV den Vorstellungen der Opposition angeglichen. Reichsmarineamt und Industrie verloren keineswegs ihren Einfluß, mußten aber einsehen, daß die Bundesgenossenschaft meinungsbildender Teile des Bürgertums unverzichtbar war. Die Nationalisten, die ideell, nicht materiell interessiert waren und die die nationalen Interessen um ihrer selbst willen zu vertreten beanspruchten, waren zu einflußreich geworden, als daß sie bei der Flottenpropaganda übergangen werden konnten. Gleichzeitig waren sie in ihrem Eifer zu unberechenbar, als daß die Regierung ihnen freies Spiel lassen durfte. Das Reichsmarineamt sorgte sich, es könne „durch unbedachte, übertriebene Forderungen" des Vereins in Schwierigkeiten geraten, und deshalb blieb sein Verhältnis zum DFV weiterhin diffizil[71)].

Noch unbequemer als der DFV sollte der Regierung der *Bund der Landwirte* (BdL) werden. Er bildete sich Februar 1893 aus Protest gegen die Handelspolitik Caprivis und unter dem Eindruck der Tatsache, daß ab 1892 einige Jahre lang die Agrarpreise sanken, also sich die Rentabilität der einzelnen Betriebe verschlechterte. In dieser Situation wirkten die neuen Handelsverträge mit ihrer Reduktion der Einfuhrzölle auf Getreide wie ein Schock, und Ende 1892 ertönte unter den Landwirten der Ruf: „Wir müssen aufhören zu klagen, wir müssen schreien" und „ernstlich gegen die Regierung Front machen". Das Glaubensbekenntnis des BdL war ebenso einfach wie anspruchsvoll: „Die deutsche Landwirtschaft ist das erste und bedeutendste Gewerbe, die festeste Stütze des deutschen Reiches"[72], d. h. ihr Schutz wurde als Existenzfrage des Reiches verstanden, der Binnenmarkt mit starker agrarischer Komponente sollte den Vorrang haben vor der Exportwirtschaft und die soziale Festigung der Landbevölkerung ebenso wichtig sein wie die Erhaltung der städtischen Massen. Daraus ergab sich eine antikapitalistische und mitunter antiindustrielle Tendenz, und bewußt wurden Landwirtschaft und Landleben als Alternativen zu Industrialisierung und Verstädterung herausgekehrt. Der BdL wollte der Landwirtschaft einen gleichberechtigten Platz neben der Industrie sichern und Deutschland den Charakter eines paritätischen Agrar-Industriestaats geben. In der längeren historischen Perspektive war das ein utopisches Unterfangen, doch vor 1914 hatte es dank eines ländlichen Bevölkerungsanteils von 35 % (1895) und dank des politischen Einflusses der konservativen Kräfte eine beträchtliche Wirkung.

Der BdL hat von Anfang an eine breit fundierte öffentliche Wirksamkeit angestrebt. Er wollte „die ganze träge Masse, welche bisher den Wahlen fernblieb", mobilisieren und den sog. monarchisch-nationalen Ordnungsparteien zuführen[73]. Das setzte eine leistungsfähige Organisation voraus, die neben den Gutsbesitzern auch die Bauern erfaßte. In Berlin entstand eine Zentrale, die einen straff gegliederten Unterbau, der bis in die Wahlkreise und Gemeinden hinabreichte, dirigierte, über ein solides Beitragsaufkommen, eine eigene Presse und andere wirtschaftliche Unternehmen verfügte und last not least Ende 1893 bereits 153 000 (1901 : 232 000) Mitglieder führte. Wichtig war ferner, daß 1893 und 1898 100 bzw. 118 Abgeordnete in den Reichstag gewählt wurden, die sich auf das Programm des BdL verpflichtet hatten, 1898 traf dies auf alle 56 Abgeordneten der Deutschkonservativen Partei zu. Der BdL unterstützte diese Kandidaten im Wahlkampf und in vielen ostelbischen Wahlkreisen bestimmte er geradezu den Wahlausgang. Aber auch im westelbischen Deutschland erlangte er einigen Einfluß und brachte seit 1898 in Hannover und Süddeutschland wiederholt eigene Kandidaten in den Reichstag.

Obwohl in der Führung des BdL die ostelbischen und adligen Gutsbesitzer einen maßgeblichen Einfluß besaßen, ist das Gewicht westelbischer und bürgerlicher Kräfte nicht zu unterschätzen: von den 232 000 Mitgliedern des Jahres 1901 waren 122 000 westlich der Elbe ansässig bzw. 217 000 Bauern mit höchstens 25 ha Land[74]. Der Schöpfer und Leiter der Bundesorganisation war ein bürgerlicher Gutsbesitzer, der erst seit 1889 Landwirt war und 1893 als einer der beiden Präsidenten an die Spitze des BdL trat: *Gustav Roesicke* (1856 - 1924).

Roesicke lieferte das seltene Beispiel, daß der Sohn einer liberalen Kaufmannsfamilie zum führenden Mann der konservativen Agrarier avancierte. Seine Familie war maßgeblich an der Berliner Schultheißbrauerei beteiligt, und er selbst gehörte dem Aufsichtsrat an. Bei seinem Entschluß, Landwirt zu werden, leitete ihn vermutlich der Ehrgeiz, entgegen der vorherrschenden Meinung von der Krise der Landwirtschaft „durch [eigenes] gutes Beispiel" zu beweisen, daß eine moderne, rentable Agrarproduktion möglich sei[75]. Er kaufte südlich von Berlin das Rittergut Görsdorf (Kr. Jüterbog), das etwa 1000 ha umfaßte und das er durch systematische Investitionen in einen auf Saatzucht, Kartoffelanbau und Rindviehhaltung ausgerichteten Betrieb verwandelte. Er verfügte bald über einen leistungsfähigen, marktorientierten Betrieb, der wohl Zeugnis ablegen konnte für den unternehmerischen Sinn seines Besitzers.

Doch der Weg dahin war steinig. Bis 1896 erwirtschaftete Roesicke jährlich 15 000 M Verlust, und das brachte ihn zu der Erkenntnis, daß im Augenblick selbst die „besseren und intelligenteren" Landwirte die Produktionskosten „durch Einnahmen nur ausnahmsweise" decken könnten, weil die allgemeinen Verhältnisse sie an größeren Erfolgen hinderten[76]. Es kam also darauf an, die Einnahmen durch höhere Preise zu verbessern und zu diesem Zweck Einfluß zu nehmen auf die staatliche Politik. Das bewog Roesicke, sich in den Dienst des BdL zu stellen und Caprivis Handelsverträge mit Rumänien und Rußland zu bekämpfen bzw. ein staatliches Handelsmonopol für die Getreideeinfuhr zu fordern. Diese Initiativen scheiterten im Reichstag, jedoch bei der Reglementierung der Börse (1896), Erhöhung der Einfuhrzölle (1902) und Realisierung eines agrarfreundlichen Steuerprogramms (1909) erreichte der BdL großenteils seine Ziele, nicht zuletzt dank der Energie, die Roesicke seit 1898 als Reichstagsabgeordneter entfaltete. Roesicke richtete seine Argumente gegen das liberal-kapitalistische System und kritisierte die „Hypertrophie unseres Exporthandels", die „uns Überproduktion, Überspekulationen ... gebracht" habe. Er wünschte statt dessen eine Wirtschaftspolitik, die sich auf den Inlandsmarkt stützte, allgemein „eine langsame Entwicklung" anschlug und die Landwirtschaft paritätisch schützte neben der Industrie[77].

In solchen Ansichten sah er sich durch den Ersten Weltkrieg bestätigt, als Blockade und Hunger die Bedeutung der einheimischen Landwirtschaft unterstrichen. Um dem Reich künftig derartige Kalamitäten zu ersparen, forderte er 1917 eine „Machterweiterung und Gebietserweiterung Deutschlands", die er allerdings weniger im Westen als vielmehr in Osteuropa suchte, wo agrarisch nutzbares Gebiet annektiert werden sollte[78]. Roesicke, der seit 1914 ein wichtiger Sprecher der parlamentarischen Rechten war, näherte sich damit den Kriegszielen der Alldeutschen an und vereinte in seiner Person ein komplexes Bündel von Positionen: bürgerlich, agrarisch, konservativ, national und annexionistisch. Das Ende des Krieges bereitete ihm zwar in allen Belangen eine Niederlage, minderte aber nicht seinen Ruf als eines außergewöhnlichen Repräsentanten des agrarischen Deutschlands.

Bemerkenswert ist in unserem Zusammenhang, daß sich der BdL der nationalistischen Welle ausgangs des 19. Jahrhunderts anschloß, wenn auch mit einigen Vorbehalten. Seine Vorliebe für den Binnenmarkt harmonierte nicht mit der Weltpolitik, und deshalb garnierte er 1900 sein Ja zum Flottengesetz mit dem Zusatz, niemals dürfe um der Flotte willen „unser Landheer geschwächt werden", denn „auf deutscher Erde, nicht auf oder jenseits der See liegt unsere Stärke". Noch klarer hieß es 1898: die Landwirte werden Deutschlands Stellung in der Welt stärken, „nur wollen sie dabei nicht selbst unter die Räder kommen". Seine materielle Reserviertheit kompensierte der BdL allerdings durch ideelle Angebote. Er pochte auf das Prestige des Reiches und rügte die Regierung, daß sie die nationalen Interessen „nicht mit dem nötigen Nachdruck dem Ausland gegenüber" vertrete, er bediente sich völkisch-rassistischer Anklänge, indem er die Agrarier als die „eigentlichen Vertreter der germanischen Rasse" herausstrich und „deutsche Art", „deutsche Ehre", „deutsches Bauerntum" anpries, und er verband sich mit dem Antisemitismus, indem er nur Landwirte mit christlichem Bekenntnis aufnahm und in seiner Agitation weidlich an judenfeindliche Vorurteile appellierte[79]. Er hat viel dafür getan, die traditionalistische Landbevölkerung an die modernistischen Elemente von Organisation und Agitation zu gewöhnen sowie in der politischen Debatte das Argumentieren durch das „Schreien", wie es ja gewollt war, zu ersetzen.

Es dürfte deutlich geworden sein, daß das Agieren der nationalistischen Vereine einen neuen Ton in die Politik getragen hat. Regierung und Konservative haben das bald als Symptome einer Krise begriffen, deren Ausgang ungewiß war. Mit Blick auf Agrarier und Antisemiten sprach Caprivi 1893 von einer Bewegung, die dem Staatswohl nicht mehr entspreche und Gefahren berge, „von denen ... ein großer Teil derer, die jetzt die Schleusen aufziehen, nicht ahnen, wohin sie führen". Für die konservativen Protestler war es dagegen Schuld der Regierung, wenn Deutschland jetzt „mit Windeseile einer Revolution ..., rettungslos einer furchtbaren Katastrophe" entgegengehe. Mitunter weitete sich das Unbehagen zu einer Vision vom Ende der gewohnten Ordnung aus, z. B. 1896 in der Ansicht des Generals Waldersee, „daß wir, d. h. ganz Europa, nahe vor großen sozialen Umwälzungen stehen, so groß, wie sie die Welt kaum erlebt hat"[80]. Das monarchisch-konstitutionelle System spürte mit Bangen den Wandel, der sich anbahnte, und deutete ihn als Auftakt einer möglichen Katastrophe. Das war übertrieben, aber die Konfrontation mit veränderten Gegebenheiten war unstrittig.

Schon allein die Tatsache war bemerkenswert, daß die neuen Vereine eine erhebliche Resonanz gefunden und, konkurrierend mit den Parteien, viele Menschen ins politische Leben hineingezogen haben. Ein Blick auf die Tabelle lehrt, wie breit diese Mobilisierung gewesen ist. Neben den uns bekannten Organisationen erscheinen hier noch der Kolonialverein, der den Erhalt und die Vermehrung der überseeischen Gebiete propagierte, die sozialdemokratischen Gewerkschaften und ein bürgerlich-national auftretender Angestelltenverband, zwei aus den konfessionellen Lagern gewachsene Bünde, die sich an die Nationalliberale bzw. die Zentrumspartei anlehnten, und die Krieger-

Mitgliederzahlen ausgewählter Vereine und Verbände[1]

	1890	1900	1913/14
Alldeutscher Verband	10.000 (1891)	21.361	18.000
Deutscher Ostmarkenverein	–	21.545 (1901)	54.000
Deutscher Flottenverein	–	269.370 (599.141)[3]	333.574 (1.123.628)[3]
Deutsche Kolonialgesellschaft	16.996	35.000	43.152
Bund der Landwirte	152.646 (1893)	206.000	328.000
(freie)[2] Gewerkschaften	277.659 (1891)	680.427	2.548.763
Deutschnationaler Handlungsgehilfen-Verband[2]	–	50.216 (1903)	160.513
Evangelischer Bund	73.978[4]	142.931 (1901)[4]	510.000
Volksverein für das Katholische Deutschland	109.000 (1891)	182.000	805.000
Kyffhäuserbund der Deutschen Landeskriegerverbände	–	1.840.209	2.866.749

1) Soweit nicht anders angegeben nach: Lexikon zur Parteigeschichte, hrsg. von *Dieter Fricke,* 4 Bde., Köln 1984
2) Zahlen nach: *Dieter Fricke,* Handbuch zur Geschichte der deutschen Arbeiterbewegung, Bd. 2, Berlin 1987, S. 916, 1086
3) Mit korporativen Mitgliedern
4) nach: *Hermann Hüttenrauch,* Der Evangelische Bund, Hamburg 1911, S. 82 ff.

vereine, die neben dem Kult des Militärischen eine Gedankenwelt pflegten, in der sich dynastische Loyalität und reichstreuer Nationalismus mischten. Ob es sich um politische Agitationsvereine, ökonomisch-soziale Interessenverbände oder mehr weltanschaulich gerichtete Gesinnungsbünde handelte - jeder fand seit 1890 seine Anhänger und übte einen Druck auf Parteien, Parlament, Regierung aus. War dies das Erwachen des unpolitischen Deutschen? Sicherlich zeigte die Entwicklung Züge einer gewissen Emanzipation von Regierung und Obrigkeit, eines Übergangs zu ausgeprägterem Pluralismus und einer

Entfaltung größerer Konfliktbereitschaft. Das öffentliche Leben wurde dadurch nicht einfacher, zumal die Regierung an ihrer monarchischen, überparteilichen Autorität festhielt und die neuen Kräfte im kategorischen Tone und wenig kompromißbereit auftraten. Doch wie auch immer, sie haben ihre Anhänger mobilisiert und politisiert. Das stellte einen Schritt in Neuland dar, mehr aber auch nicht: der nun politisierte Deutsche war noch keineswegs ein politischer Deutscher oder ein an parlamentarisch-demokratische Prozesse gewöhnter Bürger.

2. Die Reformpolitik des Neuen Kurses

Das Deutsche Reich und seine Bundesstaaten befanden sich vor 1914 in einer Phase, in der konservative, liberale und demokratische Kräfte darum kämpften, die Staats- und Gesellschaftsordnung nach ihren Idealen zu verändern. Während des 19. Jahrhunderts waren die Bestrebungen der Liberalen vorgedrungen und hatten die konstitutionelle Monarchie als Staatsform, die Gemeinschaft gleichberechtigter, freier Bürger als Gesellschaftsordnung und den marktorientierten Kapitalismus als Wirtschaftsordnung durchgesetzt. Es sind allerdings begrenzte Erfolge gewesen, und die innere Entwicklung des Reichs ist eine Abfolge von Kompromissen zwischen Liberalen und Konservativen geworden, die mit fortschreitender Dauer unter den Druck der sozialdemokratischen Bewegung geriet und den Mut zum Neuen verlor. Bis 1890 hatten sich die Vorzeichen so sehr zugunsten der Konservativen verschoben, daß die Liberalen vorwurfsvoll das „Stocken aller Reformen" - namentlich in Preußen - und die „starke politische und soziale Unzufriedenheit in weiten Volkskreisen" anprangerten[81)]. Ihr Anmahnen von Reformen war um so berechtigter, als das Scheitern des Sozialistengesetzes den Radikaldemokraten Auftrieb gab und politisch-soziale Konzessionen gegenüber den Arbeitern zum Gebot der Stunde machten. 1890 brauchte Deutschland eine Politik der Innovationen, d. h. der Anpassung an den fortgeschrittenen gesellschaftlichen Wandel und die entfaltete industrielle Wirtschaft.

Es war an dem, daß der Neue Kurs Caprivis und Wilhelms II. diese Aufgaben wahrnahm: die Sozialpolitik wurde ein Stück in Richtung Sozialstaat vorangebracht, die Handelspolitik stellte sich auf Industrialisierung und Exportförderung ein, die Militärpolitik öffnete sich für liberale Zugeständnisse und in Preußen wurde das Steuersystem modernisiert sowie die Verwaltung der Landgemeinden um demokratische Elemente erweitert. Das waren im einzelnen beachtliche Leistungen, deren historische Bewertung freilich darunter leidet, daß die Handelnden nicht stark und konsequent genug waren, um eine prägende Wirkung zu erzielen. Zweifellos hat Caprivi seine Politik in weiten Perspektiven gesehen. Er wußte, daß Deutschland ein Industriestaat geworden war, dessen Existenz an Handel und Export hing, daß die europäischen Staaten nach wirtschaftlicher Zusammenarbeit statt nach nationaler Konkurrenz streben sollten, daß die Arbeiter nicht als sozialdemokratische Feinde, sondern als leistungsfähiger Bestandteil der Gesellschaft zu behandeln seien und daß die sozialen Schäden „von innen heraus geheilt werden" müßten, um die „Liebe zum Staat, das Wohlbefinden im Staat" zu verbreiten. Doch er wußte auch, daß ihm im Parlament ein tragfähiger Partner fehlte und er nach der Parole leben mußte: „Wir werden das Gute nehmen, von wo und durch wen es auch kommt", d. h. jede Partei durfte als potentielle Bundesgenossin gelten. Tatsächlich reichten die Mehrheiten gelegentlich bis zu den Polen und Sozialdemokraten, nahmen sich also im Sinne einer monarchisch-nationalen Politik sehr disparat aus. Aber es ist ebenso richtig, daß die zerfahrene Lage im Parlament das Erbe Bismarcks war und Caprivi guttat, wenn er sich der Lage anbequemte und staatsgefährdende Konflikte mit dem Reichstag vermied. Er hat nachträglich von sich gesagt, er habe das Volk nach dem Abgang Bismarcks daran gewöhnen wollen, in der Regierung „mit Durchschnitts- oder ... Normalmenschen" auszukommen - diese Selbstbescheidung war realistisch, kennzeichnete aber auch den Grundzug seiner Reformpolitik[82].

a) Reformen in Preußen und im Reich

Zu den Momenten flüchtigen Aufschwungs, die der Neue Kurs schuf, gehörte der 13. November 1890, an dem Caprivi dem Preußischen Landtag mehrere Gesetzentwürfe über Steuern, die Volksschule und die Landgemeindeordnung vorlegte. Das bedeutete, daß der größte deutsche Bundesstaat dem gemäßigten liberalen Ausbau der Staatsordnung ein Tor öffnen wollte. Preußen war seit 1878 eine konservative Bastion geworden, in der die liberalisierende Verwaltungsreform, die während der 1870er Jahre die Provinzen und Kreise erfaßt hatte, von den ostdeutschen *Landgemeinden* ferngehalten worden war, so daß es dort keine gewählte Gemeindevertretung ab. Anders als in den westlichen Landesteilen hatte sich in Ostelbien das Nebeneinander von Gutsbezirken und Bauernhöfen herausgebildet, wobei die Gutsbesitzer bzw. größeren Bauern das Sagen hatten und die Gemeinden oft zu klein waren, um ihren Aufgaben beim Straßenbau, im Schul- oder Armenwesen gerecht zu werden. Die Dinge hatten sich 1890 so zugespitzt, daß nach Meinung des preußischen Innenministers Herrfurth 2 923 Landgemeinden und 1 683 Gutsbezirke, jeweils 11 bzw. 10,8 % des Gesamtbestandes, mit anderen Gemeinden zu vereinen wären. Dem sollte der Entwurf einer Landgemeindeordnung für die sechs östlichen Provinzen dienen.

Die Reform hatte drei wichtige Aspekte: viele Gutsbezirke und Dörfer sollten ihre kommunale Selbständigkeit verlieren, die vergrößerten Gemeinden mußten eine gewählte Gemeindevertretung erhalten und die finanzielle Leistungsfähigkeit der Gemeinden war zu sichern. Der Widerstand der konservativen Gutsbesitzer konzentrierte sich im Landtag auf den ersten Punkt. Sie erreichten, daß die Zusammenlegung von Gemeinden, sofern sie gegen den Willen der Betroffenen geschah, einer mehrstufigen Prozedur, aufsteigend bis zur preußischen Staatsregierung, bedurfte, also zu einer seltenen Ausnahme wurde. Damit war der kommunalpolitischen Flurbereinigung in Ostdeutschland die Spitze abgebrochen; im März 1913 bestanden noch 15 368 Gutsbezirke, nur 1 195 sind beseitigt, aber auch 431 neu gebildet worden[83]. Die gewählten Gemeindevertretungen stießen auf weniger Vorbehalte, weil das anzuwendende Dreiklassenwahlrecht dafür bürgte, daß die Wohlhabenden das Übergewicht über die Masse der Eigentumslosen und Unselbständigen behalten würden. Und die Finanzfrage wurde dadurch beantwortet, daß der Staat den Gemeinden die Grund-, Gebäude- und Gewerbesteuer überließ (nach dem Stand von 1892 etwa 102 Mio. M jährlich), dabei freilich in Kauf nahm, daß in den Gutsbezirken die Gutsbesitzer und in den übrigen Gemeinden die Haus- und Grundbesitzer darüber befinden konnten, inwieweit sie sich selbst mit diesen Steuern belasten wollten.

Unter dem Strich ergaben die Landgemeindeordnung (1891) und die Kommunalsteuerreform (1893) für die ostdeutschen Gutsbesitzer einen doppelten Gewinn: sie behielten ihre administrative Eigenständigkeit und gewannen einen Spielraum für steuerliche Erleichterungen. Insoweit stabilisierte die Reform die traditionellen Machtstrukturen auf dem Lande. Andererseits zog in die größeren Dörfer eine nach dem Dreiklassenwahlrecht gewählte Gemeindevertretung ein, in der die besitzlosen Einwohner erstmals an der kommunalen Willensbildung beteiligt waren. Das gab den Landgemeinden die Möglichkeit, eine politische Gemeinschaft aller am Orte wohnenden Menschen zu werden. Damit war ein liberales Ziel erreicht, doch die Nachbarschaft des konservativen Gutsbesitzers und die amtliche Aufsicht des königlichen Landrats sind der Entfaltung liberalen Geistes weiterhin nicht förderlich gewesen.

Wie erwähnt, ging die Gemeindereform mit steuerlichen Veränderungen einher, und das bedeutet, daß gleichzeitig eine *Umstellung des Steuersystems* stattgefunden hat. Auch hier bestand ein Nachholbedarf, da das Steuersystem in den Formen, die es um 1820 gefunden hatte, erstarrt war, und eine Anpassung an die veränderten Verhältnisse überfällig war. Vorrangig kam es darauf an, das regelmäßige Einkommen der Bürger gründlicher zu erfassen, wirtschaftlich tätige Gesellschaften als juristische Personen steuerpflichtig zu machen und die großen gewerblichen Unternehmen schärfer zu belasten, d. h. es handelte sich um einen Ausbau der direkten, von einzelnen Personen zu zahlenden Steuern. Hier war ein Versäumnis auszugleichen, das seit 1871 eingerissen war, denn Bismarck hatte den Ausbau der indirekten und den Abbau der direkten Steuern bevorzugt. Dazu war er insoweit berechtigt, als nach der Verfassung dem Reich die indirekten Steuern (Zölle, Steuern auf Tabak, Salz, Branntwein o. dgl., Abgaben auf diverse Geschäftsvorgänge) zustanden und die Vermehrung der Reichssteuern dringend war. Seine Absicht war, dem Reich so viel Einnahmen zu verschaffen, daß es auf die Matrikularbeiträge verzichten konnte, d. h. auf die verfassungsgemäße Pflicht der Bundesstaaten, bei Bedarf den Reichshaushalt durch finanzielle Zuschüsse auszugleichen. Diese Bemühungen kulminierten zwischen 1879 und 1887 im Ausbau der Einfuhrzölle, der Tabak- und Branntweinsteuer sowie der Reichsstempelabgaben. Sie endeten aber in einer gesteigerten Verflechtung der Finanzbeziehungen zwischen Reich und Ländern, weil die Mehrheit der Reichstagsparteien nicht bereit war, die Matrikularbeiträge preiszugeben. Diese waren nämlich eine jährlich zu bewilligende Einnahme, also ein wirksamer Hebel parlamentarischer Kontrolle über den Reichshaushalt. Ferner lehnten die Parteien ab, das Reich im vollen Besitz seiner neuen Einnahmen zu lassen, weil dann der Bedarf an Matrikularbeiträgen erloschen wäre. Deshalb setzte der Reichstag 1879 im Zollgesetz mit der Franckensteinschen Klausel eine Regelung durch, wonach die Einnahmen des Reichs aus Zöllen und Tabaksteuer (später auch aus Reichsstempelabgabe und Branntweinsteuer), die 130 Mio. M im Jahr überschritten, an die Bundesstaaten überwiesen werden mußten, die ihrerseits weiter die Matrikularbeiträge zahlten. Das führte zu umfangreichen Überweisungen, bei denen 1890 379 Mio. M. vom Reich an die Staaten und 301 Mio. M als Matrikularbeiträge ans Reich flossen, also die Staaten einen Gewinn von 78 Mio. M. erzielten. Das Finanznetz wurde noch weiter gesponnen, als 1885 der preußische Landtag beschloß (sog. lex Huene), jenen Teil der Überweisungen, der auf Preußen entfiel und 15 Mio. M jährlich überstieg, an die Stadt- und Landkreise weiterzuleiten - die Stufenfolge der Dotationen reichte jetzt vom Reich über den Bundesstaat bis in die Kommunen. Angesichts derartiger Verschachtelungen durfte mit Recht gesagt werden, daß um 1890 „der Haushalt des Reiches wie der verschiedenen Staaten und der Gemeinden ... in gleicher Weise der materiellen wie der formellen Ordnung und Sicherung" entbehrte[84]. Hieran die bessernde Hand zu legen, war Aufgabe des Neuen Kurses.

Die Initiative ging von Preußen aus, wo mit Johannes Miquel (s. I, S. 148f.) ein Nationalliberaler Finanzminister geworden war. Er war als Parlamentarier und Kommunalpolitiker genügend erfahren, um der Aufgabe konzeptionell gewachsen zu sein. Sein Plan war, den Etat des Staates neben den Einnahmen aus den Staatseisenbahnen auf eine modernisierte Einkommen- und eine Vermögenssteuer aufzubauen, d. h. auf direkte Personalsteuern, dagegen wollte er die bisher staatlichen Grund-, Gebäude- und Gewerbesteuern den Gemeinden überlassen. Das hätte ein einfaches Schema ergeben: Zölle und (indirekte) Verbrauchssteuern für das Reich, die (direkten) Einkommens- und Vermögenssteuern für den Staat und die (ebenfalls direkten) Real- oder Ertragssteuern für die Gemeinden, wobei im Idealfall auf die Matrikularbeiträge verzichtet werden sollte. Mit anderen Worten, die preußische Reform sollte auf die Reichsfinanzen ausgreifen und die Finanzordnung sanieren.

Die preußische Finanzreform vollzog sich 1890/91 und 1892/93 in zwei Schritten. Zunächst wurde die Einkommen- und Gewerbesteuer erneuert, dann die Vermögenssteuer eingeführt (unter dem beschönigenden Namen Ergänzungssteuer) sowie die Grund-, Gebäude- und Gewerbesteuer den Gemeinden abgetreten und die Bindung aus der lex Huene aufgehoben. Ausschlaggebend war, daß die reformierte Einkommenssteuer bereits im ersten Jahr nicht die erwarteten 80, sondern 125 Mio. M. abwarf, also ertragsstark war und den Verzicht auf andere Einnahmen ermöglichte. Ihre Merkmale waren, daß sie die Bürger zur Deklaration ihrer Einkünfte verpflichtete, daß sie das Jahreseinkommen bis 900 M abgabenfrei ließ, dann mit einer Abgabe von 6 Mark einsetzte und für die höchste Steuerstufe (ab 100 000 M) 4 000 Mark bzw. 4 % forderte, daß sie bei der untersten Gruppe der Steuerzahler Abschläge für die unselbständigen Familienmitglieder gewährte, daß sie die Steuerpflicht juristischer Personen, also von Aktiengesellschaften, Genossenschaften usw., einführte und schließlich einen alten Zopf beseitigte, nämlich die Steuerfreiheit der standesherrlichen, d. h. der bis 1806 regierenden hochadligen Familien. Alles in allem eine Steuer, die einige soziale Komponenten hatte, die bürgerliche Gleichbehandlung erweiterte und den Gegebenheiten der kapitalistischen Erwerbsgesellschaft Rechnung trug. Im Verein mit der Gewerbesteuer, die mehr als bisher die großen Betriebe traf, und der Vermögenssteuer, die den Besitz unabhängig vom Einkommen mit 0,5 % belastete, war ein zeitgemäßes System direkter Steuern geschaffen, das Preußens Anspruch, vorbildlich zu sein, unterstrich.

Doch wo Licht ist, da ist auch Schatten. Miquels Politik ist von mehreren Seiten aus ins Zwielicht geraten. Zum einen hat er es nicht vermocht, die Reichssteuern im Einklang mit den preußischen zu sanieren. Sein Wunsch, die Finanzschaukel von Matrikularbeiträgen und Überweisungen stillzulegen, die Steuerquellen des Reichs auszubauen und den Trend zur fortschreitenden Verschuldung zu brechen, erfüllte sich nicht. Er plante 1893, das Überweisungsplus zugunsten der Bundesstaaten bei 40 Mio. M zu fixieren, neue Einnahmen durch höhere Verbrauchssteuern (u. a. auf Tabakwaren und Wein) zu schaffen und einen Schuldentilgungsfonds einzurichten. Daraus ist so gut wie nichts geworden. Der Reichstag lehnte eine erhöhte Belastung des Massenkonsums ab, wollte das Machtmittel der Matrikularbeiträge nicht aus der Hand geben und war unter dem Einfluß des Zentrums wenig geneigt, Miquel als dem starken Mann in Preußen Konzessionen zu machen - das Zentrum lastete ihm u. a. das Scheitern des kirchenfreundlichen Schulgesetzes in Preußen an (s. S. 66f.). Die Löcher im Reichshaushalt wurden weiterhin durch Anleihen gestopft; von 1891 bis 1901 stieg die Reichsschuld um 1,1 Mrd. M bzw. 85 %, dagegen in Preußen um knapp 14 %[85)]. Die Reichsfinanzen blieben also labil und wurden ab 1900 unter der Bürde des Flottenbaus und der Kolonialpolitik so prekär, daß 1909 schließlich eine dramatische Reform vonnöten war (s. S. 175f.).

Doch was auf der Reichsebene geschah, fiel nur mittelbar auf Preußen und Miquel. Wichtiger sind deshalb die negativen Wirkungen, die die Steuerreform in Preußen selbst nach sich zog und die sich in einer mehrfachen Begünstigung der konservativen Agrarier konzentrierten. Das zeigte sich darin, daß mit der Überweisung der Grund- und Gebäudesteuern an die Gemeinden bzw. Gutsbezirke den Gutsbesitzern eine Entlastung von 11,7 Mio. M. zugute kam, da sie als Leiter ihrer Kommune darüber befinden konnten, ob sie diese Steuern erheben wollten oder nicht. Fatalerweise erweiterte sich die materielle Begünstigung noch um eine politische, als 1893 das Wahlrecht an das veränderte Steuersystem angeglichen wurde. Das preußische Dreiklassenwahlrecht teilte die Wähler nach ihrer Steuerleistung in drei Gruppen ein, und da die Miquelschen Reformen die Steuerlasten neu ordneten, schufen sie die Möglichkeit, daß sich die Gruppenzugehörigkeit einiger Wähler zugunsten des Bürgertums verschob, da ja die Einkünfte aus kaufmännischer, gewerblicher, freiberuflicher Tätigkeit genauer als bisher erfaßt wurden. Es drohte also die Gefahr, daß die Grundbesitzer, darunter die Landwirte, etwas von ihren Wahlprivilegien einbüßten, und das galt es zu verhindern.

Das *Dreiklassenwahlrecht* von 1849 war ein allgemeines Wahlrecht, wie das Reichstagswahlrecht, aber weder geheim, noch direkt oder gleich, d. h. es wurde öffentlich abgestimmt, die Abgeordneten wurden in zwei Stufen gewählt (im ersten Wahlgang wurden Wahlmänner ermittelt, die sich im zweiten Wahlgang versammelten und den Abgeordneten wählten) und die Stimmen waren ungleich gewichtet, weil die Wahlberechtigten nach Maßgabe ihrer Steuerleistung ungleichmäßig in drei Klassen eingeteilt wurden, die jeweils eine gleiche Zahl von Wahlmännern bestimmten (berücksichtigt wurden die direkt gezahlten Staatssteuern, deren örtliches Aufkommen gedrittelt und diesen Dritteln beginnend mit demjenigen, der den höchsten Steuerbetrag entrichtete, so viele Personen zugeordnet wurden, bis ein Drittel der Steuersumme komplett war). In unserem Zusammenhang ist die Klassifizierung der Wähler wesentlich, denn sie bewirkte, daß in der 1. Klasse nur wenige, dagegen in der 3. Klasse viele versammelt waren. Im Extremfall „wählte" in der 1. Klasse ein Einziger ebenso viele Wahlmänner wie in der 3. Klasse mehrere Hundert. Auf jeden Fall war gewährleistet, daß die Wahlmänner der 1. und 2. Klasse bei der Wahl des Abgeordneten den Ausschlag gaben. Dementsprechend heimsten die agrarischen und besitzbürgerlichen Parteien den Löwenanteil der Mandate ein, während das Interesse für die Wahl bei der Masse der Wahlberechtigten gering war; bei weniger als 20 % Wahlbeteiligung war 1893 die demokratische Legitimation des preußischen Landtags denkbar gering.

Landtagswahlen in Preußen 1893

Einwohner:	29,96 Mio.				
Wahlberechtigte:	5,99 Mio. (= 20 %)				
Wahlbeteiligung:	1,10 Mio. (= 18,4 %)				
Verteilung auf Klasse	I	II	III (in %)		
- Wahlberechtigte	3,52	12,06	84,42		
- Wähler	48,13	32,05	15,21		
Wahlergebnis (= 433 Abgeordnete):					
Deutschkonservative	144	Linksliberale	20	Sonstige	8
Freikonservative	65	Zentrum	95		
Nationalliberale	84	Polen	17		

Nach: *Gerhard A. Ritter/Merith Niehuss,* Wahlgeschichtliches Arbeitsbuch, München 1980, S. 140ff.

Die Modifikationen des Wahlrechts von 1891 und 1893 milderten die oligarchisch-besitzbürgerliche Tendenz etwas und verstärkten die Privilegierung der Gutsbesitzer. Im ersteren Sinne wirkte die Bestimmung, daß für jeden einkommensteuerfreien Wahlberechtigten ein fiktiver Betrag von 3 Mark in die Steuersumme eingerechnet wurde, so daß die Summe künstlich erhöht und die Aussicht für einige wenige, in die 2. oder 1. Klasse aufzurücken, verbessert wurde. Außerdem wurde der Einfluß der Superreichen auf die Klasseneinteilung insofern gemindert, als die dreizuteilende Steuersumme nicht mehr je Gemeinde, sondern je Urwahlbezirk, der wesentlich kleiner als die Gemeinde war, ermittelt wurde und große individuelle Steuerleistungen sich nur noch in einem engeren Rahmen, dort aber um so extremer auswirken konnten: 1893 stimmten im 58. Berliner Urwahlbezirk (Voß- und Wilhelmstraße) in der 1. Klasse zwei Bankiers, dagegen in der 3. Klasse u. a. der Reichskanzler und drei Minister.

Was die Stellung der Gutsbesitzer betraf, so profitierte sie davon, daß neben den Staats- auch die Gemeindesteuern berücksichtigt werden sollten, und das selbst dort, wo die Grund- oder Gebäudesteuer nicht mehr gezahlt wurde. Auf diese Weise erfreuten sich die Gutsbesitzer einer fiktiven Steuerleistung, die ihre Rolle als örtlicher Alleinwähler in der 1. Klasse untermauerte. Ihre Begünstigung lag offen auf der Hand, und sie wurde auch ohne Scheu beansprucht! Der konservative Parlamentarier und Gutsbesitzer Graf Limburg-Stirum sagte, er halte es für richtig, „wenn ich z. B. bei der Stellung, die ich bei mir auf dem Lande habe, zwei Wahlmänner zu ernennen habe". In der Wahlpraxis eines Gutsbezirks konnte das bedeuten: der Gutsbesitzer war Wahlvorsteher seines Urwahlbezirks, er war der einzige Wähler in der 1. Klasse und bestimmte als solcher zwei Wahlmänner, außerdem ließ er sich in der 3. Klasse von seinen Landarbeitern als Wahlmann wählen - da die Stimmen öffentlich abgegeben wurden, hatte er den Wahlvorgang unter Kontrolle und alle Möglichkeiten in der Hand, für „konservative" Wahlen zu sorgen[86]. Es überrascht nicht, daß derartige Regelungen im Verein mit der agrarischen Bewegung des Bundes der Landwirte den Einfluß der Konservativen im Landtag festigten. Ihre Fraktion, die bis 1888 kaum über 130 Abgeordnete hinauskam, wuchs 1893 auf 144, 1908 sogar auf 152 Sitze an, und das zur gleichen Zeit, wo im Reichstag ihre Mandate unter dem Einfluß des demokratischen Wahlrechts abnahmen.

Das Resultat spricht für sich. Was immer der Neue Kurs an zeitgemäßen Veränderungen erreichte, in Wahlrechtsfragen erwies er sich als konservativ, weil er aus Furcht vor der Sozialdemokratie keine demokratischen Zugeständnisse wagte. Ein Mann wie Miquel fand das Reichstagswahlrecht unmöglich, da es „immer schlechtere Elemente" ins Parlament brächte. Er wollte es durch ein indirektes Wahlrecht modifizieren, bei dem ein Viertel der Abgeordneten von den Landtagen der Bundesstaaten gewählt würde. Es paßte hierzu, daß 1896 in Sachsen das durch einen gemäßigten Zensus beschränkte gleiche Wahlrecht einem Dreiklassenwahlrecht geopfert wurde. Ebenso paßte dazu die Pflege agrarischer Interessen, war es doch Miquel, der 1894 sagte, jahrzehntelang habe der Staat Handel und Industrie begünstigt, nun müßten „in den nächsten dreißig Jahren die Interessen der Landwirtschaft maßgebend sein"[87].

Der Hang zu Diskrepanzen hat sich deutlich in der Affäre des *preußischen Volksschulgesetzes* offenbart. Hier handelte es sich um den

Versuch, einen Auftrag, den die preußische Verfassung enthielt, zu erfüllen, nämlich das Schulwesen durch Gesetz einheitlich zu regeln. Es galt, zwischen staatlicher bzw. kommunaler Verantwortung, kirchlichen Interessen und gesellschaftlichen Bedürfnissen eine ausgleichende Linie zu finden, und das ist dem Neuen Kurs ebenso wenig gelungen wie der konservativen Ära nach 1850 oder der liberalen ab 1866. Der Kampf konkurrierender Wertsysteme, verkörpert in dem Anspruch der Kirchen, die Schulen zu kontrollieren, sowie dem Anspruch des liberalen Bürgertums, das Bildungswesen von den Kirchen zu trennen, gestattete keinen Ausgleich. Die klerikalen Forderungen erhielten ihren besonderen Nachdruck durch jene Theorie, daß die Zunahme von Materialismus, Unglauben und Gottlosigkeit verantwortlich sei für das Anwachsen der Sozialdemokratie und dementsprechend die Betonung von Glauben, Religion und Christentum vor der Sozialdemokratie schützen werde. In diesem Sinne hat Wilhelm II. 1889 gewünscht, die Schule möge „durch Pflege der Gottesfurcht und der Liebe zum Vaterlande" die „Ausbreitung sozialistischer und kommunistischer Ideen" verhindern. Legten es also allgemeine Erwägungen nahe, beim Schulwesen die Hilfe der Kirchen zu suchen, so kam für Caprivi noch der Gedanke hinzu, daß ein Schulgesetz, das den christlichen Konfessionen genehm war, die Zusammenarbeit mit dem Zentrum, die vor allem im Reichstag wichtig war, erleichtern würde. Er sagte offen, er wolle den Frieden mit den Katholiken und in der Schule einen Zustand, „mit dem auch die katholische Kirche ... zufrieden sein kann"[88]. Dies Ziel war der preußischen Regierung zwei Gesetzesentwürfe und zum Schluß eine veritable Krise wert, bei der drei Minister um ihre Entlassung baten.

Der erste Entwurf (1890) blieb auf der Strecke, weil er dem Zentrum nicht genügte. Der zweite (Ende 1891) kam den kirchlichen Wünschen weiter entgegen, z. B. beteiligte er die Ortsgeistlichen am kommunalen Schulvorstand, gab den Kirchen gegenüber den Religionslehrern eine Kontroll- und Weisungsbefugnis, schrieb für Lehrerseminare und neu einzurichtende Volksschulen die konfessionelle Grundlage vor und verpflichtete auch die Kinder, deren Eltern keiner staatlich anerkannten Religionsgesellschaft angehörten, also freikirchlich oder atheistisch orientiert waren, zum Besuch des konfessionellen Religionsunterrichts. Dieser Entwurf hatte Konservative und Zentrum im Landtag für sich, indes die Freikonservativen und Liberalen gegen ihn Sturm liefen. Anfang 1892 brach der öffentliche Meinungskampf los. Die liberale Presse machte mobil, die Universitäten protestierten, der Evangelische Bund, eine schroff antikatholische Organisation, empörte sich über das „Zurückweichen vor den Forderungen Roms", und es wurde der Verdacht ausgestreut, der Jesuitenorden hätte schon 7 Mio. M beisammen, um in Preußen Privatschulen zu gründen[89]. Der Wirbel kulturkämpferischer Emotionen erreichte auch Wilhelm II., der auf der Zustimmung der Freikonservativen und Nationalliberalen bestand, worin er sich durch Informationen, die ihm von Miquel zuflossen, bestärkt fühlte. Er ermahnte die Regierung am 17. März 1892 recht abrupt, mit den gemäßigten Mittelparteien einen Kompromiß zu schließen. Dadurch ist er Caprivi und dem Kultusminister Zedlitz-Trützschler in den Rücken gefallen: beide reichten ihren Rücktritt ein, Miquel schloß sich an, da er durch sein Taktieren in Gegensatz zu Caprivi geraten war. Das Vertrauen in der Regierungsmannschaft war zerstört. Zedlitz schied aus, Caprivi gab den Posten des preußischen Ministerpräsidenten an den Konservativen Botho von Eulenburg ab, Miquel blieb und hatte seine Stellung befestigt.

Zweifellos hatte das konfessionell gefärbte Schulgesetz quer zum Zeitgeist gelegen und mußte deshalb auf große Widerstände stoßen. Caprivis schlichter Konservatismus hat ihm verborgen, daß die kirchlichen Kräfte nicht mehr stark genug waren, um sich in der breiten Öffentlichkeit durchzusetzen. Der monarchische Staat liebäugelte gerne mit dem Flankenschutz der Kirche, doch diese hatte aufgehört, die Gesellschaft schlechthin zu prägen - sie war nur noch eine gesellschaftliche Kraft neben anderen.

Das Bild der preußischen Reformpolitik, das wir betrachtet haben, weist ein schroffes Hell-Dunkel von liberalen und konservativen Maßnahmen auf. Wenn wir nun auf die Ebene des Reiches hinübertreten, so werden wir dort das Dunkel sehr abgeschwächt finden, weil die konservativen Kräfte nicht stark genug waren, um sich ähnlich wie in Preußen geltend zu machen. Das Reich war dank seines demokratischen Wahlrechts und seiner föderalistischen Struktur kein rechter Nährboden für massiven Konservativismus, das zeigte sich u. a. bei der Reform des Militärwesens und des Vereinsrechts, denen wir uns zunächst zuwenden.

Der Regierungwechsel von Bismarck zu Caprivi fiel in eine Zeit, in der die Bemühungen um einen *Ausbau des deutschen Heeres* in vollem Gange waren. Die außenpolitischen Spannungen hatten das Verhältnis zu Rußland und Frankreich belastet und die Kriegsfurcht geschürt, das Reich hatte deshalb 1887 seine Armee um 41 135 Mann vermehrt. Der Kriegsminister war damit noch nicht zufrieden und meinte, daß Deutschland das gesamte jährliche Potential an Wehrpflichtigen (ca. 430 000 Mann, von denen ca. 180 000 eingezogen wurden) ausschöpfen müsse, um für einen künftigen Zweifrontenkrieg gewappnet zu sein. Da das weder finanziell noch politisch durchsetzbar war, versuchte die Regierung, schrittweise dem Ziel näherzukommen. 1890 erreichte Caprivi eine Aufstockung um 18 574 Mann, doch der Reichstag wehrte sich auf Betreiben des Zentrums gegen ein weiteres Anziehen der Schraube: die vollständige Durchführung der Wehrpflicht sei unmöglich und jede Heeresvermehrung müsse fortan mit Konzessionen hinsichtlich der Geltungsdauer der Beschlüsse (bisher sieben Jahre) und der Dienstzeit der Rekruten (bisher drei Jahre) verbunden sein. Das Parlament formulierte also militärpolitische Leitsätze, die das Rüstungsprogramm als ganzes begrenzen und mit konstitutionellen sowie sozialen Kompensationen schmackhaft machen sollten, d. h. das Septennat, das dem Reichstag nur alle sieben Jahre einen Beschluß über die Heeresstärke erlaubte (s. I, S. 71ff.), beseitigen und den jungen Männern die Last der Wehrpflicht erleichtern wollten, indem die aktive Dienstzeit von drei auf zwei Jahre gesenkt wurde. Beide Kompensationen besaßen einen eminenten Stellenwert: das Septennat war 1874 gegen den Widerstand der Liberalen und des Zentrums zustandegekommen, und die dreijährige Dienstzeit ist 1860/62 ebenfalls gegen den Widerstand der Liberalen verwirklicht worden. Wenn die Regierung einlenken sollte, dann hieß das, die monarchisch geprägte Militärpolitik mehr als bisher den liberalen Wünschen anzunähern.

Caprivi hat diesen Weg tatsächlich eingeschlagen. Die Heeresvermehrung war ihm so wichtig, daß er dafür Kompromisse in Kauf nahm. Er wollte das Heer von der Zahl her auf eine breitere Grundlage stellen und für den Fall eines späteren Krieges mehr und im Durchschnitt jüngere Ausgebildete als bislang verfügbar haben. Er war sich bewußt, daß diese Reform „ihre volle Wirkung erst nach 20 Jahren" entfalten würde, wenn nämlich ab 1893/94 zwanzig Jahrgänge Wehrpflichtiger die Ausbildung durchlaufen hätten, und er war sich ebenfalls bewußt, daß der Aufbau eines Massenheeres nur mit der „Unterstützung der Nation" möglich sei. Deshalb war er bereit, die zweijährige Dienstzeit zu bewilligen und das Septennat durch einen Fünfjahresrhythmus, ein Quinquennat, zu ersetzen. Die außerdem benötigten finanziellen Opfer forderte er ein mit dem Appell, es gelte Deutschland nach außen hin zu erhalten und der kommenden Generation das Glück zu sichern, „das wir zum ersten Male empfunden und kennengelernt haben, das Glück: Bürger eines einigen Deutschlands zu sein"[90]. Im Schutze solcher Argumente legte er im Herbst 1892 die größte Heeresvermehrung seit 1871 vor: 84 360 Soldaten und Offiziere zusätzlich.

Es versteht sich, daß die Parteien von rechts bis links das Ansinnen widerstrebend aufnahmen. Und die Aussicht, daß die angebotenen Konzessionen die Liberalen und das Zentrum beeindrucken würden, war gering. Ein Quinquennat brachte eine mäßige Verbesserung, und die zweijährige Dienstzeit wurde nur für diese fünf Jahre faktisch, nicht gesetzlich zugesagt. Das hing damit zusammen, daß Caprivi den Widerstand Wilhelms II. gegen die Verkürzung der Dienstzeit nicht hatte völlig überwinden können. Umfangen von den Einflüsterungen seiner Hofgeneräle hatte sich der Kaiser auf die überlieferte Heeresorganisation versteift und nur erlaubt, die kürzere Dienstzeit de facto, nicht de jure anzuwenden. Die Furcht vor neuen Steuern und der Zweifel, ob Deutschland mit der fortgesetzten Aufrüstung nicht ein falsches außenpolitisches Signal gebe, vermehrten die Unlust, dem Appell des Reichskanzlers zu folgen. Es zeigte sich bald, daß die Vorlage nur nach spürbaren Abstrichen eine Mehrheit finden könnte. Der Zentrumsführer Huene regte eine Kürzung auf 70 110 Mann an, der Caprivi zustimmte, die aber am 6. Mai 1893 vom Reichstag abgelehnt wurde, weil das Zentrum Huene nicht gefolgt ist. Der Kaiser löste den Reichstag auf; die vorzeitigen Neuwahlen verschoben die Gewichte nur wenig, aber das Einschwenken der Polen und der Freisinnigen Vereinigung reichte aus, um im Verein mit Konservativen, Antisemiten und Nationalliberalen am 15. Juli 1893 die reduzierte Heeresvorlage anzunehmen. Die Friedenspräsenzstärke erreichte 1894 557 112 Soldaten und Unteroffiziere, die vereinbarten Kompromisse - Quinquennat und zweijährige Dienstzeit - wurden 1899 fortgesetzt, erwiesen sich also als dauerhaft.

Caprivi hat sich in einer der schwierigsten parlamentarischen Kampagnen, die das Kaiserreich erlebte, weitgehend durchgesetzt. Einmal mehr hat sich der Reichstag den schwer abzuwägenden Bedingungen der äußeren Sicherheit Deutschlands gebeugt und das vollzogen, was ihm militärischer Sachverstand, ministerielle Autorität und nationales Pflichtbewußtsein abverlangten. Ob die Vergrößerung des Heeres 1893 notwendig war, läßt sich bestreiten, denn eine akute Kriegsgefahr hat selbst Caprivi nicht gesehen. Aber über jegliche Einwände hinweg bestand eine allgemeine Bereitschaft, das Reich nach Ost und West zu verteidigen - sogar die Polen ließen durchblicken, daß ihre heimatliche Landesgrenze Schutz brauche, denn „in unserer langen Geschichte haben wir oft empfunden, was der Sturm, der von Osten kommt, bedeutet", und auch die Sozialdemokraten betonten, daß es „nationale Aufgaben und Pflichten" gäbe und das Reich „mit Aufbietung aller seiner Kräfte" werde kämpfen müssen, „wenn es als selbständige Nation nicht aus der Reihe der europäischen Völker gestrichen werden will"[91]. So gesehen war die „Unterstützung der Nation" für die Rüstungspolitik tendenziell breiter fundiert, als die öffentliche Diskussion erkennen ließ.

In die Akzeptanz der Vaterlandsverteidiung war allerdings die Akzeptanz des Militärs selbst nicht einbezogen. Die Kritik am Militarismus, an der Exklusivität des Offizierskorps und an der mitunter rüden Behandlung der Rekruten war weit verbreitet, und gerade das Thema der Soldatenmißhandlungen hat die Sozialdemokratie seit 1891 im Reichstag oft aufgegriffen. Der Kaiser und die Generäle waren gegenüber dem öffentlichen Druck nicht unempfindlich, obwohl sie behaupteten, die Armee sei „wie eine Familie, deren intime Fragen nicht vor die Öffentlichkeit gehören". 1890 regte Wilhelm II. an, mehr Offiziersbewerber als bisher aus dem Bürgertum zu nehmen, und 1892 ordnete er ein strenges Eingreifen bei der Mißhandlung von Soldaten an. Auch eine neue, reichseinheitliche Regelung des *Strafverfahrens vor den Militärgerichten*, denen alle Offiziere und Soldaten unterworfen waren, wurde in Arbeit genommen. Sie war von besonderem Interesse, weil sie die liberal-rechtsstaatlichen Elemente der Öffentlichkeit und Mündlichkeit des Verfahrens, der Zulassung von Verteidigern oder der Unabhängigkeit der Richter in diesen Bereich der Rechtspflege tragen sollte. Seit den 1870er Jahren stand die Reform auf der Tagesordnung, sie war aber an der Abneigung der Offiziere gegen eine fallweise Offenlegung des Dienstbetriebs und des Kaisers gegen eine Schmälerug seiner Rolle als oberster Kommando- und Gerichtsherr gescheitert. Ab 1895 drängten Parlament und Presse energisch auf eine Lösung, und Reichskanzler Hohenlohe war genügend zivil und liberal gesonnen, um die Dringlichkeit der Sache anzuerkennen und in jahrelangem Kampf beim Kaiser die Öffentlichkeit des Verfahrens zu erreichen. Das Gesetz, das der Reichstag 1898 endlich verabschiedete, getattete zwar, die Öffentlichkeit im Interesse der militärischen Disziplin auszuschließen, war aber als ganzes so reformfreudig, daß ihm auch die Linksliberalen zustimmten. Gemäß einem Erlaß Wilhelms II. sollte die Öffentlichkeit ausgeschlossen werden, wenn „der Sinn für die unbedingte Unterordnung des Untergebenen unter den Vorgesetzten“ oder das berechtigte „Ehrgefühl ... des Offizierstandes“ tangiert schienen[92]. Das erleichterte den Militärgerichten den Rückzug in die Exklusivität, ließ aber nach außen hin um so deutlicher die verkrampfte Statuspflege der Offiziere hervortreten.

Ebenfalls in die Zeit Hohenlohes fällt eine Neuerung im Vereinsrecht, die den Parteien zugute kam, die *Streichung des sog. Verbindungsverbots*. Es stammte aus der Reaktionszeit nach 1850 und untersagte den politischen Vereinen die Zusammenarbeit, verhinderte also den Zusammenschluß lokaler und regionaler Organisationen zu einem mehrstufigen Verband. Vereine, die das Verbot verletzten, durfte die Polizei auflösen. Das Verbindungsverbot war aus zwei Gründen obsolet: einmal entsprach es nicht mehr der Praxis des politischen Lebens, zum anderen war es in einzelstaatlichen Gesetzen niedergelegt und hätte längst einem reichseinheitlichen Vereinsgsetz weichen sollen. Die Regierung wußte, daß der Reichstag nur ein liberalisiertes Gesetz bewilligen würde, und hielt deshalb am alten Landesrecht fest. Doch ab 1894 geriet sie unter den Druck der Parteien, und nach längerem Lavieren wurde 1899 das Verbindungsverbot durch ein Reichsgesetz beseitigt. Den Anstoß hatten die Sozialdemokraten gegeben, die 1894 eine Erweiterung der Vereins- und Versammlungsfreiheit beantragten. Ihr Anliegen gewann an Gewicht, als im November 1895 der Berliner Polizeipräsident elf Vereine und Kommissionen der Sozialdemokratie auflöste, darunter den Parteivorstand. Die gerichtliche

Überprüfung der Maßnahme endete März 1897 damit, daß sie in allen Punkten rückgängig gemacht wurde. Das Beispiel zeigte, daß das Verbindungsverbot zur sinnlosen Schikane verkümmert war, allerdings in den Händen der Polizei noch brisant war. Die Regierung gab es aus Rücksicht auf Wilhelm II. und die Konservativen erst 1899 preis. Die Reform war überfällig und berechtigte nicht zu großem Jubel, aber sie bedeutete einen Schritt voran zum parlamentarischen Parteienstaat. Die Parteien erhielten nun die volle Organisationsfreiheit in allen Bundesstaaten. Die Sozialdemokratie verwandelte sich z. B. in eine Partei mit einem einheitlichen Organisationsstatut, geregelter Mitgliedschaft und verbindlichem Beitragssystem, also zu einer festgefügten Großorganisation.

Die bisher besprochenen Reformen lassen erkennen, daß die Regierung einige der verknöcherten Positionen, die bis 1890 unter Bismarck gültig gewesen sind, räumte und sich auf einen wohldosierten Wandel einließ. Das Staats- und Herrschaftssystem änderte sich dadurch zwar nicht, aber das Erreichte genügte, um die pure Stagnation zu verhindern. Das dürfte noch deutlicher werden, wenn wir die Sozial- und Handelspolitik betrachten, die die stärksten Neuerungen des Neuen Kurses aufwiesen.

b) Sozialpolitik und Gewerkschaften

Die Sozialpolitik war 1890 das Gebiet, auf dem der Neue Kurs einen breiten Konsens vorfand und mit guter Aussicht auf Erfolg tätig werden konnte. Gewissermaßen von Wilhelm II. bis zu den Sozialdemokraten reichte die Front derjenigen, die eine Erweiterung des Arbeiterschutzes, eine gewisse Stärkung der Arbeiter in ihrer Stellung gegenüber den Unternehmern und teilweise ein Recht der Arbeiter auf öffentliche Mitsprache in sozial- und wirtschaftspolitischen Fragen befürworteten. Vor allem das Verbot der Arbeit an Sonn- und Feiertagen, die Verkürzung der Arbeitszeit von Frauen und Kindern sowie die Schaffung von Institutionen, die in die Konflikte zwischen Arbeitern und Unternehmern vermittelnd eingreifen könnten, fanden allgemeine Zustimmung. Doch beim Kaiser, den Ministern und konservativen Parteien kam das nicht minder eindeutige Verlangen hinzu, die Arbeiter fest an Gesetze und Verträge zu binden und die Sozialdemokratie mit allen Mitteln zu bekämpfen. Die sozialpolitischen Reformen sollten die Staats- und Gesellschaftsordnung nicht verändern, sondern gegen den Druck von unten widerstandsfähig machen - mit anderen Worten: das Wohlwollen galt den Arbeitern als einem leidenden Teil der Gesellschaft, nicht als einer nach Emanzipation begehrenden Klasse, geschweige denn als einer kampfbereiten, organisierten Bewegung. Gewerkschaften und Streiks blieben unter diesem Blickwinkel etwas Feindliches, gegen das Behörden, Polizei und Gerichte noch jahrelang angingen.

Das Ausweichen in der Gewerkschaftsfrage hat den innovatorischen Aufbruch der Sozialpolitik begrenzt. Im wesentlichen wurde 1890 das vollzogen, was die öffentliche Diskussion und insbesondere der Reichstag vorher als Programm formuliert hatten. Seit 1885 hat die Parlamentsmehrheit wiederholt Anträge beschlossen, die eine Erweiterung des Arbeitsschutzes forderten. Wenn die Regierung, die die Anträge bisher abglehnt hatte, nun einlenkte, tat sie etwas Überfälliges, ja vielleicht Selbstverständliches. Doch in der Materie steckten einige grundsätzliche Probleme. Der gesetzliche Eingriff in die Dauer der Arbeitszeit, die Erweiterung der Gewerbeaufsicht und die Ansätze zur Beteiligung der Arbeiter an innerbetrieblichen Entscheidungen schufen ein Quantum an sozialstaatlicher Regulierung, das mit den rechtlichen Vorstellungen des Bürgertums schwer vereinbar war. Es war strittig, wie weit der entstehende Sozialstaat auf die freie Verfügung über das Privateigentum, die Gestaltung privater (Arbeits-)Verträge u.a.m. einwirken durfte. Der Konflikt zwischen individueller Freiheit und öffentlichem Wohl, verstärkt durch die Furcht vor der Sozialdemokratie, rührte an Grundfragen der Sozialpolitik, und es gereichte dem Neuen Kurs zur Ehre, daß er hier eine Entwicklung eingeleitet hat, der sich Bismarck stets widersetzt hatte.

Die Wurzel der sozialpolitischen Wende steckte bereits in dem Machtkampf zwischen Reichskanzler und Kaiser, der 1889/90 den Sturz Bismarcks einleitete. Der alte Kanzler war überzeugt, daß keinerlei Reformen die Arbeiter befriedigen könnten und der monarchische Staat einer militanten Kraftprobe mit der Arbeiterbewegung entgegengehe. Der junge Kaiser wollte die Arbeiter als seine Untertanen beschützen und ihnen das Gefühl vermitteln, „daß sie ein vollberechtigter Stand im Staate sind und als solcher allseitig anerkannt werden", denn so werde es gelingen, sie der Sozialdemokratie zu entfremden. Obwohl Wilhelm die Sozialdemokraten als Reichs- und Vaterlandsfeinde verdammte, wich er dem offenen Kampf mit ihnen aus, um nicht „den Anfang meiner Regierung mit dem Blut meiner Untertanen [zu] färben"[93]. Der Konflikt erreichte Ende Januar 1890 einen Höhepunkt, als Wilhelm den widerstrebenden Bismarck zwang, ihm den Entwurf zweier Erlasse vorzulegen, die sein, des Kaisers, sozialpolitisches Konzept bekanntmachen sollten. Am 4. Februar erfolgte die Publikation, zwei Wochen vor den Reichstagswahlen.

Wilhelm bejahte darin eine aktive Sozialpolitik. Es sei „eine der Aufgaben der Staatsgewalt ..., die Zeit, die Dauer und die Art der Arbeit so zu regeln", daß die gesundheitlichen, sittlichen, wirtschaftlichen Bedürfnisse der Arbeiter und auch „ihr Anspruch auf gesetzliche Gleichberechtigung gewahrt" blieben. Außerdem sollte den Arbeitern

„der freie und friedliche Ausdruck ihrer Wünsche und Beschwerden" ermöglicht werden, d. h. sie sollten „durch Vertreter, welche ihr Vertrauen besitzen, an der Regelung gemeinsamer Angelegenheiten" teilnehmen sowie ihre Interessen gegenüber Arbeitgebern und Behörden geltend machen. Das alles stand unter dem Vorbehalt, daß die angeregten Maßnahmen nicht „der einheimischen Industrie in ihrem Wettbewerb mit dem Auslande" schadeten, und deshalb erhielt der Reichskanzler den Auftrag, durch eine internationale Konferenz, zu der vor allem die westeuropäischen Staaten einzuladen wären, eine gemeinsame Linie für die Arbeiterschutzpolitik ermitteln zu lassen[94]. Die Erlasse lehnten sich an Gedankengänge an, die Wilhelm vorher im Kreise der Regierung vorgetragen hatte und die nun in verallgemeinerter Form, und das heißt: in sehr interpretationsfähiger Form, an die Öffentlichkeit kamen. Wenn die Rede war von der gesetzlichen Gleichberechtigung der Arbeiter, von ihrer Interessenvertretung durch Vertrauensleute und ihrer Teilhabe an der Regelung gemeinsamer Angelegenheiten, d. h. an Fragen, die sie neben Unternehmern und Behörden mitbetrafen, so legte das eine erhebliche kollektive Aufwertung der Arbeiter nahe, vielleicht sogar eine Anerkennung der Gewerkschaften. Ebenso ließ sich der Anspruch des Staates, die Arbeitszeit zu regeln, ausdeuten als die Absicht, einen Maximal- oder Normalarbeitstag (z. B. Zehn- oder Achtstundentag) verkünden zu wollen. Doch Wilhelm und den Ministern lag es fern, ihre Sozialpolitik gegen die Unternehmer und für die Gewerkschaften zu betreiben. Die fanfarenartige Wirkung der Erlasse war ihnen nicht unwillkommen, brachte aber einen nicht ganz echten Ton zu Gehör, der mehr verhieß, als gemeint war.

Der Mann, der Wilhelms Programm ausführen sollte, war der preußische Minister für Handel und Gewerbe, *Hans Hermann Freiherr von Berlepsch* (1843 - 1926). Da die Sozialpolitik noch vorwiegend auf die industriell-gewerblichen Arbeiter bezogen war und das Reich kein Wirtschaftsressort besaß, hatte der preußische Wirtschaftsminister die Gesetze auszuarbeiten, die dem Bundesrat vorgelegt werden sollten.

Berlepsch, der Anfang Februar 1890 Minister wurde, war ein Karrierebeamter, den Intelligenz und Kompetenz für seine Aufgabe empfahlen, dem aber ein genuin politischer, kämpferischer Impuls fehlte. Von der Notwendigkeit der Sozialreform war er aus humanitären Gründen überzeugt, doch die Einsicht, daß nachhaltige Erfolge nicht gegen, sondern mit der Arbeiterbewegung erkämpft werden mußten, reifte bei ihm langsam und fehlte während der Ministerzeit. 1895 erklärte er z. B. den schleppenden Gang seiner Sozialpolitik damit, daß jede wohlmeinende Maßnahme „von der sozialdemokratischen Agitation vergiftet wird bis in ihr letztes Moment" und deshalb auf Widerwillen im bürgerlichen Lager stoße[95]. Das ärgerte ihn um so mehr, als er gehofft hat, durch die Reformen einen Keil zwischen die revolutionären und gewerkschaftlichen Sozialdemokraten treiben, also die Arbeiterbewegung schwächen zu können. Von solchen Berechnungen kam er erst 1903 ab, als er sagte, daß es nicht darum gehe, die Sozialdemokratie zu beseitigen, sondern eine Situation zu schaffen, in der sie auf Klassenhaß verzichten und erfolgreich Reformpolitik treiben könne.

Der sächsisch-thüringische Adelssproß hat nach dem Studium sein Fortkommen in der preußischen Verwaltung gesucht und dort schnell Karriere gemacht; 1889 erfolgte seine Ernennung zum Oberpräsidenten der Rheinprovinz. Den Aufstieg verdankte er vorrangig der Fähigkeit, die sozialen und ökonomischen Probleme in seinem Amtsbezirk weitsichtig zu behandeln. Auf den Bergarbeiterstreik von 1889 reagierte er mit der Erkenntnis, daß die Arbeiter durch Ausschüsse, Schiedsgerichte und Gewerbekammern mehr als bisher zu „einem gleichberechtigten Faktor" neben den Zechenherren erhoben werden müßten[96]. Solche Ideen fanden Anklang bei Wilhelm II. und bahnten ihm den Weg nach Berlin.

Als Minister hat er zunächst von der politischen Konjunktur des Jahres 1890 profitiert. Doch seine Taktik, den erhöhten Arbeiterschutz zu kombinieren mit erweiterten Möglichkeiten der Unternehmer, ihre Arbeiter zu disziplinieren, trug ihm die Kritik der linken Parteien ein. Und die Kritik wuchs, als die Unternehmer auf Gegenkurs gingen und der Ausbau der Sozialgesetze sich verzögerte. Von links und rechts attackiert und ohne sichtbaren Erfolg bei der Versöhnung der Arbeiter mit dem monarchischen Staat, verlor Berlepsch den Beifall Wilhelms II. und schied 1896 aus dem Amt.

Allerdings war sein Elan nichts weniger als gebrochen. Als Privatmann hat er sich mehr denn je der Sozialreform gewidmet, ist Mitbegründer und Präsident der Gesellschaft für soziale Reform (1901) geworden, hat die internationale Zusammenarbeit sozialpolitischer Organisationen mitgetragen, hat die Entwicklung starker Gewerkschaften befürwortet und sich dafür eingesetzt, den Streiks mit Hilfe von Tarifgemeinschaften, Schiedsgerichten und einem Reichseinigungsamt vorzubeugen. Als Beweis seines Ansehens mag gelten, daß er 1907 und 1911 zum Vermittler in Tarifkonflikten berufen wurde. So verband sich seit 1900 mit seinem Namen ein Programm für den Ausgleich der Klassengegensätze, das der offiziellen Politik weit vorausgriff und Ausdruck einer praktischen Vernunft war, an der das kaiserliche Deutschland keinen Überfluß hatte.

Die sozialpolitischen Reformen entwickelten sich von 1890 bis 1892 zügig und fanden ihren Niederschlag in dem Gesetz über die Gewerbegerichte (29.7.1890) sowie in der Novellierung der Reichsgewerbeordnung (1.6.1891) und des preußischen Berggesetzes (24.6.1892). Den Auftakt bildete jedoch die Internationale Arbeiterschutzkonferenz, die Wilhelm II. angeregt hatte; sie tagte vom 15. bis 29. März 1890 unter Berlepsch' Vorsitz in Berlin. An ihr beteiligten sich dreizehn Staaten, die einen lebhaften Meinungsaustausch pflegten, aber über unverbindliche Empfehlungen nicht hinauskamen. Sie befürworteten u. a. eine Beschränkung der Arbeitszeit von Kindern, Jugendlichen und Frauen. Die Konferenz bot also dem deutschen Arbeiterschutz wenig Flankenschutz, hellte aber die Atmosphäre auf und bescherte dem Neuen Kurs einen Erfolg auf internationalem Parkett.

Die neue Sozialpolitik begann mit dem Gesetz über die Gewerbegerichte. Es schuf die Rahmenvorschriften, nach denen in den

Gemeinden ab 20 000 Einwohnern fakultativ eine Art Laiengericht eingesetzt werden konnte, das über Streitfragen aus dem Arbeitsverhältnis entscheiden sollte. Seinen Vorsitzenden wählte der zuständige Magistrat, die Beisitzer wählten zu gleichen Teilen die Arbeiter und Unternehmer der Stadt. Die Berufsgenossen der streitenden Parteien waren also paritätisch vertreten und sicherten dem Verfahren einen praxisnahen, schiedsgerichtlichen Charakter. Es war ein kostengünstiges und schnell arbeitendes Gericht. Außer der arbeitsgerichtlichen Funktion stand ihm auch die Funktion eines Einigungsamtes offen, sofern es von Arbeitern und Unternehmern wegen eines Arbeitsstreits angerufen wurde; dann sollte es durch Vermittlung oder Schiedsspruch einen Streik abwenden. Wichtig ist, daß die Gerichte die beteiligten gesellschaftlichen Kräfte an einen Tisch brachten und die Arbeiter gleichberechtigt an die Seite der Unternehmer setzten. Die Zunahme der Gewerbegerichte (1892 : 208, 1900 : 316, 1910 : 482) bedeutete auch eine Zunahme der sozialdemokratischen Beisitzer, die sich dort als Fachleute bewährten.

Der Reichstag hat über die Gewerbegerichte schnell entschieden, weil diese Materie wenig umstritten war und außerhalb des Herrschaftsgebiets lag, das die Unternehmer in den Betrieben für sich reklamierten. Der Arbeiterschutz griff nun in diesen Bereich hinüber, und so überrascht es nicht, daß die Novelle zur Reichsgewerbeordnung (RGewO), die den Gegenstand neu fassen wollte, über ein Jahr brauchte, ehe sie den Reichstag passiert hatte. Die Schutzmaßregeln, die sie enthielt, fanden allgemeinen Beifall, doch die Passagen über die betrieblichen Arbeitsordnungen, die Arbeiterausschüsse und die Beschneidung der Streikfreiheit waren sofort höchst umstritten. Es kam das Wort auf, die Regierung vermenge den Arbeiterschutz mit Arbeitertrutz, und in der Tat war es so, daß Berlepsch die Verbesserungen zugunsten der Arbeiter mit gewissen Beschränkungen ihrer Freiheit, den Arbeitsplatz zu wechseln oder in einen Streik zu treten, kompensieren wollte. Der fortan besser geschützte Arbeiter sollte ein rechtsames, ordentliches und gesittetes Verhalten an den Tag legen, also ein gebändigtes Mitglied der bürgerlichen Gesellschaft werden - die Arbeiterpolitik des Kaiserreichs zeigte einmal mehr ihr Janusgesicht.

Die Neuerungen lassen sich in zwei Blöcken betrachten, den aus der Sicht der Arbeiter positiven und negativen Maßnahmen. Zu ersteren gehörten die Bestimmungen, die die Arbeitszeit und den Schutz für Kinder und Frauen betrafen: z. B. wurde allgemein verboten die Arbeit an Sonn- und Feiertagen, die Fabrikarbeit für Kinder unter 13 Jahren (bisher unter 12 Jahren) und die Nachtarbeit für Frauen. Außerdem durften Frauen nicht länger als 11 Stunden täglich beschäftigt werden, es wurde also ein Maximalarbeitstag für einen Teil der erwachsenen Arbeitskräfte vorgegeben. Für Männer konnte der Bundesrat ähnliches verordnen, sofern deren Gesundheit in einem Gewerbe durch zu lange Arbeitszeiten gefährdet war (sog. sanitärer oder hygienischer Maximalarbeitstag). In allen Fabriken, die mindestens zwanzig Arbeiter beschäftigten, mußten Arbeitsordnungen zur Klärung der Arbeitszeiten, Formen der Lohnzahlung, der Disziplinarstrafen usw. erlassen und dazu eine Stellungnahme der Arbeiter, die, soweit vorhanden, durch einen Arbeiterausschuß abgegeben werden konnte, eingeholt werden. Schließlich wurde die Autorität der Gewerbeaufsicht gestärkt und auf die handwerklichen Werkstätten ausgedehnt. Im Lichte kritischer Würdigung sind drei Punkte zu beachten: einmal der Maximalarbeitstag für Frauen, weil der Staat hiermit das Problem einer Begrenzung der täglichen Arbeitszeit (außerhalb des besonderen Schutzes von Kindern und Jugendlichen) anging und sich verpflichtete, auch für einzelne Männerberufe solch eine Maßnahme zu erwägen, ferner das Zustandekommen der Arbeitsordnungen, weil den Arbeitern erstmals vom Gesetz ein innerbetriebliches Mitwirkungsrecht (wenn auch schwach ausgebildet) zugebilligt und sogar die Beteiligung von Arbeiterausschüssen, soweit vorhanden, empfohlen wurde, und schließlich die Betonung der Gewerbeaufsicht, weil der Staat mehr als bisher das Recht des kontrollierenden Einblicks beanspruchte und sich anheischig machte, die neuen Vorschriften in der Praxis durchzusetzen. Das alles waren Anflüge einer sozial-staatlichen Politik, die in die Zukunft wiesen, aber nur in Maßen ein Gefühl des Fortschritts weckten. Denn die Schutzbestimmungen ließen viele Ausnahmen zu, und selbst die generell verfügte Sonntagsruhe bedurfte so umständlicher Regelungen, daß sie erst am 1. April 1895 für Industrie und Handwerk in Kraft trat.

Das im Detail wichtige, im Ganzen aber nicht überwältigende positive Ergebnis des Gesetzes nahm in den Augen der Arbeiter großen Schaden wegen seiner negativen Beimischungen. Sie betrafen vor allem die Jugendlichen und die kontraktbrüchigen sowie streikenden Arbeiter. Die Jugendlichen galten als ein unruhiges Element, das schnell den Arbeitsplatz wechsle, leicht Streiks provoziere und auch außerhalb der Arbeit zu allerlei Unartigkeiten neige. Deshalb sollte es einer strengeren Disziplin durch Eltern und Unternehmer unterworfen werden, indem das Arbeitsbuch, das Minderjährige haben mußten, beim Arbeitswechsel nur den Eltern ausgehändigt, der Lohn dem Vater ausgezahlt wurde und der Unternehmer das Recht erhielt, in der Arbeitsordnung Vorschriften für das Freizeitverhalten seiner jugendlichen Arbeiter zu erlassen. Die Tendenz, die im Reichstag eine Mehrheit fand, war eindeutig, aber weltfremd, denn es gab wenig Unternehmer, die ihren Betriebsalltag durch Formalien, die ihnen keinen Nutzen brachten, komplizieren mochten. Anders verhielt es sich mit dem Vorgehen gegen kontraktbrüchige Arbeiter, also solche, die den Arbeitsplatz ohne Einhalten der Kündigungsfristen verließen. Das kam häufig vor, insbesondere beim Ausbruch von Streiks, und sollte nun durch angedrohte Sanktionen eingedämmt werden. Zum einen durften die Unternehmer einen Wochenlohn als Kaution einbehalten, die fällig wurde, sobald der Arbeiter Kontraktbruch beging. Und zum anderen sollte der § 153 RGewO, der bei der Organisation von Streiks oder Aussperrungen die Anwendung von Zwang, Druck o. dgl. unter Strafe stellte, verschärft werden: der Katalog strafbarer Handlungen sollte erweitert, das Strafmaß erhöht werden. Das hätte die Fesseln, die der Streikagitation ohnehin angelegt waren, gestrafft und Gewerkschaftsfunktionäre mehr als bisher dem Zugriff von Polizei und Richtern ausgesetzt. Solch einer einseitigen Verschiebung der Gewichte im Arbeitskampf hat der Reichstag aber nicht seine Hand gereicht. Mit großer Mehrheit lehnte er die Änderung des § 153 RGewO ab, die Kaution gegen den Kontraktbruch wurde jedoch beschlossen.

Von diesem Arbeitertrutz ist unter dem Strich nicht allzu viel wirksam geworden. Aber die Tatsache, daß derart tendenziöse Projekte ausgeheckt wurden, zeigte, wie sehr die Regierung bedacht war, die Arbeiterbewegung auch nach dem Ende des Sozialistengesetzes zu bekämpfen. In gewissem Umfange erhielt sie den Beifall der bürgerlichen Parteien, aber gerade für die schneidigste Waffe, den veränderten § 153 RGewO, erwärmte sich nur noch die rechte Seite des Reichstages. Und das war ein Zeichen der Zeit. Auch in den folgenden Jahren sind alle großen Anläufe der Regierung, über die Abwandlung des Strafrechts, des Vereinsrechts oder des Koalitionsrechts schärfere Handhaben gegen die Arbeiterbewegung zu erhalten, am Parlament gescheitert. Eine reaktionäre Politik, die die Freiheit und das Recht der Arbeiter zerbrochen hätte, ließ sich nicht mehr durchsetzen.

Den Abschluß der Sozialgesetze des Neuen Kurses bildete die Novelle zum preußischen Berggesetz. Es übernahm den Arbeitsschutz der RGewO in erweiterter Form, führte u. a. staatliche Berggewerbegerichte sowie ein Kontrollrecht der Arbeiter bei der Anrechnung der gefüllten Fördergefäße ein. Außerdem hat die preußische Regierung bereits 1890 auf allen staatlichen Zechen Arbeiterausschüsse einrichten lassen. In der Folgezeit konzentrierte Berlepsch seine Energie auf die Durchführung der Arbeitszeitbeschränkungen, wobei es ihn besonders große Mühe gekostet hat, eine Verordnung des Bundesrats über die Arbeitszeit in Bäckereien zu erreichen (4.5.1896). Sie verfügte einen Maximalarbeitstag von 12 Stunden und unterband die langen, belastenden Arbeitszeiten von teilweise 14 und 16 Stunden. Für die Bäckereigehilfen war das eine soziale Errungenschaft, für Berlepsch aber nur noch ein Achtungserfolg, denn seit zwei Jahren schwand sein Einfluß in der Regierung dahin. Bei Wilhelm II. war die arbeiterfreundliche Stimmung verflogen, als sich zeigte, daß einige wohlmeinende Sozialgesetze nicht genügten, um der Sozialdemokratie ihre Anhänger abspenstig zu machen. Es glich einem Hohn, als Ende 1892 die Grubenarbeiter an der Saar die Anhörung ihrer Arbeiterausschüsse zu den neuen Arbeitsordnungen als Auftakt einer Streikkampagne nutzten. Die Unsicherheit der Regierung wuchs, als Kaufleute, Handwerksmeister und Unternehmer immer lauter gegen das Hineinregieren in die Betriebe protestierten: die Vorschriften über die Arbeitszeit führten „in den Zwangsstaat hinein" und erlaubten den Beamten der Gewerbeaufsicht ein „persönliches Eindringen in die innersten Geschäftsverhältnisse der betreffenden Fabrikanten"[97]. Die Lage spitzte sich zu, als Berlepsch 1895 ernsthaft versuchte, ein Gesetz über die Rechtsstellung von Arbeiterberufsvereinen zu erreichen, das u. a. die Gewerkschaften von den Sanktionen des Verbindungsverbots befreit hätte. Das sollte im Sinne der Februarerlasse der freien Interessenvertretung der Arbeiter dienen, aber für die Unternehmer kam das einer Begünstigung der Sozialdemokratie gleich. Die Regierung wich der Kraftprobe aus, und am 27. Juni 1896 endete Berlepsch' Ministerzeit.

Für einige Jahre gewannen die Kräfte Oberhand, die schon 1890 die Kontrolle der Unternehmer über die Arbeiter sichern wollten und, wie der saarländische Schwerindustrielle Freiherr von Stumm, davor warnten, „künstlich die Organisation eines vierten Standes an[zustreben], der eine Fiktion ist"[98]. Es war ein erneuter Versuch, die Entwicklung zur egalitären Gesellschaft, in der die Freiheit mehr gelten würde als die Ordnung und die Gleichberechtigung mehr als ein System abgestufter Abhängigkeiten, zu bremsen. Im Freiherrn von Stumm fand der Versuch seinen exemplarischen Ausdruck. Er vereinte in sich die guten und schlechten Eigenschaften eines patriarchalischen Unternehmers: er war ein Vorkämpfer der sozialen Sicherung und des Schutzes der Arbeiter, er schuf viele Einrichtungen zum Wohle seiner Betriebsangehörigen, und er war ein Autokrat, der das private Dasein seiner Arbeiter ebenso wie das betriebliche kontrollieren wollte. Sein Wort wog in Berlin, weil er als freikonservativer Abgeordneter erheblichen Einfluß im Reichstag besaß. Seit 1893 tat er alles, um die Regierung gegen die Sozialdemokraten in Front zu bringen und von einer Aufwertung der Gewerkschaften abzuhalten. Nicht zuletzt seinem Drängen war es zuzuschreiben, daß die Regierung 1894 auf Befehl Wilhelms II. nolens volens die Umsturzvorlage ausarbeiten mußte.

Das war ein Gesetzentwurf, der an mehreren Stellen das Strafrecht gegenüber einer aggressiv mißbräuchlichen Meinungsbildung und Propaganda schärfen wollte und besonders auf die Absicht, den gewaltsamen Umsturz der bestehenden Staatsordnung zu bewirken, abhob. Er proklamierte aber auch den Schutz von Religion, Monarchie, Ehe, Familie und Eigentum, also von Werten und Institutionen, über die das Urteil unter den Menschen weit auseinandergeht. Eigenartigerweise hat die konservativ-klerikale Mehrheit im Reichtagsausschuß den Entwurf gerade in dieser moralisierenden Richtung ausgebaut. Es kam der erhöhte Schutz von Christentum, Gottesglauben und kirchlichen Lehren hinzu, dagegen wurde der Bezug auf den Staatsschutz gestrichen, dafür aber schärfere Strafen für unzüchtige Schriften und grobe Unanständigkeiten aufgenommen. Die Liberalen fragten, ob es hier noch gegen die Sozialdemokratie oder nicht schlechthin gegen die moderne Kunst und Wissenschaft gehe, und sorgten im Mai 1895 dafür, daß die Vorlage im Plenum unterging. Die Attacke auf die Sozialdemokratie endete wie das Hornberger Schießen.

Noch drastischer war der Fehlschlag, den Stumm und seine Freunde 1899 erlitten, als sie ein antigewerkschaftliches Streikgesetz erreichen wollten. Wieder verdankten sie es der Mithilfe Wilhelms II., daß die Regierung eine ausführliche Neufassung des § 153 RGewO vornahm. Es war beabsichtigt, jene Arbeiter, die sich nicht an einem Streik beteiligten (die sog. Arbeitswilligen), besser als bisher gegen den Druck, den ihre streikenden Kollegen auf sie ausübten, zu schützen und den anderen, die diesen Schutz verletzten, eine verbreiterte Skala von Strafen anzudrohen. Im Extremfall, nämlich wenn ein Streik die Sicherheit des Reichs oder eines Bundesstaats gefährdete, erwarteten die „Rädelsführer" fünf Jahre Zuchthaus (deshalb „Zuchthausvorlage"). Das war eine ebenso martialische wie sinnlose Drohgebärde, denn die Aussicht, daß der Reichstag zustimmen würde, war gleich Null. Im November 1899 wurde der Gesetzentwurf abgeschmettert.

Die „Ära Stumm" hat die innenpolitische Diskussion vergiftet, aber das Verhältnis zwischen Staat und Arbeiterbewegung nicht umgestalten können. Im Rechts- und Verfassungsstaat, der das Kaiserreich war, gab es keinen Spielraum mehr für einseitige Kraftakte. Der Reichstag bot der Arbeiterbewegung eine demokratische Deckung, die die autoritären Sozialistenfresser nicht aushebeln konnten. Es war aber nachteilig genug, daß der Schwung der Sozialpolitik zwischen 1893 und 1900 erlahmte und die Ansätze zu einer kooperativen Lösung der Arbeiter- und Gewerkschaftsfrage stockten. Und damit nicht genug. Selbst ohne drastische Verschärfung der Gesetze besaß der Staat genügend Möglichkeiten, die Arbeiterbewegung zu drangsalieren. Als die Umsturzvorlage scheiterte, resumierte Wilhelm II.: „Es bleiben uns somit noch die Feuerspritzen für gewöhnlich und Kartätschen für die letzte Instanz übrig!"[99] Damit bezeichnete er recht genau die verfügbaren Mittel: im Normalfall die Polizei, im Ausnahmefall das Militär. Und so gab es parallel zur Sozialpolitik eine andere Form der Arbeiterpolitik, die sich auf das Strafrecht, auf das Vereinsrecht, auf die Vorschriften der RGewO und notfalls auf Polizeiverordnungen stützte und die geflissentlich bemüht war, den Arbeitern ein selbständiges, freies Auftreten in eigenen Organisationen zu erschweren. All das konnte zwar den großen Gang der Dinge nicht verhindern, produzierte aber einen Schwall alltäglicher Schikanen, der die Arbeiter teils einschüchterte, teils verbitterte und mit großem Mißtrauen erfüllte.

Angesichts des Endes des Sozialistengesetzes waren 1890 viele Behörden überzeugt, daß demnächst Unruhen ausbrechen würden und der Staat sich auf das Schlimmste gefaßt machen müßte. Mit den Worten Caprivis war „der Kampf gegen die Sozialdemokratie die ernsteste Frage unserer Zeit" und erforderte alle geeigneten Maßregeln, um der Partei „den Boden unter den Füßen" wegzuziehen. Es ergingen Anweisungen an die Militär- und Zivilbehörden, wie mit aufsässigen Arbeitern zu verfahren sei. Den Kommandierenden Generälen wurde am 20. März 1890 befohlen, sich über die sozialdemokratischen Organisationen, deren Führer, Agitatoren, Zeitungen „dauernd auf dem Laufenden zu erhalten", bei Eintreten des (ausnahmerechtlichen) Belagerungszustandes die „Rädelsführer" festzunehmen, das Eingreifen der Truppen so vorzubereiten, „daß durch genügende Kraftentfaltung jeder Aufruhr im Keim erstickt" und von den Waffen „ein dem Ernste der Lage entsprechender" Gebrauch gemacht werde. Die Zivilbehörden wurden am 18. Juli 1890 angewiesen, die sozialdemokratischen Agitatoren, Vereine, Versammlungen streng zu überwachen oder zu verbieten und den Gerichten das Material für harte Strafen zu liefern[100)].

Doch das Jahr 1890 verstrich ohne Aufruhr, und die Behörden konzentrierten sich auf ein System administrativer Routine, das die Entwicklung der Sozialdemokratie vielfältig behindern sollte. Die Armee ließ sich alljährlich von der Polizei die Sozialdemokraten unter den Rekruten namhaft machen, um sie von Anfang an am kurzen Zügel zu führen (übrigens ein weltfremdes Vorhaben, denn viele Sozialdemokraten wurden nicht erkannt und die angeblich erkannten bewährten sich oft als die besten Soldaten!), die Staatseisenbahnen schlossen sozialdemokratische Arbeiter rigoros aus, die Gerichte verurteilten Sozialdemokraten und Gewerkschaftler unter Berufung auf solche Delikte wie grober Unfug, Erpressung, Landfriedensbruch, Störung der Erwerbsfreiheit, ganz zu schweigen von den unzähligen Verfahren gegen Journalisten und Redakteure wegen Majestätsbeleidigung o. dgl., schließlich verbot die Polizei Streikposten als potentielle Verkehrshindernisse oder das Verteilen von Flugblättern als Verletzung der Sonntagsruhe. Die Scharmützel des Staats mit der Arbeiterbewegung schufen viel Ärger und Leid, störten den inneren Frieden und hielten die Entwicklung dennoch nicht auf.

Die Schikanen richteten sich nicht zuletzt gegen die Gewerkschaften. Die deutsche Gewerkschaftsbewegung war kein festgefügter

Block, sondern zerfiel in drei oder vier Richtungen: die freien Gewerkschaften, die christlichen Gewerkschaften, die liberal-sozialen Gewerkvereine und die Angestelltenverbände. Obwohl alle die Position des lohnabhängigen Arbeitnehmers gegenüber seinem Arbeitgeber stärken und seine gesellschaftliche Aufwertung durchsetzen wollten, unterschieden sie sich in ihren ideologischen, politischen und taktischen Ansichten so sehr, daß sie oft als Rivalen statt als Bundesgenossen auftraten. Teils trennten sie ihre parteipolitischen Präferenzen, teils ihre Einstellung zum Prinzip des Klassenkampfs. Die freien Gewerkschaften hielten den Unterschied zwischen Unternehmern und Arbeitern für systembedingt und bejahten den Streik als Ausdruck des Klassenkampfes, während christliche und liberale Gewerkschaften die vorhandenen Klassen als komplementär betrachteten, deren gemeinsame Interessen betonten und den Streik nur als ein äußerstes, letztes Kampfmittel ansahen. Noch schwächer war das Klassenbewußtsein der Angestellten, die nicht die Solidarität mit den Arbeitern, sondern die Anerkennung als ein bürgerlicher Stand anstrebten und im Einzelfall nationalistisches, antisemitisches Gedankengut übernahmen.

Mitgliederbestand der Gewerkschaften 1890 - 1913

	1890	1900	1913
Freie Gewerkschaften	294 551	680 427	2 548 763
Christliche Gewerkschaften	–	76 744	341 735
Gewerkvereine	62 643	91 661	106 618
Verein für Handlungscommis von 1858	30 067	60 960	127 030
Deutschnationaler Handlungsgehilfen-Verband	–	40 205	148 079

Nach: *Gerd Hohorst, Jürgen Kocka, Gerhard A. Ritter,* Sozialgeschichtliches Arbeitsbuch (II), München 1975, S. 135f., 138.

Die meisten Arbeiter erlebten ihre Lage als von Klassengegensätzen bestimmt und schlossen sich deshalb überwiegend den freien Gewerkschaften an. Die anderen Verbände blieben auf Minderheiten beschränkt, die sich aus politischen oder konfessionellen Gründen absonderten. Die Gewerkvereine, 1868/69 gegründet, stützten sich vor allem auf die Maschinenbauer und sonstigen Metall- und Fabrikarbeiter; sie standen unter dem Einfluß linksliberaler Sozialpolitiker. Die christlichen Gewerkschaften begannen 1894 mit einer Organisation unter den katholischen Bergarbeitern des Ruhrgebiets, dehnten sich auf andere Berufe aus und erhielten 1901 im Gesamtverband der christlichen Gewerkschaften einen Dachverband. Sie bekannten sich zum Christentum und waren aus der Tradition der katholischen

Arbeitervereine hervorgegangen, suchten also politisch die Nähe der Zentrumspartei. Für die Regierung rutschten sie in die Rolle des kleineren Übels, auf das die offizielle Sozialpolitik zu bauen begann.

Das größere Übel waren die sozialdemokratischen, freien Gewerkschaften (frei deshalb, weil sie, anders als ihre Konkurrenten, auf parteipolitische Abgrenzungen in den Satzungen verzichteten). Ihre Anfänge lagen ebenfalls in den 1860er Jahren, und 1890 zählten sie knapp 300 000 Mitglieder in 58 Verbänden. Das folgende Jahrzehnt war angefüllt mit Disputen über Organisation, Kampfesweise und -ziele und endete 1899 auf dem Frankfurter Gewerkschaftskongreß in der Annäherung an eine Reformpolitik, die die Gleichberechtigung der Arbeiter innerhalb der bürgerlich-kapitalistischen Gesellschaft, d. h. Zusammenarbeit mit Unternehmern und Staat, anstrebte.

Die Organisationsdebatte kreiste um die Alternativen lokalistische oder zentralistische und berufs- oder industriezweigbezogene Gewerkschaft. Die Befürworter autonomer Lokalvereine gerieten schnell in die Minderheit gegenüber den Anhängern überregionaler Zentralverbände, dagegen hielten sich die Vertreter der Berufs- und Industrieverbände die Waage, so daß beide Formen nebeneinander bestanden. Die Einteilung nach dem erlernten Beruf entsprach den handwerklichen Traditionen, die unter den Facharbeitern weiterlebten, die nach dem Industriezweig der Praxis großer Fabriken, die Arbeiter mehrerer Berufe vereinten und mit ein und derselben Betriebsleitung konfrontierten. Eine Industriegewerkschaft wie der Deutsche Metallarbeiterverband (1891 gegründet, 1902: 128 842 Mitglieder) hat bis 1912 sieben Berufsverbände aufgenommen und stellte von Anfang an die größte deutsche Einzelgewerkschaft. Die Berufsverbände waren zwar zahlreich, aber oft mitgliederarm (1902 hatte der Verband der Dachdecker 2 974, der Hutmacher 3232, der Steinsetzer 4424 Mitglieder). Als Bindeglied zwischen den Einzelgewerkschaften fungierten die örtlichen Kartelle, die die Verbände eingingen, um ihre Politik zu koordinieren und verschiedene Institutionen (Gewerkschaftshäuser, Arbeitersekretariat) gemeinsam einzurichten.

Außerdem wurde 1890 eine Generalkommission der (freien) Gewerkschaften Deutschlands eingesetzt, die keine direkte Entscheidungsgewalt erhielt, aber mittels Koordination, Information und Agitation einen großen Einfluß gewann. Sie verdankte das dem Geschick ihres Vorsitzenden Carl Legien, der vorher die Vereinigung der Drechsler angeführt hatte und, 1861 geboren, zur jungen Generation in der Arbeiterbewegung gehörte. Ein gewandter Redner und Publizist, bewährte er sich auch als Reichstagsabgeordneter und Vertreter der Gewerkschaften gegenüber der Sozialdemokratischen Partei. Er entzog sich dem generellen Führungsanspruch der Partei und setzte 1891 einen klaren Trennungsstrich: die Partei kämpfe für eine

„Umgestaltung der gegenwärtigen Gesellschaftsorganisation", die Gewerkschaft bleibe mit ihren Bestrebungen „auf dem Boden der heutigen bürgerlichen Gesellschaft" und verdiene vielleicht insofern einen Vorrang, als die Masse der Arbeiter bekanntlich nur durch „den wirtschaftlichen Kampf in der heutigen bürgerlichen Gesellschaft" für den Sozialismus zu gewinnen sei[101]. Damit war die Diskrepanz zwischen zukunfts- und gegenwartsbezogener Politik benannt und für die Gewerkschaften die Wirklichkeitsnähe reklamiert.

Das war zunächst leichter gesagt als getan. Die Gewerkschaften erlitten in ihrem wirtschaftlichen Kampf erst einmal Niederlage um Niederlage. Bis 1896/97 verloren die Arbeiter viele Streiks, u. a. die Werft- und Tabakarbeiter in Hamburg, die Bergarbeiter an Ruhr und Saar, die Buchdrucker - letzteres war besonders schmerzlich, weil der Buchdruckerverband gut organisiert war. Die Gewerkschaften erwiesen sich als zu schwach, um das Auftreten arbeitswilliger Streikbrecher und die Aussperrung durch die Unternehmer zu verhindern. Ab 1895 sorgten sie allmählich dafür, daß nicht mehr bewegte Massenversammlungen über Streiks entschieden, sondern kleine Führungskreise, die mit den einschlägigen Verhältnissen genau vertraut waren. Die Zentralverbände verfügten, daß Streiks durch den Vorstand genehmigt, Verhandlungsmöglichkeiten vorher ausgeschöpft, Kündigungsfristen eingehalten werden mußten; dem Streik sollte also ein institutionalisiertes Verfahren vorhergehen. Es lag den Gewerkschaften daran, die Forderungen der Arbeiter nicht so sehr im Kampf, als vielmehr in Verhandlungen und Verträgen durchzusetzen. Auf ihrem dritten Kongreß, Mai 1899 in Frankfurt a. M., bejahten sie Tarifverträge „als Beweis der Anerkennung der Gleichberechtigung der Arbeiter seitens der Unternehmer" und bekannten sich zur vertraglichen Zusammenarbeit mit den Unternehmern. Auch dem Staat gaben sie ein ähnliches Signal, als sie ihren Zentralverbänden „einen so regen Verkehr wie nur irgend möglich mit den Gewerbeinspektoren" empfahlen. Was im Text der Resolutionen noch nüchtern klang, erhielt in den Worten Legiens seinen vollen Ausdruck. Die Gewerkschaften seien nicht an der gewaltsamen Revolution, dem „sogenannten Kladderadatsch" der Gesellschaft, interessiert, sondern wünschten den „Zustand der ruhigen Entwicklung" und hielten sich in diesem Sinne „für einen eminent staatserhaltenden Faktor".[102] Sicherlich war dieser Tonfall taktisch und ironisch gefärbt, denn der Frankfurter Kongreß zielte u. a. auf die Zuchthausvorlage und sollte die konstruktive, friedfertige Rolle der Gewerkschaften unterstreichen. Aber dessen ungeachtet war das Bekenntnis zur Reformpolitik echt, allerdings unter dem Vorbehalt, daß die Gewerkschaften als Verhandlungspartner akzeptiert und insgesamt die Gleichberechtigung der Arbeiter praktiziert würde.

Bleibt zu fragen, ob die reformpolitische Offensive der Gewerkschaften eine positive Resonanz hatte. Da seien die Sozialreformer um Berlepsch genannt, die die Gründung der Gesellschaft für soziale Reform vorbereiteten und 1899, wenn auch erfolglos, versuchten, Sozialdemokraten und Gewerkschaftler für ihr Vorhaben zu gewinnen. Weiterhin sei hervorgehoben ein Sinneswandel der Nationalliberalen, die bisher eine Aufbesserung der rechtlichen Stellung der Gewerkschaften, die die Linksliberalen und das Zentrum vorschlugen, abgelehnt hatten, aber im Frühjahr 1899 bestätigten, daß die Gewerkschaften sich in voller Entfaltung befänden, „daß jeder denkende Arbeiter das Koalitions[- und Streik-]recht für sein höchstes Gut" erachte und daß es richtig wäre, „das Große, das in dieser [gewerkschaftlichen] Arbeiterbewegung - trotz der Sozialdemokratie -" läge, zu erkennen und durch eine positive Sozialreform zu fördern. Nicht zuletzt sei verwiesen auf die „sozialen Imperialisten" um Friedrich Naumann (vgl. o.S. 35f.), die eine machtbetonte Außenpolitik vom inneren Frieden abhängen sahen, also die sozialen Gegensätze ausgleichen und die Arbeiter für eine nationale Politik gewinnen wollten. Einer von ihnen schrieb 1899, das Reich könne in „einen erfolgreichen politischen Wettbewerb" nach außen nur eintreten, wenn es „die Zustimmung der großen Massen ... hinter sich" habe, und die erhalte es, wenn die Massen „ein Maximum und womöglich ein steigendes Maximum von Rechten" besäßen, das zu verteidigen sich lohne[103]. Solche Stimmen erlauben die Feststellung, daß sich 1899 die Voraussetzungen für einen neuen Anlauf der Sozialpolitik gebessert hatten. Die Gewerkschaftsfrage war in den Mittelpunkt gerückt, und nach dem Fiasko der Zuchthausvorlage war zu vermuten, daß künftig weniger gegen und mehr mit den Gewerkschaften gearbeitet würde.

3. Wirtschaftliches Gefüge und Handelspolitik

Seit der Reichsgründung haben sich die industrielle Wirtschafts- und die städtische Lebensweise in Deutschland rapide ausgebreitet. Industrieanlagen und Ballungszentren wuchsen von Jahr zu Jahr und verwandelten das Aussehen weiter Gebiete. Die Wirkungen dieses Prozesses waren beträchtlich, aber sie verhinderten nicht, daß bis 1918 Landwirtschaft und Landleben im größeren Teil des Reichs noch das Bild bestimmten. Das Kaiserreich besaß eine zweipolige, agrarisch-industrielle Gesellschaft, deren Menschen zu zwei Fünfteln im ländlichen Milieu lebten. Dieser Dualismus zeitigte viele Spannungen, für die die Handelspolitik ein Beispiel ist. In ihr prallten agrarische und industrielle Interessen aufeinander, und der Kampf um hohe oder niedrige Einfuhrzölle wogte von 1890 bis 1902 hin und her. Zunächst ging es um die Handelspolitik Caprivis, die eine industrie- und exportfreundliche Richtung eingeschlagen hat, dann um den Zolltarif Bülows, der wieder auf die Landwirtschaft mehr Rücksicht nahm.

Bevor wir uns diesem Geschehen zuwenden, sei der Blick auf die Entwicklung von Industrie und Landwirtschaft gerichtet, ferner auf die Bevölkerungsgeschichte, denn die Tatsache, daß Deutschlands Einwohnerzahl schnell stieg, stellte ein Datum dar, das in der politischen Diskussion eine große Rolle spielte. Die Bevölkerungszunahme mutete wie eine biologisch-naturhafte Vorbedingung der Politik an und bildete die Grundlage für die vielbeschworene Phrase vom Kampf ums Dasein unter den Menschen.

a) Bevölkerungswachstum, Massenwanderung, Lebensraum

Das Bevölkerungswachstum ist schon vor 1890 im vollen Flusse gewesen. Aus den knapp 25 Mio. Einwohnern, die Deutschland 1816 aufwies, waren bis 1871 41 Mio. geworden, und bis 1910 sollten es fast 65 Mio. werden. Die rechnerische Ursache der Bevölkerungsexplosion bestand in dem hohen Überschuß der Geburten über die Sterbefälle, der zwischen 10,5 und 15,5 ‰ pendelte und in einzelnen Jahren mehr als 900 000 Kinder ausmachte. Entscheidend war, daß die Kindersterblichkeit drastisch sank. Für ein Neugeborenes stieg im Durchschnitt der Jahre 1901/10 gegen 1871/80 die Lebenserwartung knapp um zehn Jahre, für einen fünfzigjährigen Mann dagegen nur um 1,5 Jahre.

Obwohl der Geburtenüberschuß in absoluten Zahlen während der Jahre 1901 - 10 am größten gewesen ist, hat die Geburtenfreudigkeit in der Bevölkerung zu dieser Zeit schon erheblich nachgelassen. Wie die Grafik ausweist, ist die Geburtenquote (in Relation zur Einwohnerzahl) Mitte der 1870er Jahre am höchsten gewesen und seitdem gesunken. Das deutete auf eine Anpassung an die neuen sozialen Verhältnisse hin, in denen dank der verbesserten Lebenslage eine geringere Zahl von Kindern als früher genügte, um die Regeneration der Bevölkerung zu gewährleisten. Die Menschen haben erfahren, daß die Größe der Familie mitentscheidend war für den Lebensstandard und mit der Anzahl der Kinder die Schwierigkeiten wuchsen, einen einmal erreichten Standard zu halten oder gar zu heben. Da der tägliche Bedarf in den Städten eher stieg als sank, die Unsicherheit des Lohneinkommens andauerte und die Wohnverhältnisse beengt blie-

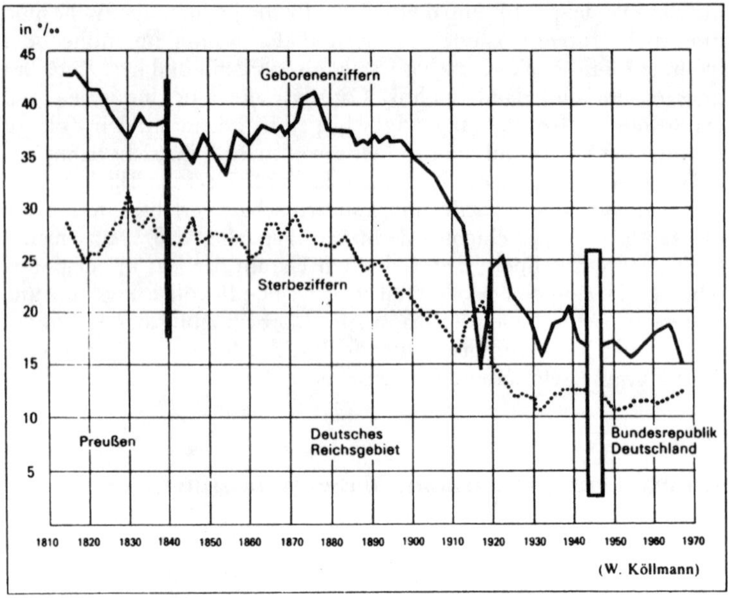

Aus: Handbuch der deutschen Wirtschafts- und Sozialgeschichte. Hrsg. von *Hermann Aubin/Wolfgang Zorn*. Bd. 2: Das 19. und 20. Jahrhundert. Klett-Cotta, Stuttgart 1976, S. 24.

ben, spürten viele ein existentielles Risiko, das sie bewußt oder unbewußt zur Beschränkung der Kinderzahl veranlaßte.

Diese Faktoren wurden in den jeweiligen Lebensbereichen unterschiedlich wahrgenommen, so daß die Geburten auf dem Lande langsamer zurückgingen als in der Stadt. Die unmittelbare Folge der größeren Kinderfreudigkeit ländlicher Familien hätte sein müssen, daß sich vor 1914 die Hauptmasse der Bevölkerung auf dem Lande befunden hätte. Doch bekanntlich war nichts weniger als das der Fall. 1910 lebten nur zwei Fünftel der Bevölkerung in den kleinen Gemeinden (bis zu 2000 Einwohnern), während es 1871 beinahe zwei Drittel gewesen sind. Gleichzeitig hat die Großstadtbevölkerung ihren Anteil von knapp 5 auf mehr als 21 % gesteigert, und nimmt man für 1910 das erweiterte Umfeld der Großstädte hinzu, so lebten in diesen Agglomerationen fast 28 % der Reichsbevölkerung[104]. Die menschenreichste Agglomeration war 1910 Berlin mit 3,4 Mio. Einwohnern (= 386 % der Einwohner von 1871) vor Hamburg mit 1,3 Mio. Andere Ballungsgebiete wie Duisburg, Essen, Düsseldorf und Dortmund im westdeutschen Industrierevier haben seit 1890 sogar höhere Wachstumsraten erreicht als die Reichshauptstadt.

Wir stoßen hier auf Disproportionen, hinter denen sich umfangreiche Bewegungen der Bevölkerung verbergen. Teile der Menschenmenge wanderten aus den Geburtsorten ab und suchten ihren Lebensunterhalt sei es in anderen Gebieten Deutschlands, sei es außerhalb Europas. Die Auswanderung erreichte in den 1880er Jahren enorme Ausmaße. Von 1880 bis 1892 sind fast 1,7 Mio. Deutsche ausgewandert. Es war das eine Zeit, in der das Angebot neuer Arbeitsplätze hinter dem Bedarf zurückblieb und wo die zum Auswandern entschlossenen Landbewohner Nord- und Ostdeutschlands in den USA noch leicht eine landwirtschaftliche Heimstätte erwerben konnten. Als jedoch in Deutschland die industrielle Entwicklung einen Sprung voran tat, sank die jährliche Auswanderung auf einige Zehntausend. Der Umschwung war so drastisch, daß von 1896 bis 1905 sogar ein Einwanderungsüberschuß von knapp 150 000 Personen zu verzeichnen war.

Es bedarf kaum des Hinweises, daß die Mobilität der Bevölkerung trotz nachlassender Auswanderung nicht sank. Das oben erwähnte Wachstum der Ballungsgebiete trugen nicht zuletzt die Zuwanderer, die von Lande kamen. 1907 war fast die Hälfte der Einwohner Deutschlands nicht mehr am Geburtsort ansässig; allein 10,3 Mio. hatten ihren ländlichen Geburtsort mit einer Stadt vertauscht. Von dem Wanderungsverlust waren in erster Linie Nord- und Ostdeutschland betroffen - sie hatten nach der Bilanz von 1907 mehr als 2 Mio. Menschen verloren -, aber auch die Provinz Sachsen, Württemberg und Nordbayern. Den Gewinn aus der Binnenwanderung heimsten Berlin und Umgebung, Hamburg sowie die Provinzen Westfalen und Rheinland ein. Die Abwanderungsgebiete büßten einen Teil ihres Menschenpotentials ein und gerieten allmählich in eine gewisse ökonomische und soziale Rückständigkeit. Bevölkerungswachstum und Bevölkerungsdichte sanken unter den Reichsdurchschnitt, der Übergang von agrarischen zu gewerblich-industriellen Produktionsverhältnissen unterblieb und Verkehr, Handel, Kapitalfluß verharrten in bescheidenen Formen. Landesteile wie Ostpreußen, Pommern und Mecklenburg erreichten von 1871 bis 1910 ein Bevölkerungswachstum von weniger als 20 % (im Reichsdurchschnitt 58 %), auch ihre Einwohnerdichte je km^2 lag 1910 mit 55,8, 57,0 und 48,8 tief unter dem Durchschnitt von 120. Ein weiterer Effekt der Abwanderung war die ungünstige Veränderung der Altersstruktur: Kinder und Alte waren überdurchschnittlich vertreten, die Erwerbsfähigen im rüstigen Alter unterdurchschnittlich (vgl. die Tabelle S. 88).

Es entstand eine paradoxe Situation: wo die arbeitsfähigen Kräfte rar waren, mußten im Übermaß Kinder und Alte unterhalten werden, dagegen in der Großstadt Berlin mit ihrer Überpräsenz von Arbeitsfähigen geschah wenig für die Aufzucht von Kindern, während eine Industrieprovinz wie Westfalen dank der Zuwanderung junger Arbei-

Ausgewählte Altersgruppen der ortsanwesenden Bevölkerung am 1.12.1910 (je 1 000 Personen im Alter von ... Jahren)

	bis 14	21 – 45	über 50 Jahre
Ostpreußen	329,37	289,34	183,73
RegBez. Allenstein	357,61	266,48	173,57
Berlin (Stadtkreis)	223,92	438,15	152,82
Westfalen	374,25	337,74	111,79
Preußen (Staat)	326,46	337,53	150,97

Nach: Statistisches Jahrbuch für den Preußischen Staat 1913, S. 11.

ter überaus kinderreich war. Das ostpreußische Beispiel belegt die Kumulation demographischer Nachteile in den Abwanderungsgebieten, und es war nur eine Frage der Zeit, wann sich der Segen der Befreiung von dörflicher Übervölkerung in den Fluch eines Verharrens in ökonomischer Rückständigkeit verwandeln würde. Die ungleiche Verteilung der Bevölkerung mündete in eine ungleiche Verteilung sozialer und ökonomischer Chancen.

Doch es war weniger dieser Aspekt, der die Zeitgenossen beschäftigte, als vielmehr die Beurteilung des Bevölkerungswachstums an sich. Nach 1890 wurde es üblich, den Geburtenüberschuß als Problem zu reflektieren und als politisches Argument zu verwenden. Es sei bekannt, „wie mächtig gegenwärtig die Kopfzahl der Nation wächst", hieß es in einer Broschüre, „jetzt sind es alljährlich über 800 000 Seelen, wir werden es erleben, daß der jährliche Zuwachs eine Million übersteigt. Wohin dann mit diesen Massen? Wohin mit ihnen, da Deutschland selbst anfängt, übervölkert zu werden?" Diese Frage hatte sich schon um 1880 Gustav Rümelin gestellt und mit der Forderung beantwortet, den Zuwachs zu drosseln, damit das Land nicht „vor den Abgrund des Klassenkampfes und Bürgerkrieges, oder der Seuchen, des auswärtigen Krieges" und was sonst an Elend denkbar sei, gerate. Die damals aktuelle Zuwachsrate hielt er für übernormal, und ganz richtig extrapolierte er aus ihr ein Ansteigen der Bevölkerung bis 1910 auf 63 Mio. Im Vergleich mit der wirtschaftlichen Entwicklung stellte er ein „Mißverhältnis des Volkseinkommens zur Volkszahl" fest, das er als den Anfang „einer schweren und chronischen Erkrankung der ganzen Gesellschaft" deutete. Ihm schloß sich 1901 Adolph Wagner im wesentlichen an. Er lehnte die unaufhörliche Steigerung der demographischen und industriellen Entwicklung ab und hielt eine stabile Volkszahl für nichts Schlimmes. Kleinere Familien schüfen bessere Voraussetzungen für die Verwirklichung individueller Daseinszwecke, zumal bei den Frauen, weil dann „nicht so viel Zeit und Kraft der Eltern, der Mütter voran, in der Kinderstube" und „der engen Tretmühle der Erwerbsarbeit" verbraucht würden, die Gesellschaft könnte an innerer Qualität gewinnen, was ihr anscheinend an bloßer Quantität entginge. Von dem Argument, Bevölkerungswachstum sei notwendig, um in der internationalen Konkurrenz zu bestehen, hielt er nicht viel, denn das Potential Rußlands, Englands oder der USA werde Deutschland nie erreichen können. Und mit Unbehagen dachte er daran, für einen etwaigen Bevölkerungsüberschuß „fremdes Gebiet zur Besiedlung zu erobern", gehe doch damit „die Bevölkerungsfrage in Machtfragen, die Bevölkerungspolitik in Machtpolitik über, und die politischen, sozialen wie auch die sittlichen Bedenken dieses Weges" würden allzu leicht beiseite geschoben[105].

Obwohl die Bereitschaft zur Geburtenregulierung um sich griff, hat Wagners Betrachtungsweise sich nicht durchgesetzt. Es triumphierte vielmehr die Ansicht, die da lautete: „Die Zunahme der Volkszahl ist Zunahme an Arbeitskraft und politischer Macht, ist Erweiterung der sozialen und kulturellen Probleme." Die Probleme wurden nicht übersehen, aber hingenommen, weil die Volksvermehrung als ein Positivum galt. Als „gewaltige Vitalität des deutschen Volkes" sah 1899 Außenminister Bernhard von Bülow das Bevölkerungswachstum an, und er meinte, „den Kampf ums Dasein durchzufechten", sei für „ein Volk von bald 60 Millionen" eine Notwendigkeit. Seiner Formel vom „Anspruch auf ein größeres Deutschland" gab wenig später ein anonymer Autor den konkreten Akzent, indem er als Reaktion auf die „überquellende Lebenskraft der Nation" kategorisch die „Ausdehnung unserer Grenzen in Europa" und „Raum ... für ein Hundertmillionenreich Deutscher Nation" verlangte. Sein Begehren konnte sich anlehnen an eine Aussage des Geographen Friedrich Ratzel, der 1901 den Kampf um Raum zum Prinzip irdischen Lebens erhob. Die Erdoberfläche sei fix, die Zahl der Lebewesen variabel, also kämpfe „überall und ohne Unterlaß auf der ganzen Erde Leben mit Leben um Raum". Der Kampf ums Dasein sei vor allem Kampf um Raum, „denn Raum ist die allererste Lebensbedingung und an dem Raum mißt sich das Maß anderer Lebensbedingungen". Friedrich Naumann und der Mitarbeiter Bethmann Hollwegs, Kurt Riezler, benutzten den jährlichen Bevölkerungszuwachs von 800 000 Menschen als Grund für Exportwirtschaft und Weltpolitik. Als Deutschland im großen Krieg kämpfte, sagte Max Weber 1916, neben den anderen Weltmächten hätte „ein Volk von 70 Millionen ... die Pflicht [gehabt], Machtstaat zu sein ... Daß wir nun einmal nicht ein Volk von sieben, sondern von 70 Millionen sind, das war unser Schicksal"[106].

In den Äußerungen verschränken sich mehrere Gesichtspunkte zu einem handlungsleitenden Komplex: das Erlebnis des Bevölkerungswachstums als biologischer Vitalität, die Anerkennung des Kampfes ums Dasein als eines Kampfes um Lebensraum und die Einsicht in die Notwendigkeit, als großes Volk Machtpolitik treiben zu müssen. Die Metapher vom 60- oder 70-Millionenvolk wird zum Argument umgewertet, und zwar zum Argument, es drohe eine Übervölkerung. Das war eine willkürliche Behauptung, denn weder vor noch nach 1914 hat irgendjemand bewiesen, Deutschland sei übervölkert. Es war kein Geheimnis, daß der Lebensstandard bis 1914 gestiegen ist, daß Hungersnöte, Seuchenzüge oder Massenauswanderung der Vergangenheit angehörten und daß die Bevölkerungsdichte auf dem Reichsgebiet sehr ungleich verteilt, also Lebensraum noch vorhanden war. Die Angst vor der Übervölkerung war bestenfalls eine Sorge der fernen Zukunft, und auch die Zukunftssorge ließ sich verkleinern, wenn die sinkende Geburtenzahl berücksichtigt oder die Überlegungen Adolph Wagners aufgegriffen worden wären. So wie die Deutschen es taten, hatten sie ihr Bevölkerungsproblem in eine falsche Dimension gerückt.

b) Der agrarisch-industrielle Dualismus

Wir gehen zu der Frage über, wovon die Bevölkerung lebte, was die wirtschaftlichen Grundlagen ihrer Existenz waren. Leicht drängt sich der Eindruck auf, Industrialisierung und moderne Technik seien die beherrschenden ökonomischen Komponenten zwischen 1871 und 1914 gewesen. Das ist richtig, aber nicht ausreichend. Der große Aufschwung der Industriezweige, die Energie, Rohstoffe oder Investitionsgüter produzierten, hat stattgefunden, aber daneben hat es breite Bereiche gegeben, die wie die Textil- und Nahrungsmittelindustrie für den täglichen Bedarf der Bevölkerung arbeiteten und sich schon zu Beginn der Industrialisierung etabliert hatten. Ganz zu schweigen von der Landwirtschaft, die auch in dieser Zeit ein großer Wirtschaftszweig war. In ihr ebenso wie im Handwerk überwogen die kleinen und mittelgroßen Betriebe, in denen beträchtliche Teile der Bevölkerung arbeiteten. Das Herkömmliche, das Altgewohnte hat sich neben dem Neuen erhalten, und für den sozioökonomischen Zustand des Deutschen Reiches ist bei Beginn des Ersten Weltkriegs weniger das Übergewicht der großbetrieblichen Industrie bestimmend gewesen, als vielmehr das Nebeneinander unterschiedlicher Wirtschaftszweige, Produktionsstufen und Arbeitsverhältnisse.

Industrie und Handwerk

Um 1870 ist Deutschland ein überwiegend agrarisches und kleingewerbliches Land gewesen, über das der Eisenbahnbau ein lockeres

Netz von etwa 21 000 km Länge gebreitet hatte. Bis 1913 verdreifachte sich die Länge der Eisenbahnlinien, und die volkswirtschaftlichen Gewichte verschoben sich zugunsten der Industrie: um 1890 büßte die Landwirtschaft ihren Rang als stärkster Teilbereich der Wirtschaft ein, und 1907 bezogen noch 28,4 % der Bevölkerung ihren Lebensunterhalt direkt aus der Landwirtschaft, dagegen 42,2 % aus Industrie und Handwerk (s.o. S. 8). Die Erwerbstätigen in der Industrie haben sich von 1875 bis 1913 auf 11,7 Mio. verdoppelt. Gleichzeitig haben sich auch in der Industrie die Proportionen geändert, denn verbrauchsorientierte Branchen wie Textil-, Bekleidungs- und Nahrungsmittelindustrie verminderten ihren Anteil an den Beschäftigten, rohstoff- und investitionsorientierte wie Bergbau, Metallerzeugung und -verarbeitung vergrößerten ihn.

In gewissem Maße war hierfür die Zunahme der Großbetriebe verantwortlich. Die Fabrik mit mehreren hundert oder gar tausend Mitarbeitern hörte auf, eine Ausnahme zu sein, in einzelnen Bereichen wurde sie zum Regelfall. Weit voran stand die Schwerindustrie mit ihren Kohlenzechen und Hüttenwerken; dort arbeiteten 1907 86,9 % des Personals in Betrieben mit mehr als 200 Beschäftigten. Außerdem waren der Maschinenbau, die Werften, die elektrotechnische und chemische Industrie häufig großbetrieblich organisiert, und selbst für den Konsum produzierende Gewerbe hatten ihren Anteil an dieser Entwicklung. Oft kam hinzu, daß die Großbetriebe miteinander kombiniert und zu größeren Unternehmungen zusammengefaßt wurden. Es bahnte sich eine Konzentration produktiver Anlagen an, die aus dem Kapitalismus der freien Konkurrenz so etwas wie einen gebundenen, organisierten Kapitalismus werden ließ.

Die Konzernbildung vollzog sich in zwei Richtungen, horizontal und vertikal. Der horizontale Zusammenschluß erfaßte Betriebe verwandter Produktionsart und hatte zum Ziel, die Konkurrenz untereinander zu beseitigen sowie die Produktion rationeller zu gestalten. Als Beispiel sei die Deutsche Maschinenfabrik AG (DEMAG) genannt, die 1910 mit Sitz in Duisburg gegründet wurde. Sie vereinte vier Gesellschaften in Duisburg, Benrath und Wetter, deren Anfänge teilweise bis 1819 zurückreichten und die für den Bedarf des Bergbaus, der Hochofen-, Stahl- und Walzwerke sowie der Hafenbetriebe arbeiteten. Nach der Fusion konnte die Verwaltung zentralisiert und die Produktion schwerpunktartig auf die einzelnen Standorte verteilt werden, dadurch sanken die Kosten und die Wettbewerbsfähigkeit stieg.

Eine ähnliche Unternehmenspolitik verfolgte die Allgemeine Elektrizitäts-Gesellschaft (AEG). Die AEG ist 1883 gegründet worden und widmete sich der Entwicklung und Errichtung elektrischer Anlagen, darunter Kraftwerke, Straßenbahnen und Schnellbahnen. Sie beteiligte sich an zahlreichen Betriebsgesellschaften, wie den Berliner Elektrizitätswerken, in der Absicht, auf diese Weise für die eigenen Produkte einen Markt zu schaffen. Aus dem gleichen Grunde besorgte sie die Errichtung von Fernleitungsnetzen, die aus einem eigenen Kabelwerk ihr Baumaterial bezogen. Doch damit nicht genug. Bald wandte sich die AEG der Aufgabe zu, ihre Stellung am Markt zu erweitern, indem sie größere konkurrierende Unternehmen unter ihren Einfluß brachte: nach der Beteiligung an den Elektrochemischen Werken Bitterfeld fiel vor allem die Fusion mit der Union Elektrizitäts AG Berlin (1904) und der Elektrizitätsgesellschaft Lahmeyer Frankfurt/M. (1910) ins Gewicht. Die AEG erreichte dadurch eine Größe, mit der sich nur noch die Unternehmensgruppe Siemens messen konnte. Es bezeichnet die Vielseitigkeit ihrer Konzernpolitik, daß für die Finanzierung und Leitung der Elektrifizierungsprojekte besondere Gesellschaften gegründet wurden, so 1897 die Elektrizitäts-Lieferungs-Gesellschaft, die für die innerdeutschen Vorhaben zuständig war, im selben Jahr die Bank für elektrische Unternehmungen Zürich, die vorzugsweise die Engagements in Südeuropa betreute, und 1898 die Deutsch-Überseeische Elektrizitäts-Gesellschaft, die auf Südamerika bezogen war. Die AEG schuf sich ein Beziehungsgeflecht, das die horizontale Integration von Unternehmen mit der vertikalen verband und neben der Produktion von Maschinen und Geräten auch die Planung, Finanzierung, Errichtung und den Betrieb elektrischer Anlagen besorgte. Der Konzern wuchs sich zu einem multifunktionalen Gebilde aus, das sich über mehrere Ebenen wirtschaftlichen Handelns erstreckte.

Noch deutlicher ist die Tendenz zu vertikalen Zusammenschlüssen in der Schwerindustrie zu beobachten. Ein Beispiel bietet die Friedrich Krupp AG Essen, 1812 als Gußstahlfabrik gegründet und 1903 in eine Aktiengesellschaft umgewandelt. Jahrzehntelang beschränkte sich die Fabrik darauf, einen Spezialstahl zu produzieren, der für Eisenbahnbedarf und Waffen verwandt wurde. 1862 begann Krupp die Massenerzeugung von Stahl, und sogleich tauchte das Problem der Versorgung mit Vorprodukten, d.h. mit Erz bzw. Roheisen, auf. Beginnend mit dem Erwerb der Sayner Hütte Neuwied (1865) legte sich Krupp nach und nach einen ausgedehnten Besitz an Erzfeldern und Hochöfen zu, der sich 1872 auch auf spanische Gruben erstreckte; den Erztransport übernahm eine eigene Frachterflotte. Gleichzeitig kaufte das Unternehmen zur Befriedigung seines Energiebedarfs Steinkohlengruben. Anfangs der 1870er Jahre war der vertikal gegliederte Konzern geboren. Sein weiterer Ausbau folgte ab 1890. Zunächst wurde ein Panzerwalzwerk errichtet (1890/91), das dem deutschen Flottenbau zugutekam, und 1895 in Duisburg-Rheinhausen ein neues Hochofenwerk angelegt. Auch die Übernahme bisher selbständiger Unternehmen fehlte nicht: 1893 wurde die Grusonwerk AG Magdeburg, die bei der Fertigung von Waffen und Panzerungen konkurriert hatte, angegliedert und 1896 die Germaniawerft AG Kiel, die den Einstieg in den Schiffsbau ermöglichte. Nun reichte die Produktionsskala des Konzerns von der Rohstoffgewinnung (Erz und Kohle) bis zum fertigen Produkt (dem gepanzerten Schiff). Ein ökonomischer Kosmos war herangewachsen, der 1910 68 000 Menschen beschäftigte und 307 Mio. M umsetzte.

Die Reihe ließe sich noch fortsetzen, doch die Beispiele mögen genügen. Es ist errechnet worden, daß 1887 von den hundert größten deutschen Aktiengesellschaften 13 in dem beschriebenen Sinne als integriert zu bezeichnen gewesen seien, 1907 sei die Zahl auf 62 gestiegen[107)]. Zur Konzernbildung kam noch eine weitere Form wirtschaftlicher Machtkonzentration hinzu, die Kartelle. Sie beruhten auf dem freiwilligen, vertraglich vereinbarten Zusammenschluß von Unternehmen eines Produktionszweigs zu dem Zweck, den Umfang der Produktion und die Absatzbedingungen, vor allem die Preise, gemeinschaftlich zu regeln. Ihr Ziel war, die freie Konkurrenz am Markt einzuschränken und die Rentabilität der Unternehmen zu verbessern. Ihre Geburtsstunde schlug nach dem Gründerkrach von 1873, als Überproduktion und Preisverfall die Profite ruinierten. Doch es dauerte bis etwa 1890, ehe die Bemühungen zu bleibenden Ergebnissen führten. 1893 gründeten 93 Kohlenzechen des Ruhrgebiets das Rheinisch-Westfälische Kohlensyndikat als gemeinsame Verkaufsgesellschaft. Die größten Mitglieder waren die Gelsenkirchener Bergwerks AG, deren Generaldirektor Emil Kirdorf die treibende Kraft bei der Syndikatsgründung war, die Harpener Bergbau AG und die Bergwerksgesellschaft Hibernia AG Herne. Das Syndikat übernahm den Vertrieb der Kohle, die seine Mitglieder förderten, setzte die Preise fest und schloß mit den Kohlenhändlern Lieferungsverträge, die diese u.a. exklusiv an das Syndikat banden. Den Mitgliedern durfte es die Menge der zu fördernden Kohle vorschreiben, so daß es den Markt von zwei Seiten her regulierte: durch das Angebot an Kohle und durch die Festsetzung des Preises. Da es ungefähr über die Hälfte der in Deutschland geförderten Kohle verfügte, war sein Einfluß auf das Marktgeschehen gewaltig. Das spürte bald die übrige Wirtschaft, die sich namentlich in den Jahren nach 1900 gegen die Preispolitik des Syndikats auflehnte. 1905 erregte sich ein rheinischer Industrieller darüber, „daß die Preise der Kohlen in die Höhe gegangen sind, man kann wohl sagen 20 - 25 %“, und daß die Beauftragten des Syndikats sich wie Leute gebärdeten, „die zu befehlen haben und die es geradezu für eine Gnade ansehen, wenn sie einem von ihren Kohlen etwas ablassen“[108)]. Doch die Grubenbesitzer gaben ihre Position nicht mehr auf: das Syndikat wurde periodisch erneuert, allerdings sank die Zahl der Mitglieder bis 1914 infolge der Konzentration im Bergbau auf 62.

Was an der Ruhr geschah, war nur die Spitze eines Eisberges. In vielen anderen Wirtschaftszweigen hielten die Kartelle ebenfalls Einzug, besonders zu nennen sind das Roheisensyndikat (1896), dem 1910 der Deutsche Roheisenverband folgte, der Stahlwerksverband (1904) oder Verbände der Gießereien, Walzwerke usw. Allerdings wurde es schwieriger, ein effektives Kartell zu gründen, je weiter die Produktion von den Ausgangsprodukten Kohle, Roheisen und Stahl entfernt war; in der weiterverarbeitenden Industrie wuchs die Zahl der beteiligten Unternehmer, und in demselben Maße sank die Aussicht auf ein festgefügtes Kartell. Immerhin hat eine Enquête im Jahre 1905 ermittelt, daß es etwa 385 Kartelle mit 12 000 angebundenen Unternehmen gegeben habe.

Es versteht sich, daß diese Entwicklung umstritten war und viele kleine Unternehmer gegen die Macht der Syndikate protestiert haben. Doch gleichzeitig fanden die Kartelle eine recht positive Resonanz. Das Reichsgericht bezeichnete sie 1897 als zulässig, sofern sie keine wucherisch ausbeutende Politik betrieben, und die Wissenschaftler sprachen ihnen trotz einiger Einwände das Wort, weil nur auf diesem Wege die kapitalistische Produktionsanarchie in Produktionsordnung verwandelt werden könne. Auch die Sozialdemokraten blickten neugierig auf die Veränderungen in der Wirtschaft und deuteten ihre Konsequenzen. Bernstein vermutete, Kartelle wirkten ausgleichend auf Produktion und Konjunktur, so daß „für eine längere Zeit allgemeine Geschäftskrisen ... als unwahrscheinlich zu betrachten“ seien, während Hilferding wohl die produktions- und preislenkende Wirkung anerkannte, aber meinte, sie könne Krisen nicht verhindern, sondern werde „die Wucht der Krise auf die nichtkartellierten Industrien abwälzen“. Abseits solcher Prognosen bewegte sich eine psychologische Bewertung, die die Kartelle mit Wesenszügen des deutschen Charakters identifizierte. Schmoller behauptete 1908, die Deutschen seien das diszipliniertest Volk und deshalb fähig, auch im wirtschaftlichen Leben sich „in Reih und Glied zu stellen, durch freie Vereinbarung zusammenzuwirken“. So betrachtet erschienen Kartelle und Konzerne als ein erwünschter, national typischer Qualitätsgewinn in der Ökonomie. Walther Rathenau, führend in der AEG tätig, sprach pathetisch vom transzendenten Sinn der Deutschen, der früher nutzlose Spekulation getrieben, nun aber „in den wissenschaftlichen, organisatorischen und kampfgerechten Aufgaben des Wirtschaftslebens ein Gebiet gefunden [habe], das ihn zu einem Wert von hoher Realität erhebt. So ist aus der einstigen Schwäche eine Stärke erwachsen, die bei uns ... dem politischen Imperium ein wirtschaftliches an die Seite stellt“[109]. Die Deutschen begannen, sich an der Organisationskraft ihrer eigenen Wirtschaft zu berauschen.

Unabhängig von dem, was die Zeitgenossen sagten, trat mit den Konzernen und Kartellen tatsächlich eine wichtige Veränderung der

Wirtschaftsstruktur ein. In den Großunternehmen wuchs der Bedarf an Planung und Lenkung, die volkswirtschaftliche Reichweite der unternehmensinternen Entscheidungen nahm zu und die Leitung ging an Aufsichtsräte, Direktorien und Verwaltungsstäbe über, während die Eigentümer sich in Inhaber von Aktienpaketen verwandelten und mit einer mittelbaren Kontrolle begnügten, die ihnen im Aufsichtsrat einer Aktiengesellschaft zustand. Die einst individuelle Verfügungsgewalt der Eigentümer stellte sich nun als eine kollektive, genossenschaftliche dar. Dies galt vollends für die Kartelle, in denen ein überbetriebliches Gruppeninteresse bestimmend war. Einen besonderen Platz nahmen in dem ökonomischen Geflecht die Banken ein, die durch Vergabe von Krediten oder Emission von Aktien und Obligationen die Unternehmen finanzierten und oft in den Aufsichtsräten einen maßgeblichen Einfluß besaßen - so gehörte die Deutsche Bank 1905 dem Aufsichtsrat von 116 Gesellschaften an und in 25 Fällen hatte sie dort den Vorsitz inne. Den einheitlich geleiteten Bankkonzernen wurde sogar nachgesagt, „der Wirtschafts- und Weltpolitik des deutschen Reiches als eines ihrer kräftigsten Machtmittel dienstbar zu sein“, d.h. eine unmittelbare Bedeutung für die Außenpolitik zu haben[110)]. Wie groß diese Bedeutung gewesen ist, sei dahingestellt, aber so viel ist gewiß, daß der organisatorische Formwandel der Wirtschaft aufmerksam beobachtet und interpretiert wurde. Es wurde angenommen, daß er mehr Rationalität mit sich bringe, aber auch mehr Macht, die sich teils am Markt, teils in der Politik bemerkbar machte. Zweifellos wirkten auf das politische Handeln von Regierung und Parteien zunehmend öknomische und soziale Belange ein, doch vermutlich sind dabei die Konzerne und Kartelle nicht die Ursache, sondern eine Begleiterscheinung gewesen, denn die Veränderungen im öffentlichen Leben und in der Politik vollzogen sich auf einer breiteren Ebene als der ökonomischen.

Die eben beschriebene Entwicklung war bedeutend, aber es sollte nicht übersehen werden, daß die Konzerne und Kartelle bis 1914 keine flächendeckende Erscheinung waren; sie gaben der Wirtschaft einen wichtigen Akzent, prägten aber nicht das Leben der Masse der Bevölkerung. Das geschah vielmehr durch die übrigen gewerblichen und ländlichen Wirtschaftszweige, auf die noch einzugehen ist. Die Grafik über die Verteilung der Arbeitskräfte auf vier Industriegruppen lehrt, daß die meisten Menschen in Betrieben der Konsumgüterindustrie gearbeitet haben (s. S. 96). 1875 war ihre Zahl größer als die der übrigen Bereiche zusammen, 1913 stellte sie immer noch den größten Einzelbereich dar. Unter den verschiedenen Industriezweigen beschäftigten zwar 1913 die Metallverarbeitung und die Bauindustrie die meisten Arbeiter, aber Bekleidungs-, Nahrungsmittel- und Textilindustrie folgten ihnen als nächste. Desweiteren ist zu beachten, daß in der Konsumgüterindustrie die Kleinbetriebe besonders zahlreich

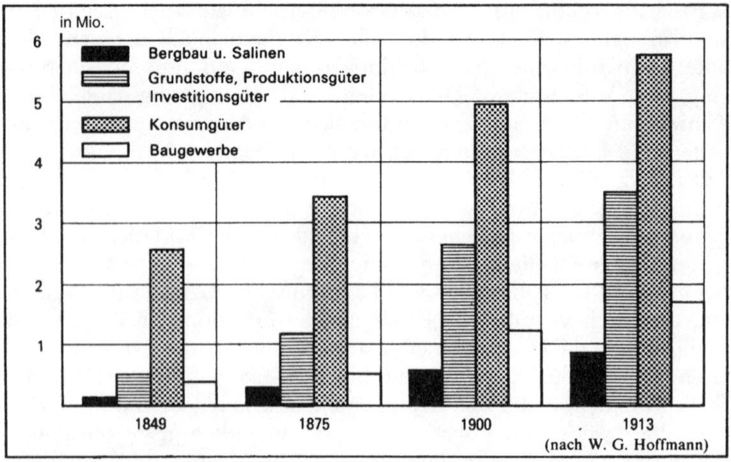

Aus: Handbuch der deutschen Wirtschafts- und Sozialgeschichte. Hrsg. von *Hermann Aubin/Wolfgang Zorn*. Bd. 2: Das 19. und 20. Jahrhundert. Klett-Cotta, Stuttgart 1976, S. 536.

waren. Mit ihren 1 - 5 Beschäftigten verkörperten sie eher eine handwerkliche Wirtschaftsform. Sie sind aus ihrer vorindustriellen Daseinsweise nicht ohne Schwierigkeiten in das Zeitalter der Industrie eingetreten, aber sie haben sich behauptet. Ihr Anteil an den Beschäftigten in Industrie und Handwerk hat sich von 1875 bis 1907 halbiert, obwohl sich die absolute Zahl der Personen von 2 auf 4 Mio. verdoppelt hat. Auffallend ist der Rückgang der Einmannbetriebe. Der alleinarbeitende Handwerksmeister mußte Konkurrenten weichen, die mit mehreren Gesellen arbeiteten, also ein größeres Pensum Arbeit schneller bewältigen konnten. Das traf in erster Linie auf Schuhmacher, Schmiede oder Müller zu. Andere Berufe, wie Bäcker, Fleischer und Schneider oder auch Stubenmaler, Klempner, Friseure, Uhrmacher vermehrten ihren Bestand und bewahrten den Kleinbetrieb vor dem Aussterben. Diese Aussage gewinnt noch an Gewicht, wenn wir den Handel einbeziehen und feststellen, daß dort 1907 von den 2 Mio. Beschäftigten zwei Drittel in Kleinbetrieben arbeiteten.[111)]

Es ist wohl nicht verkehrt zu sagen, daß der Industriestaat Deutschland einen breiten kleinbetrieblichen, handwerklichen Sockel besaß. In ihm vollzog sich ein mannigfaltiges Schrumpfen und Wachsen, und die ungleichmäßige Entwicklung beunruhigte viele Betroffene. Sie riefen deshalb nach dem Staat, auf daß er neben Industrie, Landwirtschaft und Arbeitern auch dem gewerblichen Mittelstand seine Fürsorge angedeihen lasse. „Mittelstandspolitik“ wurde ein Schlagwort, das bei Regierung und bürgerlichen Parteien Resonanz fand und die Hoffnung weckte, die pflegliche Behandlung einer Schicht von Eigentümern und Selbständigen werde den Trend zu Proletarisierung, Arbeiterbewegung und Demokratie bremsen. Die Spekulation hat sich nur bedingt erfüllt, was aber die politische Virulenz der Mittelstandsbewegung kaum beeinträchtigte. Zu ihren Erfolgen gehörte die Novellierung der Reichsgewerbeordnung von 1897, in der regionale Handwerkskammern und Zwangsinnungen für einzelne Berufe eingeführt wurden, d.h. der korporative Zusammenhalt erhielt für einen Teil des Mittelstandes festere Gestalt.

Landwirtschaft

Der größte nichtindustrielle Produktionsbereich war die Landwirtschaft. Sie hat bis 1914 nur in geringem Maße die technisch-mechanische Arbeitsweise angenommen, ihre bewegenden Kräfte waren nach wie vor die Natur, der Mensch und das Tier. Trotzdem hat sie Bedeutendes für die Industrialisierung und das ökonomische Wachstum getan. Am wichtigsten war wohl, daß sie bis 1870/80 den Lebensmittelbedarf Deutschlands aus einheimischen Ressourcen sichergestellt und der jungen Industrie den Zwang erspart hat, Exportüberschüsse zugunsten von Nahrungsmitteleinfuhren erzielen zu müssen. Ferner hat sie der Industrie ein Reservoir an Arbeitskräften geboten und in Einzelfällen hat sie selbst den Anstoß zur regionalen Industrialisierung gegeben, z.B. folgte in der Provinz Sachsen und in Braunschweig dem Anbau von Zuckerrüben die Errichtung von Zuckerfabriken, und diese wiederum ermöglichten eine auf ihren Bedarf ausgerichtete Maschinenbauindustrie. Doch das hat an der Struktur der Landwirtschaft wenig geändert. Zahl der Betriebe, Umfang der Nutzfläche oder Zahl der landwirtschaftlichen Bevölkerung sind während des Kaiserreichs relativ stabil geblieben. Das hängt damit zusammen, daß die Landwirtschaft ihren grundlegenden Formwandel schon vor 1870 erlebt hat. Die Agrarreformen haben seit 1800 die alten herrschaftlichen und genossenschaftlichen Verflechtungen aufgelöst und den landwirtschaftlichen Betrieb in ein individuelles, frei bewegliches Unternehmen verwandelt. Die geld- und marktwirtschaftliche Orientierung nahm zu, ein Trend zu intensiver Nutzung des Bodens setzte sich durch, und das regelmäßig angebaute Ackerland wurde beträchtlich ausgeweitet. Zur Zeit der Reichsgründung hatte sich die neue Ordnung gefestigt und hielt auch den Auswirkungen der Industrialisierung stand. Obwohl eine kräftige Abwanderung vom Lande einsetzte, gab es keine verlassenen Höfe oder Dörfer. Die landwirtschaftliche Bevölkerung, von 1882 bis 1907 um 1,3 Mio. Menschen gesunken, betrug vor 1914 mit 17,5 Mio. immer noch 28,4 % der gesamten Bevölkerung.

Von der Fläche des Deutschen Reichs waren 1900 etwas mehr als drei Fünftel landwirtschaftlich genutzt. 48 % der Nutzfläche entfielen auf das Ackerland, das überwiegend mit Getreide, Hackfrüchten und Futterpflanzen bestellt wurde. 1913 haben allein Roggen, Hafer und Kartoffeln 56,5 % der Anbaufläche besetzt. Die produzierten Mengen waren damals so groß, daß viel Roggen exportiert und fast die Hälfte der Kartoffelernte zu Spiritus verarbeitet worden ist. Auch die Viehhaltung stand im Zeichen steigender Zahlen. Zwischen 1873 und 1913 verdreifachte sich der Bestand an Schweinen, bei Rindern und Pferden wuchs er etwa um ein Drittel. Nur die Schafhaltung sank rapide, weil der Preis für Wolle durch außereuropäische Konkurrenz unattraktiv geworden war. Im Prinzip waren alle landwirtschaftlichen Betriebe an der Viehzucht beteiligt, doch die Hauptlast trugen die kleinen und mittleren Bauern, während die großen Gutsbetriebe ihren Schwerpunkt in der Ackerwirtschaft hatten. Daraus ergab sich eine regional unterschiedliche Betonung der einzelnen Produktionsarten. Rindviehhaltung und Milchwirtschaft überwogen in West- und Süddeutschland, die Schweinezucht in Nordwestdeutschland und der Anbau von Getreide und Kartoffeln in Ostdeutschland. Gleichwohl war die Streuung der Produktion so dicht, daß es keine Monokultur gegeben hat. Die Landwirtschaft war nur mäßig spezialisiert und beruhte auf einer Kombination von Haus-, Stall- und Feldwirtschaft.

Zu den markanten Elementen der Agrarverfassung gehören die Betriebe, ihre Größe und die Mischung der Größenverhältnisse im Reich. 1907 gab es 5,74 Mio. landwirtschaftlicher Betriebe, 460 000 mehr als 1882. Von ihnen sind 2 Mio. so klein gewesen (unter 0,5 ha), daß sie als Gärten zu bezeichnen sind und landwirtschaftlich kaum ins Gewicht fielen. Der numerische Zuwachs hat sich auf die Betriebe konzentriert, deren Größe zwischen 3 und 20 ha lag, so daß bis 1914 der bäuerliche Sektor sich leicht erweitert hat. Es hat keine Tendenz zur Vermehrung der Großbetriebe wie in der Industrie gegeben, im Gegenteil, gerade die größten Betriebe (über 200 ha) haben von 1882 bis 1907 um 1 071 (= 7,7 %) abgenommen. Alles in allem verteilten sich die Betriebsgrößen 1907 wie schon Jahrzehnte vorher in drei Zonen über das Land: im Südwesten dominierten die Kleinbetriebe, in einem breiten Streifen zwischen Schleswig und Oberbayern die Mittelbetriebe und im ostelbischen Gebiet die Großbetriebe. Letztere überwogen am stärksten in Mecklenburg und Vorpommern, wo sie über 60 % der Nutzfläche innehatten, während in den übrigen Ostprovinzen bäuerlicher und Gutsbesitz dichter gemischt waren. Westlich der Elbe besaß der Großbetrieb nur im Zuckerrübengebiet der Magdeburger Börde einen Schwerpunkt.

Die unterschiedlichen Betriebsgrößen ergaben sich u.a. aus der erbrechtlichen Sitte. In Südwestdeutschland herrschte die Realteilung vor, in den übrigen Gebieten die geschlossene Erbfolge. Die südwestdeutschen Bauern vererbten ihren Besitz zu gleichen Teilen an ihre Kinder, so daß die Höfe immer zerschlagen und von den Erben durch Pacht oder Zukauf wieder aufgebaut wurden. Im übrigen Reichsgebiet gingen die Höfe ungeteilt an die Erben über, wobei die übrigen Geschwister mit differenzierten Anteilen abgefunden wurden. Wo das Anerbenrecht galt, wurde der Erbe generell bevorzugt ausgestattet, wo ein freies Erbrecht bestand, hat meistens der Besitzer dafür gesorgt, daß der Erbe zu bestimmten Bedingungen den Hof geschlossen erhielt. Der gedankliche Hintergrund solcher Regelungen war, daß Haus, Hof und Land nicht ein beliebiges individuelles Eigentum, sondern ein gemeinschaftlicher Familienbesitz seien. Er beruhte auf einem Rechtskonservatismus, der sich den egalitären Tendenzen des bürgerlich-liberalen Rechts entzog. Besonders schroff äußerte sich diese Ansicht in den Fideikommissen, die den Grund und Boden konsequent als Familieneigentum behandelten. Ihre Ordnung rührte aus der lehnsrechtlichen Zeit her und war unter adligen Familien verbreitet, erfreute sich aber seit der Mitte des 19. Jahrhunderts wachsender Beliebtheit. So gab es um 1850 in Preußen 520 Fideikommisse, 1912 aber 1 276. Sie waren am zahlreichsten in Schlesien, Brandenburg, Pommern, Posen und erreichten häufig einen Umfang von mehr als 10 000 ha. Ihre Besitzer waren großenteils standesherrliche, gräfliche und adlige Familien, die außerdem politisch privilegiert waren und viele Mitglieder des Herrenhauses, der ersten Parlamentskammer in Preußen, stellten.[112)]

Es wäre allerdings verkehrt, sich von den ostelbischen Großbetrieben ein allzu archaisches Bild zu machen. Unter ihnen gab es nicht wenige, die durch Wechsel des Besitzers und der Betriebsweise eine ökonomische Modernisierung erlebten. Mitunter gingen die Anstöße dazu von Bürgerlichen aus, die sich als Neulinge der Landwirtschaft zuwandten (ein Beispiel haben wir in Gustav Roesicke kennengelernt, s.o. S. 54f.). Ein anderes Beispiel bietet der Großbankier und leitende Inhaber der Disconto-Gesellschaft, Adolph von Hansemann (1872 nobilitiert), der seit 1871 in Vorpommern und Posen großen Grundbesitz erwarb. Er kaufte mehrere Güter mit 8 800 ha zusammen, die er 1893 in zwei Familienfideikommisse verwandelte und in deren Betrieb er erhebliche Mittel investierte. Sein Sohn Ferdinand ließ sich als Landwirt ausbilden und bewirtschaftete seit 1888 Pempowo im Posenschen, wo er sich außerdem im nationalpolitischen Kampf gegen die Polen und 1894 als Mitbegründer des Ostmarkenvereins betätigte. Hier sehen wir, wie eine rheinische Kaufmannsfamilie liberaler Herkunft sich durch Erwerb finanziellen Reichtums in eine adlige, national-konservative Grundbesitzerfamilie verwandelte.

Eine andere Form des Aufstiegs zu wirtschaftlicher Größe verkörperte Matthias Rabbethge, der seit den 1840er Jahren in der

Zuckerrübenwirtschaft der Magdeburger Börde reüssierte. Geboren als Sohn eines Kossäten, kaufte er 1847 ein Bauerngut in Klein-Wanzleben und damit auch eine Beteiligung an der dortigen Zuckerfabrik. 1885 wandelte er die Fabrik in eine Aktiengesellschaft mit 4,3 Mio. M Kapital um. Für die Zwecke des Rübenanbaus bewirtschaftete die Fabrik um 1918 5 688 ha Land, war also zu einem agrarischen Großunternehmen geworden. Ihre Produktionspalette umfaßte neben Zuckerrüben auch Getreide, ferner eine weltweit führende Zucht von Rübensamen. Die Familie Rabbethge hat aus kleinen Anfängen ein Unternehmen aufgebaut, in dem Ackerbau, verarbeitende Industrie und Samenzucht verbunden waren, sozusagen ein Beispiel vertikaler Integration in der Landwirtschaft. Müßig zu erwähnen, daß nicht nur bürgerliche Familien neue Besitzkomplexe aufgebaut haben, sondern auch adlige. Genannt sei der westpreußische Führer im Bund der Landwirte, Elard von Oldenburg-Januschau. Er hat zwischen 1883 und 1910 fünf Güter mit 4 000 ha erworben und mit unterschiedlichem Erfolg betriebswirtschaftlich aufeinander abgestimmt.

Solche Umschichtungen des Besitzes zeigen, daß unternehmerische und erwerbsorientierte Naturen in der Landwirtschaft ein expandierendes Betätigungsfeld gefunden haben. Die Agrarproduktion ist seit 1871 kräftig gestiegen, und zwar ab 1893 in beschleunigtem Tempo. Die Erntemenge aller Ackerbaufrüchte erhöhte sich zwischen 1883 und 1913 von 36,0 auf 57,8 Mio. t; in der Viehhaltung wuchs die Produktion an Milch und Fleisch ebenfalls so sehr, daß 1913 davon aus einheimischer Produktion je Kopf der Bevölkerung mehr zur Verfügung stand als 1883. Das war so eindrucksvoll, daß sich die Redensart einbürgerte, die deutsche Landwirtschaft stehe „heutzutage unbestritten an der Spitze aller Kulturländer der Erde“ (notabene: in Belgien, Holland, Dänemark waren die Hektarerträge durchaus höher!). Schwerin-Löwitz, der Präsident des Deutschen Landwirtschaftsrates, unterstrich 1913 die Bedeutung des hohen Eigenanteils bei der Volksernährung und meinte, der agrarische Produktionszuwachs sei „der eigentliche Kern und Angelpunkt unserer ganzen riesenhaften, wirtschaftlichen Entwicklung“; er versprach optimistisch, „wir sind noch lange, lange nicht am Ende der Steigerungsfähigkeit“ angelangt, schon eine Steigerung „um nur 50 % [würde] mehr als genügen, um selbst eine Einwohnerzahl von über 100 Millionen Köpfen vollkommen selbständig aus deutscher Scholle zu ernähren“[113]. Während die Nationalisten wegen des Bevölkerungszuwachses eine territoriale Expansion für nötig hielten, sprachen die Agrarier davon, innerhalb der bestehenden Grenzen das erwartete 100-Millionen-Volk der Deutschen ernähren zu können. Ihr Optimismus war insofern trügerisch, als die deutsche Viehzucht in hohem Maße von eingeführten Futtermitteln abhängig und eine völlige

Selbstversorgung utopisch war. Er war aber realistisch insoweit, als 1913 die Möglichkeiten der Agrarproduktion in einem industrialisierten Staat noch längst nicht ausgeschöpft waren.

Eine technische Umgestaltung der Landwirtschaft hat vor dem Ersten Weltkrieg kaum stattgefunden. Der mit Maschinen und Motorkraft arbeitende Betrieb zeichnete sich damals nur ansatzweise ab. Die Mechanisierung stieß auf enge Grenzen, weil die erforderliche Antriebskraft von Pferden und Rindern herrührte und nicht von Motoren, die es noch nicht in einer universell anwendbaren Form gab. Das heißt, vor 1914 mußte die gestiegene Agrarproduktion weitgehend mit menschlicher Abeitskraft erwirtschaftet werden, und demzufolge hing das Wachstum der Landwirtschaft nicht zuletzt von der Zahl der verfügbaren Arbeitskräfte ab. Da die Industrie für viele Landbewohner eine attraktive Alternative darstellte, ist die Klage über fehlende Arbeiter ein Dauerthema der agrarpolitischen Diskussion geworden. Das Problem bestand darin, daß bis 1914 nicht eigentlich die Gesamtzahl der landwirtschaftlichen Arbeitskräfte gesunken wäre, sondern ihre Zusammensetzung sich sehr verändert hat: die Männer sind weniger, die Frauen mehr geworden, und hinzugekommen sind viele ausländische Saisonarbeiter. Es waren vor allem die Knechte und Tagelöhner, die der Landarbeit den Rücken kehrten und an deren Stelle Frauen, vorzugsweise in der Rolle der mithelfenden Familienangehörigen, traten. Offensichtlich wurde auf den Bauernhöfen das familieneigene Arbeitskräftepotential ausgeschöpft, während die großen Betriebe nach Saisonarbeitern griffen, die sie seit den 1890er Jahren aus den russisch und österreichisch beherrschten Teilen Polens verpflichteten. 1911/12 handelte es sich um 397 364 ausländische Landarbeiter, die vorwiegend in Mecklenburg, Braunschweig, Schlesien, Brandenburg und Pommern eingesetzt wurden. Das waren Gebiete, in denen die Hackfrucht- und Getreideernte einen hohen saisonalen Bedarf an Arbeitskräften schuf, der aus dem deutschen Markt nicht mehr zu befriedigen war. Arbeitsökonomisch war das eine rationelle Reaktion, doch sozial- und nationalpolitisch war sie umstritten. Denn die niedrig bezahlten Saisonarbeiter drückten auch die Löhne der deutschen Arbeiter, verminderten die Dauerarbeitsplätze in der Landwirtschaft und vermehrten zeitweise die polnische Bevölkerung innerhalb der Reichsgrenzen - so zog die Lösung eines Problems neue Probleme nach sich.

Zusammenfassend ist zu sagen, daß sich die Landwirtschaft während der Industrialisierung Deutschlands aktiv und produktiv entwickelt hat. Aufgrund ihrer Struktur konnte sie die industriell-technische Arbeitsweise nur in geringem Maße übernehmen, aber ihre Bereitschaft zur Anpassung an veränderte Bedingungen war spürbar. Trotzdem wurde ihre Lage in einer kapitalistisch organisierten Volkswirtschaft schwierig. Je länger die Industrialisierung im Gange war, desto deutlicher trat ein sozio-kulturelles Gefälle zwischen Stadt und Land hervor, desto stärker schien das Einkommen der Landbewohner hinter dem der Städter zurückzubleiben und desto knapper wurden die Arbeitskräfte auf dem Lande. Das Nebeneinander von Dorf und Stadt, von Landwirtschaft und Industrie ergab kein harmonisches Ganzes, und der regulierende Eingriff der Politik wurde notwendig. Einen greifbaren Ausdruck fanden die Konflikte im Tauziehen um die Zollpolitik.

c) Außenhandel und Zölle

Der Disput über die Zollpolitik ist während des Kaiserreichs außerordentlich heftig gewesen. In ihm verschränkten sich ökonomische Sach- mit ideologischen Grundsatz- und politischen Machtfragen. Der Sache nach ging es darum, ob Teile der Wirtschaft einen Schutz vor ausländischer Konkurrenz brauchten, um Arbeitsplätze aufbauen und sichern zu können, der Ideologie nach ging es darum, ob die Wirtschaft bei freier Konkurrenz und freiem Verkehr am besten fahre oder eines lenkenden staatlichen Einflusses bedurfte, um sich gleichmäßig zu entwickeln, und der Politik nach ging es um die Frage, ob liberale oder konservative Parteien bestimmend sein, die Lebenshaltung der städtischen Verbraucher zugunsten der Produzenten verteuert werden und, aufs äußerste zugespitzt, die Masse des Volks teures Brot kaufen sollte, damit eine Handvoll getreideproduzierender Großlandwirte hohe Preise erzielen konnte. Alle drei Aspekte sind weidlich von Polemik überlagert gewesen. Heute gehören staatliche Intervention und Zollschutz zum gewohnten Bild, und auch von der aggressiven Stigmatisierung der Großlandwirte wäre zu sagen, daß sie das Interesse der Bauern an zollgeschützten Preisen unterschätzt hat. Wie so oft handelte es sich damals in der Zollpolitik nicht um ein Entweder-Oder, sondern um ein Mehr oder Weniger. Aber auch so gesehen wären die Dinge schwierig genug gewesen.

Grundlegend für die Handelspolitik war, daß Deutschland auf Ein- und Ausfuhren angewiesen war und sich dem Welthandel nicht entziehen konnte. Die Versorgung der Menschen mit Lebensmitteln und der Industrie mit Rohstoffen stand bei der Einfuhr mit ca. 75 % voran und bei der Ausfuhr dominierten die Fabrikate, d.h. die bearbeiteten Produkte, mit ca. 65 %. Die ausgewählten Waren in der Tabelle repräsentieren die jeweils größten Einzelposten der Statistik und zeigen an, welche Bedürfnisse und Produkte beim Außenhandel hervorragten.

Es fällt auf, daß bei den Nahrungsmitteln Kaffee zu den größten Einfuhrposten gehörte und bei den Rohstoffen Baum- und Schafwolle, also das Rohmaterial der Textilindustrie. Dem korrespondierte

Ausgewählte Zahlen zur deutschen Ein- und Ausfuhr (1890, 1905, 1910)

	1890		1905		1910	
	Mio. M.	%	Mio. M.	%	Mio. M.	%
a) Einfuhr						
insgesamt	4 272,9	100,0	7 436,3	100,0	8 934,1	100,0
Industrie-rohstoffe	1 767,4	41,4	3 457,1	46,5	5 083,3	56,9
Baumwolle	280,6	6,6	398,2	5,4	560,9	6,3
Schafwolle	244,4	5,7	327,2	4,4	389,8	4,4
Kupfer	37,1	0,9	151,6	2,0	216,2	2,4
Nahrungs-, Genußmittel, Vieh	1 397,0	32,7	2 343,8	31,5	2 215,7	24,8
Weizen	104,1	2,4	329,4	4,4	377,3	4,2
Gerste	98,0	2,3	189,5	2,6	310,0	3,5
Kaffee	219,7	5,2	170,3	2,3	176,5	2,0
b) Ausfuhr						
insgesamt	3 409,6	100,0	5 841,8	100,0	7 474,7	100,0
Industrie-rohstoffe	708,3	20,8	1 400,6	24,0	1 918,2	25,7
Steinkohle	115,6	3,4	231,0	4,0	323,3	4,3
Fabrikate	2 147,5	63,0	3 823,6	65,4	4 795,5	64,2
Baumwoll-waren	168,0	4,9	380,2	6,5	365,1	4,9
Wollwaren	252,1	7,4	293,7	5,0	263,3	3,5
Maschinen	87,5	2,0	290,5	5,0	500,4	6,7

Nach: Statistisches Handbuch für das Deutsche Reich, 2. Teil, Berlin 1907, S. 9, 14 f., 498 ff.; Statistisches Jahrbuch für das Deutsche Reich, Band 32, Berlin 1911, S. 268 ff.

in der Ausfuhr die Position der Waren aus Baumwolle und Wolle, ferner ist beachtlich der Anteil der Steinkohle. Insgesamt rangierten die primären Lebensbedürfnisse der Bevölkerung und die Belange der Textilindustrie, also Konsum im weitesten Sinne, im Vordergrund. Dagegen waren die mehr technischen Produkte, die für Investitionen dienten, zwischen 1890 und 1905 erst auf dem Weg an die Spitze. Bei der Einfuhr war Kupfer ein Indikator für die Entwicklung der Elektroindustrie, und bei der Ausfuhr wuchs das Gewicht des Maschinenbaus, der sich bald an die Spitze der Statistik setzte. Um 1900 verdankte Deutschland sein außenwirtschaftliches Profil noch den älteren, konsumorientierten Industriezweigen, gleichzeitig aber auch einer breiten Streuung der Produkte: wenn 1905 die erstplacierte Warenguppe einen Anteil von 6,5 % am Export hatte, dann bestätigte das, daß es keine übergewichtige Monostruktur gab, sondern ein umfangreiches Bündel von Waren, die auf dem Weltmarkt ihren Käufer fanden.

Ein anderes Kennzeichen des deutschen Außenhandels war seine Konzentration auf Europa. 1905 kamen 62,5 % der Einfuhr aus dem eigenen Kontinent und 75 % der Ausfuhr gingen dorthin. Daneben hatte Amerika größere Bedeutung (1905 Einfuhr: 25,5 %, Ausfuhr: 16,4 %), während Afrika und Asien einen bescheidenen Anteil erreichten. Die Hauptmasse des Warenverkehrs vereinte eine relativ kleine Staatengruppe auf sich. 1905 bezog Deutschland 54,9 % seiner Einfuhr aus Rußland, den USA, Großbritannien, Österreich-Ungarn und Frankreich bzw. 58,6 % der Ausfuhr entfielen auf Großbritannien, Österreich-Ungarn, die USA, die Niederlande, die Schweiz und Rußland. Ein Zug zum Eurozentrismus nebst einer atlantischen Komponente war unverkennbar.

Diese Tendenzen sind durch die Wirtschaftskrisen, die seit 1890 eingetreten sind, nicht verändert worden. In drei Intervallen - 1891/95, 1900/04 und 1907/09 - hat sich das wirtschaftliche Wachstum abgeschwächt, die Investitionsbereitschaft ließ nach und Preise und Gewinne schmolzen dahin. Die Einbrüche sind für viele Unternehmen verlustreich gewesen, stellten aber keine Systemkrisen dar und wurden durch die folgenden Aufschwünge mehr als kompensiert. Am ehesten gab sich 1891 - 94 die Landwirtschaft den Anschein, in eine Existenzkrise geraten zu sein, die nur noch durch eine konsequente Schutzzollpolitik aufzuhalten sei. Doch auch hier handelte es sich um etwas Vorübergehendes. 1891 ist in Deutschland die Brotgetreideernte extrem niedrig ausgefallen, der Mangel wurde durch ein Ausfuhrverbot Rußlands, wo es ebenfalls eine Mißernte gegeben hatte, verschärft, und die Getreidepreise kletterten auf Rekordhöhe. In den nächsten Jahren besserten sich die Ernten, und im Verein mit der steigenden Weizeneinfuhr brachten sie soviel Getreide an den Markt, daß Weizen und Roggen 1894 die niedrigsten Preise seit Jahrzehnten hatten. Die Lage spitzte sich noch zu infolge geringer Futtermittelernten 1892/93 (Hafer, Klee, Heu), so daß der Viehstapel abgebaut und deshalb Rindfleisch 1893 nur niedrig bezahlt wurde. Außerdem kam vom Weltmarkt ein verschärfender Druck hinzu, weil in den USA 1891 bis 1900 die Getreidepreise tief gesunken sind. Doch ab 1896 hoben die deutschen Preise langsam an, und gleichzeitig wuchs die Menge der Agrarproduktion, so daß die Landwirte mehr Erzeugnisse zu steigenden Preisen verkaufen konnten. Die Talfahrt bis 1894 ist ein Intermezzo gewesen, das unangenehm war, aber ähnlich wie in der Industrie einer Ära der Prosperität gewichen ist.

Die Struktur der Wirtschaft und die konjunkturellen Schwankungen waren der Untergrund, auf dem die Handelspolitik fußte. Ihre Hauptmittel waren Handelsverträge und Einfuhrzölle, beide bedurften der Zustimmung des Reichstags und stellten deshalb hochpolitische Angelegenheiten dar. Seit 1879 waren Einfuhrzölle auf Agrar- und Industriewaren teils neu geschaffen, teils erhöht worden, weil eine jahrelange Rezession bei Unternehmern und Politikern die Annahme gestärkt hatte, daß eine gewisse Abgrenzung vom Weltmarkt das nationale Wirtschaftswachstum fördern werde. Ob die Überlegung richtig war, mag dahingestellt bleiben. Sicher ist, daß die Zölle den Landwirten einen Bonus gegenüber dem ausländischen Getreide geboten haben und der Roheisenzoll die Preispolitik der schwerindustriellen Kartelle begünstigt hat, den Produzenten ist die Zollpolitik mithin nützlich gewesen. Eine andere Frage ist, ob sie den Konsumenten schädlich gewesen ist. Nehmen wir die Getreidezölle. Sie haben über den Brotpreis den Verbraucher belastet und die entsprechenden Agrarbetriebe gestützt, vermutlich deren Übergang zu einer effizienteren Wirtschaftsweise, die des Zollbonus' nicht bedurft hätte, verzögert. Wäre solch eine schnelle Rationalisierung erfolgt, so hätte sie Investitionskapital erfordert und Arbeitskräfte freigesetzt. Angenommen, die Investitionen hätten stattgefunden, obwohl viele Großbetriebe schon verschuldet waren, so wäre die Arbeitsproduktivität verbessert worden, und es hätten mehr Menschen aus der Landwirtschaft ausscheiden müssen als ohnehin geschah. Sie wären in die Städte gezogen und hätten dort die Nachfrage nach Wohnungen, Arbeitsplätzen und sonstigen Einrichtungen erhöht - wären diese Investitionen ohne Lohnkürzungen möglich gewesen? Auch die Alternative, die ländlichen Großbetriebe in arbeitsintensive Bauernhöfe umzuwandeln, also Bodenreform und Siedlung zu fördern, hätte hohe Investitionen verlangt. Ohne zollgeschützte Preise wären die neuen Betriebe kaum attraktiv gewesen, ganz zu schweigen davon, ob sich Zehn- oder Hunderttausende von Familien für solch ein Sozialexperiment gefunden hätten. Angesichts der schwer abzuwägenden Konsequenzen ist es nicht überraschend, daß die politische Entscheidung zugunsten der Agrarzölle gefallen ist. Mit ihnen wurden die bestehenden Agrarstrukturen gefestigt, der gesamtgesellschaftliche Wandel retardiert und der soziale Druck in den Ballungsgebieten etwas gemildert. So betrachtet fehlte es der rigorosen Interessenpolitik der Landwirte nicht an einer gewissen sachlichen Berechtigung, wenngleich ihre ideologische Verbrämung und agitatorische Realisierung vom Übel waren.

Einen Anstoß für die Überprüfung der Zoll- und Handelspolitik lieferte die Konstellation, die sich 1890 in Europa abzeichnete. Die Staaten waren untereinander durch Handelsverträge verbunden, die teils bilaterale Zollvergünstigungen, teils die Meistbegünstigung enthielten, d.h. die Erlaubnis, ohne spezielle Vereinbarungen an den Vergünstigungen zu partizipieren, die der Partner dritten Staaten eingeräumt hatte. Deutschlands Verträge beruhten überwiegend auf der Meistbegünstigung und profitierten von den Sonderregelungen, die Frankreich mit anderen Staaten vereinbart hatte. Dieses Geflecht mußte sich Anfang 1892 auflösen, weil Frankreich seine Verträge gekündigt hatte und eine generelle Erhöhung seiner Einfuhrzölle anstrebte. Ähnliches galt für viele europäische Staaten, ebenso für Rußland, die USA und nicht zuletzt auch Deutschland, das seit 1879 in drei Schüben seine Zölle erhöht hatte. 1892 sollten 15 Handelsverträge erlöschen, und die Frage war, wie es danach um den deutschen Außenhandel bestellt wäre. War es möglich, den allgemeinen Trend zur Erhöhung der Zölle zu bremsen? Das war eine Gewissensfrage an Deutschland selbst, denn bis 1890 hatte Bismarck Wert darauf gelegt, in den Handelsverträgen außer der Meistbegünstigung keine nennenswerten Bindungen einzugehen, um die Hand für beliebige Zollveränderungen freizubehalten. Vom Erbe solch einer autonomen Zollpolitik hat sich Caprivi verabschiedet und die europäische Handelspolitik auf die Bahn einer vertraglich gesicherten Verständigung gelenkt.

In drei Etappen sind die deutschen Verträge abgeschlossen worden: Ende 1891 mit Österreich-Ungarn, Italien, Belgien und der Schweiz, Herbst 1893 mit Rumänien, Serbien und Spanien, März 1894 mit Rußland. Mit vielen anderen Staaten bestanden Meistbegünstigungsverträge, deren Partner ebenfalls die Festsetzungen der erstgenannten Verträge beanspruchen konnten. Die Kennzeichen der neuen Verträge waren z.T. niedrigere Zollsätze als in den nationalen Zolltarifen vorgesehen (in der Hauptsache senkte Deutschland die Einfuhrzölle für Brotgetreide von 5 auf 3,50 M/dz, die Partner senkten dafür Zölle auf Industrieprodukte), z.T. die Zusage, daß die gültigen Zollsätze während der Vertragsdauer nicht erhöht würden, ferner eine Laufzeit von 10 bis 12 Jahren. Im Endeffekt konnte der Außenhandel auf längere Zeit mit stabilen Ein- und Ausfuhrbedingungen rechnen. Caprivi hat die Motive seiner Handelspolitik am 10. Dezember 1891 ausführlich im Reichstag dargestellt. Als leitende Gesichtspunkte nannte er Deutschlands Abhängigkeit vom industriellen Export, die Stärkung des Dreibundes und die Anbahnung einer ökonomischen Interessengemeinschaft der kontinentaleuropäischen Staaten gegenüber den Weltwirtschaftsmächten USA, England und Rußland. Am wichtigsten war das exportwirtschaftliche Argument. Caprivi erkannte an, daß Deutschland ein Industriestaat geworden sei und daß die Industrie wachsen müsse, um die benötigten Abeitsplätze zu schaffen. „Mit dieser steigenden Bevölkerung ohne eine gleichmäßig zunehmende Industrie sind wir nicht in der Lage, weiter zu leben." Das wirtschaftliche Wachstum sei „abhängig von den Absatzmärkten" und nahezu unbegrenzt möglich, sofern die Industrie die Gelegenheit eines konkurrenzfähigen, „lohnenden Verkaufs ihrer Fabrikate" finde. Hierzu sollten die Verträge einen Weg öffnen. Großen Wert hatte für Caprivi auch die Rückwirkung auf den Dreibund zwischen Deutschland, Österreich-Ungarn und Italien. Der Handel mit Österreich-Ungarn beruhte bisher auf einem Meistbegünstigungsvertrag und hatte unter den Zollerhöhungen seit 1878/79 gelitten. Caprivi wollte dem Bündnis ein Fundament gemeinsamer wirtschaftlicher Interessen und damit eine tiefer wurzelnde Popularität geben. „Der nächste Krieg", meinte er, werde ein Volkskrieg sein, die dann erforderliche Bundesgenossenschaft müsse „in die Seele der Völker eingelebt sein", und das Einleben solle „eine Wirkung dieser Handelsverträge sein". Schließlich erwähnte er „die Bildung großer Reiche" und deren „Bestreben, sich gegen andere abzuschließen". Gemeint waren die USA und Rußland, aber auch England und andeutungsweise China sowie Australien. Die Proportionen der internationalen Politik verschöben sich, und manche „europäische Großmacht ... [könne] in absehbarer Zeit zu den Kleinstaaten gehören". Der Abstieg lasse sich nur durch Kooperation verhindern, und die Europäer würden vielleicht einsehen, daß sie ihre Kräfte auf das wirtschaftliche Überleben konzentrieren sollten und deshalb „Klügeres zu tun haben werden, als sich gegenseitig das Blut auszusaugen"[114].

Die Rede Caprivis offenbarte einen erstaunlichen Gedankenflug von den Handelsverträgen über die Bündnispolitik bis zur europäischen Verständigung. Hier taten sich Perspektiven auf, die geeignet waren, die deutsche Außenpolitik vor nationalistischer Verengung zu bewahren und ihr einen konstruktiven Einfluß in Europa zu sichern. Das Ganze wirkte umso einleuchtender, als es auf einer nüchternen Beurteilung der Position Deutschlands beruhte: das Reich brauchte die Zusammenarbeit mit dem Ausland wegen der Absatzmärkte für seine Industrie, es brauchte wohlgesinnte Bundesgenossen wegen seiner Bedrohung durch einen Zweifrontenkrieg, und es brauchte eine europäische Einbettung wegen der Konfrontation mit übergewichtigen Weltmächten. Caprivi sah die realen Grenzen deutscher Politik und tat deshalb das Vernunftgemäße. Es mochte ihn ermutigen, daß ihm zunächst fast alle Parteien dabei folgten. Der österreichische Handelsvertrag erhielt im Reichstag eine 243 : 48-Mehrheit, und sogar solche „Reichsfeinde" wie die Sozialdemokraten (Bebel: der Vertrag bringe „eine kleine Verbesserung in dem gegenwärtigen Zustand") und die Polen (von Koscielski: der Vertrag sei „notwendig ... für die Kräftigung des Dreibunds, ... für die Kräftigung des Reichs und die Förderung des Friedens") stimmten zu.[115] Im ersten Moment wirkte die Handelspolitik nicht nur nach außen, sondern auch nach innen integrierend.

Doch die Eintracht verlor sich schnell. Der Interessengegensatz zwischen Landwirten und Industriellen ist anfänglich verdeckt gewesen, weil 1890/91 eine Ermäßigung der Agrarzölle wegen der hohen Getreidepreise auch für viele Landwirte einsichtig war. Im übrigen hat Caprivi ausführlich dargelegt, daß ihm die Leistungsfähigkeit der Landwirtschaft manches Opfer wert sei. Er würdigte die Landbevölkerung als eine staatserhaltende, patriotische Schicht und wünschte eine hohe Agrarproduktion im Inland, weil „in einem künftigen Kriege die Ernährung der Armee und des Landes eine geradezu entscheidende Rolle spielen" werde. In der Tat hat seine Regierung der Landwirtschaft auf dem Gebiet des Arbeiter-, Verkehrs- und Siedlungswesens geholfen, auch die Beibehaltung eines Getreidezolls von 3,50 M/dz war alles andere als eine agrarfeindliche Maßnahme. Doch die Landwirte weigerten sich, die Ebene des verständigen Abwägens zu betreten, weil ihnen teils die Schwierigkeiten über den Kopf wuchsen, teils die betonte Bevorzugung der Industrie mißfiel. Ihr zollpolitischer Grundsatz lautete, daß Landwirtschaft und Industrie paritätisch zu behandeln seien. Wenn jetzt die Agrarzölle reduziert wurden, dann hätten sie keinen Grund mehr, „die industriellen Schutzzölle noch länger ... verteidigen zu helfen", weil sie ja ihre „Kompensation" für die hohen Eisen- oder Textilzölle verloren hätten[116].

Die argumentative Logik der Aussage war schwach, aber ihre kämpferische Entschiedenheit stark, und niemand wußte das besser als die Industriellen, die bisher mit den Agrariern an einem Strang gezogen hatten. Eines ihrer Organe, der Centralverband deutscher Industrieller (CdI), verlautbarte deshalb vorsichtig, er wolle keine Vorteile „nur auf Kosten der Landwirtschaft" erreichen, fügte aber hinzu, „wichtiger als die Höhe der landwirtschaftlichen Zölle" sei die Erhaltung von Produktion und Arbeitsplätzen, d.h. die Sicherung des allgemeinen wirtschaftlichen Wachstums. Der CdI hat im weiteren die neue Handelspolitik unterstützt und im Herbst 1893, als der Reichstag den rumänischen Vertrag nur mit 189 : 165 Stimmen gegen den agrarischen Widerstand genehmigte, den Landwirten vorgeworfen, sie wollten „Solidarität immer nur von einer [d.h. der industriellen] Seite anerkannt und geübt" wissen. Der Riß zwischen beiden Lagern vertiefte sich noch anläßlich des russischen Vertrages; der CdI hat, die Regierung beratend, mit allen Kräften „zum Gelingen des goßen Werkes beigetragen", indes die Landwirte mißvergnügt beiseitestanden.[117]

Letztere konnten sich freilich in ihr Schicksal fügen, weil die Regierung eine wichtige Erleichterung für den ostdeutschen Getreidehandel ins Spiel gebracht hat, die Aufhebung des sog. Identitätsnachweises durch Gesetz vom 14. April 1894. Dies war eine handelstechnische Regelung, die zunächst nur die zollfreie Durchfuhr russischen Getreides zu deutschen Ostseehäfen ermöglichte. Sie wurde so geändert, daß für alles Getreide, auch solches inländischer Produktion, beim Export der (dann fiktive) Einfuhrzoll erstattet wurde. Der Exporteur deutschen Getreides erzielte also einen Preis, der sich aus dem Weltmarktpreis plus Zollsatz bildete, d.h. das Getreide konnte auf dem Weltmarkt konkurrieren, und gleichzeitig kam sein Produzent in den Genuß des höheren Binnenmarktpreises. Das diente den ostdeutschen Landwirten, weil sie ihr Produkt über die Ostseehäfen nach Nord- und Westeuropa verkaufen konnten und nicht mehr, um den höheren Inlandspreis zu erhalten, auf die teure Verfrachtung per Bahn nach West- und Süddeutschland angewiesen waren. Zu beachten ist, daß der Zoll nicht in bar, sondern in Form eines Einfuhrscheins erstattet wurde, der zur zollfreien Einfuhr in Höhe des jeweiligen Betrages berechtigte. Der Schein ließ sich bei der Einfuhr von Getreide, aber auch anderer Waren verrechnen, weshalb ihn westdeutsche Importeure gerne gegen einen geringen Preisabschlag den ostdeutschen Exporteuren abkauften. Die Maßnahme hat umgehend gewirkt. Seit 1894 ist die Ausfuhr an Weizen, Roggen und Hafer rapide gestiegen - ein auffälliger Sprung ist noch einmal 1906 erfolgt, als höhere Einfuhrzölle wirksam wurden -, der ostdeutsche Getreidepreis hat sich dem westdeutschen angenähert, und ab 1908 hat Deutschland einen erheblichen Ausfuhrüberschuß an Roggen gehabt. Unter dem Einfluß des Einfuhrscheinsystems hat die ostdeutsche Getreideproduktion expandiert und sich auf den Weltmarkt ausgerichtet, d.h. teilweise über den inländischen Bedarf hinaus produziert. Kein Wunder, daß sachkundige Agrarier schon 1894 registrierten, die Aufhebung des Identitätsnachweises biete „dem deutschen Getreide eine Exportprämie von 3 Mark 50 Pfennig, also eine sehr ausreichende Kompensation“ für den russischen Handelsvertrag.[118)]

Die Wirkung der Caprivischen Verträge vermischte sich mit dem Konjunkturaufschwung seit 1895 und ist insofern schwer zu berechnen. Eine Förderung der Ausfuhr scheint evident, da sich der Anteil der Vertragspartner an der Ausfuhr erhöht hat (1890: 30,6 %, 1898: 36,8 %, 1905: 33,0 %); bei der Einfuhr ist ihr Anteil gesunken (42,3/36,6/36,1 %), denn auch außereuropäische Staaten haben zunehmend Rohstoffe geliefert. Ein mittelbarer Nutzen der Landwirtschaft liegt ebenfalls nahe, wie die seit 1895 steigenden Erntemengen und Preise zeigen (Roggen 1895: Ernte 6,6 Mio. t, Preis 121 M/t, 1905: 9,6 Mio. t und 147 M/t).

Die Landwirte haben das freilich nicht honoriert, sondern immer wieder versucht, die Preisbildung für Agrarprodukte durch Veränderung des kapitalistischen Handels- und Währungssystems - z.B. durch Errichtung eines Getreidehandelsmonopols, Verbot des Getreideterminhandels an der Börse, Umwandlung der Goldwährung in eine Gold-Silber-Doppelwährung - zu beeinflussen. Besonders scharf haben sie Maßnahmen opponiert, die einseitig die Industrie zu fördern schienen. Dahin gehörte der Mittellandkanal zwischen Rhein und Elbe, dessen Bau Preußen in den 1880er Jahren begonnen hatte. Seit 1894 haben die Agrarier mit Hilfe der Konservativen drei Gesetzesvorlagen über den Weiterbau scheitern lassen und 1904 nur einer Planung zugestimmt, die den Kanal bis Hannover führte, also auf die Verbindung nach Mittel- und Ostdeutschland verzichtete. Konzilianter, wenn auch widerstrebend, haben sie 1898 und 1900 die Flottenvorlagen behandelt, weil sie hier dem nationalen und machtpolitischen Appell folgten, aber auch weil ihnen die Regierung ankündigte, daß „beim Ablauf der Handelsverträge die Landwirtschaft besser" gestellt werden solle „als es bei den letzten Verhandlungen [unter Caprivi] geschehen sei"[119]. Es zeichnete sich also eine Erhöhung der Agrarzölle ab, und dafür nahmen die Landwirte die Flotte in Kauf.

Auf die Revision der Handelspolitik richtete sich vorzugsweise das Sinnen und Trachten der Agrarier. 1904 liefen die Caprivischen Verträge ab, BdL und Konservative waren entschlossen, dann die Einbußen von 1891 bei den Agrarzöllen wettzumachen. Da sie ihre Absicht offen aussprachen, setzte ab 1895/96 ein Kräftemessen zwischen Verbänden, Parteien und Regierung ein, das erst am 14. Dezember 1902 mit der Annahme eines neuen Zolltarifs durch den Reichstag endete. Das Ergebnis entsprang einer Strategie der Regierung, die mehrere Ziele verfolgte: das System der Handelsverträge mit langer Laufzeit und gewissen Zollbindungen sollte fortgesetzt, die Landwirte mit Hilfe höherer Zölle befriedigt sowie Industrie und Handel für einen Kompromiß mit den Landwirten gewonnen werden. Der Konsens zwischen Landwirtschaft und Industrie, der 1893 zerbrochen war, mußte erneuert und auf die politischen Parteien verlängert werden, damit sie die erforderliche Parlamentsmehrheit bildeten. Die Regierung leitete den Prozeß 1897 ein, als sie zu einer Sammlungspolitik aufrief, die die „große Gemeinsamkeit der Interessen" beschwören und „die Parteien auf wirtschaftlichem Gebiete" zusammenführen sollte.[120] Der Appell richtete sich in erster Linie an Konservative und Nationalliberale bzw. Unternehmer und Agrarier, also an die Kräfte, auf die sich Bismarck gestützt hatte. In der Situation von 1897 griff er aber zu kurz, weil für eine Mehrheitsbildung auch das Zentrum nötig war. Deshalb kam die Flottenagitation hinzu, die unter der Flagge nationaler Interessen ein breiteres Parteienspektrum integrieren konnte und die Annäherung des Zentrums an die Regierung ermöglichte. Gleichzeitig kündigte die Regierung an, daß sie als erstes einen neuen Zolltarif erarbeiten wolle, und setzte einen „Wirtschaftlichen Ausschuß zur Vorbereitung und Begutachtung handelspolitischer Maßnahmen" ein, dem 30 Personen angehörten - zehn waren Landwirte, die andern kamen breit gestreut aus Industrie und Handel - und der die Interessen der Wirtschaft formulierte, bevor

Regierung und Parlament ihre Beschlüsse faßten. Der Ausschuß hat als Plattform gedient, auf der Agrarier und Industrielle zueinander fanden, und hat ein erweitertes Zolltarifschema sowie erhöhte Zollsätze vorgeschlagen, u.a. für Getreide mindestens 7,50 M/dz. Das wäre gegenüber den Caprivi-Verträgen eine Erhöhung um 4 Mark gewesen und entsprach den Wünschen des BdL, der außerdem einen Doppeltarif mit Mindest- und Normalsätzen forderte (bei Brotgetreide 7,50 bzw. 9,00 M/dz): die Mindestsätze sollten die Grenze angeben, bis zu der in Verträgen Zollabstriche vorgenommen werden durften. Der Doppeltarif war jedoch bei der Industrie sehr unbeliebt, weil sie fürchtete, daß er dem Abschluß von Handelsverträgen hinderlich wäre. An der Fortsetzung der Vertragspolitik war auch der Regierung gelegen, und das bewog sie, den agrarischen Wünschen nur eingeschränkt nachzugeben. Der Zolltarifentwurf, den sie im Juli 1901 veröffentlichte, enthielt zwar für Getreide einen Doppeltarif (z.B. 5,50 und 6,50 M bei Weizen), enttäuschte aber die Erwartungen des BdL. In dem nun einsetzenden Kampf gelang es, die agrarischen Extremisten zu isolieren und die Mehrzahl der Landwirte bei Konservativen, Nationalliberalen und Zentrum auf die Linie der Regierung zu bringen. Gegen den Widerstand der Sozialdemokraten, Linksliberalen und BdL-Anhänger verabschiedete der Reichstag in einer dramatischen Nachtsitzung mit 202 : 100 Stimmen den neuen Zolltarif.

Der BdL empfand sich als Verlierer. „Die minimalen Erhöhungen" der Getreidezölle sah er als Verschlechterung(!) an und vermutete, die „einseitig bevorzugte, künstlich geförderte Industrie" werde der Landwirtschaft noch mehr Arbeiter entziehen.[121)] Die Prognose war zwar richtig, aber vom wirtschaftlichen Wachstum haben auch die Landwirte profitiert, da ihre Erträge, Preise und Umsätze stiegen. Die Handelsverträge, die aufgrund des Zolltarifs für zwölf Jahre abgeschlossen wurden und am 1. März 1906 in Kraft traten, haben dank des Einfuhrscheinsystems die Getreideausfuhr sogar stimuliert. Gemessen an den Getreidezöllen war der Erfolg der agrarischen Agitation unübersehbar.

4. Außenpolitik der „freien Hand"

Zwischen 1890 und 1900 erhielt die deutsche Außenpolitik viel Bewegungsfreiheit, weil die anderen Großmächte durch Konflikte in Afrika und Asien gebunden waren. Getragen von einer Welle wirtschaftlichen Wachstums machte sich das Reich daran, ehrgeizige Pläne zu verwirklichen: es erwarb koloniale Stützpunkte, begann eine

Kampfflotte zu bauen, erhob den Anspruch auf Weltpolitik - aus der europäischen Großmacht wollte eine Weltmacht werden. Das waren Blütenträume, auf die das neue Jahrhundert bald seinen Reif fallen ließ. Nach 1900 verstrickte sich die vermeintliche Weltmacht in den Fesseln, die ihr die Nachbarn auslegten. Das Drama, das sich darin verbarg, sei in einigen Zitaten vergegenwärtigt.

Für Bismarck war Deutschland 1888 ein saturierter Staat ohne extravagante Ambitionen: „Jede Großmacht, die außerhalb ihrer Interessensphäre auf die Politik der anderen Länder zu drücken ... sucht, die periklitiert außerhalb des Gebietes, welches Gott ihr angewiesen hat, die treibt Machtpolitik und ... wirtschaftet auf Prestige hin. Wir werden das nicht tun". Zehn Jahre später war gerade das Prestige Trumpf. Bülow verlangte für Deutschland einen Platz an der Sonne und Wilhelm II. meinte, jenseits der Ozeane dürfe „ohne den Deutschen Kaiser keine große Entscheidung mehr fallen", weil es sonst „ein für allemal mit der Weltmachtstellung des deutschen Volkes vorbei" wäre. Darauf folgte 1906 die Erkenntnis, daß die übrigen Staaten begonnen hätten, „einen Kreis von Mächten um Deutschland zu bilden, um es zu isolieren und lahmzulegen". Bülow rechnete nun mit „einer starken Koalition", die „vielleicht nicht zögern [würde], auch aggressiv gegen uns vorzugehen und uns womöglich niederzuzwingen"[122]. Die Äußerungen vermitteln eine drastische Erfahrung. Geschichte und Geographie verwiesen Deutschland darauf, seine Ansprüche restriktiv, statt expansiv zu formulieren und sein durch Bevölkerung und Wirtschaft gegebenes Gewicht maßvoll einzusetzen. Das hochfahrende Gebaren Wilhelms II., Bülows und ihrer Zeitgenossen mündete in eine Macht- und Prestigepolitik, vor der Bismarck gewarnt hatte und die England, Frankreich, Rußland mit einer Koalition beantworteten, der das Reich mitsamt seinen Bundesgenossen Österreich-Ungarn und Italien nicht gewachsen war.

Allerdings sollten wir nicht übersehen, daß auch Bismarcks Außenpolitik Ende der 1880er Jahre in Bedrängnis geraten war und nur noch mühsam die Sicherheit Deutschlands im Rahmen des europäischen Gleichgewichts gewährleistete. Sie trug an Hypotheken, die auf ihr ruhten, und an der Dynamik, die in den Staaten Europas waltete. Zu den Hypotheken gehörte, daß das Reich infolge der (älteren) Teilung Polens und der (neueren) Annexion Elsaß-Lothringens sich Gebiete einverleibt hatte, deren Bewohner sich nicht mit dem deutschen Nationalstaat identifizierten. Hinzukam 1879 der Zweibund mit Österreich-Ungarn, der Deutschland zur Verteidigung des multinationalen Habsburgerreichs verpflichtete. Deutschland war also gehalten, sich dem Streben nach nationaler Selbstbestimmung zu widersetzen. Die bedrohliche Dynamik ergab sich aus dieser Nationalitätenfrage, die vor allem die Türkei und Österreich-Ungarn destabilisierte, ferner aus der kolonialpolitischen Rivalität der Staaten und aus dem sozioökonomischen Wandel, der überall neue Akzente in die Außenpolitik brachte. Bismarck setzte dem eine konservative Politik entgegen, die in der Zusammenarbeit zwischen den Nutznießern der Teilung Polens - Preußen/Deutschland, Österreich-Ungarn, Rußland - die sinnvollste Kombination erblickte; 1881 - 87 war sie im Dreikaiserabkommen erreicht worden. Trotzdem blieb die Nationalitätenfrage als Störfaktor virulent. Sie untergrub nicht nur die Zusammenarbeit Rußlands und Österreichs auf dem Balkan, sondern verunsicherte auch alle übrigen Verträge, auf die sich Deutschland stützte: den Dreibund mit Österreich und Italien (seit 1882) in Gestalt Südtirols und Venetiens, den andern Dreibund mit Österreich und Rumänien (seit 1883) in Gestalt Siebenbürgens, und schließlich auch den deutsch-österreichischen Zweibund in Gestalt der großdeutschen Idee, die die deutsch-österreichischen Gebiete mit dem Reich vereinigen wollte (s. I, S. 20ff.).

Immer war es die Bürde der habsburgischen Reichstradition, die auf der deutschen Außenpolitik lastete. Bismarck hatte sie übernommen, weil er sicher war, daß Deutschland und Österreich-Ungarn dank Geschichte, Kultur und Sprache eine tiefere Affinition für einander besäßen und ihr Zusammenstehen die Möglichkeiten feindlicher Koalitionen entscheidend verringerte. Im Besitz dieses Bündnisses bedurfte es nur noch eines dritten Partners, um die Lage Deutschlands im System der fünf europäischen Großmächte zu sichern. Der Dritte mußte Rußland sein, weil Frankreich als „Erbfeind" wegen Elsaß-Lothringens ausschied und England als insularer Randstaat samt seiner parlamentarischen Regierung schwer berechenbar schien. Bismarck hat deshalb, als die Gemeinschaft der drei Kaiser an der Balkanfrage zerbrach, 1887 ein zweiseitiges Abkommen mit Rußland geschlossen. Im sog. Rückversicherungsvertrag unterstützte er die Interessen Rußlands in Bulgarien und an den Konstantinopler Meerengen und erhielt dafür die Zusage, daß Rußland bei einem Angriff Frankreichs auf Deutschland neutral bleiben werde. Gleichzeitig hat er sich nicht gescheut, einen Akkord zwischen Österreich-Ungarn, England und Italien zu fördern, der den Status quo im Orient (Balkan, Kleinasien) und die Unabhängigkeit der Türkei verbürgen wollte. Er wußte, daß diese Konstruktion nicht spannungsfrei war, aber er bediente sich ihrer, weil sie noch eine mittelbare Kooperation der drei Kaiserreiche erlaubte und die Isolierung Frankreichs aufrechterhielt.

Der Boden der Konstruktion freilich schwankte. Gerade die Isolierung Frankreichs löste sich seit 1886 auf. Rußland und Frankreich bewegten sich aufeinander zu, geleitet durch einen gemeinsamen Gegensatz zu England in Ägypten, wo der englische Einfluß ständig wuchs, durch gemeinsame Kapitalverflechtungen - französisches Kapital speiste mehr und mehr die russischen Anleihen - und durch eine beiderseits antideutsche öffentliche Meinung, getragen von den Revanchepolitikern und Panslawisten. Bismarck behauptete zwar 1886, daß die Gespräche, „welche Frankreich etwa mit Rußland über Ägypten hätte, uns durchaus nicht beunruhigten". Aber der Gedanke an eine russisch-französische Koalition beschäftigte ihn, und sein Sohn hielt es schon für nötig, die Russen zu warnen, „daß wir auch ihre enge Allianz mit Frankreich durchaus nicht fürchten, sondern uns mit dem übrigen, im Grunde ganz russophoben Europa als die Stärkeren fühlen". Bismarck hoffte, im Ernstfall sich der Russen und Franzosen mit Hilfe der Österreicher, Italiener und Engländer erwehren zu können. Der Unsicherheitsfaktor dabei war England. Sollte es sich des flankierenden Beistands entziehen, war Bismarck kaltblütig genug zu erwägen, im Angesicht eines Krieges „durch eine freundschaftliche Verständigung mit Rußland" das Unglück abzuwenden[123)]. In der äußersten Not sollte also die russische Freundschaft auf Kosten Österreichs, Englands, der Türkei oder wessen auch immer erkauft werden. Das war 1887 eine hypothetische Überlegung, denn noch stand das deutsche Bündnisssystem in allen Teilen. Aber sie signalisierte den Vorbehalt, daß Deutschland, sobald es um Sein oder Nichtsein ginge, auf keine Optionsmöglichkeit verzichten werde.

a) Standortsuche zwischen Österreich, England und Rußland

Nach Bismarcks Abgang hatte die neue Regierung sofort grundlegende Fragen zu beantworten: Fragen nach dem Verhältnis zu Rußland, nach dem Stellenwert des Dreibunds mit Österreich-Ungarn und Italien und nach den Beziehungen zu England. Die Antwort lautete, daß der Dreibund höchste Priorität besitzen, ein Bündnis mit England angestrebt werden und zu Rußland eine vertragslose Freundschaft bestehen sollte. Der Verzicht auf das deutsch-russische Bündnis bedeutete eine bewußte Kurskorrektur, die mit einiger Emphase erfolgte: Deutschland werde „eine ruhige, klare und loyale Politik" ohne „gefährliche diplomatische Wagnisse" treiben, es werde „die Epoche der genialen Aktion als abgeschlossen betrachten" und allem Mißtrauen durch eine „einfache, durchsichtige" Vorgehensweise vorbeugen[124)]. Die moralisierenden Äußerungen richteten sich gegen Bismarck und gaben sich biedermännisch statt staatsmännisch. Es begünstigte den Weg-von-Bismarck-Trend, daß 1890 alle Spitzenpositionen des Auswärtigen Amts neu besetzt worden sind. Der Reichskanzler und preußische Außenminister Caprivi war ebenso ein Neuling wie der ihm beigeordnete Staatssekretär im Auswärtigen Amt, Adolf Freiherr Marschall von Bieberstein, der bisherige Vertreter Badens im

Bundesrat. Auch auf dem Posten des Unterstaatssekretärs erfolgte ein Wechsel, so daß die verantwortliche Leitung der Außenpolitik durchweg in ungeübten Händen lag.

Es überrascht nicht, daß unter diesen Umständen der Einfluß der Geheimräte wuchs, die sich in den Büros des Ministeriums verbargen und ihren Vorgesetzten die Stichworte lieferten.

Vor allem der Vortragende Rat in der Politischen Abteilung, *Friedrich von Holstein* (1837-1909), gelangte zu einer Bedeutung, die von außen weder überblickt noch kontrolliert werden konnte. Von ihm kamen jetzt die politischen Analysen und Konzepte und auch der Impuls zur Revision der Außenpolitik, denn seit Jahren war er überzeugt, „daß Rußland sich gegen uns heranwälzt" und „wir uns mit Rußland raufen" müßten[125].

Holstein war ein Karrierediplomat der Bismarckschen Schule, der lange Zeit enge Beziehungen zum Reichskanzler gehabt hat. Er entstammte einer pommerschen Gutsbesitzersfamilie und war 1860 in den diplomatischen Dienst eingetreten. Seit 1876 saß er im Auswärtigen Amt, wo er sich als versierter Mitarbeiter unentbehrlich machte. Er war Diplomat, Informant und Mittelsmann, der Bismarck in außen- und innenpolitischen Fragen zur Hand ging und wurde zum Mann im zweiten Glied, der viel bewirkte und selten gesehen wurde.

Er war freilich nichts weniger als eine subalterne Natur. Im Rahmen der gewählten Grenzen nahm er sich die Freiheit selbständigen Handelns und das auch gegenüber einem Bismarck. Seit 1884 überzeugte er sich davon, daß der Kanzler ein alter, untüchtiger Mann geworden sei, der Rußland allzu rücksichtsvoll behandle. Deutschland sollte sich auf Österreich und Italien stützen; zu dritt wären sie ein starkes Bündnis, dem sich „je nach Umständen noch England, Spanien oder die Türkei im psychologischen Augenblick anschließen" würden - gegen Rußland[126]. Hier taucht das Grundmuster der Außenpolitik von 1890 auf, dessen Verwirklichung Holstein vom jungen Kaiser Wilhelm II. erhoffte.

Doch als es an das Gestalten ging, stellten sich Schwierigkeiten ein. Der Verzicht auf den russischen Rückversicherungsvertrag und eine erste Annäherung an England waren 1890 zwar schnell vollzogen, aber die dauerhafte Verbindung mit letzterem wollte nicht gelingen. Als die Briten einen förmlichen Beistandspakt verweigerten, begab sich Holstein auf eine Bahn, die riskanter war, als die seinerzeit von Bismarck gesteuerte. Ab 1893 rückte er an Rußland heran, leistete im Verein mit Frankreich England kolonialpolitischen Widerstand und hielt Deutschland auf einem ungebundenen Kurs zwischen England und Rußland. Im Grunde wartete er weiter auf den Augenblick, da England sein Weltreich gegen Rußland und Frankreich verteidigen müßte. Er vermutete, „daß der Strom der weltgeschichtlichen Entwicklung ... Deutschland und England einstmals auf dieselbe Seite drängen" würde. Einen Ausgleich Englands mit Frankreich oder Rußland zog er nicht in Betracht. Das sei „Unsinn und Schwindel", denn selbst mit den größten Opfern in Asien oder Afrika würde England „die beiden Gegner nur in Appetit setzen und den Kampf ums Dasein ... erst recht unvermeidlich machen"[127]. Solche Prognosen entlarvten die vordergründige Rationalität seines Denkens, das mit der Mechanik eines vorgefundenen Systems, nicht aber mit der Dynamik der in ihm waltenden Kräfte rechnete.

Am fatalsten war, daß Holstein die Rolle Deutschlands in diesem System nicht richtig taxierte. Das überrascht, denn er wußte, daß eine aktive deutsche Kolonialpolitik das Verhältnis mit England belasten werde. Ebenso nahm er zunächst die Flottenpläne skeptisch auf und - was noch wichtiger war - betrachtete seit 1893 die Person Wilhelms II. kritisch. In diesen Dingen hatte er ein nüchternes Urteil, aber es führte ihn nicht zu der Frage, wie denn das, was sich in Deutschland entwickelte, nach außen wirken werde. Er verließ letzten Endes nicht die Rolle des untergeordneten Rats, der seine Dienste pflichtgemäß einer Sache widmete, selbst wenn sie ihm nicht als ganz gut erschien. Die innere Logik seiner Politik wurde noch brüchiger, als er 1897 in Bülow einen Vorgesetzten erhielt, der nicht das Bündnis mit England, sondern mit Rußland als Fernziel anvisierte. Vergebens riet er 1901 zur Verständigung mit England, mißvergnügt erlebte er 1904 die englisch-französische Entente cordiale, und als er 1906 daran scheiterte, über die Marokkokrise die Entente zu sprengen, erhielt er seinen Abschied. Der Mann, der sich unterfangen hatte, über einen Bismarck hinaus große Politik zu treiben, trat mit leeren Händen von der Bühne ab.

Die erste außenpolitische Entscheidung, die Caprivi als Reichskanzler fällte, war der Verzicht auf den Geheimvertrag mit Rußland. Der Vertrag war bis Juni 1890 befristet, und Bismarck hatte bereits Gespräche über seine Verlängerung begonnen. Wilhelm II. neigte solch einer Regelung zu, aber als der geballte Sachverstand des Auswärtigen Amtes sich dagegen wandte, lenkte er ein. Die antirussische Front stützte sich auf das Argument, daß Rußland einen Krieg auf dem Balkan ansteuere und daß es falsch wäre, seine Politik zu fördern. Obwohl der russische Außenminister Giers mehrfach versuchte, einen Rest von schriftlicher Vereinbarung zu retten, blieb Berlin bei seinem Nein. Die Gründe faßte Caprivi am 22. Mai 1890 zusammen: Rußland sei isoliert, wolle aber „einen Schritt weiter auf Konstantinopel hin tun" und deshalb „den Dreibund sprengen und mit Italien auch England uns entfremden". Als Sprengmittel solle der Geheimvertrag dienen, der auf den Dreibund wie eine Mine wirke, „die Rußland alle Tage zünden" könne, nämlich durch gezielte Indiskretionen in Wien oder London. Der Verzicht auf den Vertrag sei ohne Gefahr, da Rußland für seine Absichten weder bei Frankreich noch bei England einen Partner finden werde und es Deutschland unbenommen bleibe, auch ohne Vertrag „mit Rußland in guten Verhältnissen zu leben"[128]. Das Räsonnement übertrieb die negative Interpretation der russischen Politik und unterschätzte die Möglichkeiten einer Verständigung zwischen Rußland und Frankreich.

Diese Entscheidung ist im Verborgenen gefallen, da sie einen Geheimvertrag betraf, und beschäftigte die Öffentlichkeit erst, als Bismarck 1896 in der Presse darauf aufmerksam machte. 1890 lenkte die Politik gegenüber England und den Dreibundpartnern die Aufmerksamkeit auf sich, wobei besonders ein Vertrag mit England vom 1. Juli 1890 auffiel, der strittige Territorialfragen in Afrika regelte und Deutschland den Besitz der Insel Helgoland einbrachte. Für Bismarck hatten die Beziehungen zu England in dem Maße an Gewicht gewonnen, in dem sich die zu Rußland trübten. Er hat sogar ein Bündnis erwogen, sich aber letztlich mit einer Art vertragsloser Interessengemeinschaft begnügt (s. I, S. 143f.). Er vermutete, daß England außerhalb Europas Kriege mit Frankreich und Rußland drohten und ihm deshalb an einem guten Verhältnis zu Deutschland gelegen sei. Diese diskrete Beziehung wollte der Neue Kurs in eine konkrete verwandeln.

Den Ansatzpunkt lieferten die ungeklärten Grenzen der deutschen Kolonie Ostafrika. England hatte dort im Norden und Süden als Nachbar Fuß gefaßt, und nun sollten die Grenzen im Quellgebiet des Nils, zum Kongostaat und zu Rhodesien gefunden werden. Die Deutschen gaben sich kompromißbereit, weil das Gesamtergebnis den Besitzwechsel von Helgoland einschloß. Die Insel gehörte seit 1815 zum britischen Reich und war als strategischer Stützpunkt vor der Mündung von Weser, Elbe und entstehendem Nord-Ostseekanal wichtig. Die Regierung ließ ihretwegen territoriale Anrechte fallen, die einige Kaufleute und Entdeckungsreisende in Wituland und Uganda erworben hatten. Außerdem gehörten zum Vertrag Bestimmungen über Südwestafrika, Westafrika und den freien Handel in Zentralafrika. Die Arrondierung Deutsch-Ostafrikas und den Erwerb Helgolands buchte die Regierung als Erfolg, der ihr freilich von einem lautstarken Teil der öffentlichen Meinung bestritten wurde. Die Kolonialfreunde taten den Verzicht auf Uganda, Witu und Sansibar als Verrat an Deutschlands Zukunft ab, und es war diese Welle der Empörung, die den Alldeutschen Verband ins Leben rief.

Fürs erste ließ sich die Regierung nicht beirren und bemühte sich, auch in europäischen Fragen England auf die Seite Deutschlands und des Dreibunds zu ziehen. Der Botschafter in London, Paul von Hatzfeldt, hoffte, beide Staaten würden sich „immer mehr darauf vorbereiten ..., in den großen politischen Fragen der Zukunft Hand in Hand zu gehen“. Die Bahn, auf der das Zusammenspiel zu beginnen sei, sollte über das Mittelmeer und Italien gesucht werden. Die Mittelmeerkonvention von 1887, die Österreich-Ungarn, Italien und England vereinte, bildete eine lockere Koalition in Fragen der Balkanpolitik, die vielleicht verdichtet werden konnte. Außerdem bot das Bedürfnis Italiens, gegen Frankreich geschützt und bei seinen Expansionswünschen in Afrika (Tripolitanien) unterstützt zu werden, weitere Ansatzpunkte für eine Kooperation mit England. Das bestätigte auch der englische Premierminister Salisbury, der „in den Beziehungen zu Italien ... den Schlüssel zur ganzen auswärtigen Politik“ erblickte[129).

Trotz der guten Voraussetzungen wurde das Ziel nicht erreicht. Die deutsche Diplomatie verzehrte sich 1890/91 darin, aus Affären, die sich um Tunis, Marokko, Ägypten oder Mazedonien entwickelten, den Faden zu spinnen, der England an Italien und den Dreibund binden sollte, doch alles vergebens. London ging über die Bekundung freundschaftlicher Neigungen nicht hinaus, und in Berlin wuchs der Unmut. Denn hier galt das Axiom, daß sich ein „Konflikt ... zwischen England einerseits, Frankreich und Rußland andererseits vorbereitet" und der Schutz der englischen Interessen „nur möglich [sei] mit Hilfe der Dreibundmächte". Da die Engländer sich festen Absprachen entzogen, keimte der Verdacht, sie dächten nicht ernstlich daran, „bei der Verteidigung englischer Interessen selber mitzuwirken", sondern wollten „im letzten Augenblick den Kopf aus der Schlinge" ziehen und ihre Genossen in die Zwangslage bringen, „für - nicht mit - England dessen Interessen kriegerisch zu vertreten". Das Mißtrauen schoß vollends in die Höhe, als im Sommer 1893 englische und französische Schiffe vor Bangkok sich auf Schußweite gegenüberlagen und der langerwartete Krieg dennoch nicht ausbrach. Anlaß war ein Kräftemessen über die Abgrenzung der Einflußzonen in Hinterindien, bei dem die Integrität Siams im Mittelpunkt stand. Ende Juli sprach der englische Außenminister von Krieg und bedeutete dem deutschen Botschafter, daß „eine solche Eventualität [die] Gelegenheit bieten würde, die Quadrupelallianz [zwischen Dreibund und England] zustande zu bringen". Doch ehe das Eisen geschmiedet werden konnte, kühlte es sich ab. England fand einen Kompromiß mit Frankreich, und die Kriegsgefahr verschwand so schnell, wie sie aufgetaucht war. Die Deutschen stellten verächtlich fest, daß die Engländer nicht kämpfen wollten, und bekundeten nonchalant, sie hätten „kein Zutrauen zur englischen Kameradschaft" gewonnen[130)].

Die deutsche Englandpolitik erwies sich als Fehlkalkulation. Es war zwar logisch, nach der Abkehr von Rußland auf England zuzugehen und ein Bündnis anzustreben, aber trotzdem war die Politik aus mehreren Gründen unrealistisch. Am leichtesten wog noch, daß die deutsche Taktik von London aus als unsicher und unberechenbar anmutete. Salisbury bemerkte bei den Berlinern „eine gewisse Nervosität ..., die ihm nicht ganz begründet scheine". Wichtiger war die Erwägung, daß die Deutschen ohne die russische Rückendeckung nicht mehr die Möglichkeit hätten, „mit Rußland im letzten Augenblick vor Ausbruch eines Krieges sich [zu] verständigen", und insofern eher auf das Wohlwollen der Engländer angewiesen seien als umgekehrt. Des weiteren verhinderte die Abhängigkeit der englischen Regierung vom Parlament ein auf lange Sicht abgeschlossenes Bündnis. Immer wieder machten die Londoner Minister die „Rücksicht auf die parlamentarischen Verhältnisse" geltend, die einen Vertrag mit militärischer Beistandspflicht ausschlössen. Dem entsprach schließlich die Tatsache, daß die Engländer grundsätzlich keinen Zwang zu Bündnissen spürten. Salisbury schrieb 1896, eine lockere Anlehnung an den Dreibund genüge der „attitude prescribed to us on the one hand by our popular constitution ..., on the other hand by our insular position which makes the burdensome conditions of an alliance unnecessary for our safety"[131]. Kam es zu Konflikten, so fühlte sich England allenfalls in seinen kolonialen Interessen bedroht, während für Deutschland schnell die staatliche Existenz auf dem Spiele stand. Solche ungleichen Voraussetzungen schlossen ein Bündnis auf Gedeih und Verderb aus. Diese vier Gesichtspunkte genügen, um die deutsche Politik als Jagd nach einem Phantom zu enthüllen; anderer und schwer zu wägender Gründe wie Handelsneid, Englandhaß oder Kolonialrivalität bedarf es dazu gar nicht.

Es gefiel der Geschichte, die Folgen des Irrtums noch einige Zeit verborgen zu halten. Bis auf weiteres hatte es den Anschein, als ob Deutschland eine schwierige, aber erfolgreiche Politik betriebe. Das Fundament seiner internationalen Stellung war der Dreibund, der Mitteleuropa zu einer weitgehend konfliktfreien Zone machte. Seine Hauptaufgabe war der Schutz gegen militärische Bedrohung von außen, die teils durch Beistand (bei Angriff zweier Staaten auf einen Partner), teils durch wohlwollende Neutralität (bei Angriff eines Staats) gewährleistet wurde. Der Tendenz nach richtete er sich gegen Rußland und Frankreich, und insofern war es konsequent, die Verlängerung des deutsch-russischen Vertrags 1890 abzulehnen, weil sie mit dem Dreibund nicht zu vereinbaren sei. Den Rückhalt des Dreibunds bildete das deutsch-österreichische Bündnis von 1879, aus dem die Deutschen den Schluß zogen, daß die Verteidigung der „Machtstellung von Österreich-Ungarn ... das vornehmste Ziel unserer auswärtigen Politik" sei. Obwohl sie Distanz zu Österreichs Balkaninteressen hielten, fühlten sie sich so sehr gebunden, daß selbst „eine gegen unsern Rat unternommene Aktion [Wiens auf dem Balkan] schließlich die Existenz und Machtstellung Österreichs in einem Maße gefährden könnte, um auch uns in Aktion zu bringen"[132].

Der Zusammenhang war so folgenschwer, daß es darauf ankam zu verhindern, daß er tatsächlich wirksam wurde. Dazu dienten die Verträge mit Italien und Rumänien, die das Bündnissystem abrundeten. Italien genoß in militärischer Hinsicht eine begrenzte Wertschätzung, besaß aber als Nachbar Österreichs und Frankreichs eine strategische Bedeutung und bildete ein Bindeglied zur Seemacht England. Ähnlich verhielt es sich mit Rumänien. Seine Kraft imponierte nicht sehr, aber sein Anschluß an Rußland hätte - so Caprivi - „die ganze militärpolitische Lage im Südosten" verschoben und „auch für uns eine Erhöhung der Gefahren des Krieges" bedeutet[133]. Es war also erwünscht, den deutsch-österreichischen Zweibund an seinen Flanken abzusichern, und dafür wurden die Unbequemlichkeiten in Kauf genommen, die Italiens koloniale Begehrlichkeit in Nordafrika und Rumäniens Unmut über die ungarische Nationalitätenpolitik in Siebenbürgen mit sich brachten. Aus Berliner Sicht war es eine Stabilisierung der Lage, als im Mai 1891 der Dreibund mit Italien und im November 1892 der andere Dreibund mit Rumänien verlängert wurde.

Im übrigen hatte die Verlängerung des Dreibunds bereits 1891 eine Nebenwirklung, die für Deutschland unerfreulich war: die Annäherung Rußlands an Frankreich. Nach Erlöschen des Rückversicherungsvertrags war Rußland isoliert und deshalb bereit, den Kontakt mit dem ebenfalls isolierten Frankreich zu vertiefen. Hinzu kam, daß das Land für seine Industrialisierung fremdes Kapital brauchte, das es seit 1888 zunehmend aus Frankreich bezog. Außerdem erhöhte noch ein spezielles Moment seine Empfindlichkeit: 1891 und 1892 schwächten Mißernten und Hungersnöte große Gebiete. Derart nach innen und außen verunsichert, verfiel Rußland einer Kriegsfurcht, die sich gegen Deutschland richtete. November 1891 erfuhren deutsche Diplomaten gesprächsweise, „Rußland müsse jeden Augenblick gewärtig sein, von uns angegriffen zu werden, und zwar ohne Kriegserklärung“. Hier und dort wallten antideutsche Gefühle auf, und kein Geringerer als Zar Alexander III. meinte 1892: „Wir müssen die Fehler der Vergangenheit berichtigen und Deutschland bei der ersten Gelegenheit zerstören“, solch eine Gelegenheit wäre ein deutsch-französischer Krieg[134].

Die russisch-französische Verständigung vollzog sich schnell. Die öffentlich bekundete Freundschaft - Flottenbesuche in Kronstadt 1891 und in Toulon 1893 - schlug sich in geheimen Vereinbarungen über politische und militärische Zusammenarbeit nieder. Im Sommer 1891 schlossen die Außenminister eine Entente cordiale ab, die die diplomatische Konsultation in Krisenfällen vorsah. Sehr viel konkreter war die Militärkonvention vom August 1892, die die beiden Generalstäbe entworfen hatten. Sie enthielt eine direkte militärische Hilfe bei Angriffen, die Deutschland allein bzw. im Verein mit Österreich oder Italien unternähme, und zwar wollte Frankreich dann 1,3 Mio. und Rußland 0,7-0,8 Mio. Soldaten gegen Deutschland aufbieten. Außerdem sollte jede Mobilisierung von Truppen auf Seiten des Dreibunds unverzüglich die Generalmobilmachung Frankreichs und Rußlands auslösen. Der Zar stimmte der Konvention nach längeren Erwägungen zu, so daß sie Anfang 1894 in Kraft trat. Sie erhob den Zweifrontenkrieg gegen Deutschland zum Ziel und bezweckte, im Krisenfall den verbündeten Armeen die Initiative gegenüber Deutschland zu verschaffen. Das nimmt sich recht aggressiv aus, aber wir sollten nicht vergessen, daß der Text erst greifen konnte, wenn Politik und Diplomatie in einer kriegsreifen Situation geendet hatten. Und damit hatte es noch eine Weile. Wichtig war aber, daß die Konvention die Isolierung Frankreichs beendete und den Spielraum der deutschen Außenpolitik einengte.

Deutschland fügte sich fatalistisch in die russisch-französische Verständigung. Wer den Zweifrontenkrieg für unvermeidlich hielt, sah in dem neuen Zweibund „nur den Ausdruck von schon vorhandenen Verhältnissen" und eine „Feststellung des europäischen Gleichgewichts, wie es früher bestanden habe" - so Caprivi am 28. September 1891. Wer die Situation von 1893 vor Augen hatte, mochte den Flottenbesuch in Toulon als „antienglische Interessengemeinschaft Frankreichs und Rußlands" deuten, die ihren Schwerpunkt im Mittelmeer hatte. Und wer einige Jahre später, als sich das deutsch-russische Verhältnis entspannt hatte, die Lage betrachtete, konnte sogar behaupten: „Vom deutschen Standpunkt aus ist der jetzige [russisch-französische] Zweibund die günstigste, weil friedlichste Gruppierung, in welcher Frankreich untergebracht werden könnte" - so Bülow 1900 [135)]. Klugerweise begnügten sich Caprivi und Co. nicht mit solchen Formulierungskünsten, sondern bemühten sich um eine bessere Verbindung mit Petersburg. Obwohl 1893 die Dimensionen der deutschen Heeresvorlage ebenso wie die zollpolitischen Konflikte, die dem Abschluß des Handelsvertrags vorangingen, den Zaren verstimmten, gelang es doch, das Mißtrauen der Russen zu mildern. Insbesondere wirkte sich seit dem Sommer 1893 das beiderseitige Bemühen um ein handelspolitisches Arrangement günstig aus. Rußland lag daran, sein Getreide zu denselben ermäßigten Zollsätzen, wie sie für Österreich-Ungarn galten, nach Deutschland zu liefern, und umgekehrt verlangten die deutschen Industriellen einen vertraglich gesicherten Zugang zum russischen Markt. Dem entsprach der Handelsvertrag vom Februar 1894, den Wilhelm II. erleichtert als „eine der größten je für Preußen und Deutschland erzielten Errungenschaften" feierte. Auch in Petersburg wuchs der Eindruck, „daß der Deutsche nun nicht mehr als der Feind Rußlands zu betrachten" sei.[136)].

Die gereinigte Atmosphäre kam auch der Politik in Ostasien zugute. Dort versuchte Rußland seit einigen Jahren, auf Kosten Chinas zu expandieren, und stieß dabei auf den Widerstand Englands und Japans, den es wiederum mit der diplomatischen Hilfe Frankreichs und Deutschlands überwinden wollte. Die Lage wurde 1893/94 brisant, als Japan wegen der Kontrolle über Korea einen Krieg gegen China begann, den es 1895 siegreich beendete. Die Großmächte waren nicht bereit, den Japanern einen Frieden nach eigenem Ermessen zu erlauben, und bereiteten einen kollektiven Protest vor. Im entscheidenden Moment zog sich England von der Aktion zurück, so daß Rußland, Frankreich und Deutschland die Milderung des Friedens von Shimonoseki durchsetzten. Die Deutschen taten dabei gerne mit, weil sie an der Seite Rußlands ihren Einfluß im Fernen Osten zu festigen hofften. Noch stärker wirkte die Vermutung, daß ein in China engagiertes Rußland sich an seiner Westgrenze ruhig verhalten würde. Tatsächlich ließ die russische Regierung Wilhelm II. 1896 wissen, sie vertraue seiner Friedensliebe und garantiere ihm „den Frieden an Deutschlands Grenze". Der Kaiser war begeistert und versprach Nikolaus II., er werde Europa ruhig halten und „den Rücken Rußlands decken, so daß niemand Deine Aktion in der Richtung des Fernen Ostens behindern wird“[137]. Deutschlands Sicherheit profitierte von der Konstellation. Berlin atmete auf, aber gewissermaßen mit geblähten Backen, denn die Gunst der Stunde wurde für Zänkereien mit England ausgebeutet.

Wie schon geschildert, war England nicht in das deutsche Bündnissystem eingetreten. Die Deutschen verfielen nun darauf, den Wert ihrer Freundschaft durch gezielte Nadelstiche zu steigern. Sie glaubten, den Spielraum für eine Politik der freien Hand zwischen den Großmächten zu haben. Seit 1894 reifte dieses Konzept heran, das Hohenlohe 1896 in die Worte faßte: die Dinge hätten sich in Europa so geändert, daß sie „nicht mehr den unmittelbar entzündlichen Charakter tragen wie ehedem“ und Deutschland sowie der Dreibund „künftighin die Politik der freien Hand treiben [könne], bei welcher England bisher seinen Vorteil gefunden“ habe [138]. Das kontinental eingebundene Deutschland schielte nach einer Politik, die das insulare England angewandt hatte, und vergaß die Spruchweisheit, daß es nicht dasselbe ist, wenn zwei das Gleiche tun.

Die Unfreundlichkeiten gegenüber England wurden außerhalb Europas geübt. 1894 verständigte sich Deutschland mit Frankreich über die östliche Abgrenzung seiner Kolonie Kamerun und erleichterte das französische Vordringen in das Innere Afrikas. Beide Staaten stellten sich England auch in den Weg, als es eine Brücke zwischen seinem süd- und zentralafrikanischen Besitz schlagen wollte: es mußte den entsprechenden Vertrag mit dem belgischen Kongostaat auf diplomatischen Druck hin preisgeben (Juni 1894). Die Temperatur wurde vollends hitzig, als die Reibungen auf Südafrika übergriffen. Südafrika war ein Brennpunkt ökonomischer und politischer Interessen. Deutsches Kapital steckte in den Goldminen und Eisenbahnen, deutsche Reeder und Kaufleute vermittelten einen großen Teil des Handels, und deutsche Kolonialpolitiker dachten daran, den mosambiquanischen Hafen Lourenco Marques zu erwerben. Der Form nach kreiste der Kampf um die Unabhängigkeit der Burenrepubliken Transvaal und Oranje. England und die britische Kapkolonie waren die vorstoßende Partei, und als die in den Republiken lebenden Engländer Reformen zu ihren Gunsten verlangten, spitzten sich die Verhältnisse zu. Um die Jahreswende 1895/96 fielen Freischärler in Transvaal ein, um mit Waffenhilfe die Reformen einzuleiten; sie wurden aber schon am 2. Januar 1896 gefangen genommen.

Berlin reagierte auf das Intermezzo aufgeregt und heftig. Es pochte auf den Status quo in Transvaal und wollte ihn mit scharfen Mitteln verteidigen. Marschall sprach vom Abbruch der diplomatischen Beziehungen, von förmlichem Protest in London und von der Requirierung deutscher Marineinfanterie durch die Burenregierung, was sich alles dank der schnellen Entscheidung in Transvaal erübrigte. Trotzdem brauchten die erregten Gemüter ein Ventil, und das schufen sie sich in dem Glückwunschtelegramm, das Wilhelm II. am 3. Januar 1896 an den Burenpräsidenten Paulus Krüger richtete. Wilhelm hatte noch ungestümer reagiert als seine Minister und wollte den Buren sein Protektorat anbieten oder gar den Krieg mit England riskieren. Solche Eskapaden haben Marshall und Hohenlohe verhindert, aber nur mit Hilfe jenes Telegramms, das Krüger dazu gratulierte, daß Transvaal seine Unabhängigkeit verteidigen konnte, „ohne an die Hilfe befreundeter Mächte zu appellieren“. Das waren Spitzen, die das englische Selbstgefühl empfindlich trafen. Denn zum Verdruß über das Scheitern des Handstreichs in Südafrika kam nun die Empörung über die fremde Anmaßung. In englischen Augen gab es keine Unabhängigkeit Transvaals mehr, und der Wink mit der Hilfe befreundeter Mächte glich einer Androhung direkter Intervention. Tagelang explodierten die Schlagzeilen in der englischen und deutschen Presse. Eine Welle nationaler Entrüstung schwappte über beide Länder, und während der englische Premierminister Salisbury sich sorgte, daß die Leute „will become more mad with the colonial idea and will commit some patent folly“, genoß die deutsche Regierung die Gunst der öffentlichen Meinung. Am 13. Februar bestätigten alle Parteien, einschließlich der Sozialdemokraten, daß der Einspruch, den die Regierung in London eingelegt hatte, richtig und korrekt gewesen sei, aber im Urteil über das Krügertelegramm gingen die Ansichten auseinander. Die rechtsstehenden Parteien lobten es als „einen Akt echt deutschen Selbstbewußtseins“, während es die Linken als demonstratives Übersoll kritisierten und die Kooperation, statt der Konfrontation mit England forderten. „England und Deutschland vereinigt sind eine Macht, gegen die keine ... verbündeten Mächte aufkommen können“, rühmte Bebel, und Eugen Richter warnte, daß das Treiben der Chauvinisten „sehr bald diese Nation in der Welt isolieren“ würde[139]. Doch die Worte fielen ins Leere.

b) Imperialistische Ansätze

Gegen Ende des 19. Jahrhunderts herrschte der Eindruck vor, daß „eine große Liquidation stattfinde, um Einfluß, Macht und Besitz auf der Erde neu zu verteilen“[140]. England, Frankreich, Rußland, neuerdings auch Deutschland, Italien, die USA und Japan trugen diese Expansion, die in Afrika und Asien Gebiete erfaßte, die in schwachen oder veralteten politischen Ordnungen lebten. Die Europäer begründeten ihr Vorgehen gerne mit einer zivilisatorischen Aufgabe, mit der Verbreitung von Humanität, Bildung, Handel und Verkehr. Doch dahinter verbarg sich anderes. Die wachsende Industriewirtschaft verlangte nach Absatzmärkten und Rohstoffquellen, die steigende Bevölkerungsdichte nach Entlastung in neuen Siedlungsgebieten, die weltweit operierenden Handels- und Kriegsflotten nach Stützpunkten, die rivalisierenden Staaten nach Bestätigung ihres Machtpotentials, die nationalistischen Völker nach Entfaltung ihres Geltungsbedürfnisses - es war ein Gemisch von Analysen, Prognosen und Glaubenssätzen, das der imperialistischen Politik zugrundelag. Die Konkurrenz, die daraus folgte, führte vor 1914 wiederholt zu Kriegen, an denen Japan, die USA, Italien, Rußland und England beteiligt waren. Deutschland und Frankreich mieden dieses Risiko, weil sie durch ihre feindselige Nachbarschaft gefesselt waren. Aber auch ihrer Politik fehlte es nicht an militanten Untertönen, und der Ausbau der Machtmittel von Heer und Marine gedieh bei ihnen ebenso wie anderswo.

Die imperialistischen Anwandlungen Deutschlands lassen sich in drei Phänomenen erörtern: in der Suche nach Kolonien, dem Streben nach Auslandsinvestitionen und dem Bau einer Kampfflotte. Der deutsche Bestand an *Kolonien* ist seit 1890 dem Umfang nach um einiges, der Zahl nach nur unbedeutend vermehrt worden. Die afrikanischen Schutzgebiete erhielten seit 1884 durch mehrere Verträge, zu denen auch der deutsch-englische von 1890 gehörte, ihre Abgrenzung im Hinterland. Die Konstituierung der Kolonien vermittelte den Eindruck, daß es lange dauern werde, bis das Reich von dort einen materiellen Gewinn erhielt. Caprivi warnte 1890, für die Kolonien würden „Menschen und Geld ... an einer Stelle ausgegeben, wo sie fürs erste nicht rentieren". Wenn die Regierung sich trotzdem auf diese Politik einließ, dann aus dem Bewußtsein heraus, daß sie es sich mit dem nationalistischen Flügel des Bürgertums nicht verderben dürfe. Marschall sagte 1894 mit Blick auf die öffentliche Meinung, daß der Erwerb neuer Kolonien „auch einen inneren politischen Erfolg von nicht zu unterschätzender Wirkung bedeuten" würde[141]. Freilich war es schwierig, dieses Ziel zu erreichen: es gab keine disponiblen Gebiete mehr, so daß deutsche Eroberungen nur im Einvernehmen mit England, Frankreich oder Rußland möglich waren. Das nötigte zu einer Politik des Drängelns und Lavierens, die die Partner bald als querulatorisch empfanden.

Das Auswärtige Amt hat 1898 ein Programm skizziert, das große Teile der portugiesischen Kolonien, die Insel Sansibar, einen Teil der Philippinen, die Samoa-Inseln u.ä.m. enthielt. Nichts von dem war unbesetzt, überall hing der Erwerb von diplomatischer Vorarbeit ab. Nur weniges ist realisiert worden. Schnell und etwas dramatisch vollzog sich die Inbesitznahme des chinesischen Hafens Tsingtau und des Gebiets von Kiautschou (1897/98). An der Seite Rußlands fühlte sich Deutschland stark genug, die Ermordung deutscher Missionare zum Anlaß zu nehmen, China die Verpachtung Tsingtaus auf 99 Jahre abzunötigen. Ein Marinegeschwader hat kurzerhand den Hafen besetzt und dem Reich nicht nur einen Handelsplatz, sondern auch einen Flottenstützpunkt gesichert. Diesen Zwecken dienten auch 1899 die Erwerbungen im Stillen Ozean: die Inselgruppen der Karolinen und Marianen wurden Spanien abgekauft, der Hauptteil der Samoa-Inseln nach zähen Verhandlungen mit England und den USA übernommen. Das Verfahren, in den Besitz alter Kolonialmächte gegen finanzielle Entschädigung einzutreten, hätte Deutschland auch gerne bei Portugal angewandt. Dessen Kolonien Angola und Mosambique grenzten an deutsches Gebiet, und die maroden Finanzen des Mutterlandes rückten ein Geschäft in Sichtweite. Es gab allerdings England als Mitbewerber, und um den Transfer friedlich erledigen zu können, schlossen beide Staaten 1898 ein Abkommen. Sie vereinbarten ein gemeinschaftliches Vorgehen und den Ausschluß Dritter; wenn Portugal die Kolonien aufgeben müßte, sollte Deutschland den Norden Mosambiques und den Süden Angolas erhalten. Das Arrangement war günstig, litt aber daran, daß der Erbfall nicht eintrat und England einiges dazu tat, daß dem so war. Deutschland fand sich also am kürzeren Hebel wieder.

Ein anderer deutsch-englischer Vertrag befaßte sich mit China. Im sog. Yangtse-Abkommen vom 16. Oktober 1900 bekannten sich die Partner dazu, das Territorium Chinas ungeschmälert zu erhalten und die Häfen für den Handel aller Nationen frei zu lassen. Aus englischer Sicht richtete sich der Vertrag gegen Rußlands Vordringen in Nordchina, aus deutscher Sicht aber auch gegen Englands Wunsch, seine Einflußzone am Yangtsekiang abzuschirmen. Einen größeren Vorteil hat Deutschland aus diesem Vertrag nicht gezogen, weil es Rußland nicht ernsthaft entgegentreten wollte und der intensiven Zusammenarbeit mit England auswich. Es zeigte sich einmal mehr, daß die deutsche Kolonialpolitik nicht auf spektakuläre Erfolge rechnen durfte. Doch gerade danach verlangte der Ehrgeiz der Nationalisten und Regierenden. Er suchte die Selbstbestätigung und berauschte sich im Sommer 1900 daran, ein großes Truppenkontingent für die internationale Streitmacht abzustellen, die zum Schutz der Ausländer während des Boxeraufstands in China eingesetzt wurde. Der deutsche Gesandte war von den Aufrührern ermordet worden, und das weckte eine leidenschaftliche Reaktion. 19 000 Freiwillige wurden nach China verschifft, der General Alfred von Waldersee als Oberkommandierender der internationalen Armee durchgesetzt und von Wilhelm II. die Parole verkündet, daß die deutschen Soldaten keinen Pardon geben und Deutschlands Namen in China so unvergeßlich machen sollten, wie in Europa der der Hunnen immer noch sei. Das Ganze war ein Ausdruck übereifrigen Geltungshungers, der sich mit wirtschaftlichen Nebenabsichten mischte und ein Jahr später wegen seiner hohen Kosten verdrießlich endete.

Ein anderes Mittel der europäischen Staaten, ihren Einfluß im Ausland zu üben, war die *Anlage von Kapital.* Mit Hilfe von Staatsanleihen oder wirtschaftlichen Investitionen kontrollierten sie benachbarte oder ferne Länder. Vor Beginn des Ersten Weltkrieges gab es 44,0 Mrd. Dollar Auslandsanlagen, von denen England (18,0 Mrd.) und Frankreich (9,0 Mrd.) den Großteil aufbrachten, während Deutschland mit 5,8 Mrd. Dollar ihnen nachstand. Die Hauptmasse des deutschen Investitionskapitals wurde von der eigenen Wirtschaft absorbiert, aber mehrere hundert Millionen Mark flossen dennoch jährlich ins Ausland. 1890 erkannte Georg Siemens, der leitende Direktor der Deutschen Bank, daß das Interesse an solchen Investitionen zugenommen habe. Früher sei deutsches Kapital „nach dem Auslande mehr in einer dienenden Form" gegangen, es habe sich der englischen oder französischen Führung anvertraut. Jetzt trete es selbständig und „in einer mehr organisierten Form" auf und habe damit eine „verhältnismäßig starke Beschäftigung unserer Industrie" erreicht[142].

Siemens sprach aus eigener Erfahrung. Seine Bank spielte bei der Industriefinanzierung eine maßgebende Rolle und hat sich seit 1888 in der Projektierung türkischer Eisenbahnen engagiert. Zunächst erhielt sie die Konzession für den Bau einer Bahn von Konstantinopel nach Ankara, die 1892 fertig wurde; ihr folgte 1893 eine Bahn nach Konia, die 1896 betriebsbereit war. Die Leitung der Bahnen erhielt die Societé du Chemin de Fer Ottomane d'Anatolie, den Bau führte eine Gesellschaft unter maßgeblicher Beteiligung der Firma Philipp Holzmann aus, und die Finanzierung erfolgte durch 160 Mio. Franc Obligationen, die die erwähnte Societé ausgab. 1896 kontrollierte die Deutsche Bank etwa 1 000 km Eisenbahnstrecke in Kleinasien; ein ebenso großes Netz kam im europäischen Teil der Türkei hinzu, über das sie im Verein mit Wiener Partnern seit 1889 verfügte (nebenbei sei erwähnt, daß die Strecke Wien - Konstantinopel 1888 komplettiert worden war). Ab 1896 ging es darum, ob die Deutsche Bank den Bahnbau bis Bagdad fortsetzen würde. Der Sultan drängte sie dazu, aber Siemens zögerte, weil es sich um eine technisch wie finanziell anspruchsvolle Aufgabe handelte: die 2 500 km sollten ca. 555 Mio. Franc kosten. Außerdem drohte eine politisch gefärbte Rivalität mit England, Frankreich und Rußland. Gleichwohl unterzeichnete die Bank 1902 den Konzessionsvertrag. Ein erstes Teilstück von 200 km östlich Konia ging 1904 in Betrieb.

Es war eine erstaunliche Entwicklung. Sie wurde begünstigt durch den Sultan, der die Bahnen nicht Engländern oder Franzosen, die bereits einen großen Einfluß in der Türkei besaßen, übergeben wollte, sondern den Deutschen, die weniger in die innertürkischen Vorgänge verwickelt waren. Hinzu kam die Tatkraft Siemens und der Deutschen Bank, die sich in eine organisatorische wie finanzielle Aufgabe beträchtlichen Ausmaßes hineinknieten. Sie lockte teils der eigene Profit, teils der Vorteil für die deutsche Industrie, den die Erschließung neuer Märkte versprach. Außerdem trug die Regierung das Ihre zum Gelingen bei. Vor allem Marschall, seit 1897 Botschafter in Konstantinopel, wäre zu nennen. Er bezeichnete die „Eröffnung fremder Länder für Handel und Verkehr" als Aufgabe staatlicher Politik, rechnete die Bagdadbahn zu den „großen wirtschaftlichen Aufgaben ..., die der Nation gestellt sind", und wünschte dringend, daß das Ganze „ein deutsch-nationales Unternehmen", unabhängig vom internationalen Kapital, werde. In seinen Augen vereinten sich ökonomisches und politisches Interesse so eng, daß er das Vorgehen der Bank für eine nationale Aufgabe hielt. Von hier bedurfte es nur noch eines Schrittes bis zum unverhüllten Kolonialismus. Friedrich Naumann schrieb 1899, nicht nur deutsches Kapital sollte in die Türkei gehen, sondern auch „Bauern, Handwerker, Militärs, Verwaltungsbeamte", die die Initiative zu politischen Reformen und einer „Art freundschaftlicher Diktatur" ergreifen sollten[143].

Derartige Eskapaden lagen allerdings dem Geschäftsmann Siemens fern. Deutsche Kolonisten in der Türkei lehnte er ab und auch den „nationalen" Charakter der Bagdadbahn hätte er gerne erweitert. Er hat sich bemüht, französisches und englisches Kapital zu beteiligen, scheiterte aber am Einspruch der Regierungen in Paris und London. Die Motive des Unternehmers sollten also nicht überzeichnet werden. Doch es gab genügend Zeitgenossen, die die Bahnen in der Türkei phantasievoll als Teil der Weltpolitik begriffen und auf einen machtpolitischen Gewinn des Reichs spekulierten.

Einen besonderen Platz nahm in der Weltpolitik die *Kriegsflotte* ein. Afrika, Asien und der Stille Ozean waren Gebiete geworden, wo die europäischen Staaten Herrschaft beanspruchten, und eines der Mittel, deren sie sich dabei bedienten, waren die Kriegsschiffe. Deutschland als spätgeborener Großstaat besaß keine maritime Tradition, und seine Flotte rangierte 1890 mit 13 Panzerschiffen, 28 Kreuzern und 17 Kanonenbooten auf dem 6. Platz unter den Marinestaaten. Die Unterlegenheit war insbesondere gegenüber England groß und wurde als Schwäche empfunden, die für die Handels-, Kolonial- und Machtpolitik gefährlich sei. Eine öffentliche Agitation setzte ein, die 1898 im Deutschen Flottenverein ihr Sprachrohr erhielt (s.o.S. 52ff.). 1898 und 1900 brachte die Regierung im Reichstag zwei Vorlagen durch, die die deutsche Flotte bis 1917 auf einen Stand von 38 Linienschiffen sowie 52 großen und kleinen Kreuzern vergrößern sollten bei überschläglichen Baukosten von 1,125 Mrd. Mark.

Das ehrgeizige Programm stellte eine Wende in der deutschen Politik dar. Sein Initiator war *Alfred Tirpitz* (1849-1930), seit Juni 1897 Staatssekretär im Reichsmarineamt. Tirpitz hatte sich eingehend mit der Funktion, Organisation und taktischen Leitung einer Flotte beschäftigt und kam mit einem klaren Konzept in sein Amt: Deutschland brauche eine Schlachtflotte, die aus der Defensive heraus offensiv werden und in der folgenden Seeschlacht auch einen überlegenen Gegner besiegen könnte.

Tirpitz war ein Kind des Bürgertums, das seinen gemäßigten Liberalismus mehr und mehr einem machthungrigen Nationalismus opferte. Sein Vater ist Richter in Frankfurt/Oder gewesen, die Familientradition wies auf verschiedene akademische Berufe hin, doch Alfred trat 1865 in die preußische Marine ein. Dort machte er eine zügige Karriere. Seit 1872 war er mit der Entwicklung der Torpedowaffe befaßt, 1892 wurde er Chef des Stabes im Oberkommando der Kriegsmarine. Seine Erfahrungen führten ihn zu dem Urteil, daß jede Flotte ihrem Wesen nach offensiv sei. Die deutsche Flotte müsse allerdings, da ihre Konkurrenten numerisch überlegen seien, defensiv operieren, könne jedoch die Kraft zur Offensive gewinnen, wenn sie ihre Schiffe in der Nordsee konzentriere und die Quantität durch Qualität ersetze (Schiffsbau, Bewaffnung, taktische Schulung der Besatzung). Ab 1894 entwickelte er die politischen Argumente für den Bau solch einer Flotte. Ein Staat, der auf „Welthandel ... und Kolonien" angewiesen sei, könne sich „unmöglich ohne eine der Offensive fähige[n] Flotte" behaupten. Das Reich müsse „im kommenden Jahrhundert schnell von seiner Großmachtstellung [absinken], wenn [es] jetzt nicht energisch" seine Seeinteressen fördere. Eine Alternative gebe es nicht, denn „die Entwicklung Deutschlands zum Industrie- und Handelsstaat ist unaufhaltsam gleich einem Naturgesetz". Die wirtschaftliche Expansion ziehe die Gefahr ernster Konflikte mit England nach sich, das am meisten die deutsche Konkurrenz spüre. „Der gefährlichste Gegner zur See [sei] England", gegen ihn brauchen „wir am dringendsten ein gewisses Maß an Flottenmacht als politischen [!] Machtfaktor". Nicht daß Tirpitz meinte, England auf See übertrumpfen zu können, aber für erreichbar hielt er, daß in etwa zwölf Jahren ein Krieg gegen Deutschland „auch für den seemächtigsten Gegner mit derartigen Gefahren verbunden ist, daß seine eigene Machtstellung in Frage gestellt wird"[144]. Die deutsche Flotte sollte für England ein Risikofaktor werden, dessen Gewicht beim Abwägen politischer Entscheidungen international beachtet würde.

Es war ein Bravourstück, wie Tirpitz ab 1897 sein Konzept in der Regierung, der Öffentlichkeit und im Reichstag durchsetzte. Geschickt behandelte er die Abgeordneten und besonders den Zentrumsführer Lieber, so daß der Flottenbau im nationalen Konsens, nicht im parlamentarischen Konflikt begann. Seine Rückwirkungen auf Industrie, Werften und Handel verstärkten den Konsens, ebenso seine latente antienglische Spitze, die der populären Animosität gegenüber England entsprach. Einige Jahre lang genoß Tirpitz den Erfolg, doch dann wuchsen die Sorgen. Ab 1905 drückten die finanziellen Lasten. Die Schiffe wurden größer und teurer, die verfügbaren Mannschaften wurden knapp, Häfen und Kanäle mußten erweitert werden. Noch enttäuschender war das Scheitern des machtpolitischen Kalküls. England ließ sich weder politisch noch militärisch ernsthaft unter Druck setzen. Es antwortete mit einem großen Bauprogramm und sicherte sich 1902, 1904, 1907 ein vertragliches Einvernehmen mit den flottenmächtigen Staaten Japan, Frankreich und Rußland.

Für Tirpitz war das ein harter Schlag, denn „ohne Bündnis mit einer anderen Seemacht zweiten Ranges" sah er keine Chance, gegen England in die Vorhand zu kommen. Verständlich, daß die Regierung die Ausgaben für die Flotte strecken und die Spannungen mit England dämpfen wollte, doch Tirpitz widersetzte sich. Der Plan, „durch Schaffung einer möglichst starken Schlachtflotte" auf England zu wirken, müsse „mit eiserner Energie" durchgeführt werden.

Einmal mehr konnte er sich behaupten, aber die bittersten Stunden kamen noch. Als 1914 der Krieg ausbrach, erhielt die Schlachtflotte keine Gelegenheit zur Offensive, nicht einmal die englische Handelsblockade in der Nordsee konnte sie verhindern. Tirpitz' Flottenpolitik war ihrem Wesen nach mißglückt. Ihr Schöpfer verwickelte sich in Konflikte mit dem Reichskanzler und wurde im März 1916 entlassen. Tirpitz, ein Prototyp der wilhelminischen Politik, endete mit der Einsicht, daß seinem Lebenswerk „der Stempel des letzten Erfolges" fehle[145)].

Die Entscheidung über die Flottengesetze hatte parlamentarisch, militärisch wie außenpolitisch einige Bedeutung. Zunächst mußte der Reichstag bewogen werden, die Errichtung einer Schlachtflotte zu bejahen, ein langfristiges Bauprogramm zu beschließen und die jährliche Bewilligung der erforderlichen Gelder zuzusagen. Obwohl die Vorlagen bei einigen Gruppen von Abgeordneten (Bayern, Landwirte, Arbeiter) auf Kritik stießen, fanden sie eine solide Mehrheit. Ausschlaggebend war das Einschwenken des größeren Teils des Zentrums unter Ernst Lieber. Er hatte schon 1896 reklamiert, „daß in auswärtigen Angelegenheiten das Zentrum ... keine Ausnahmestellung gegenüber den nationalst [!] gesinnten Parteien" einnehme[146)], und zog nun daraus die Konsequenz. Er erreichte im Gesetz einige ergänzende Aussagen (so wurde die Organisation der Flotte nach dem Geschwaderprinzip festgeschrieben, was die verfassungsgemäße Organisationsgewalt des Kaisers einschränkte, und mit Blick auf die Finanzen wurde bestimmt, daß unvorhergesehene Ausgaben nicht zur Erhöhung von Steuern, die den Massenverbrauch belasteten, führen dürften), doch in der Hauptsache schloß er sich den Anträgen der Regierung an.

Es war für Deutschland recht gewagt, sich zur latenten Bedrohung durch Frankreich und Rußland noch eine weitere durch England aufzubürden. Tirpitz hat behauptet, die Flotte diene allgemein dem Schutz nach außen und der Attraktivität Deutschlands als eines potentiellen Bündnispartners. Doch seine Argumente richteten sich immer gegen England, denn letzten Endes sollte die Flotte so stark werden, daß sie die Stellung des „seemächtigsten Gegners", also Englands, erschüttern könne. Es war eine Politik auf lange Sicht, was Wilhelm II. 1899 so ausdrückte: er werde einstweilen nichts gegen England tun, sondern sich „erst eine Flotte besorgen. Nach zwanzig Jahren, wenn dieselbe fertig sei, werde ich eine andere Sprache führen"[147)]. Eine Veränderung der deutsch-englischen Beziehungen war also beabsichtigt, und es war eine Frage der Zeit, bis England die Herausforderung erkannte. Deutschland war um 1900 eine Großmacht imperialistischen Zuschnitts geworden, die davon träumte, früher oder später gebieterisch in die internationale Politik einzugreifen.

c) Bündnis oder freie Hand?

Am Ende des 19. Jahrhunderts huldigte die deutsche Außenpolitik dem Prinzip der freien Hand, der freundschaftlichen Ungebundenheit zwischen England und dem russisch-französischen Zweibund. Das sollte kein Dauerzustand sein, denn der Ausbruch schwerer Krisen zwischen den Weltmächten galt als gewiß, und dann wollte Deutschland sein Gewicht in die eine oder andere Waagschale legen. Welche Seite die begünstigte sein würde, war offen. Diejenigen, die 1890 sich von Rußland abgekehrt hatten, neigten zu England, und diejenigen, denen die Flotte und die Kolonien am Herzen lagen, zu Rußland. Auch politisch-ideologische Gründe kamen ins Spiel, so daß die liberalen und demokratischen Kräfte eher mit England, die konservativen eher mit Rußland gehen wollten. Im Auswärtigen Amt war Holstein der englischen, der Staatssekretär Bernhard von Bülow der russischen Richtung zuzurechnen. Doch solange die Entscheidung nicht gefallen war, vereinten sich alle auf der Linie der freien Hand.

Im Grunde genommen war das eine hinhaltende Politik. Mehrfach hat sich zwischen 1898 und 1901 die Bündnisfrage gestellt, und immer wich Deutschland ihr aus oder formulierte sie so um, daß die andere Seite sich zurückzog. Allerdings ist die Methode des Umformulierens nicht nur als Trick zu deuten, sondern auch als Zeichen eines Dilemmas. Die umformulierten Anfragen hielten nämlich Rußland bzw. England an, mit Deutschland oder dem Dreibund ein Bündnis zur Verteidigung des territorialen Besitzstands zu schließen. Das lehnten beide Staaten ab, sie verweigerten also das Maß von vertraglicher und militärischer Sicherheit, das Deutschland für sich forderte. Mit anderen Worten: den Großmächten widerstrebte es, unter einem förmlichen Verteidigungsbündnis Deutschland noch stärker werden zu lassen, als es ohnehin war.

Wie schon erwähnt, kam es Deutschland gelegen, daß die russische Politik seit 1895 ihr Schwergewicht in Ostasien hatte. Diese Konstellation schuf bis 1905 mehrere Möglichkeiten für eine deutsch-russische Verständigung. Da sich Rußland seit 1891 im Akkord mit Frankreich befand, mündeten die Erwägungen meistens in die Frage, ob ein Arrangement zu dritt, eine sog. Kontinentalliga, erreichbar sei. Aus deutscher Sicht war das verlockend, wäre dann doch das Problem Elsaß-Lothringen neutralisiert worden. Den ersten, etwas plumpen Anlauf unternahm im Frühjahr 1898 Wilhelm II., der den Russen einen Wink über die deutsch-englischen Gespräche gab (sie endeten mit dem Vertrag über die portugiesischen Kolonien) und ihnen so ein handfestes Bündnisangebot entlocken wollte. Er handelte sich einen Korb ein. 1899 waren es die Russen, die wegen der deutsch-türkischen Bahnbauten eine Abgrenzung der Interessen im Vorderen Orient anregten und ihren Anspruch auf den Bosporus anmeldeten. Diesmal blieben die Deutschen kühl. Der Anschluß an Rußland mußte sie in Gegensatz bringen zu England und Österreich, und dies Risiko wollten sie nur eingehen um den Preis eines deutsch-russisch-französischen Vertrags, in dem die drei Staaten „die allseitige Garantie ihres derzeitigen Besitzstandes" vereinbarten, also Frankreich indirekt auf Elsaß-Lothringen verzichtete. Dieser Preis war der Gegenseite zu hoch. Das Spiel mit der Kontinentalliga endete 1900, als der russische Außenminister lapidar mitteilte, „die elsaß-lothringischen Ansprüche lassen die Franzosen um keinen Preis fallen"[148].

Die Berliner Regierung nahm es hin, denn ihr genügte der Zustand, bei dem Rußland in Ostasien gebunden war und Frankreich in Europa nichts Gefährliches unternehmen konnte. Wie unbegründet ihre Arglosigkeit war, lehrt die Tatsache, daß Rußland und Frankreich im Sommer 1899 ihrer Entente eine erweiterte Grundlage gaben, indem sie sie auf die Erhaltung des europäischen Gleichgewichts ausrichteten. Der Sinn war, ein Instrument gegen jegliche Machtausweitung Deutschlands zu haben, die eintreten konnte, wenn z. B. die Habsburger Monarchie zerfiel - damit wurde damals gerechnet - und ihre deutschbesiedelten Teile zu Deutschland kämen. Auch die Kolonial- und Flottenpolitik spielte eine Rolle. Rußland hatte, wie es 1900 in diplomatischen Kreisen hieß, das Reich „als große Militärmacht in Europa" akzeptiert, sah es aber ungern, wenn aus ihm „außerdem noch eine See- und Kolonialmacht ersten Ranges würde"[149]. Solche Informationen deuteten das Mißtrauen an, das Deutschlands Nachbarn beseelte, aber das Auswärtige Amt rechnete nicht mit bedenklichen Folgen.

Die Verhandlungen, die Deutschland mit England führte, waren intensiver als die mit Rußland, blieben aber auf der Ebene der Bündnispolitik ebenso ergebnislos. Nur in Kolonialfragen zeitigten sie einige Nebenergebnisse: die Abkommen über die portugiesischen Kolonien, Samoa und China. Immerhin ventilierten beide Seiten ernsthaft die Bündnisfrage. Im März 1898 eröffnete der englische Kolonialminister Joseph Chamberlain dem deutschen Botschafter, daß England seine „traditionelle Politik der Isolierung" aufgeben wolle und an eine „Verständigung über die großen politischen Interessen" mit Deutschland denke. Auf diese Geste reagierte Bülow distanziert. Er bezweifelte, daß das Unterhaus einem Bündnis zustimmen würde, wollte sich nicht vorschnell an der Seite Englands exponieren - dann würde nämlich das Reich „zum ersten Kampfobjekt des [russisch-französischen] Zweibundes" - und mahnte zur Verbesserung der Beziehungen englische Konzessionen in Kolonialfragen an. Im übrigen baute er darauf, daß noch bessere Gelegenheiten kommen würden: England könne „den Kampf ums Dasein auf die Dauer nicht vermeiden ... und andere Alliierte als Deutschland ... wird es dabei nicht finden" - Deutschland durfte also abwarten[150].

Ähnlich verhielt sich Bülow im November 1899, als er von englischen Ministern zu verschiedenen Fragen sondiert wurde (Bagdadbahn, Aufteilung Marokkos, aber auch Zerfall Österreichs). Da die Engländer gerade den Burenkrieg in Südafrika ausfochten, fühlte er sich mehr denn je zum Abwarten veranlaßt. Etwas schwerer hatte er es 1901, seine Taktik beizubehalten, denn diesmal führten die Gespräche bis an die Konturen eines Bündnisses heran. Die deutschen Diplomaten spürten, daß nun über die Zukunft entschieden werden müsse. Hatzfeldt warnte, daß eine Absage „sofort zu einem Wechsel der englischen Politik in China und zum Versuch direkter Verständigung mit Rußland resp. Frankreich" führen würde, der Rat im Auswärtigen Amt Klehmet äußerte „Besorgnis vor einer Isolierung Deutschlands", vor der nur „die Annäherung an England als einziger Ausweg" bewahre, und selbst der mißtrauische Holstein fand im deutsch-englischen Bündnis „manches Anziehende", obwohl er bei den Engländern immer noch den Willen zur Verständigung vermißte. Wenn trotzdem alles im Sande verlief, dann deshalb, weil die Deutschen aufs Ganze gingen: sie wollten nicht ein bilaterales Abkommen, sondern den Beitritt Englands zum Dreibund. Die Engländer sollten gehalten sein, im Bedarfsfall sowohl Deutschland als auch Österreich-Ungarn zu verteidigen, von dessen Lebensfähigkeit sie nicht überzeugt waren. Berlin wollte seine Beistandspflicht gegenüber Österreich auf breitere Schultern verteilen und das Prestige der Wiener Regierung aufpolieren. Als Kompensation durfte England die Hilfe des Dreibunds erwarten, wenn es im Mutterland oder in den Kolonien bedroht wurde. Die Engländer lehnten ab, „sich niedergehenden ... Staatsgebilden wie Österreich" anzuschließen, während Bülow beharrte, daß dies die conditio sine qua non sei[151].

Damit war eine Tür ins Schloß gefallen. Wir können beseite lassen, ob die Engländer tatsächlich vertragsbereit waren, ebenso, ob alle deutschen Diplomaten konsequent an einem Strang gezogen haben, wesentlich ist, daß die maßgebenden Leute in Berlin überzeugt waren, sie säßen am längeren Hebel. Sie hielten England für schwach und gefährdet, taten Hinweise auf eine englisch-russische oder englisch-französische Verständigung als Bluff ab und sagten voller Seelenruhe: „Wir haben heute nicht mehr wie in den ersten Jahrzehnten [nach 1871] ... zu gewärtigen, daß wir der Gegenstand eines konzentrischen Angriffs sind". Ihre Hauptsorge galt dem weiteren Zeitgewinn, um das Machtmittel Kriegsflotte aufzubauen, und der Rücksicht auf die öffentliche Meinung. „Unsere öffentliche Meinung ... ist nach wie vor chauvinistisch", schrieb Bülow, und verlange für ein Bündnis „englische Konzessionen in Afrika". Gelegentlich behauptete er sogar, die Folgen einer ungeschickten Englandpolitik müßten „für alle Autorität im Reiche, die höchste nicht ausgenommen, sehr ernste sein", was heißen sollte, daß ein Paktieren mit England ohne kolonialpolitischen Gewinn für Regierung und Monarchie gefährlich sei[152]. Das war eine Übertreibung, aber sie zeigt an, daß Bülow die deutsche Anglophobie sorgfältig in sein Kalkül einbezog.

***

Wir stehen am Ende eines Jahrzehnts deutscher Geschichte, das ein zwiespältiges Bild hinterläßt. Insgesamt ist unverkennbar, daß nach dem Sturz Bismarcks in der Innen- und Außenpolitik neue Wege gesucht wurden. Das gilt von der Sozial- und Handelspolitik, teilweise auch von der Finanzpolitik. Noch deutlicher zeigte es sich in der Außenpolitik. Ansatzweise läßt sich von der Bereitschaft zu demokratischen Reformen (Sozialpolitik), zu größerer Westorientierung (Suche nach dem englischen Bündnis) und internationaler Kooperation (Handelspolitik) sprechen. Unbeschadet der konservativen Hülle, in der sich diese Politik darbot, kündete sie von der Fähigkeit, auf die Probleme der industriewirtschaftlichen Gesellschaft zeitgemäß zu reagieren.

Doch der Weg, den Caprivi eingeschlagen hat, wurde nicht gradlinig fortgesetzt. Agrarischer und besitzbürgerlicher Widerstand behinderte die inneren Reformen, die Folgen des sozioökonomischen Wandels wurden als Munition für die kolonial- und machtpolitische Agitation verwertet und bald bestimmte der nationale Egoismus die Außenpolitik. Die Energien des Reichs kehrten sich nach außen, in der Annahme, daß die Lebenschancen einer industriellen Gesellschaft durch eine machtvolle Außenpolitik gewahrt werden müßten. Das Kraftgefühl, das sich darin äußerte, vertuschte die Tatsache, daß sich Deutschlands internationale Position nicht geändert hatte, sondern nach wie vor den Schnittpunkt des europäischen Staatensystems darstellte und deshalb eine abwägende Politik verlangte. In vereinfachter Form war das den Verantwortlichen der Jahre ab 1897 bewußt, denn ihr Ausweichen in der Bündnisfrage besagte, daß sie sich nicht einseitig nach Ost oder West exponieren wollten. Allerdings erlagen sie dem Irrtum, diese Taktik beliebig lange fortsetzen zu können. Da die Deutschen sich nicht festlegen wollten, aber mancherlei Ambitionen hegten, wurde ihre Politik für die anderen Staaten schwer berechenbar. Das Vertrauenskapital, das Bismarck angesammelt hatte, war verbraucht, und das Wilhelminische Deutschland durfte nur noch auf das selbsterarbeitete Guthaben rechnen. Wie weit das reichen würde, war 1900 eine offene Frage.

III. Im Banne der Machtpolitik 1900 – 1913

Es begann ein neues Jahrhundert, und viele hofften, daß es das Jahrhundert der Deutschen würde - doch niemand wußte, in welch folgenschwerem Sinne sich der Wunsch erfüllen sollte. Das deutsche Volk wähnte sich im Besitz der Mittel, mit denen es große Ziele verfolgen durfte: Bevölkerungszahl, Wirtschaftskraft und nationales Selbstbewußtsein gaben ihm in Europa einen Vorsprung, der die politische Begehrlichkeit beflügeln konnte. Allerdings entsprachen der Größe des Begehrens weder die konzeptionelle Leistungsfähigkeit der Politiker noch die objektive Lage der Dinge, und das hatte zur Folge, daß die deutsche Politik mehr anspruchsvoll als einsichtsvoll auftrat und schließlich die Tür zum Kriege öffnete.

Eine Ursache der fehlerhaften Entwicklung war, daß das monarchische System in Deutschland zu bröckeln begann, das parlamentarische aber nicht spürbar vorankam. Das Gebaren Wilhelms II. forderte seit 1900 den öffentlichen Protest heraus. Die Kritik der Parteien im Reichstag rüttelte an der Autorität des Kaisers und bereitete dem Reichskanzler Bülow manch schwere Stunde. Aber der Konflikt eskalierte nicht, weil Bülow mit dem Öl seiner Beredsamkeit die Wogen beschwichtigte und die Parlamentarier nicht willens waren, einen energischen Kampf um die Kontrolle über die Regierung zu führen. In einer Zeit, da England eine verfassungsändernde Krise mit Machtverlust des Oberhauses durchlebte (1910-12), Frankreich eine dramatische Trennung von Staat und Kirche vollzog (ab 1901), Österreich das allgemeine Wahlrecht annahm (1906/07), Rußland durch die Revolution von 1905 in eine konstitutionelle Monarchie verwandelt wurde und selbst die Türkei den Schritt zum Verfassungsstaat tat (1908/09), verharrte Deutschland in seiner Ordnung, die die Handschrift Bismarcks trug. Die Reform des preußischen Dreiklassenwahlrechts, die ein politisches Signal gewesen wäre, scheiterte, und verfassungsändernde Anträge, die dem Reichstag das Recht zum Sturz des Kanzlers geben wollten, fanden im Parlament keine Mehrheit. So hatte es mit dem stillen Verfassungswandel sein Bewenden, der sich in der Selbstentblößung der Monarchie, der Marginalisierung des Bundesrats als eines Regierungsorgans und der Rücksichtnahme des

Reichskanzlers auf die Parlamentsmehrheit abzeichnete. Wann daraus eine reformpolitische Tat hervorgehen würde, war ungewiß.

Als Deutschland 1913 das 25. Regierungsjubiläum Wilhelms II. und den 100. Jahrestag des Beginns der Freiheitskriege feierte, überwog zwar die Freude am Glanz des Bestehenden, aber es fehlte nicht die Sorge ob des Unfertigen, das der Gegenwart anhaftete. Wir sind „in unserer inneren Entwicklung in eine Gefahrenzone eingetreten, deren Ausgang im Dunkeln liegt", sagte der Historiker Friedrich Meinecke in einer Festrede. „Die eigentlichen Schlachtfelder unserer Zeit liegen noch vor uns, nicht hinter uns"[1]. Seine Worte bargen ein ahnungsvolles Orakel - haben es die Zuhörer vernommen?

1. Die Grenzen der Weltpolitik

Die deutsche Außenpolitik mußte sich nach 1900 auf neue Gegebenheiten einstellen. England sorgte dafür, daß sich die internationale Verteilung der Gewichte änderte und Deutschland vom Gefühl beschlichen wurde, der Spielraum seiner Politik werde systematisch beschnitten. Was lange erwartet worden war, geschah: England gab seine splendid isolation auf und suchte die Zusammenarbeit mit einigen Staaten, die es bisher als Rivalen betrachtet hatte. 1902 schloß es ein Bündnis mit Japan, das die beiderseitigen Interessen in China und Korea bekräftigte und für den Fall eines Konflikts mit dritten und vierten Staaten Neutralität bzw. Beistand vorsah. 1904 folgten Verträge mit Frankreich, die eine Reihe überseeischer Streitfragen beilegten. Am wichtigsten war die Vereinbarung, die den Engländern in Ägypten und den Franzosen in Marokko das Recht zugestand, ihren Einfluß zu verstärken. Einen weiteren Schritt tat England 1907, als es mit Rußland getrennte Interessenzonen in Persien sowie die einvernehmliche Behandlung Afghanistans und Tibets vereinbarte. Die meisten Reibungspunkte, die das englische Weltreich gefährdeten, waren nun neutralisiert, und die deutsche Hypothese, dereinst im Machtkampf zwischen England, Frankreich und Rußland den Ausschlag geben zu können, war hinfällig geworden. Die Engländer bedurften der deutschen Dienste nicht mehr.

Der Verlust solch hypothetischer Chancen brauchte noch nicht die reale Lage Deutschlands zu beeinträchtigen. Bedenklich war allerdings, daß Frankreich von der Entwicklung profitiert und seine internationale Stellung gefestigt hat. Seine Entente mit England bot ihm in europäischen Konflikten einen Rückhalt und machte es zum Vermittler zwischen Rußland und England. Insbesondere Théophile

Delcassé, von 1898 bis 1905 französischer Außenminister, hatte den Dreierbund Frankreich, England, Rußland im Auge, dem er auch Italien hinzufügen wollte - ein naheliegender Gedanke, hatte er doch schon 1902 die Italiener in einem Notenwechsel dazu gebracht, nicht nur Frankreichs Absichten auf Marokko zu billigen (dafür sollten sie freie Hand in Tripolitanien erhalten), sondern auch für den Fall eines Krieges strikte Neutralität zu versprechen. Damit war es ihm gelungen, Italien ein Stückchen aus dem Dreibundvertrag herauszuziehen, der es eigentlich anhielt, Deutschland gegen einen Angriff Frankreichs beizustehen.

Wenn die Konstellation sich nicht sogleich zum Nachteil Deutschlands zuspitzte, so lag das daran, daß Rußland 1904/05 im Krieg gegen Japan schwere Niederlagen erlitt und innenpolitisch durch die gleichzeitige Revolution geschwächt wurde. Es war militärisch, politisch und finanziell angeschlagen und gab kein festes Glied in einer Kette ab, die gegen Deutschland geschmiedet werden sollte. Vielmehr spürte das Reich noch so viel Handlungsfreiheit, daß es in der Marokkokrise (1905, 1911) auf Frankreich und in der Annexionskrise um Bosnien-Herzegowina (1908/09) auf Rußland starken Druck ausüben konnte. Obwohl die Erfolge begrenzt und fragwürdig waren, bewiesen sie, daß Deutschlands Gewicht weiterhin groß war. Des Reiches Würde und Ansehen, die Reichskanzler Bülow gerne beschwor, genossen einen erheblichen, aber auch gefährlichen Respekt. Denn wegen der auftrumpfenden Welt- und Flottenpolitik hatten die Nachbarn den Verdacht geschöpft, daß Deutschland seine Stellung auf Kosten anderer ausbauen wolle. Insbesondere England argwöhnte dies und achtete darauf, das Gleichgewicht der Kräfte auf dem Kontintent zu sichern. Englische Minister ließen wissen, daß sie „eine mächtige deutsche Flotte mit einer noch mächtigeren Armee im Hintergrund [für] eine reale Gefahr" hielten, daß sie niemals „eine Niederwerfung der Franzosen dulden" könnten, weil sie „nicht nachher einer einheitlichen kontinentalen Gruppe unter Führung einer einzigen Macht" (d. h. Deutschlands) gegenüberstehen wollten; deshalb bezeichneten sie „die Theorie von dem Gleichgewicht der Gruppen" als Axiom ihrer Außenpolitik. Die deutsche Seite war sich dessen durchaus bewußt. Generalstabschef von Moltke vermutete 1906, daß England befürchte, Deutschland wolle nicht nur Frankreich schwächen, sondern auch die Unabhängigkeit Hollands und Belgiens antasten, und folglich werde es „in einen kontinentalen Krieg [eingreifen], um einem derartigen Übergewicht Deutschlands vorzubeugen"[2].

Die Berliner Regierung mußte seit 1904/05 davon ausgehen, daß sie es in einem künftigen Krieg nicht nur mit Frankreich und Rußland, sondern auch mit England zu tun haben würde. Das war eine unangenehme, aber nicht völlig neue Erkenntnis, denn schon Bismarck hatte in der Krise von 1875 erfahren, daß „England bereit wäre, ... Europa gegen uns und für die Franzosen aufzurufen“ (s. I, S. 118). Er hatte daraufhin betont, das Reich sei territorial saturiert und wünsche den Frieden auf der Basis des Status quo. Seinen Nachfolgern fiel 1905 und später solch ein Rückzug schwerer, weil sie auf koloniale Erwerbungen, die Verlängerung der Bagdadbahn oder den Ausbau der Flotte, d. h. auf die Teilhabe an der weltpolitischen Konkurrenz, nicht verzichten wollten. Obwohl sie keine Eroberungspläne hegten, waren Form und Inhalt ihrer Politik geeignet, im Ausland Mutmaßungen über die territorialen Konsequenzen an der Kanalküste, auf dem Balkan oder im Vorderen Orient zu wecken. Im übrigen entsprach das Mißtrauen der anderen Großmächte nur deren eigener Neigung, nach Kräften ihre Herrschaftsbereiche und Einflußzonen auszubauen. Es war eine Zeit des Expandierens, und es lag nahe, daß Deutschland sich daran beteiligte. Allerdings mußte es seine Prioritäten bedenken. Als sich abzeichnete, daß die Expansion in einen europäischen Krieg münden könnte, galt für Deutschland das Gebot, einen Krieg zu vermeiden, bei dem es auf Frankreich, Rußland und England stoßen würde und den es schwerlich gewinnen konnte. Es war ein Wagnis, sich in schwieriger Lage auf Prestigebedürfnis, Machtbewußtsein und Waffengewalt zu berufen, anstatt in kluger Selbstbeschränkung den politischen Druck zu mindern und das internationale Vertrauen zu vermehren.

a) Der Streit um Marokko

Bis zum Frühjahr 1904 genoß Deutschland die vermeintliche Gunst der Stunde. Einige Bündnisfragen, die Rußland 1902 und 1903 im Vorfeld seines Krieges mit Japan lancierte, wurden ignoriert. Bülow und sein Mentor Holstein meinten, daß die Zeit zu ihren Gunsten arbeite. „Von heute auf morgen werden sich die bestehenden Gruppierungen ... nicht ändern“, schrieb Bülow, also können wir „die Dinge gar nicht pomadig genug nehmen“[3]. Als Februar 1904 der Krieg in Fernost begann, rückte der Moment heran, wo das Bündnis mit Rußland zu den deutschen Bedingungen vereinbart werden sollte: nämlich unter Einschluß vollen militärischen Beistands, u. a. auch bei einem französischen Angriff auf Deutschland. Die antifranzösische Spitze sollte gemildert werden, indem der Zar die Aufgabe erhielt, Frankreich als Vertragspartner zu gewinnen, d. h. es in eine (der Tendenz nach) antienglische Kontinentalliga zu ziehen und gleichzeitig zum neuerlichen Verzicht auf Elsaß-Lothringen zu veranlassen. Deutschland hat zweimal versucht, dieses Geschäft abzuschließen, im Spätherbst 1904 und im Sommer 1905. Bei der zweiten Gelegenheit war es Wilhelm II. sogar gelungen, anläßlich einer

Begegnung mit Zar Nikolaus II. bei Björkö, einer Ostseeinsel südlich Wyborg, dessen Unterschrift zu gewinnen - ein Ereignis, das er euphorisch als die definitve Sicherung Deutschlands bejubelte. Aber beide Male zerschlug sich der Vollzug des Vertrags, weil Rußland ihn nicht in Kraft setzen wollte, bevor Frankreich beigetreten war. Zur deutschen Taktik gehörte es jedoch, Rußland einseitig zu binden und Frankreich vor vollendete Tatsachen zu stellen. Freilich reichten Macht und Geschick der Berliner Diplomatie nicht aus, um Rußland zu nötigen, der deutschen Freundschaft zuliebe die französische aufs Spiel zu setzen.

Die Russen waren außerdem gewarnt durch die Ereignisse, die sich 1905 wegen Marokko zwischen Deutschland und Frankreich entfachten. Das Sultanat war das letzte Gebiet im nordwestlichen Afrika, das noch unabhängig war. Sein Status war 1880 in einer Konvention europäischer Staaten bestätigt worden, was aber nicht verhinderte, daß Spanien, Frankreich und England dort ihre Interessen verfolgten. Insbesondere die Franzosen, gestärkt durch ihre Absprache mit den Engländern, beanspruchten einen wachsenden Einfluß. Einige deutsche Kolonialfreunde liebäugelten mit Marokko als Absatzmarkt, Siedlungsgebiet oder atlantischem Flottenstützpunkt, aber die Regierung fand darin keine verwertbare Substanz. Sie wollte auch hier allenfalls auf Zeit spielen, und Bülow schien 1900 die „tunlichste Hinausschiebung der marokkanischen Liquidation" am günstigten[4]. Damit mußte es ein Ende haben, als Frankreich im Winter 1904/05 begann, dem Sultan von Marokko innenpolitische Reformen anzudienen. Es zeichnete sich ab, daß sowohl die Souveränität des Sultans als auch Deutschlands Anspruch auf gleichberechtigten wirtschaftlichen Zugang zu Marokko leiden konnten. Berlin benutzte den Vorfall, um ein großes diplomatische Kräftemessen zu inszenieren.

Delcassé arbeitete daran, Deutschland durch besondere Absprachen mit England, Italien und Spanien in Marokko auszumanövrieren. Ebenso war erkennbar, daß Frankreich bemüht war, England ins antideutsche Lager zu ziehen und Rußland von einem bilateralen Bündnis mit Deutschland abzuhalten. War es nicht zum Eckstein einer unfreundlichen Konstellation geworden? Nicht zufällig notierte Wilhelm II.: „Paris muß gelegentlich eines ausgewischt bekommen"[5]. Bülow beschloß im März 1905, Paris mittels der Konvention von 1880 zu zwingen, die Veränderungen in Marokko durch eine neue Konferenz, also unter Beteiligung Deutschlands, beschließen zu lassen. Um den Anspruch gebührend anzumelden, verfiel er darauf, Wilhelm II. möge während einer Mittelmeerreise in Tanger an Land gehen, die Vertreter des Sultans empfangen und die Unabhängigkeit des Landes betonen. Obwohl Wilhelm sich sträubte, beugte er sich seinem Ratgeber und führte den theatralischen Coup am 31. März 1905 aus. Es war eine ebenso fabelhafte wie rätselhafte Gebärde deutscher Außenpolitik. Wo ein Konsul oder Gesandter genügt hätte, wurde das Staatsoberhaupt vorgeschickt, und das fern der europäischen Metropolen. Welcher Sinn sollte in dieser Wahl der Mittel stecken?

Es überrascht nicht, daß die deutsche Diplomatie bald mit dem Vorwurf kämpfte, sie verfolge territoriale Ziele und drohe mit Krieg. Tatsächlich hat Bülow von Anfang an gesagt, Deutschland könne „nicht wegen Marokkos Frankreich den Krieg erklären". Allerdings hat er, beraten von Holstein, darauf bestanden, daß Frankreich einlenke und sich einer Konferenz beuge. Denn das „Prinzip der Gleichberechtigung" sei eine „Frage des Ansehens ..., der Würde des Deutschen Reiches, in welcher wir nicht nachgeben durften"[6]. Der starre Kurs beflügelte die Kriegsfurcht, ihr Alpdruck beförderte in Paris den Sturz Delcassés, der das diplomatische Duell durchhalten wollte, und sehr widerstrebend ließ sich die französische Regierung herbei, die Konferenz zu akzeptieren. Das Treffen fand in der spanischen Stadt Algeciras statt (Januar bis April 1906) und endete mit einer Vereinbarung, die die Souveränität des Sultans und den Grundsatz wirtschaftlicher Freiheit in Marokko bestätigte, ansonsten aber den Franzosen entgegenkam, indem sie ihnen (gemeinsam mit Spanien) die Organisation der marokkanischen Polizei übertrug und einen bevorzugten Kapitalanteil an der marokkanischen Staatsbank bewilligte. Deutschland hatte sein Prinzip durchgesetzt, aber in der Sache den Einfluß Frankreichs in Marokko anerkannt.

Der Erfolg hat kaum den Einsatz gelohnt. Der Triumph über Delcassé hatte zwar eine atmosphärische Bedeutung, aber der Verlauf der Konferenz hob sie wieder auf. Er offenbarte, daß Deutschland nur bei Österreich-Ungarn Hilfe fand, indes Frankreich sich des Beistands von England, Rußland, Spanien sowie auch Italiens und der USA erfreute. Frankreichs internationale Verbindungen hatten die Belastungsprobe bestanden. Die unbedacht riskierte Krise hat England bewogen, im Winter 1905/06 über militärische Dienststellen mit Frankreich und Belgien Pläne für einen gemeinsamen Krieg gegen Deutschland zu erörtern, der Entente von 1904 begann also ein militärisches Pendant nachzuwachsen. Die Isolierung Deutschlands fiel auf, und es war kein Wunder, daß Bülows Politik viele Kritiker fand.

Im Reichstag äußerten die Parteien ihre Unruhe. Obwohl sogar die Sozialdemokraten bejahten, daß die „handelspolitischen Vorteile, die Marokko für unsern Handel bietet", verteidigt werden müßten, überwog die Ansicht, daß Deutschland in Algeciras nur „mit einem blauen Auge davongekommen" sei und sich ansonsten „in vollständiger Isolierung" befinde. Die Kritik brach sich am 14./15. November 1906 Bahn in einer Interpellation der Nationalliberalen. Bassermann als Fragesteller betonte den „immer geringer werdenden Einfluß Deutschlands" sowie die „Gefahr antideutscher Koalitionen" und erklärte das Übel mit einer falschen Auswahl des diplomatischen Personals, der Sprunghaftigkeit der deutschen Politik und ihrer Entfaltung in Reden und Reisen - das galt dem Kaiser. Die Debatte, in der sich nur das Zentrum zurückhielt, brachte selbst die Konservativen zu der Einsicht, daß sich die Lage „nicht ganz ohne Deutschlands Schuld" ergeben habe. Die Linksliberalen machten u. a. die polizeistaatliche Innenpolitik für die Isolierung gegenüber den liberalen Westmächten verantwortlich. Vonnöten seien Reformen und eine „freiheitliche Politik ..., die dem Bedürfnis der Zeit entspricht". Noch schärfer sahen die Sozialdemokraten den Bezug zwischen äußerer und innerer Politik. Es sei „ein vollständiger Zusammenbruch der deutschen auswärtigen Politik" eingetreten, bedingt durch den Vertrauensverlust im Ausland, den der „Zustand ... staatlicher Zurückgebliebenheit und Unfreiheit" ausgelöst habe. Ein quasi absolutistisches Regime könne „unmöglich Sicherheit bieten für die Zukunft", deshalb müßten die inneren Verhältnisse so geändert werden, daß „die deutsche Politik endlich das Organ des Willens des deutschen Volkes" würde. Es waren berechtigte, ernsthafte Sorgen, die hier anklangen und die alle Parteien, wenn auch auf unterschiedliche Weise, auf Distanz zur Regierung brachten. Verblüffend ist, mit welch leichter Hand Bülow die Bedenken der Parlamentarier, die an die Grundlagen deutscher Politik rührten, überspielte. Er schilderte Deutschlands Beziehungen nach allen Himmelsrichtungen in freundlichen Farben, rühmte die Urbanität seines politischen Stils und beendete seine Reflexion über das Problem der Isolierung mit der trivialen Sentenz, er wolle eine „vernünftige, sich weise beschränkende Weltpolitik" treiben, die die „Sicherheit des deutschen Volkes nicht gefährdet und die Zukunft der Nation nicht beeinträchtigt"[7]. Selten dürften sich Frage und Antwort in ihrem inneren Gehalt so wenig entsprochen haben wie hier.

Bernhard von Bülow (1849 - 1929) ist ein Mann gewesen, der die Politik der wilhelminischen Ära nach Geist und Inhalt personifizierte. Dem reichsdeutschen Nationalismus zugetan, dem borussischen Traditionalismus verhaftet und der monarchischen Eitelkeit Wilhelms II. verpflichtet, sah er sich in der Rolle des Staatsmanns, der Deutschland aus der kontinentalen Enge in die Weite des imperialistischen Zeitalters führen wollte. Tatsächlich verfügte er über bemerkenswerte Eigenschaften: Intelligenz und Bildung erlaubten ihm ein kluges Eingehen auf politische Fragen, die familiäre Herkunft aus norddeutschem Adel und Hamburger Bürgertum verband ihn mit den führenden Schichten des Kaisereichs, seine Ehe mit einer italienischen Aristokratin hob ihn in die hohen Kreise der europäischen Gesellschaft, seine diplomatische Karriere verschaffte ihm eine reiche Auslandserfahrung (u.a. in Paris, Petersburg, Bukarest, Rom), und sein Ehrgeiz schrieb ihm einen beharrlichen, arbeitsamen Kurs auf die höchsten Regierungsämter vor. Doch um wirklich groß zu sein, war er zu eitel und zu berechnend. Er liebte es, sich selbst in Wort und Schrift zur Schau zu stellen, kokettierte mit seinem Charme und bediente sich der Menschen recht zweckbewußt - bezeichnend hierfür ist, wie er seine Freundschaft zu Philipp Eulenburg pflegte, sich der Arbeitskraft Friedrich Holsteins versicherte und das Wohlwollen Wilhelms II. erschmeichelte.

In der Behandlung des Kaisers sah er seine Hauptaufgabe, als er 1897 Staatssekretär des Auswärtigen Amts wurde. Einen festen Teil der Arbeitsstunden reservierte er dem Umgang mit dem Kaiser, im übrigen wollte er Einfluß üben durch faustdickes Lobhudeln: Wilhelm besitze „echteste und ursprünglichste Genialität", er werde zwischen England und Rußland der „arbiter mundi" sein und seine Reden seien mitunter wuchtig und tief, was er - Bülow - „mit wirklicher Bewunderung" beobachtet habe. Es gelang ihm einige Zeit, das Verhältnis zum Kaiser reibungsfrei zu gestalten, aber ab 1903 geriet er in eine schwierige Lage zwischen den Parteien, die das persönliche Regiment attackierten, und Wilhelm, der von seinen Eigenarten nicht ließ. Im Herbst 1908, als die Empörung über das Daily Telegraph-Interview ausbrach, schwenkte er vorsichtig zu den Kritikern hinüber, freilich mit einem schlechten Gewissen, hatte er doch durch eigene Fehler die Veröffentlichung des Interviews ermöglicht. Seine Beziehung zu Wilhelm war gestört, und die Entlassung folgte im Juli 1909.

Noch fataler war, daß Bülow aus der Situation, die er 1900 als Reichskanzler vorfand, nicht den Schluß zog, den monarchischen Charakter des Reichs zugunsten demokratischer Elemente abzubauen. Vielmehr trachtete er danach, die Konsequenzen des gesellschaftlichen und ökonomischen Wandels von der Verfassung fernzuhalten. Ein Denkanstoß für innere Reformen, den er Wilhelm 1906 gab, war zu unbestimmt, als daß er etwas bewirken konnte, und in den Stürmen des November 1908 hat er bewußt davon abgesehen, dem Monarchen einen Machtverzicht aufzuerlegen. Die Zeit verstrich ungenutzt, weil Bülow nicht die Kraft hatte, gegen den Kaiser und die Konservativen Reformen einzuleiten, die den Liberalen und Sozialdemokraten zugute kommen mußten.

Ähnlich fehlerhaft ist seine Außenpolitik gewesen. Fasziniert von der politischen und ökonomischen Macht des Reiches, suchte er seine Aufgabe darin, die „kraftvolle nationale Entwicklung" des Landes zu krönen durch eine Weltpolitik, die die Interessen, die Würde und Ehre der Deutschen wahren sowie „dieselbe Unabhängigkeit" entfalten sollte, „die wir uns für unsere europäische Politik [schon] gesichert hatten". Er traute sich irrigerweise zu, diesen Anspruch gegen alle Welt durchzusetzen, das ist ihm mißglückt. Das Bündnis mit Rußland, dem er zuneigte, hat er nicht erreicht, die Anlehnung an England hat er verweigert, die Verständigung mit Frankreich ausgeschlossen, und so geriet er nolens volens in die Isolierung, die ihm 1906 vorgehalten wurde. Sein Versuch von 1908, den Flottenbau zu drosseln und dadurch das Verhältnis zu England zu entlasten, zeugte von richtiger Einsicht, entbehrte aber des Muts, die Korrektur im Kampf gegen den Kaiser und Tirpitz durchzusetzen. Trotzdem war er 1909 überzeugt, daß Deutschlands Lage „jetzt günstiger [sei] als zu irgendeinem anderen Zeitpunkt in den letzten 20 Jahren"[8)]. In diesem selbstgefälligen Glauben lebte er bis zu seinem Tode, alles Unheil der folgenden Jahre von sich fortschiebend. Er steht in der deutschen Geschichte als das Talent, das mehr versprach, als es gehalten hat.

Der Schatten diplomatischen Ungeschicks begleitete auch die nächsten Etappen der Marokkopolitik. Nach Algeciras konnte es nur noch darum gehen, das deutsche Mitspracherecht vorteilhaft an Frankreich abzutreten. Die Vorteile wurden in Gestalt kolonialer

Territorien erhofft, aber einstweilen nicht offen angemeldet. In einem zweiseitigen Abkommen vom 9. Februar 1909 bestätigte zwar Deutschland Frankreichs besondere Interessen in Marokko, bestand aber weiter auf der Souveränität des Sultans und lehnte den Übergang in ein französisches Protektorat ab. Diese letzte Konzession wurde erst 1911 fällig. Als die inneren Wirren im Sultanat die Bereinigung der völkerrechtlichen Lage unabweisbar machten, beschloß Berlin - im wesentlichen auf Betreiben des Staatssekretärs im Auswärtigen Amt, Kiderlen-Wächter -, seine Position für die kommenden Verhandlungen auf drastische Weise zu verstärken: angeregt durch das bewaffnete Einschreiten der Franzosen beorderte es Anfang Juli 1911 das Kanonenboot „Panther" in den Hafen Agadir; die militärische Präsenz an der Atlantikküste sollte als Druckmittel gegenüber Paris dienen.

Der Auftritt kam unerwartet. In Frankreich war die Empörung groß, in England wuchs das Mißtrauen, und der Verdacht schoß ins Kraut, daß es auf einen Krieg abgesehen sei. Unversehens war Deutschland in eine brenzlige Situation geraten, die es noch verschärfte, als es für seinen Rückzug den französischen Kongo als Kompensation forderte. In spannungsreichen Verhandlungen entstand ein Kompromiß (4. November 1911), der Marokko in ein französisches Protektorat verwandelte und Deutschland per Saldo 263 000 km^2 Land einbrachte, das die Kolonie Kamerun im Osten und Süden (teilweise bis zum Kongofluß) erweiterte. Dem Inhalt nach war das Ergebnis realistisch. Aber es war mit fragwürdigen Methoden erreicht worden und reizte die Leidenschaften in Europa auf. Die deutschen Nationalisten bemäkelten die Marokkopolitik als ruhmlosen Rückzug, die Franzosen erlebten Agadir als Kriegssignal und mißbilligten die Konzessionen am Kongo, und die Engländer stellten sich darauf ein, im Falle eines Krieges an die Seite der Franzosen zu treten: im Sommer 1911 vereinbarten englische und französische Generäle eine gemeinsame Kriegsführung auf dem Kontinent. So brachte die Bereinigung des Streits um Marokko nicht die Entspannung, die der Sache nach denkbar gewesen wäre.

b) Balkanfragen

In das marokkanische Dilemma hatte sich Deutschland vorsätzlich gestürzt, dagegen in die Balkanfragen geriet es durch die Macht der Verhältnisse. Was auf dem Balkan geschah, tangierte seine Nachbarn Rußland und Österreich-Ungarn und nötigte ihm ein Abwägen zwischen den russischen und österreichischen Interessen auf. Seit 1875, als Unruhen in Bosnien ausgebrochen waren, war Vorsicht das oberste Gebot der deutschen Balkanpolitik. Das Bündnissystem, das das

Reich zu Österreich-Ungarn, Italien und Rumänien unterhielt, sollte nicht zuletzt die Lage auf dem Balkan sichern. Deshalb wurde der Dreibundvertrag bis 1914 immer verlängert, obwohl das Vertrauen in Italiens Bündnistreue gesunken war und der Dreibund manchmal in der öffentlichen Kritik als wertlos abgetan wurde.

In den Mittelpunkt der Balkanfragen rückte seit 1903 Mazedonien, das zum türkischen Reich gehörte und wegen seiner gemischten Bevölkerung sowohl von Griechenland als auch von Bulgarien und Serbien beansprucht wurde. Außerdem hing an der Herrschaft über Bosnien-Herzegowina ein Fragezeichen, weil das Gebiet seit 1878 von Österreich-Ungarn besetzt und verwaltet wurde, völkerrechtlich aber unter türkischer Oberhoheit stand. Auch hier trachtete Serbien danach, das benachbarte Territorium und seine stammesverwandte Bevölkerung für sich zu gewinnen. Es zeichnete sich also ab, daß das Streben nach nationaler Befreiung und Selbständigkeit bald die politischen Grenzen auf dem Balkan verändern könnte. Wenn trotz blutiger Kämpfe in Mazedonien noch keine große Krise ausgebrochen war, so lag das daran, daß Rußland und Österreich-Ungarn einstweilen dem Status quo den Vorzug gaben. Ebenso dachte Deutschland, denn sein politischer und wirtschaftlicher Einfluß wuchs in der Türkei am besten, solange alles ruhig blieb. Der Schwebezustand erhielt einen Stoß, als im Sommer 1908 die jungtürkische Reformbewegung einen Regierungswechsel in Istanbul und Parlamentswahlen durchsetzte. Jetzt sah Wien den Moment gekommen, Bosnien-Herzegowina endgültig aus dem Osmanischen Reich herauszulösen und den serbischen Aspirationen einen Riegel vorzuschieben.

Der Wiener Außenminister Aehrenthal bahnte hierüber eine Absprache mit seinem russischen Kollegen Iswolski an, aber während dieser noch in Paris und London um ein Einvernehmen warb, schuf Wien vollendete Tatsachen. Am 5. Oktober 1908 vollzog es die Annexion Bosnien-Herzegowinas, indes Petersburg seine Kompensation, die völkerrechtlich gesicherte freie Durchfahrt russischer Kriegsschiffe durch die türkischen Meerengen, wegen englischer Bedenken entgleiten sah. Unverhofft mündete Aehrenthals Politik in eine Kraftprobe mit Rußland, Serbien und der Türkei, bei der auch mit England, Frankreich und Italien zu rechnen war. Obwohl Wien den Krieg gegen Serbien ernsthaft vorbereitete, konnte es die internationale Krise nur mit deutscher Hilfe bestehen. Im Winter 1908/09 fiel also Berlin eine hohe Verantwortung zu.

Die deutsche Enttäuschung über Rußland war seit Björkö, Algeciras und der englisch-russischen Entente groß. Bülow hielt sich nun geflissentlich an den Zweibund mit Österreich-Ungarn: beide Staaten „bilden einen starken Block, der allen Stürmen Trotz zu bieten vermag“, sagte er, und auf dem Balkan seien für das Reich „maßgebend die Wünsche, Bedürfnisse und Interessen“ der Donaumonarchie. Deshalb hat er ohne Wanken die Wiener Position in der Annexionskrise unterstützt. Er schrieb Aehrenthal am 30. Oktober, daß er dessen Entscheidungen „als die durch die Verhältnisse gebotene[n] ansehen" werde. Und das bedeutete, daß er einen österreichisch-serbischen Krieg, in den Rußland eingreifen würde, als Bündnisfall auffassen wollte. Deutschland war also bereit, wegen Österreichs Konflikt mit den serbischen Nationalisten den großen Krieg auf sich zu nehmen. Allerdings war die Kriegsgefahr gering, weil Rußland sich noch nicht von den Erschütterungen der Jahre 1904/05 erholt hatte und für Frankreich oder England die Balkanpolitik von nachgeordnetem Interesse war. Bülow hat sich nicht getäuscht in dem Kalkül, daß Rußland nachgeben und Serbien veranlassen werde, Österreichs Vorgehen ohne Kompensationen hinzunehmen. Allerdings hat er das deutsche Konto in Petersburg schwer belastet, als er Iswolski am 21. März 1909 nötigte, der Annexion Bosnien-Herzegowinas „ohne jeden Vorbehalt" zuzustimmen und das in einer „umgehenden klaren Antwort" zu bestätigen. Die russische Regierung hat sich dem gefügt, aber Deutschlands Parteinahme für Österreich empfand sie als einen neuartigen, unfreundlichen Schritt. Bülow rühmte sein Vorgehen als „das Ende der Einkreisungspolitik"[9]. Es ist richtig, daß Rußland aus seiner Entente mit Frankreich und England keinen Nutzen ziehen konnte und Deutschlands Einfluß auf die Balkanpolitik respektieren mußte. Aber es war voreilig, hiervon einen Bruch in den russisch-französisch-englischen Beziehungen abzuleiten. Die Annexionskrise hat gelehrt, daß Österreich und Rußland einander schroffer denn je gegenüberstanden und daß Deutschland sich eindeutig auf die Seite Österreichs geschlagen hat. Das konnte Rußland allenfalls zu vorsichtigerem Taktieren, nicht aber zum Anschluß an die beiden Kaiserreiche bewegen.

Wie wenig sich die Lage verbessert hatte, ergaben die folgenden Jahre. Rußland bemühte sich, die nächste Etappe der Balkanpolitik besser vorzubereiten. Nachdem Vereinbarungen mit Italien und Österreich vorausgegangen waren, kam der Zar mit seinem neuen Außenminister Sazonow im November 1910 nach Deutschland. Bethmann Hollweg, der Nachfolger Bülows, versicherte, daß er eine ausgreifende Balkanpolitik Österreichs nicht fördern werde, aber das genügte nicht, um den Russen eine schriftlich bestätigte Aussage, daß sie eine deutschfeindliche Politik Englands nicht unterstützen würden, zu entlocken. Das einzige, was er ergatterte (August 1911), war eine Vereinbarung über die beiderseitigen Eisenbahninteressen in Mesopotamien und Persien, wobei die Russen versprachen, den Bau der Bagdadbahn nicht zu hemmen. Mit anderen Worten: in Fragen der großen Politik hielt Rußland an seinen westlichen Partnern fest und machte Deutschland keine Konzessionen.

Daran änderte auch die Balkankrise von 1912/13 nichts. Aus deutscher Sicht brachte sie nur insofern einen Wandel, als während ihrer heißen Phase ein Zusammenspiel mit England zustandekam, das die Hauptrivalen Rußland und Österreich-Ungarn an einem militärischen Eingreifen in die Balkanhändel hinderte. Die Balkankriege von 1912 und 1913, die erstmals seit 1878 das Kriegstheater auf europäischem Boden eröffneten, entsprangen dem Wunsch Serbiens, Bulgariens und Griechenlands, sich Mazedoniens zu bemächtigen. Binnen kurzem haben die verbündeten Staaten die Türken geschlagen und die Großmächte vor eine neue Lage gestellt. Abgesehen von der Frage, wie die Sieger die Beute untereinander aufteilten, weckten drei Aspekte das internationale Interesse: wird ein Staat Albanien gegründet, erhält Serbien einen Hafen an der Adria und wie weit rückt Bulgarien an Konstantinopel heran? Österreich-Ungarn fürchtete vor allem den Machtgewinn Serbiens und griff in die Diskussion um den Umfang Albaniens und den serbischen Adriahafen ein. Rußland dagegen unterstützte die serbischen Forderungen, und das verstrickte beide Großmächte in einen Konflikt, der sich bis zu einer Teilmobilmachung an der galizischen Grenze steigerte. Mehrfach drohte die Gefahr, daß um Serbiens willen die europäischen Bündnissysteme sich in einen Krieg stürzten. Es lag vor allem an Deutschland und England, dieser Eskalation zu wehren.

Für Deutschland spielte die Rücksicht auf Rußland nur noch eine geringe Rolle. Entscheidend war, daß das Bündnis mit Österreich-Ungarn gewahrt und England von einer Parteinahme an der Seite Frankreichs, Rußlands und Serbiens abgehalten wurde. Staatssekretär Kiderlen-Wächter bezeichnete es im Oktober 1912 als seine Linie, daß weder „die Leitung der Politik von Berlin nach Wien" übergehen, noch der „Zeitpunkt für eine entsprechende Fühlungnahme mit London" verpaßt werden dürfe. Dazu gehörte, daß den Österreichern einesteils versichert wurde, bei einem Eingreifen Rußlands „würden wir, unserer Bundespflicht getreu, fest entschlossen an ihre Seite" treten, ihnen aber andernteils vorgehalten wurde, daß ein offener Konflikt mit Serbien den europäischen Krieg auslösen würde, was im Augenblick ein „Fehler von unermeßlicher Tragweite" wäre. Dieses Wechselspiel weckte in Wien einigen Unmut, doch den nahm Bethmann Hollweg angesichts der Hoffnungen, die er auf England setzte, in Kauf. Er hielt England für „ein vermittelndes Element", das einen „hemmenden Einfluß auf Rußland" ausübe, und meinte sogar, daß eine „Neuorientierung der englischen Politik" absehbar sei und die „Ententepolitik ihren Höhepunkt überschritten" habe. Tatsächlich war es so, daß England einen Krieg wegen einiger Quadratkilometer serbischen Gebiets als „höchst unvernünftig" ablehnte und die russische Interventionslust dämpfte[10)]. Sicherlich waren die Ausdeutungen, die Bethmann Hollweg dem gab, trügerisch, aber dessen unbeschadet half England, die Lage auszubalancieren, und Deutschland war gut beraten, mit ihm an einem Strang zu ziehen.

Es war ungewiß, wie lange die Kooperation halten würde. Eine in London tagende Botschafterkonferenz (Dezember 1912 bis August 1913) entschied zwar, daß im Sinne Österreichs der Staat Albanien gegründet und Serbien von der Adria ferngehalten wurde, aber 1913 bekriegten sich die Balkanstaaten untereinander, und es trat ein Ergebnis ein, das aus österreichischer Sicht ungünstig war: die Nachbarn Serbien und Rumänien hatten sich territorial vergrößert und waren unbequemer, um nicht zu sagen bedrohlicher geworden. Die Verschiebung der Kräfte mußte auch Deutschland beachten, das seine Sicherheit mit derjenigen Österreich-Ungarns verknüpft wußte. Es war abzusehen, daß die Balkanstaaten nach der Verteilung des türkischen Besitzes nur noch in Richtung Österreich-Ungarns auf Landgewinn ausgehen konnten. Das Nationalitätenprinzip gab ihnen einen Grund, solche Pläne zu verfolgen, und das hieß, daß die nächste Balkankrise eine österreichisch-ungarische werden würde. Diese Aussicht förderte bei dem einen oder anderen pessimistische Anwandlungen. „Der Kampf zwischen Slawen und Germanen ist nicht mehr zu umgehen, er kommt sicher", meinte der Kaiser, und sein Generalstabschef sagte im Herbst 1913, der europäische Krieg, „der Krieg mit Frankreich [und Rußland] ist unvermeidlich und viel näher, als Sie glauben"[11]. Je fester sich Deutschland an Österreich band, desto weniger konnte es sich mit Rußland verständigen und desto unbeweglicher wurde seine Balkanpolitik. Angesichts solcher versteinerten Fronten war es von Belang, ob durch eine Verständigung mit England an anderer Stelle Spielraum gewonnen werden konnte.

c) Weltpolitik und englische Neutralität

Die Beziehungen zu England zeigten, wie sehr sich die außenpolitische Lage zum Nachteil Deutschlands verändert hatte. War von 1890 bis 1901 das deutsch-englische Bündnis ein Ziel gewesen, so ging es nach 1901 bzw. 1907 nur noch darum, England von der antideutschen Front zu trennen und es im Falle eines Krieges neutral zu halten. Die Vision eines Machtblocks aus Dreibund und englischem Imperium war verflogen, und Deutschland stützte sich vorwiegend auf den Zweibund mit Österreich-Ungarn, dem jedoch aus den deutsch-französischen und österreichisch-russischen Spannungen erhebliche Gefahren drohten. Sie ließen sich begrenzen, solange England nicht auf der Gegenseite Partei ergriff, und deshalb rangierte das Ringen um die englische Neutralität vornean in der europäischen Politik.

England orientierte sich am europäischen Gleichgewicht, dem traditionellen Nebeneinander der kontinentalen Großmächte. 1871 hat der Eintritt des deutschen Reichs das Kräftesystem nicht gesprengt, aber seine innere Balance bis an einen äußersten Punkt verschoben: jeder territoriale Gewinn, der Deutschland noch zufallen mochte, mußte die Nachbarstaaten Frankreich oder Österreich so sehr schwächen, daß sie als Gegengewichte kaum noch funktioniert hätten. Die Folgen, die das für die Lage in Westeuropa oder am Mittelmeer haben konnte, waren England gegenwärtig und bewogen es, einem deutschen Machtzuwachs auf dem Kontinent zu steuern. Das galt nicht in gleicher Weise für die außereuropäische, koloniale Expansion. Obwohl England das Ausgreifen Frankreichs, Rußlands oder Deutschlands in Asien und Afrika bekämpft hat, hat es doch von Zeit zu Zeit Kompromisse mit den Rivalen geschlossen und damit ein variables Element in der internationalen Politik ermöglicht. Davon hat auch Deutschland vor 1914 profitiert.

Wie erinnerlich, hat der Interessenausgleich in Marokko einen Zugewinn im Kongogebiet gebracht, die einzige Erweiterung, die die deutschen Kolonien nach 1900 verzeichneten. Weitergehende Pläne, die teils in öffentlicher Diskussion, teils in diplomatischen Verhandlungen verfolgt wurden, erstreckten sich auf die portugiesischen Kolonien Angola und Mosambique, den belgischen Kongo und die Insel Sansibar. Sie spekulierten auf einen geschlossenen afrikanischen Besitz, der von der West- bis zur Ostküste reichen sollte. Das Projekt kam bis 1914 nicht über vage Ansätze hinaus und besaß allenfalls in der Bereitschaft Englands, der deutschen Begehrlichkeit in Afrika ein Ventil zu öffnen, einen konkreten Ansatzpunkt. Immerhin ist es 1913 gelungen, die deutsch-englische Vereinbarung über eine Aufteilung der portugiesischen Kolonien von 1898 umzuformulieren und das deutsche Zugriffsrecht auf fast ganz Angola auszudehnen. Obwohl der Zeitpunkt, an dem der Anspruch zu realisieren wäre, ungewiß war, und das Abkommen bis Juli 1914 nicht unterschrieben wurde, weil einige begleitende Abreden kontrovers blieben, ist die Tatsache erwähnenswert, daß zwischen England und Deutschland solch eine Annäherung möglich war. Sie zeigte, daß bei richtiger Wahl der Mittel und Objekte die Kolonialpolitik nicht als unüberwindliches Hindernis zwischen beiden Ländern stand.

Dasselbe läßt sich von der Bagdadbahn sagen. Sie war ein finanzieller und politischer Kraftakt, auf den sich Deutschland bzw. die Deutsche Bank 1902 eingelassen hatte, in der Hoffnung, französisches und englisches Kapital als Mithelfer zu gewinnen. An der Gründung der Bagdadbahngesellschaft (1903) beteiligte sich Frankreich nur indirekt über die Banque Impériale Ottomane, während die Engländer ganz abweisend blieben, weil ihnen die Aussicht auf deutsche Konkurrenz am Persischen Golf mißfiel. Unter diesen Umständen wurde 1903/04 lediglich ein Teilstück von 200 km gebaut; die Verträge über die Fortsetzung bis Bagdad konnten erst 1908 und 1911 mit den Türken abgeschlossen werden. Danach gelang es auch, das Einvernehmen mit den konkurrierenden Großmächten herzustellen. Rußland hat seinen Widerstand gegen die Bagdadbahn 1910 aufgegeben, England tat es 1914, als ihm u. a. bestätigt wurde, daß die deutsch kontrollierte Bahn nur bis Basra, also nicht bis zum Persischen Golf, gebaut würde, und auch mit Frankreich kam es 1914 zu einer Regulierung derart, daß die französischen Teilhaber aus der Bahngesellschaft ausschieden und durch andere Baukonzessionnen schadlos gehalten wurden. Am Vorabend des Ersten Weltkrieges war der deutsche Einfluß in der Türkei, soweit er sich in der Bagdadbahn verkörperte, international abgesichert - ein Beispiel mehr für die Tatsache, daß die Großmächte noch zu Kompromissen in außereuropäischen Streitfragen fähig waren.

Etwas anders hat sich die deutsch-englische Flottenrivalität entwickelt. Sie entfaltete sich zwischen 1903 und 1912 zu einem machtpolitischen Duell, das den Rüstungswettlauf in Europa und Englands Einschwenken in die Ententen mit Frankreich und Rußland beschleunigte. Doch auch hier zeichnete sich 1913 eine gewisse, wenn auch resignierte Entspannung ab, als beide Seiten darin übereinstimmten, daß ihre Flotten in der Nordsee eine Relation von 16 : 10 zugunsten Englands einhalten sollten. Auf dem Wege zu diesem formlosen modus vivendi lagen die drei Novellen von 1906 (Vermehrung um sechs große Kreuzer), 1908 (beschleunigter Ersatz veralteter Schiffe) und 1912 (Vermehrung um drei Schlachtschiffe und Vermehrung der im aktiven Dienst stehenden Schiffe), die das deutsche Flottengesetz von 1900 ergänzten, und der Übergang Englands zu einer neuen Generation von Großkampfschiffen (Dreadnoughts), die seit 1905/06 in wachsender Anzahl und beschleunigtem Tempo gebaut wurden. Den Engländern war 1902 bewußt geworden, „daß die große junge deutsche Flotte sorgfältig unter dem Gesichtspunkt eines Krieges mit uns ausgebaut wird“[12], und sie begannen, ihren Vorrang als maritime Weltmacht durch gesteigerte Rüstungen zu verteidigen. Sie bürdeten sich damit große finanzielle Lasten auf, die sie um so härter drückten, als Ende 1905 eine liberale Regierung ans Ruder gekommen war, die sozialpolitische Reformen zugunsten der Arbeiter anstrebte (von 1908 bis 1911 ergingen Gesetze über eine Kranken-, Renten- und Arbeitslosenversicherung) und dafür öffentliche Mittel brauchte. Das Geld wurde zwar durch eine Reform der Besitzsteuern aufgebracht, aber das geschah gegen heftigen Widerstand der Konservativen und wäre durch Einsparungen am Flottenetat schneller zu erreichen gewesen. Deshalb versuchte die englische Regierung seit 1906 wiederholt, die Deutschen für einen langsameren Flottenbau, also für eine Rüstungsbegrenzung, zu gewinnen. Jahrelang war diese Frage, gekoppelt mit dem deutschen Wunsch, mit den Engländern ein allgemeines Neutralitätsabkommen zu schließen, Gegenstand der Gespräche zwischen London und Berlin.

In Berlin ging damit ein heftiges Tauziehen zwischen den Reichskanzlern Bülow bzw. Bethmann Hollweg und dem Staatssekretär im Reichsmarineamt, Tirpitz, einher. Letzterer wehrte sich vehement gegen Abstriche an seinem Flottengesetz und konnte sich mit Hilfe des Kaisers durchsetzen. Er hielt an seinem Konzept fest, daß die Flotte gebaut werden müsse, wenn Deutschland nicht seine Kompetenz zur Weltpolitik verspielen wolle. Immer wieder hämmerte er Kaiser und Kanzler ein: „Ein Aufhören in der Flottenentwicklung bedeutet für uns ein Abtreten von der Weltbühne“ (17.7.1908), denn ohne Flotte müsse „unsere Politik ständig Rücksicht auf England nehmen, und... die Geschichte wird den Stab über uns brechen“ (26.9.1911). Mit Tirpitz einer Meinung, nahm es Wilhelm II. als „unerhörte Zumutung“ auf, das Bautempo zu strecken; er wollte sich von niemandem „vorschreiben lassen, wie unsere Rüstung beschaffen sein soll“, und sagte, er würde einen Vorstoß Londons in dieser Richtung „als Kriegserklärung auffassen“. Bülow hat 1908 versucht, die Marinepolitik zu bremsen, denn spätestens seit der englisch-russischen Entente war ihm klar geworden, daß das Verhältnis zu England schonend zu behandeln sei. Er wollte herausfinden, ob „die englische Nervosität“ verringert werden könne, wenn „eine Verlangsamung in der Durchführung des jetzigen Flottenprogramms“ ernsthaft angeboten würde. Abgesehen davon, daß Tirpitz darauf nicht einging, fehlte ihm selbst die moralische Kraft, den Widerstand zu brechen, weil er den Konflikt mit dem Kaiser scheute und außerdem der Ansicht huldigte, daß allein die bewaffnete Macht von Heer und Marine die deutsche Sicherheit verbürge. 1907 hat er das Seinige getan, daß auf der sog. Zweiten Haager Friedenskonferenz das Thema einer Begrenzug der Rüstungen nicht erörtert wurde, und 1908 verkündete er als eine Art Doktrin, wir müßten „unsere militärische Rüstung ... so achtunggebietend wie möglich gestalten“ und damit seien Abrüstungsmaßnahmen unvereinbar; jeder, der dazu auffordere, „möge sich darüber klar sein, daß eine solche Aufforderung den Krieg mit uns bedeutet“[13]. Derart gebunden, war er der Energie Tirpitz’ nicht gewachsen und unfähig, der Politik gegenüber England eine Wende zu geben.

Vor ähnlichen Schwierigkeiten stand sein Nachfolger Bethmann Hollweg. Er erreichte, daß im Februar 1912 der englische Kriegsminister Haldane nach Berlin kam, um die Möglichkeiten eines Arrangements auszuloten. Der Gast erfuhr aber, daß das Flottengesetz für den Kaiser unantastbar war und daß statt einer Reduktion des Bauprogramms eine erweiternde Novelle des Gesetzes aktuell war. Die Konzessionen, die ihm Tirpitz anbot, waren gering und wirkten in London nicht als Signal der Entspannung. Trotzdem hat sich die Lage etwas entkrampft. Den Deutschen war bewußt geworden, daß sie zwar auf ihrem Flottengesetz bestehen, aber die maritime Überlegenheit der Engländer, seit diese den Bau der Dreadnoughts begonnen hatten, nicht ernsthaft erschüttern konnten, und die Engländer hatten eingesehen, daß sie die Deutschen von dem Entschluß, die Flotte zu bauen, nicht abbringen konnten. Der Marineminister Churchill betrachtete 1913 das deutsche Bauprogramm „as a matter of fact" und erkannte an, daß „both nations must be perfectly free to take whatever course of naval armaments may seem to them at any time wise and right". Er beanspruchte für sich „a 60 per cent superiority in vessels of the 'Dreadnought' type over the German navy" (oder anders ausgedrückt, eine Relation von 16 : 10). Tirpitz räumte im Februar 1913 ein, dieses Verhältnis sei „für die Schlachtflotte akzeptabel", es werde „durch das Flottengesetz [aufrecht] erhalten, mehr brauchen wir nicht". Das wiederum bewog Churchill zu sagen, beide Seiten befänden sich in einer „independent coincidence of opinion as to the relative proportions of their respective navies"[14]. Damit war der Rüstungswettlauf nicht beendet, ebenso wenig hatten die Engländer aufgehört, die deutsche Flotte als eine aggressive Bedrohung zu werten. Aber die gereizten Emotionen waren abgeklungen und die Chancen für ein versachlichtes Nebeneinander gewachsen.

So breitete sich 1913 beiderseits des Kanals ein etwas milderes Klima aus. Die Anfänge dafür, so unvollkommen sie waren, hatte Bülow gelegt. In der Schlußphase seiner Kanzlerschaft ist er bemüht gewesen, das fatale Ergebnis seiner bisherigen Politik, die Isolierung Deutschlands, zu korrigieren. Ende 1907 behauptete er - war es selbstkritisch gemeint? -, die deutsch-englische Spannung sei „ein großes Mißverständnis", und 1909 krönte er das Lob des wechselseitigen Handels mit dem Satz, es gäbe „kaum zwei Länder, die für ihre nationale Arbeit so sehr aufeinander angewiesen sind wie Deutschland und England"[15]. Nach seinem Abgang machte sich Bethmann Hollweg mit dem Eifer des Neulings an die Verständigung mit England. Im August 1909 begann er einen Meinungsaustausch über die Flottenfrage und ein politisches Abkommen. Die Gespräche gestalteten sich schwierig, weil die Engländer alles von Kompromissen bei der Flotte abhängig machten, die Deutschen dafür aber die Zusage einer freundlichen Politik, ja möglichst der Neutralität im Krisenfall eintauschen wollten. Bethmann Hollweg schwebte als Ziel vor „ein Neutralitätsvertrag, durch den England uns zusagt, neutral zu bleiben", wenn Deutschland als angegriffener oder verbündeter Staat in einen europäischen Krieg geriete. Dies Ansinnen ging London viel zu weit. Dort wollte man die Freundschaft mit Paris und Petersburg nicht der mit Berlin unterordnen, zumal das Vertrauen in die Absichten der Deutschen gering war. Verantwortlich für die schlechten Beziehungen, hieß es, seien doch die „political ambitions of the German government and nation" - „they want the Hegemony of Europe" und möchten mit Englands Seemacht die einzige Kraft neutralisieren,

„which has prevented them from getting it“ (d. h. die Hegemonie). Deshalb bot der englische Außenminister Grey nur eine Erklärung an, die einen unprovozierten Angriff auf Deutschland sowie die Teilnahme an aggressiven antideutschen Abmachungen ausschloß. Das genügte Bethmann Hollweg nicht, weil dann der englische Beistand für Frankreich im Kriege noch möglich wäre. Auch meinte er, daß die deutsche Bereitschaft, die Flottenrüstung durch Vertrag zu begrenzen, eine erhebliche politische Kompensation erheische: England müsse zeigen, daß es „nicht das Ziel verfolgen will, uns, wenn wir mit den kontinentalen Mächten engagiert werden sollten, niederzuzwingen“[16]. Das war freilich der springende Punkt: die Engländer wollten die Freiheit behalten, ein Übergewicht Deutschlands in Europa zu verhindern, während den Deutschen daran lag, sich die Chance des Sieges im nächsten Krieg und damit, gewollt oder ungewollt, die Anwartschaft auf die Hegemonie zu sichern.

Es überrascht nicht, daß die widerstreitenden Interessen den Vertrag verhinderten. Die Diplomaten wandten einige Mühe daran, geeignete Formeln für das Flotten- und politische Abkommen zu finden, aber es war vergebens. Die Marokkokrise 1911 und der Anfang des Balkankriegs 1912 drohten gar, alles ins Gegenteil zu verkehren. In einem kritischen Moment gab sich Wilhelm II. den Anschein, als sei für ihn der Krieg mit England beschlossene Sache. Auf die Warnung aus London, England werde in einem Krieg Frankreich beistehen (s. o. S. 136), reagierte er mit einer Art von Kriegsrat, den er am 8. Dezember 1912 mit drei Admiralen (darunter Tirpitz) und dem Generalstabschef veranstaltete und auf dem er forderte, „die Flotte müsse sich natürlich auf den Krieg gegen England einrichten“[17]. Seine Paladine erklärten ihm, daß die Flotte noch anderthalb Jahre brauche, um kriegsbereit zu sein, und lenkten seinen Furor auf rüstungspolitische und publizistische Maßnahmen ab. Aber das Intermezzo deutete die Brisanz der Lage an, in der ein falsch gedeutetes Wort schnell zur Eruption führen konnte.

Es war deshalb um so wichtiger, daß es andere Ebenen gab, auf denen das Gespräch zwischen London und Berlin besser gedieh. Den Engländern gelang es, die deutsche Halsstarrigkeit in der Flotten- und Neutralitätsfrage durch Angebote in der Kolonialpolitik zu umgehen. Seit Herbst 1911 brachten sie die Gestaltung Mittelafrikas ins Spiel, ein Jahr später lockten sie mit einem Zusammengehen von China bis Afrika, und tatsächlich sind daraus die Abkommen über die portugiesischen Kolonien und die Bagdadbahn hervorgegangen. Nehmen wir die Kooperation in der Balkankrise von 1912/13 hinzu, so ergibt sich das Bild einer fortschreitenden Entspannung. Erleichtert vermerkte der englische Botschafter Goschen im April 1913, beide Länder „can be on perfectly good terms with each other and help each other ... without any political or naval formula“. Ähnlich sagte sein deutsches

Pendant in London, das deutsch-englische Verhältnis sei „so gut - als es überhaupt sein" könne, „man kommt uns doch auf allen Gebieten entgegen"[18]. Das stimmte und galt dennoch nur, solange die Kriegsgefahr gebannt blieb. Kam es zum Krieg zwischen den europäischen Großmächten, dann wußte Deutschland, daß England auf die Gegenseite treten würde. Das Neutralitätsversprechen, das dieses Dilemma beseitigen sollte, hat London nicht gegeben, denn zwei Jahre sachlicher Zusammenarbeit konnten nicht das Vertrauen wiederherstellen, das fünfzehn Jahre wilhelminischer Weltpolitik zerstört hatten.

2. *Zwischen Reform und Beharrung*

So wie die außenpolitische Lage seit 1900 ein Leitmotiv aufwies, die Isolierung Deutschlands, so hatte auch die Innenpolitik ihr Thema, nämlich den Bedarf an Reformen. Ob es um die Reichssteuern ging, um die Verantwortlichkeit des Reichskanzlers gegenüber dem Reichstag, die Abschaffung des ungleichen Wahlrechts in Preußen, die Gleichberechtigung der Gewerkschaften als einer gesellschaftlichen Kraft oder den Eintritt der Frauen in das politische Leben - immer handelte es sich darum, einzelne Elemente der Staats- und Gesellschaftsordnung zeitgemäß zu erneuern. Vereine, Parteien, Parlamente engagierten sich, Kundgebungen und Demonstrationen fanden statt, und der Druck auf die Regierung erreichte gelegentlich ein kritisches Ausmaß. Freilich fehlte es nicht an Gegenkräften, die die konstitutionelle Monarchie verteidigten und die Regierung stützten, teils aber auch als zu nachgiebig attackierten. Die Konfrontation zwischen Reformfreunden und -feinden wuchs, und es war eine offene Frage, wie weit die Konflikte eskalieren würden.

Der Versuch der Regierung, sich inmitten des Kräftemessens die Führung zu sichern, schlug fehl. Sie hat zwar 1907 im Reichstag eine liberal-konservative Mehrheit, den sog. Bülowblock, bilden können, aber als Basis einer kontinuierlichen Reformpolitik hat er sich nicht bewährt. Ein neues Reichsvereinsgesetz kam zustande, dagegen geriet die Reichsfinanzreform auf Abwege, und die Einführung von Arbeitskammern scheiterte ebenso wie die Reform des preußischen Wahlrechts. Die Regierung spürte, daß sie nicht auf Dauer gegen Zentrumspartei und Sozialdemokraten zugleich Front machen durfte. Doch Mut und Einsicht der Reichskanzler waren nicht groß genug, um sich des retardierenden Gewichts der Konservativen zu entledigen. Noch weniger war der Kaiser imstande, den Katholiken oder Sozialisten mit einer versöhnlichen Geste zu begegnen. Seine Worte vom 4. August 1914, er kenne keine Parteien mehr, sondern nur noch Deutsche, kamen zu spät, um einen innenpolitischen Konsens zu sichern. Der Krieg hat wohl den Veränderungsdruck erhöht und einige Reformen beschleunigt, aber er endete schließlich in einer Eskalation der Konflikte, die 1917 in vollem Umfange eingetreten ist. Ihr Fortgang zur Novemberrevolution war nicht nur ein kriegsbedingtes Unglück, sondern auch die Präsentation unbezahlter Rechnungen, die Kaiser, Kanzler und Minister hatten auflaufen lassen.

a) Regierung, Reichstag, Parteien

Der Reichskanzler und seine Mitarbeiter gerieten nach der Jahrhundertwende zusehends zwischen die Mahlsteine des persönlichen und parlamentarischen Regiments. Bülow hat dieses Dilemma exemplarisch vorgelebt. Als er im Oktober 1900 zum Reichskanzler avancierte, schienen die Weichen für eine energische, im monarchischen Sinne geführte Regierung gestellt zu sein. Getragen vom Vertrauen des Kaisers, festigte er seine Stellung, indem er eine Umbildung der preußischen Regierung durchsetzte (1901), sich das Wohlwollen der bürgerlichen Parteien sicherte (ein nationalliberaler Parlamentarier wurde z. B. als preußischer Handelsminister berufen) und die Lösung schwieriger Streitfragen erreichte (1902 die Annahme des neuen Zolltarifs im Reichstag, 1904/05 die Bewilligung des Mittellandkanals im preußischen Landtag). Doch kaum auf der Höhe angelangt, begann sein Prestige bereits zu schwanken. Angeschlagen von den Turbulenzen um Marokko, bedrängt von der Kritik der Parteien an den Eingriffen des Kaisers in die Politik und von der Unruhe Wilhelms II. darüber, daß sein Führungsanspruch weder außen- noch innenpolitisch richtig zur Geltung kam, geriet Bülow in eine Zwickmühle, der er am 14. Juli 1909 zum Opfer fiel. Seine Entlassung beruhte auf einem doppelten Verlust: er hatte sowohl das Vertrauen des Kaisers als auch den Rückhalt beim Reichstag verloren. Er war der erste Reichskanzler, der zugegeben hat, daß sein Sturz durch die parlamentarische Lage, insbesondere das Verhalten der Konservativen, mitbedingt gewesen sei - eine Aufwertung des Parlaments, die wir uns erklären müssen.

Seit 1890 konnte die Regierung im Reichstag nur mit Hilfe der Zentrumspartei eine Mehrheit finden. Ihre Hauptstützen, die Konservativen und die Nationalliberalen, waren in die Minderheit geraten, die Opposition der Linksliberalen und Sozialdemokraten dauerte an, und das Zentrum bildete das Zünglein an der Waage. Diese Konstellation hat sich zwischen 1893 und 1903 verfestigt, weil mit jedem Wahltermin die Zahl der sozialdemokratischen Abgeordneten stieg. Für die Regierung nahm der Zwang zu, sich aller bürgerlichen Parteien zu versichern, und sie tat das, indem sie die gemeinsamen nationalen Interessen in der Außen-, Kolonial- und Flottenpolitik betonte, in der Innenpolitik die eine oder andere Konzession machte und auch mit moralischen Appellen nicht sparte. Die nach außen gewandte Weltpolitik hat sich als Bindemittel bewährt, denn in ihrem Sog hat das Zentrum seit 1898 die Flottenrüstung mitgetragen, und 1906 schwenkten auch die Linksliberalen auf die Kolonial- und Flottenpolitik ein, beunruhigt ob der Schwierigkeiten, die Deutschland aus dem Hereroaufstand in Südwestafrika und der Marokkopolitik erwuchsen. Die innenpolitischen Konzessionen richteten sich u. a. an das Zentrum, dem eine Abmilderung des im Kulturkampf verhängten Verbots des Jesuitenordens (1904) und die Einführung von jährlichen Diäten für die Reichstagsabgeordneten (3 000 Mark ab 1906) gewährt wurden. Letzteres bedeutete eine Stärkung des parlamentarischen Elements, und das irritierte die Konservativen, die die Befugnisse des Reichstags lieber beschneiden als erweitern wollten. Obwohl ihnen die Erhöhung der Getreidezölle durch den neuen Zolltarif einen materiellen Vorteil gebracht hatte, verhielten sie sich gegenüber der Regierung reserviert, was Bülow zu der beschwörenden Bitte veranlaßte, sie sollten doch seine „redlichen Bemühungen" um ein Zusammengehen mit ihnen und um die „Sicherung der Fundamente des preußischen Staates" honorieren[19].

Es gelang Bülow, sich bis 1905 mit Konservativen, Liberalen und Zentrum auf einen guten Fuß zu stellen. Doch dann veranlaßten ihn die Ereignisse zu einem Kurswechsel. Außenpolitische Mißerfolge forderten im Reichstag die Kritik am persönlichen Regiment des Kaisers heraus, die Revolution in Rußland gab der Sozialdemokratie Auftrieb und erhöhte deren Druck zugunsten einer Reform des preußischen Wahlrechts, und das Zentrum benutzte Fehlleistungen der Kolonialverwaltung, die in Ost- und Südwestafrika Aufstände zur Folge hatten, um die Regierung anzugreifen. In dieser Situation wählte Bülow die Flucht nach vorn. Als am 13. Dezember 1906 Zentrum und Sozialdemokraten die Gelder für die Kriegführung in Südwestafrika um mehrere Millionen kürzten, antwortete er mit der Auflösung des Reichstags: der Reichstag habe Deutschlands kolonialpolitische „Stellung in der Welt" leichtfertig aufs Spiel gesetzt, so daß die Regierung „hier nationale Notwendigkeiten" verteidigen müsse.[20] Die Begründung war Spiegelfechterei, denn wenn es um eine Stellung ging, dann um die der Regierung zum Reichstag. Bülows Ziel war, die parlamentarische Lage zu verändern: die Sozialdemokratie sollte geschwächt, das Zentrum aus seiner Position verdrängt und die Mehrheit aus Konservativen und Liberalen gebildet werden. Er griff selbst in die Wahlagitation ein, und über die Reichskanzlei wurde einiges dafür getan, daß Konservative und Liberale vor Ort gemeinsam gegen die Sozialdemokraten Front machten. Die Mobilisierung des nationalen Bürgertums gelang. Am 25. Januar 1907 stimmten erstmals mehr als 80 % der Wahlberechtigten ab, die Sozialdemokraten büßten 38 Mandate ein (indes sich Zentrum und Polen gut behaupteten) und Konservative, Liberale und Antisemiten erreichten über 200 Mandate, also eine deutliche Mehrheit. Dies war der sog. Bülowblock, auf den sich der Reichskanzler bis 1909 stützte.

Bülows Erfolg war beachtlich, aber trügerisch. Der Block von Konservativen, Nationalliberalen und Linksliberalen war ungewohnt und inhomogen. Die Freisinnige Volkspartei und die Deutsche Volkspartei hatten seit der Reichsgründung in der Opposition gestanden und schwenkten nun auf den Boden des monarchischen Nationalstaats ein unter dem Vorbehalt, daß die politischen Rechte und Freiheiten im Lande erweitert würden. Die Konservativen wollten dagegen nicht über den Status quo hinausgehen und sagten sarkastisch: es gebe konservative oder liberale Phasen, „aber eine liberale Ära, die von konservativen Kräften gestützt war, hat die Welt noch nicht gesehen". Sie durften sich diese Distanz um so mehr erlauben, als sie jetzt im Parlament der mehrheitsbildende Faktor waren. Sie konnten sowohl mit den Liberalen als auch mit dem Zentrum gehen, d.h. zwischen gouvernementaler und oppositioneller Haltung wählen. Bülow riskierte also einiges, als er sich mit dem Block auf Gedeih und Verderb verband. Das zeigte sich im Dezember 1907, als er die Blockdisziplin mit der Drohung verteidigen mußte, er werde „sofort um seine Entlassung nachsuchen", wenn die Parteien nicht eine gemeinsame Linie einhielten[21]. Er hatte für seine Person das Kanzleramt an die Mehrheit gekoppelt, und das war etwas neues im Kaiserreich. Im Vertrauen auf seine Autorität und den Rückhalt beim Kaiser mochte er hoffen, der Meister über den Parteien zu bleiben, aber wie wenig er die Dinge in der Hand hatte, lehrte 1909 das Ende des Blocks.

Zur Debatte stand eine große Vermehrung der Reichseinnahmen, bei der u. a. eine Erbschaftssteuer vorgesehen war (s. u. S. 176f.). Diese Steuer lehnten die Konservativen mit Rücksicht auf ihre landwirtschaftliche Klientel ab und gerieten dadurch in Gegensatz zur Regierung. Sie blieben unnachgiebig, weil sie gemeinsam mit dem Zentrum ein anders sortiertes Steuerpaket schnüren konnten. Bülow hat monatelang um die Blocktreue der Konservativen gekämpft. Er stellte ihnen am 28. April 1909 dar, er sei ohne sie „außerstande, die Geschäfte des Landes zu führen", und erklärte am 16. Juni im Reichstag, er werde zurücktreten, „wenn eine Entwicklung einträte, die ich nicht mitmachen kann und will"[22] - es war vergebens. Verlassen von den Konservativen und konfrontiert mit einer neuen Mehrheit erhielt er quasi wie ein parlamentarisch gescheiterter Reichskanzler seinen Abschied. Die Konstellation im Reichstag war zwar nicht zwingend für seine Entlassung (da spielte der Vertrauensverlust beim Kaiser eine

Rolle), aber gleichwohl hatte eine Parteienkoalition im ernstgemeinten Kampf über den Kanzler gesiegt. Wenn dieser Erfolg dem Reichstag keinen sicheren Machtgewinn bescherte, so lag das daran, daß die Sieger nicht das parlamentarische Prinzip stärken wollten. Ihnen genügte es, sich in der Steuerfrage durchgesetzt und Bülow verjagt zu haben. Doch auch ungewollt verdeutlichten sie mit ihrer Aktion die Abhängigkeit des Kanzlers vom Reichstag.

Am Sturz Bülows ist ferner bemerkenswert, daß der Kaiser unter das Debakel seines Kanzlers das monarchische Siegel gesetzt hat. Auch das Verhältnis zwischen Kaiser und Kanzler ging in die Brüche, und das nicht ohne Bülows Schuld. In den Jahren 1906 bis 1908 erlitt das Ansehen des Kaisers großen Schaden. Ihm wurden Fehlgriffe in der Außenpolitik, Abhängigkeit von zwielichtigen Ratgebern und Unkenntnis der politischen Stimmung im Volk vorgeworfen. Die außenpolitische Kritik äußerte sich November 1906 im Reichstag (s. S. 139f.), die Kritik an der sog. Kamarilla mit Philipp Eulenburg an der Spitze trug der Journalist Maximilian Harden seit Herbst 1906 in die Öffentlichkeit, indem er mehrere Personen homosexueller Neigungen bezichtigte und als mitverantwortlich für den politischen Kurs darstellte (die Folge war, daß einige Offiziere und Eulenburg entlassen wurden und 1907/08 eine Reihe von Skandalprozessen die Berliner Gesellschaft erschütterte), und die allgemeine Kritik am Kaiser explodierte förmlich, als die englische Zeitung Daily Telegraph am 28. Oktober 1908 interviewartige Äußerungen Wilhelms II. abdruckte. Der Artikel stützte sich auf private Gespräche und wollte die englandfreundliche Haltung Wilhelms darstellen, also das deutsch-englische Verhältnis positiv beeinflussen. In ungezwungenem Ton erörterte er den Flottenbau und Vorgänge während des Burenkrieges, wobei er etwas indiskret auch die Beziehungen zu Frankreich, Rußland und Japan berührte. Der Tendenz nach paßte er in Bülows Politik, die seit 1907 die Verständigung mit England wünschte und bereits im Januar 1908 einen ähnlichen Artikel im Londoner Strand Magazine ermöglicht hatte. Trotzdem entfachte er in Deutschland einen Sturm der Entrüstung, weil er das diplomatische Ungeschick des Kaisers und seine Sucht nach persönlicher Anbiederei bloßstellte. Die Nation stöhnte gequält auf: „wie nie zuvor ist in allen Kreisen... das politische Interesse wachgerufen und das Gefühl erweckt, daß so die Dinge nicht weitergehen können", rief der Nationalliberale Bassermann aus, und auch der konservative Parteivorstand tat kund, der Kaiser habe „unsere auswärtige Politik in [eine] schwierige Lage" gebracht und müsse „in solchen Äußerungen zukünftig eine größere Zurückhaltung" beobachten. Bestärkt von dem Protest, der sich im Reichstag entlud, erreichte Bülow am 17. November 1908 von Wilhelm II. das Versprechen, fortan „die Stetigkeit der Politik des Reichs unter Wahrung der verfassungsmäßigen Verantwortlichkeiten" sichern,

d. h. das Recht des Reichskanzlers auf Leitung der Politik respektieren zu wollen[23]. Das war eine Demütigung des Kaisers, wenn auch in schonender und unverbindlicher Form. Sie leitete den Bruch zwischen Kaiser und Kanzler ein.

Das Pikante an der Affäre ist, daß Wilhelm II. mit einigem Recht fassungslos in den Abgrund blickte, der sich vor ihm öffnete. Denn er hatte das ungedruckte Manuskript des Interviews Bülow übergeben und dessen Plazet für die Veröffentlichung erhalten. (Bülow war fahrlässig genug, den Text nicht selbst zu prüfen und sich mit der Weitergabe einiger Korrekturen, die das Auswärtige Amt vorschlug, zu begnügen.) Wilhelm hatte sich also formal korrekt verhalten, was auch Bülow öffentlich sofort bestätigte. Trotzdem entging der Kanzler weitgehend der Kritik. Die Parteien sahen das Hauptübel bei Wilhelm II. und bauten auf Bülow, mit dessen Hilfe sie das persönliche Regiment zähmen wollten. Dieser ergriff die Gelegenheit, mit den Parteien an einem Strang zu ziehen, und kündigte am 10. November im Reichstag jene Selbstverpflichtung Wilhelms an, die er eine Woche später tatsächlich erreichte. Er hat de facto mit dem Parlament gemeinsam Front gegen den Kaiser gemacht, und das wurde ihm von Wilhelm vergolten, als er wegen der Steuerreform ins Gleiten geriet.

Zum Herbstdrama von 1908 gehörte neben der eben geschilderten Aufregung auch der konstruktive Versuch, das Versagen auf der Regierungsebene zu einer Verfassungsreform zu nutzen. Die Erfahrungen mit der monarchischen Willkür förderten die Einsicht, daß dem Kaiser engere Grenzen gezogen werden müßten, indem die Regierungsgewalt beim Kanzler konzentriert und die Kontrolle des Reichstags über diesen verstärkt würden. Den Ansatzpunkt dafür lieferte Art. 17 der Reichsverfassung, der besagte, daß der Reichskanzler die Verfügungen des Kaisers gegenzeichnete und die Verantwortung für sie übernahm. Art und Reichweite der Verantwortung waren nicht näher beschrieben, aber es entsprach der Praxis, daß es sich um eine Erklärungs- und Rechenschaftspflicht vor dem Parlament handelte (s. I, S. 47). Die Unbestimmtheit der Vorschrift sollte nun beseitigt werden. Einen ersten Versuch haben die Sozialdemokraten schon 1900 unternommen, als sie einen Gesetzentwurf einbrachten, wonach der Kanzler dem Reichstag für „alle politischen Handlungen und Unterlassungen des Kaisers" verantwortlich sein und vom Parlament angeklagt werden sollte, falls er verfassungswidrig gehandelt oder sonst „das Wohl des Reiches geschädigt" hätte. Obwohl das Institut der Ministeranklage in der deutschen und europäischen Verfassungsgeschichte nicht neu war, versagten sich die bürgerlichen Parteien dem Vorstoß, und der Antrag blieb unerledigt. Die Sozialdemokraten sind mehrfach auf ihn zurückgekommen, fanden aber erst im November 1908 eine breitere Resonanz. Nun wollten auch die Linksliberalen und das Zentrum die Ministerverantwortlichkeit ausgestalten, und die Sozialdemokraten erweiterten ihren Antrag um den verschärfenden Passus: „Der Reichskanzler ist zu entlassen, wenn der Reichstag es fordert". Darüber hinaus gab es Anträge, die Vertrauens- und Mißtrauensvoten im Rahmen der Geschäftsordnung des Reichstags zulassen wollten, und zwar verbunden mit Interpellationen an die Regierung. Es war ein anspruchsvolles Reformprogramm, das der Reichstag am 2. und 3. Dezember 1908 diskutierte. Zum erstenmal seit der Reichsgründung beschäftigte er sich mit derart grundlegenden Verfassungsfragen, und er tat es auf halbherzige Weise. Die Mehrheit des Hauses war zwar überzeugt, daß die Macht zwischen Kaiser, Kanzler und Parlament anders verteilt werden müsse, aber im einzelnen gingen die Ansichten auseinander. Die Konservativen lehnten jede Neuerung ab, die Nationalliberalen unterließen mit Blick auf die Konservativen und den Bülowblock eine verbindliche Äußerung, das Zentrum schob die Initiative für die Reform der Regierung zu und die Linksliberalen wollten die Ministeranklage milder handhaben als die Sozialdemokraten. Die Parteien fanden zu keinem gemeinsamen Programm, und der Reichskanzler selbst war nicht der Mann, in dieser Stunde ein heißes Eisen zu schmieden. Bülow wollte weder die Position des Kaisers schwächen noch eine Politik gegen die Konservativen treiben. Am 19. November sagte er, er werde „keinerlei Verkürzung der verfassungsmäßigen ... Rechte der preußischen Krone" zulassen, und den Konservativen versicherte er am 28. April 1909, er handele aus „konservativem Geist" und werde keine Reform gegen sie durchsetzen[24)]. Das Parlament war unschlüssig und führerlos und verschleppte die Verfassungsreform vollends, als sich die Konservativen mit dem Zentrum verbündeten. Erst nach den Wahlen von 1912 erweiterte eine neue Mehrheit im Reichstag die Geschäftsordnung um das Recht, der Regierung nach Interpellationen ein Vertrauens- oder Mißtrauensvotum zu erteilen. Davon wurde 1913 zweimal Gebrauch gemacht, was ein Schritt voran auf dem parlamentarischen Wege war. Aber gemessen an den Anträgen von 1908 war das wenig.

Bethmann Hollweg, der am 14. Juli 1909 Bülows Nachfolger als Reichskanzler und Preußischer Ministerpräsident wurde, fand eine gespannte Situation vor. Mit dem Ende des Bülowblocks war die jahrzehntelange Zusammenarbeit zwischen Nationalliberalen und Konservativen zerbrochen, und Bethmann Hollweg blieb nichts anderes übrig, als sich auf eine vage Position über den Parteien zurückzuziehen. Wie er später einmal sagte, sei er „auf eine Politik der Diagonale im Inneren angewiesen" gewesen[25)]. Seine Möglichkeiten, zwischen den Parteien zu vermitteln, waren gering. Die Finanzpolitik der Konservativen hatte die Liberalen in die Opposition gedrängt, das liberale Bürgertum stürzte sich in den Kampf gegen die konservativen Agrarier, und im Schatten dieses Trends feierten die Sozialdemokraten 1912 ihren Wahlsieg. Hier eine Diagonale zu finden, war schwierig, und das um so mehr, wenn stillschweigend beabsichtigt war, die Konservativen im Kräftespiel zu halten, also die Diagonale nach rechts zu verschieben.

Theobald von Bethmann Hollweg (1856 - 1921) war ein Musterschüler des preußischen Verwaltungsdienstes. Binnen zwanzig Jahren war er zum Innenminister aufgestiegen, und 1907 hatte ihn Bülow ins Reichsamt des Innern geholt. Wilhelm II. hat gezögert, den ernsten, klugen Mann zu ernennen, weil ihm dessen gedankenschwere Autorität unbehaglich war. Auch anderen war seine Eignung als Reichskanzler zweifelhaft, und kein geringerer als Bethmann Hollweg selbst hat sich zeitlebens kritisch beurteilt und noch 1917 betont: „Ich bin von der Unzulänglichkeit meiner Leistungen ... überzeugt". Solch eine Fähigkeit zu innerer Distanz mochte der deutschen Politik gut tun, nachdem zehn Jahre lang die forsche Selbstgewißheit Wilhelms II., Bülows und Tirpitz' Trumpf gewesen ist. Sie schuf Glaubwürdigkeit für die Person und auch für die Sache. Leider gelang es dem Kanzler nicht, seinen moralischen Gewinn in einen politischen Erfolg zu verwandeln. Seine Reflexionen gaben ihm nicht die Kraft zu einer konsequenten Reformpolitik, da ihm die Hinwendung zur demokratisch-parlamentarischen Ordnung widerstrebte. Er bewegte sich im Zwielicht zwischen richtigen Einsichten und halbherzigen Folgerungen, so daß es seine Gegner leicht hatten, ihn als den „idealen Theoretiker v[on] B[ethmann]-Holzweg" zu verspotten[26].

Es war nicht die schlechteste Seite an ihm, daß er eine geistige Fundierung der Politik anstrebte und die Verkrustung der Klassen sowie der Parteien lockern wollte. Aber gegen den Widerstand Wilhelms II., der preußischen Konservativen und der alldeutschen Nationalisten hat er wenig bewirkt. Seine Herkunft aus einer westdeutschen Bankiers- und Gelehrtenfamilie, die seit 1855 in der Mark Brandenburg ansässig war, beraubte ihn der zweifelsfreien Identität mit dem ostelbischen Adel. Seine agrarischen Standesgenossen verdächtigten ihn der inneren Sympathie für Liberalismus und Demokratie, obwohl er doch eng mit dem Staat Preußen und seiner monarchischen Tradition verbunden war. Immer wieder suchte er das Einvernehmen mit der konservativen Partei, doch er mühte sich vergeblich; seine Gegenspieler ließen sich für keine Reformpolitik engagieren.

Die Zahl der Gegner wuchs, als er sich 1911/12 sträubte, die Beziehungen zu Frankreich und England von der chauvinistischen Welle, die der Marokkokrise folgte, ruinieren zu lassen. Nun hatte er die Kolonial- und Flottenfreunde gegen sich, und sorgenvoll blickte er auf deren kriegslustige Agitation. Er war überzeugt, daß Deutschland selbst dann keinen Krieg mutwillig riskieren dürfe, „wenn wir nach menschlicher Voraussicht den völligen Sieg erhoffen könnten"[27]. Dieser Einsicht auch in der Julikrise 1914 zu folgen, war ihm nicht gegeben. Nach dem Attentat in Sarajewo stellte er die Konfliktlösung auf dem Balkan weitgehend den Österreichern anheim und verband die Interessen Deutschlands mit dem Schicksal der Donaumonarchie. Als am 31. Juli 1914 die Möglichkeiten der Politik erschöpft waren, veranlaßte er die Kriegserklärung an Rußland, Frankreich und Belgien. Es folgten für ihn drei Jahre erbitterter Kämpfe. Kurzfristig hat er im sog. Burgfrieden alle Parteien auf einer Linie vereinen können, aber die Diskussion um Reformen und Kriegsziele trieb sie bald wieder auseinander. Er hat die Wünsche der Sozialdemokraten, deren patriotische Haltung er hoch veranschlagte, nur in kleinen Schritten erfüllt, und das genügte, um ihm den Protest der Konservativen und Chauvinisten zuzuziehen. Deren Schrei nach Kriegsbeute in mancherlei Gestalt tat er als eine „Vorspiegelung weltbeherrschender Luftschlösser" ab. Der Gedanke, nach gewonnenem Krieg Deutschlands Stellung in Europa zu stärken, war ihm nicht fremd, aber er vermied es, sich auf ein Programm festzulegen. Im Einzelfall, wie dem unbeschränkten U-Bootkrieg, wehrte er sich energisch dagegen, den militärischen Erfolg auf verwegene Mittel zu gründen. Er fürchtete, nach schroffen Verstößen gegen politische Klugheit und moralisches Gebot „würden wir [von den Gegnern] wie ein toller Hund totgeschlagen" werden[28]. Sein vorsichtiges Taktieren diente ihm wieder zum Nachteil. Mitte 1917 griffen ihn die Parteien, die Generäle der Obersten Heeresleitung und der Kronprinz gemeinsam an und bezeichneten ihn als unfähig, der deutschen Politik eine günstige Wendung zu geben. Völlig isoliert erhielt er am 13. Juli 1917 seine Entlassung. Den Sturz durch ein Zweckbündnis ungleicher Gegner hat er stoisch hingenommen, aber die Schicksalsfrage, ob er im Juli 1914 richtig gehandelt habe, drückte sein Gewissen. Er wußte sein Wirken unauflöslich mit der Katastrophe des Weltkrieges verknüpft, und in diesem Sinne fühlte er sich bis zu seinem Tode als ein Gezeichneter.

Bethmann Hollweg hat sich acht Jahre im Amt des Reichskanzlers gehalten. Er verdankte das seiner monarchischen Loyalität, die den Kaiser für ihn einnahm, und seiner gemäßigten, honorigen Verhaltensweise, die ihn außen- wie innenpolitisch unentbehrlich machte. Er lehnte jede Scharfmacherei ab und fuhr deshalb dem konservativen Führer Heydebrand in die Parade, als dieser, verärgert wegen kolonialpolitischer Reibereien, im November 1911 England drohte, „wir, das deutsche Volk und die Vertreter des deutschen Volkes ... sind bereit, die Konsequenzen der ernsten Situation zu ziehen"; darauf anwortete der Kanzler, derartige Sentenzen brächten nur „die nationalen Leidenschaften bis zur Siedehitze" und könnten wohl „Parteiinteressen dienen - das Deutsche Reich schädigen sie".[29] Deshalb unterließ er auch, aus den außenpolitischen Spannungen eine nationalistische Parole zu filtern, mit der er die Reichtstagswahlen vom Januar 1912 hätte beeinflussen können. Den Sieg der Sozialdemokraten nahm er als unvermeidlich, aber nicht widerstandslos hin. Als der Reichstag im ersten Anlauf ein Präsidium wählte, dem der Sozialdemokrat Scheidemann angehörte, tat er einiges dafür, daß jener sich nicht im Amte halten konnte, und als die Parteien einschließlich des Zentrums und der Nationalliberalen im Februar 1912 Anträge über die parlamentarische Verantwortung des Reichskanzlers einbrachten, ging er sofort auf Gegenkurs. Nicht Parlamentsherrschaft oder Demokratisierung sollte die Aufgabe sein, sondern die Überwindung des Parteienstreits. Trotzdem konnte er nicht verhindern, daß sich der Reichstag das Recht beilegte, über Mißtrauensvoten abzustimmen (s. S. 158), und am 4. Dezember 1913 haben ihm alle Fraktionen außer den Konservativen die Mißbilligung seines Verhaltens in der Zabernaffäre (s. S. 190) ausgesprochen. Der Kanzler stand gebrandmarkt vor der öffentlichen Kritik, hielt aber den Druck aus, weil nur die Sozialdemokraten den Vorgang als Mißtrauensvotum deuteten und seinen Rücktritt forderten. Die bürgerlichen Parteien, die weder die Geschäfte der Sozialdemokraten besorgen noch aus der konstitutionellen Monarchie ausbrechen wollten, schreckten vor dem Kanzlersturz zurück. Insoweit war der Reichstag von 1912 kein kämpferisches, sondern ein kompromißbereites Parlament, das dem Kanzler z. B. 1912/13 aufwendige Flotten- und Heeresvorlagen nebst den dazugehörigen Steuergesetzen bewilligte. Bethmann Hollweg arbeitete dabei mit wechselnden Mehrheiten, die gelegentlich bis zu den Sozialdemokraten reichten, und umging so die Gefahr einer totalen Blockade.

Die *Parteien* haben einiges dazu getan, Bethmann Hollweg das Lavieren zu ermöglichen. Angesichts schwieriger politischer Situationen gelüstete es sie nicht, die Macht im Staate zu erobern. Außerdem waren sie damit beschäftigt, ihre Organisation und politische Orientierung zu stabilisieren. Zwischen 1900 und 1914 erlebten alle Parteien einen Generationswechsel an der Spitze: die Zeitgenossen der Reichsgründung starben aus (als letzter Parteiführer 1913 der Sozialdemokrat August Bebel), und die Generation der 30- bis 40-Jährigen rückte vor, darunter Friedrich Ebert, Matthias Erzberger und Gustav Stresemann. Hinzukam, daß nach dem Fall des Verbindungsverbots (1900) und dem Inkrafttreten des Reichsvereinsgesetzes (1908) die Organisation ausgebaut, die öffentliche Präsenz gesteigert und das Werben um Mitglieder auf die Frauen ausgedehnt werden konnte. Die Menge der aktiven Reichstagswähler wuchs (1898: 7,8 Mio., 1912: 12,3 Mio.), desgleichen der Aufwand in den Wahlkämpfen und der Bedarf an Geld für die Agitation. Unter dem Druck ihrer materiellen Bedürftigkeit lehnten sich die Parteien an Vereine und Verbände an, die ihnen aus verschiedenen gesellschaftlichen Schichten Hilfe vermittelten und von denen der Bund der Landwirte, der Centralverband deutscher Industrieller, der Hansabund für Gewerbe, Handel und Industrie oder die Gewerkschaften die bekanntesten waren. Wie intensiv die Verbände auf das politische Leben eingewirkt haben, ist bereits gezeigt worden (s. S. 49ff.), und es sei deshalb nur noch auf den Hansabund als ein weiteres Beispiel hingewiesen. Er entstand 1909 als Versuch der Liberalen, ihre gesellschaftliche Basis zum Kampf gegen die konservativen Agrarier aufzubieten und den Anspruch des Bürgertums auf gleichberechtigte Teilhabe an Regierung und Verwaltung durchzusetzen. Es ist ihm gelungen, den bürgerlich-liberalen Protest gegen den konservativen Einfluß im Kaiserreich zu bündeln und durch Unterstützung liberaler Kandidaten bei den Wahlen von 1912 zur Wirkung zu bringen: in den Reichstagsfraktionen der Links- und Nationalliberalen saßen fast ausschließlich Anhänger des Bundes.

Die Wahlergebnisse (s. S. 29) zeigen, daß die linksstehenden Parteien im Reichstag an Gewicht gewannen. Von 1898 bis 1912 haben die Sozialdemokraten ihren Anteil an den Wählerstimmen um 7,6 (nämlich auf 34,8 %) und an den Mandaten um 13,6 (auf 27,7 %) Prozentpunkte erhöht; sie stellten 1912 mit 110 Abgeordneten die größte Fraktion. Auch die Liberalen verbesserten ihren Wähleranteil, während Zentrum und Konservative verloren. Den Trend nach links haben selbst die Wahlen von 1907 nicht gebrochen, denn der Mandatsverlust der Sozialdemokraten beruhte nicht auf einem Abwandern der Wähler, sondern auf der Wahlkreisregie der bürgerlichen Parteien, die mit gemeinsamen Kandidaten vielerorts die Sozialdemokraten schlugen. Diese Entwicklung minderte vor allem die Stellung der Konservativen. Ihr Rückhalt in der Bevölkerung nahm ab, und um so wichtiger wurden die Positionen, die sie traditionellerweise in Preußen, in der Bürokratie und der Armee besaßen. Sie sträubten sich gegen Reformen und überwarfen sich dabei mit der Regierung, die auf das liberale Bürgertum, die sozialdemokratischen Arbeiter oder die süddeutschen Föderalisten Rücksicht nehmen mußte. Konservative Politik verwandelte sich in eine Gratwanderung mit ungewissem Ende.

Das galt besonders für die *Freikonservative Reichspartei.* Mit ihren 14 Abgeordneten (1912) besaß sie kein nennenswertes Eigengewicht mehr, und da sie 12 ihrer Mandate östlich der Elbe erobert hatte, war sie auf dem besten Wege, ein Anhängsel der *Deutschkonservativen Partei* zu werden. Diese wiederum krankte daran, daß sie sich einer Kombination von borussischem Traditionalismus und agrarischer Interessenvertretung verschrieben hatte und zusehends in Gegensatz geriet zu den politischen, sozialen, wirtschaftlichen Verhältnissen, die sich im Reich herausbildeten. Sie zog es vor, sich weitgehend auf den Bund der Landwirte auszurichten. Alle ihre Abgeordneten hatten sich 1907 und 1912 verpflichtet, im Reichstag die Interessen des BdL zu vertreten, und dafür dessen Hilfe im Wahlkampf erhalten. Das gab der Partei einen soliden Sockel und machte sie zugleich unpopulär bei der städtischen Bevölkerung. Sie verschanzte sich in ihren ostelbischen Bastionen, und ihr Führer war dabei seit 1906 der schlesische Gutsbesitzer Ernst von Heydebrand und der Lase. Heydebrand hielt gegenüber Hof und Regierung auf Distanz, und seine Geringschätzung Bethmann Hollwegs - einer „menschlich und politisch so markant unzuverlässigen, schwankenden, furchtsamen Persönlichkeit" - war notorisch[30)]. Sein Einfluß ergab sich aus der Leitung der preußischen Landtagsfraktion, die mit ihren 140 bis 150 Abgeordneten wie ein Riegel in die politische Landschaft hineinragte. An ihrer Spitze verhinderte er bis 1918 jede durchgreifende Reform des preußischen

Wahlrechts. Unter seinen Schachzügen ist besonders auffallend die Attacke, die er 1911 gegen die deutsch-englische Verständigungspolitik richtete. Er griff nach der nationalistischen Phrase, um Anschluß an die öffentliche Meinung zu gewinnen und die Chancen seiner Partei für die nächsten Wahlen zu verbessern. Aber sein Kalkül ging nicht auf. Die Konservativen kehrten 1912 nur mit 43 Abgeordneten in den Reichstag zurück.

Auf einem Weg zu mehr Macht und Einfluß wähnten sich in dieser Zeit die Liberalen. Sie pochten auf ihr Prestige als Vorkämpfer der nationalen Einheit und verlegten sich nun, wie sie sagten, darauf, die Größe und Weltstellung des Reichs zu betonen. Aus der *Nationalliberalen Partei* erscholl 1913 der Ruf, die Regierung solle die „Notwendigkeit einer imperialistischen Politik" erkennen und der Nation „den unentbehrlichen Zuwachs an Macht und Gebiet" verschaffen[31]. Derartige Parolen rückten die Nationalliberalen an die Alldeutschen und die wilhelminische Weltpolitik heran. Ihr Führer, der Mannheimer Rechtsanwalt Ernst Bassermann, kooperierte eng mit Bülow, dessen Blockpolitik ihm einigen Einfluß auf den Kurs der Regierung erlaubte. Die Rolle als „Regierungspartei" schien am ehesten geeignet, die innerparteilichen Konflikte zwischen den Vertretern der Industrie, der Landwirtschaft und des Bildungsbürgertums zu überbrücken. Als die Konservativen den Bülowblock sprengten, unterstützten die Nationalliberalen den Protest, den der Hansabund gegen den BdL organisierte. Wie wenig aber die Partei als ganze nach links schwenken wollte, zeigte sich, als Bassermann 1912 die Wahl des Sozialdemokraten Scheidemann zum Reichtstagsvizepräsidenten förderte. Bedrängt vom Einspruch vieler norddeutscher Parteianhänger mußte er die Entscheidung revidieren. Auch das Zögern bei der Verfassungsreform bewies, wie schwer es der Partei fiel, in der Innenpolitik ein liberales Profil zu zeigen.

Etwas anders verhielt es sich mit den Linksliberalen. Sie durchschritten eine Phase der Regeneration, die 1910 zur Gründung der *Fortschrittlichen Volkspartei* führte. Das Nebeneinander von Freisinniger Volkspartei, Freisinniger Vereinigung und Deutscher Volkspartei verzettelte die Kräfte und schadete der politischen Wirkung der Gruppe. Bereits 1903 haben Versuche begonnen, den Zustand zu beenden. Die Gespräche stießen bald auf die Vexierfrage, ob die Vereinigung zur Zusammenarbeit mit den Sozialdemokraten oder den Nationalliberalen hinleiten sollte. Als die Entscheidung durch den Bülowblock zugunsten der Rechtsorientierung fiel, sonderte sich eine Gruppe um Theodor Barth als Demokratische Vereinigung ab (1908). Das Gros der Linksliberalen bildete 1907 eine Fraktionsgemeinschaft, aus der 1910 die Fortschrittliche Volkspartei hervorging. Ihr Programm begann mit dem Satz: „Die Partei tritt ein für Schutz und Stärkung des Reiches", also mit einem nationalen Bekenntnis[32]. Ansonsten forderte es das allgemeine Wahlrecht in den Bundesstaaten, ein verantwortliches Reichsministerium und erweiterte Rechte für die Frauen, allerdings ohne das politische Wahlrecht. Die Frauen wurden auch in der Parteiorganisation berücksichtigt und erhielten eine Vertreterin im Zentralausschuß. Obwohl die Partei als bürgerlich und reichstreu auftrat, hat sie 1912 mit den Sozialdemokraten ein Abkommen für die Stichwahlen geschlossen, das ihr vermutlich 20 - 25 der insgesamt 42 Mandate, die sie erobert hat, sicherte. Sie hat also in diesem Falle die Öffnung nach links vorgezogen.

Vor großen taktischen Anforderungen stand in diesen Jahren auch die *Zentrumspartei*. Sie ist 1907 durch Bülows Coup aus der Nähe zur Regierung, in der sie sich etwa zehn Jahre bewegt hatte, verdrängt worden und schaffte es 1909 gegen den Widerstand des Kanzlers und der Liberalen, sich als ausschlaggebende Kraft im Reichstag wieder durchzusetzen. Was auf den ersten Blick ein großer Erfolg war, entpuppte sich bei den Wahlen von 1912 als bedenklich: gegenüber 1907 verlor die Partei 180 000 Wähler und ihr Stimmenanteil war mit 16,4 % der niedrigste seit der Gründung des Reichs. Das war eine Quittung für ihr Bündnis mit den Konservativen und auch für innerparteiliche Konflikte, die sie bewegt haben. In ihren Reihen wogte seit 1905/06 ein Meinungskampf über die politischen, sozialen und konfessionellen Fundamente, d. h. über den Stellenwert demokratischer Reformen, arbeiterfreundlicher Organisationsformen und kirchlich-konfessioneller Bindungen. Einen Anstoß hatte 1906 der Publizist Julius Bachem gegeben, der seine Partei davor warnte, sich in konfessioneller Selbstbeschränkung zu isolieren. Das Zentrum sei keine katholische Fraktion, sondern eine „wahre Staatspartei" und solle „als eine solche sich fühlen und überall ... geltend machen"[33]. Dem widersprachen jene, die auf der katholischen Weltanschauung und dem Anschluß an die Bischöfe bestanden. Sie opponierten vor allem der Entstehung interkonfessioneller christlicher Gewerkschaften und damit auch einer Politik der bürgerlichen und sozialen Gleichberechtigung. Da das Zentrum 1909 an die Seite der Konservativen rückte, gerieten die parteiinternen Reformer ins Hintertreffen; der sog. Gewerkschaftsstreit zog sich Jahre hin, bis endlich 1913/14 die Bischöfe die interkonfessionellen Gewerkschaften als erlaubt bezeichneten. Der Konflikt hinderte das Zentrum daran, das Potential an Anhängern unter den Arbeitern auszuschöpfen, und zwang die reformerisch orientierten Kräfte, sich mit den konservativen und besitzbürgerlichen Parteiführern zu arrangieren. Ein Beispiel dafür ist Matthias Erzberger, der 1903 in den Reichstag einzog und schnell in die erste Reihe der Zentrumssprecher vorrückte. Er verkörperte das kleinbürgerliche Element, das demokratischen Reformen zuneigte und dem bürokratischen Obrigkeitsstaat mißtraute. 1913 sprach er sich für das parlamentarische System und seine demokratischen Konsequenzen aus, gleichzeitig propagierte er eine auf der Religion fußende Autorität in Staat und Gesellschaft, mit der er gegen den Radikalismus der Sozialdemokratie Front machen wollte. Die Mischung fortschrittlicher und konservativer Ansätze kennzeichnete ihn ebenso wie die gesamte Zentrumspolitik, die nur langsam ihre konfessionellen oder gar klerikalen Bindungen abstreifte.

Ein Faktor, der die Reformbereitschaft der bürgerlichen Parteien dämpfte, war die *Sozialdemokratische Partei*. Ihren Aufstieg zur größten Partei Deutschlands begriffen ihre Gegner als das Anhäufen eines Revolutionspotentials, das die Sicherheit des Reichs dem Gutdünken einer Handvoll sozialistischer Parteiführer anheimstelle. Der Disput über Loyalität oder Radikalismus der Sozialdemokratie riß nicht ab, doch die Regierung wich dem Ruf nach drastischen Maßnahmen gegen die Partei aus, weil es für antisozialistische Gesetze im Reichstag keine Mehrheit gab. So blieb nur das Arsenal administrativer Schikanen und die Hoffnung, daß die Sozialdemokratie von sich aus den revolutionären Habitus ablegen werde.

Derartige Erwartungen bezogen sich auf Bernstein und die Revisionisten, die ihrer Partei eine demokratische Reformpolitik anrieten. Obwohl ihre Ansichten keineswegs zur herrschenden Lehre wurden, gab es zu ihnen in der Praxis keine ernsthafte Alternative. Der monarchische Staat und die kapitalistische Wirtschaft waren zu stabil, als daß in absehbarer Zeit an eine revolutionäre Umwälzung zu denken gewesen wäre. Deshalb nutzte die Sozialdemokratie alle Möglichkeiten, die sich ihr im Parlament boten: sie beteiligte sich an der Sozialpolitik, sie erhob demokratische Forderungen (Wahlrecht, Vereins- und Versammlungsrecht), sie kritisierte das kaiserliche Militärsystem und sie schlug - was angesichts ihrer verfassungsrechtlichen Unsicherheit während der Programmdiskussion von 1891 wichtig ist - den Übergang zur parlamentarischen Regierungsweise vor. Ihre Erfolge waren allerdings gering, und das weckte die Frage, ob nicht neben dem parlamentarischen Weg vermehrt der Weg des außerparlamentarischen Kampfes gegangen werden müsse. Daraus entstand die Massenstreikdebatte, die sich bis 1914 hinzog.

Die Debatte beschäftigte die europäische Arbeiterbewegung schon seit einiger Zeit und erhielt durch die Streiks und Demonstrationen während der russischen Revolution von 1905 großen Auftrieb. 1904 hat ein internationaler Sozialistenkongreß empfohlen, den politischen Massenstreik als Mittel zur Eroberung demokratischer Rechte zu erwägen. Kurz danach mutmaßte Karl Liebknecht, die Sozialdemokratie werde ihre Macht „realisieren und manifestieren" müssen und könne dies am drastischsten „durch die Entfaltung eines Massenstreiks" tun. Der Parteitag von 1905 bezeichnete denn auch die „Massenarbeitseinstellung" als ein Kampfmittel, mit dem die Arbeiter sowohl Repressionen abwehren als auch „ein wichtiges Grundrecht für ihre Befreiung" neu erobern könnten. Das war ein unverblümtes Bekenntnis zum politischen Streik und zum außerparlamentarischen Kampf um Reformen. Doch der Sturmlauf auf den monarchischen Staat blieb aus. Zum einen lehnten die Gewerkschaften die offensive Taktik ab und setzten durch, daß der Parteivorstand einen politischen Streik nur im Einvernehmen mit ihnen ausrufen werde - das verringerte die Aussicht, daß es überhaupt dazu kam. Zum andern erkannten die Parteiführer selbst, daß die Sozialdemokratie im offenen Machtkampf mit Staat und Regierung eher unterliegen als siegen würde. Deshalb erklärte Bebel 1906, der Massenstreik sei die ultima ratio des politischen Kampfes, er verlange Kraft, Disziplin und Selbstbeherrschung und deshalb „können wir [ihn] mit unserer jetzigen Organisation noch nicht riskieren"[34]. Also begnügte sich die Partei mit Kundgebungen und Demonstrationen, die sie seit 1905 periodisch gegen das preußische Dreiklassenwahlrecht oder die Außenpolitik organisierte. Sie trug damit einen kämpferischen Akzent in die Innenpolitik, der ungewohnt war und von den Gegnern als Vorbote künftiger Streiks gedeutet wurde. Vor allem beunruhigte die Frage, ob die Arbeiterbewegung streiken werde, wenn Deutschland in einen Krieg geriete?

Die Sozialdemokraten haben darauf immer geantwortet, daß sie das Reich, wenn es angegriffen würde, verteidigen werden, denn die nationale Unabhängigkeit sei ein unantastbares Gut. Am bekanntesten ist Gustav Noskes Antwort geworden, der am 17. September 1907 vor dem Parteitag gesagt hat: werde Deutschland angegriffen, würden „die Sozialdemokraten ihr Vaterland begeistert verteidigen". Trotzdem blieb der Verdacht des potentiellen Landesverrats rege und Bülow behauptete 1907, der Sozialdemokratie fehle „jeder Sinn für nationale Bedürfnisse", sie stelle die Partei über das Vaterland und sei „eben unpatriotisch und vaterlandslos". Der Vorwurf schien bestätigt zu sein, als die Partei eine Resolution des Internationalen Sozialistenkongresses mittrug, die die Arbeiterparteien verpflichtete, mit allen „ihnen am wirksamsten erscheinenden Mittel[n] den Ausbruch des Krieges zu verhindern" bzw., wenn das nicht gelinge, die kriegsbedingte „wirschaftliche und politische Krise zur ... Beseitigung der kapitalistischen Klassenherrschaft" auszunutzen. Das hörte sich recht eindeutig an, und es war ein argumentativer Kraftakt, wenn Bebel 1911 die in der Resolution enthaltene Bindung für nicht existent erklärte. Er betonte, daß dort keine Rede sei vom Massenstreik und „daß die [deutsche] Partei an einen Massenstreik im Kriegsfall nicht denkt, nichts damit zu tun hat"[35]. Mit anderen Worten: ein illoyales Verhalten der Sozialdemokratie sei weder beschlossen noch zu erwarten.

In dieser Bekundung mischte sich Taktisches mit Prinzipiellem. Einmal galt es zu vermeiden, daß die Partei ähnlich wie 1907 mit nationalistischen Argumenten isoliert und bei den Wahlen geschlagen wurde. Zum andern war es Männern wie Bebel bewußt, daß die Arbeiter ihr Verlangen nach Frieden und Fortschritt nicht schlechthin gegen den Staat, sondern aus dem Staat heraus, in dem sie lebten, verwirklichen müßten und folglich auch für die friedliche Entwicklung des Kaiserreichs einzustehen hätten. Ebenso klar war ihnen, daß die außenpolitische Lage des Reichs seit 1904 unsicherer geworden war und die Sozialdemokratie gehalten war, ihre Politik der internationalen Friedenssicherung mit einer Politik der Wahrung nationaler Interessen zu kombinieren. Das schuf eine Ambivalenz, die der Polemik der bürgerlichen Parteien manchen Ansatzpunkt bot. Und das um so mehr, als das Gros der Sozialdemokraten, getreu dem sozialistischen Ideal, den radikalen Wandel der Klassengesellschaft erwartete. Die Vorkämpfer einer aktivistischen Taktik fanden stets Gehör, wenn sie wie Rosa Luxemburg davon sprachen, daß die Klassengegensätze sich zuspitzten, daß die parlamentarische Arbeit unfruchtbar sei und „daß wir einer Situation entgegengehen, wo [politische] Massenstreiks in Deutschland unvermeidlich sind“[36].

b) Wandel in kleinen Schritten

Wir wenden uns den Reformen zu, die seit 1900 stattgefunden haben, und beginnen mit der Kolonialpolitik bzw. der Errichtung des Reichskolonialamts. Es war dem Reich eigentümlich, keine Reichsregierung mit Ressortministern zu haben, sondern nur einen Reichskanzler, dem mehrere Reichsämter mit Staatssekretären an der Spitze nachgeordnet waren. Obwohl die Zahl der Reichsämter bis 1918 auf zwölf anwuchs, wurden sie nicht in einem Regierungskollegium zusammengefaßt, weil das den Rang des Reichskanzlers und des Bundesrats gemindert sowie die Berührungsfläche der Reichsleitung mit dem Reichstag erweitert hätte. De facto war es jedoch so, daß die Rolle eines Reichsstaatssekretärs der eines Ministers entsprach und mit jedem neuen Reichsamt die ressortartige Organisation der Reichsleitung gefestigt wurde. Insofern verdient die Einrichtung des Reichskolonialamts im Jahre 1907 und seine Leitung durch den Bankier Bernhard Dernburg unsere Aufmerksamkeit.

Die *Kolonialpolitik* befand sich zu dieser Zeit in einer schwierigen Phase. Das Reich war seit etwa zwanzig Jahren Kolonialmacht und geriet durch die Erschließung der überseeischen Gebiete immer tiefer in die unmittelbare Verantwortung vor Ort hinein. Die wirtschaftliche Entwicklung bereitete Sorgen, weil sich die Produktion der Einheimischen nur langsam auf einen überregionalen Markt ausrichtete, dagegen die marktorientierte Produktion der weißen Siedler und Pflanzer schnell zu Konflikten führte, die sich an der Verfügung über

Boden und Arbeitskräfte entzündeten. Die sozialen Spannungen zogen einen großen polizeilichen bzw. militärischen Aufwand nach sich, so daß z. B. 1905 in den Kolonien 205 Mio. M. ausgegeben, aber nur 15,3 Mio. M. an eigenen Einnahmen erzielt wurden. Das Bild wurde dadurch verdüstert, daß von 1904 bis 1907 in Südwestafrika und 1905 in Ostafrika Aufstände ausbrachen, die in materieller und auch moralischer Hinsicht kostspielig waren. In Südwest griff das Militär zu einer Vernichtungsstrategie, die etwa drei Vierteln der rebellischen Hereros das Leben kostete und die selbst nach Ansicht des Reichskanzlers christlich-humanitären Prinzipien widersprach. Es war der Moment gekommen, wo Berlin einer neuen Kolonialpolitik bedurfte: der Retter in der Not wurde 1906 Dernburg.

Dernburg leitete bisher die Bank für Handel und Industrie und stand den Linksliberalen nahe; als bürgerlicher Unternehmer war er ein Außenseiter unter den Ministern. Er wurde gerufen, um ein neues, rationaleres Kolonialregime zu finden und gegenüber dem Reichstag durchzusetzen. Außerdem sollte er, im Sinne des Bülowblocks, ein Bindeglied zwischen der Regierung und den Liberalen sein. Es ist ihm durch großen persönlichen Einsatz gelungen, den Reichstag für die Etatisierung des Reichskolonialamts zu gewinnen und die wirtschaftliche Leistungsfähigkeit der Kolonien zu heben. Letzteres geschah, indem er den Ausbau der Eisenbahnen beschleunigte, die Wirtschaft der Einheimischen nach Möglichkeit förderte und die Einnahmen der Kolonien aus Steuern und Abgaben erhöhte. Er schaffte es, den Zuschußbedarf der überseeischen Gebiete zu senken (1912: 23,1 Mio. M). Als er 1910 aus dem Amt schied, konnte sich die „kaufmännische" Bilanz seiner Politik sehen lassen, doch die Humanisierung der kolonialen Praxis fiel bescheiden aus, weil sich der ökonomische und rassistische Egoismus der Weißen nicht neutralisieren ließ. Ebensowenig hatte Dernburg das gesamtwirtschaftliche Gewicht der Kolonie für Deutschland erhöhen können. Wie die Zahlen von 1912/13 beweisen, war der Warenaustausch mit den Kolonien bescheiden und auch die Auswanderung dorthin beschränkte sich auf etwa 22 000 Personen.

Wie schon erwähnt, bedeutete Dernburgs Tätigkeit als Staatssekretär u. a., daß die Regierung sich den bürgerlich-liberalen Kräften nähern wollte. In derselben Perspektive ist das *Reichsvereinsgesetz* von 1908 zu sehen, denn es erfüllte eine Forderung, die die Liberalen seit dreißig Jahren erhoben. Obwohl die Verfassung von 1871 dem Reich die Regelung des Vereinswesens übertragen hat, zögerte die Regierung, diesen Teil des öffentlichen Lebens reichseinheitlich zu ordnen und den älteren einzelstaatlichen Gesetzen zu entziehen. Verantwortlich war dafür die Unlust, auf einige Handhaben gegenüber den Parteien zu verzichten als da waren Verbot der Zusammenarbeit politischer Vereine, Verbot der Mitgliedschaft von Frauen und Jugendli-

Die deutschen Kolonien 1912/13

	Ostafrika	Kamerun	Togo	Süd-west-afrika	Kiau-tschou	Neuguinea und Ozeanien
Bevölkerung (Mio.)	7,66	2,65	1,03	0,08	0,19	0,64
– Deutsche	4 107	1 643	320	12 292	4 256	1 334
Einnahmen (Mio. M)*	15,58	10,33	3,51	24,18	7,75	3,17
Ausgaben (Mio. M)*	18,97	10,95	3,51	34,81	15,83	3,76
Einfuhr (Mio. M)*	50,31	34,24	11,43	32,50	121,25	14,20
- aus Dtschld.	18,6	13,6	2,6	21,0	2,6	2,6
Ausfuhr (Mio. M)*	31,42	23,34	9,96	39,04	79,64	17,13
– nach Dtschld.	15,2	13,1	7,3	7,8	0,5	10,3
Anteil (%) an der **						
- Ausfuhr Dtschlds.	0,2	0,1	•	0,2	•	•
- Einfuhr Dtschlds.	0,1	0,1	•	•	•	•

* = 1912 ** = 1913

Nach: Statistisches Jahrbuch für das Deutsche Reich 1915 (Bd. 36), S. 257 ff., 457, 462 f.

chen oder die polizeiliche Überwachung politischer Veranstaltungen. Das waren polizeistaatliche Allüren, mit denen der Bülowblock aufräumen wollte. Er knüpfte an Versuche an, die seit 1893 teils die Regierung, teils der Reichstag unternommen hatte und die bis 1899 nur die Aufhebung des Verbindungsverbots gezeitigt hatten. Einen neuerlichen Anstoß lieferte der Reichstag, der 1906 für die Frauen die uneingeschränkte Teilnahme an politischen Vereinen und Versammlungen forderte. Am 25. Februar 1907 kündigte Bülow die Reform des Vereinsrechts öffentlich an. Er verlieh ihr ausdrücklich den Sinn, der Kooperation mit „der bürgerlichen Linken“ und damit einer breiteren Absicherung der Regierung zu dienen, denn die Zeit sei „heute zu gefährlich, als daß man die Monarchie ... lediglich auf Konservative und Zentrum basieren könne“[37]. Der Gesetzentwurf ging am 22. November 1907 an den Reichstag und wurde dort am 8. April 1908 angenommen.

Die Verbesserungen, die das Gesetz brachte, bestanden darin, daß das Vereins- und Versammlungsrecht nun reichseinheitlich geregelt war, daß die Möglichkeiten polizeilicher Kontrolle vermindert worden waren, daß Frauen vollen Zugang zu politischen Vereinen und Versammlungen hatten (dasselbe galt auch für Jugendliche ab 18 Jahren) und daß die Landarbeiter erstmals eigene Gewerkschaften bilden durften (allerdings ohne das Recht, Streiks zu organisieren). Der emanzipatorische Gewinn war für die Betroffenen spürbar - so wuchs die Zahl weiblicher Mitglieder in der Sozialdemokratie von 29 458 (1908) auf 174 754 (1914) - und der obrigkeitsstaatliche Charakter des Kaiserreichs schwächte sich ab. Dennoch war das Gesetz bei den Zeitgenossen so umstritten, daß es nur durch einen mühsamen Kompromiß mehrheitsfähig geworden ist. Das lag daran, daß die Regierung ihre liberalen Konzessionen mit diskriminierenden Bestimmungen zu Lasten der polnischen Bevölkerung gekoppelt hat. Ihr Gesetzentwurf schrieb für öffentliche Versammlungen den Gebrauch der deutschen Sprache vor, um dieser „die ihr im nationalen Interesse zukommende Stellung" zu sichern und die „Bekämpfung antinationaler Machenschaften" sowie „deutschfeindlicher Absonderungsbestrebungen" zu gestatten[38]. Es war klar, daß es sich um eine Art Ausnahmegesetz gegen die Polen handelte, das aber auch die Gewerkschaften treffen mußte, sobald sie sich um polnische Mitglieder bemühten. Konservative und Nationalliberale begrüßten die nationalistische Drohgebärde, die Linksliberalen widersetzten sich ihr und handelten der Regierung den Kompromiß ab, daß die Sprachvorschrift nicht gelten sollte für internationale Kongresse, für Wahlversammlungen und für jene Gebiete, in denen 60 % der alteingesessenen Bevölkerung eine nichtdeutsche Muttersprache hätten - hier sollte diese Sprache noch zwanzig Jahre lang in Versammlungen zulässig sein. Die Regelung kam den Polen in 47 preußischen Kreisen zugute, aber die Zehntausende polnischer Bergarbeiter im Ruhrgebiet profitierten davon nicht. So blieb ein Ärgernis zurück, das den Erfolg der Reform beeinträchtigte.

Scharfe Kritiker des Sprachparagraphen waren, wie schon erwähnt, die Gewerkschaften. Mit ihnen gelangen wir auf das Gebiet der *Sozialpolitik*, wo die Diskussion über notwendige Reformen besonders lebhaft war. Was die Gewerkschaften betrifft, so kämpften sie nach mehreren Seiten - gegenüber den unorganisierten Arbeitern, den Unternehmern und dem Staat - um die Erweiterung ihres Einflusses. Sie befanden sich vor Ausbruch des Weltkrieges in einer eigentümlichen Situation. Der Umfang ihrer Organisationen imponierte (s. o. S. 81), aber die etwa 3 Mio. Gewerkschaftsmitglieder stellten 1913 nur ein Drittel aller gewerblichen Arbeiter dar. Imposant nahm sich die Zahl der Streiks als Indikator gewerkschaftlicher Aktivität aus (selbst wenn nicht alle Streiks von Gewerkschaften organisiert worden sind): von 692 (1901) stieg sie auf 2 173 (1913), wobei noch (1913) 7 372 ohne Streik durchgeführte Lohnbewegungen stattgefunden haben. Aber gleichzeitig waren die Aussperrungen, die die Unternehmer bei Arbeitskonflikten über ihre Betriebe verhängten, von 35 auf 427 gestiegen, und die Erfolgsquote der Streiks war rückläufig. Schließlich imponierten die Gewerkschaften mit den Tarifverträgen, die sie den Unternehmern bei der kollektiven Regelung der Arbeitsbedingungen abrangen: von 1908 bis 1912 verdoppelte sich die Zahl der jährlich abgeschlossenen Verträge und 1912 summierte sich ihr Bestand auf 10 739 für 1,57 Mio. Arbeiter. Dem stand freilich entgegen, daß nur kleinere und mittlere Betriebe Tarifgemeinschaften eingingen und die großen Unternehmen die Kooperation mit den Gewerkschaften verweigerten. Deshalb deuteten die sozialdemokratischen Gewerkschaften 1914 die Situation als „Kampf um die Macht", der „gegen das einseitige Bestimmungsrecht der Unternehmer" geführt werde und die „Gleichberechtigung der Arbeiter bei der Festsetzung der Lohn- und Arbeitsbedingungen" erreichen sollte[39]. Vom Staat forderten sie, ihnen die volle Freiheit der Betätigung zu gewährleisten, gesetzliche Schranken abzubauen und die Begünstigung der Unternehmer durch Behörden und Gerichte zu unterlassen.

Die Unternehmer riefen jedoch ebenfalls nach dem Staat, denn sie fühlten sich von dem, was sie den Terror der Gewerkschaften nannten, bedroht. Sie haben sich seit 1904 in überregionalen Arbeitgeberverbänden organisiert, aus denen 1913 die Vereinigung der Deutschen Arbeitgeberverbände hervorging; sie schloß 76 Vereine mit 58 094 Betrieben (wo 2,28 Mio. Arbeiter beschäftigt waren) zusammen. Die verbündeten Arbeitgeber unterstützten sich bei Streiks und koordinierten die Aussperrungen, so daß sie den Gewerkschaften machtvoll begegneten. Damit nicht genug, wollten sie die Streikwaffe der Arbeiter noch zusätzlich entschärfen und drängten darauf, daß den Streikenden durch Gesetz verboten würde, Posten aufzustellen und die Arbeitswilligen von den Betrieben fernzuhalten. Die Debatte um den Schutz der Arbeitswilligen erreichte in den Jahren vor 1914 ihren Höhepunkt. Die Unternehmer schauten sich nach politischen Verbündeten um und einem ihrer Interessenverbände, dem Centralverband deutscher Industrieller, gelang es 1913, gemeinsam mit den Landwirten (Bund der Landwirte, Vereinigung der christlichen Bauernvereine) und mittelständischen Handwerkern (Reichsdeutscher Mittelstandsverband) eine Art Kartell der schaffenden Stände zu verabreden, das sich u. a. für den Schutz der Arbeitswilligen und die Abwehr der Sozialdemokratie stark machen wollte. Doch als die Konservativen im Reichstag das Verbot der Streikposten beantragten, standen sie am 6. Februar 1914 allein gegen alle anderen Parteien, d. h. den schaffenden Ständen fehlte eine breite politische Gefolgschaft.

Seit dem Scheitern der Zuchthausvorlage von 1899 war klar, daß die bürgerlichen Parteien der Mitte mit Rücksicht auf ihre Wähler keine gewerkschaftsfeindliche Politik unterstützen würden. Auch in der weiteren Öffentlichkeit erhoben sich warnende Stimmen, vor allem seitens der Gesellschaft für soziale Reform. Sie war 1901 gegründet worden, ihr Vorsitzender war der ehemalige Minister Freiherr von Berlepsch, und zu ihren Zielen gehörte es, durch Entwicklung des Koalitionsrechts die Gewerkschaften auf dem Boden der bürgerlichen Gesellschaft zu verankern, statt sie von dort zu vertreiben. Sie verurteilte auf einer Kundgebung am 10. Mai 1914 die Polemik der Unternehmer und trat dafür ein, den friedlichen Interessenausgleich durch Abschluß von Tarifverträgen zu fördern. Seit 1911 empfahl sie außerdem, ein Reichseinigungsamt einzurichten, das Streiks durch obligatorische Schlichtungsversuche verhindern sollte. Den wirtschaftlichen Gefahren, sagte Berlepsch damals, die die Arbeitskämpfe begleiteten, müsse mit einer „verstärkten staatlichen Intervention" begegnet werden[40].

Von mehreren Seiten hörte die Regierung den Appell, in der Gewerkschaftsfrage aktiv zu werden. Sie war allerdings, was die Bekämpfung der Arbeiterbewegung mit Gesetzen betraf, ein gebranntes Kind, und deshalb erklärte Bethmann Hollweg am 10. Dezember 1913 Ausnahmegsetze als unmöglich; der Schutz der Arbeitswilligen könne nur innerhalb des allgemeinen Strafrechts erfolgen, und zwar ohne „Einbruch in die Koalitionsfreiheit". Aber ebenso wenig wollte die Regierung auf die Frage der Tarifverträge und der Schlichtung eingehen. Sie sah beides mit der Stellung der Gewerkschaften verknüpft und zog es vor, solange „die Rechtsfähigkeit der Berufsvereine" nicht geregelt sei, „den jetzigen Zustand aufrechtzuerhalten"[41]. Immerhin kündigte der Vizekanzler an, in einer Denkschrift das Koalitionsrecht in historischer und europäischer Perspektive zu beleuchten und dadurch künftige Entscheidungen vorzubereiten. Doch das änderte nichts daran, daß die Regierung das Problem aufschob, weil sie mit Blick auf Konservative, Landwirte und Unternehmer nicht wagte, den Gewerkschaften entgegenzukommen. Gleichzeitig wußte sie, daß sie den Organisationen der Arbeiter ihren Platz in der Gesellschaft nur mit einer reaktionären Gewaltpolitik hätte streitig machen können. Und das hätte bedeutet, das Reich in eine innenpolitische Krise enormen Ausmaßes zu stürzen. Dem hat sich Bethmann Hollweg entzogen.

Aufs Ganze gesehen verfolgte die Regierung seit 1898 einen Kurs maßvoller sozialpolitischer Fortschritte. Ihre Achillesferse war freilich die Gewerkschaftsfrage, in der sie zweimal versuchte, das Heft des Handelns zu ergreifen, und zweimal scheiterte: es geht um die Gesetze über die Berufsvereine und die Arbeitskammern. Zentrum und Linksliberale hatten mehrfach vorgeschlagen, die Gewerkschaften durch Gesetz als eingetragene Berufsvereine zu registrieren, um ihnen einen verbesserten Rechtsstatus und stillschweigend auch die staatliche Anerkennung zu verschaffen. Im Herbst 1906 erhielt der Reichstag einen Gesetzentwurf, der solchen Vereinen erlauben wollte, Jugendliche ab 16 Jahren und Frauen als Mitglieder zu führen, sozialpolitische Fragen zu behandeln, soweit sie unmittelbar die beruflichen Interessen der Mitglieder betrafen, und als juristische Person aufzutreten, d. h. Eigentum zu erwerben und als Kläger vor Gericht zu erscheinen. Auf der anderen Seite drohte ihnen der Verlust ihres Status, wenn sie durch Streiks die Sicherheit des Reichs oder eines Bundesstaats, die Wasserversorgung der Bevölkerung oder Menschenleben gemeinhin gefährdeten. Ferner sollten sie für Schäden gemäß dem Bürgerlichen Gesetzbuch haften, also wegen der wirtschaftlichen Folgen von Streiks belangt werden können. Die Legalisierung der Gewerkschaften war damit in eine Form gegossen, die den Betroffenen nicht behagte. Der Reichstag kritisierte vor allem die Möglichkeiten behördlicher Eingriffe, die Haftung bei Streiks und die Tatsache, daß die Landarbeiter von dem Verfahren ausgeschlossen sein sollten. Angesichts der Front von Sozialdemokraten, Liberalen und Zentrum gab die Regierung ihre Vorlage bald preis und damit auch den Versuch, die Gewerkschaften in staatlich lizensierte Interessenverbände zu verwandeln.

In der Sache war der Fehlschlag unerheblich, weil den Gewerkschaften nichts Wesentliches entging. Anders verhielt es sich beim Gesetz über die Arbeitskammern. Es verfolgte den vernünftigen Zweck, eine Institution zu schaffen, in der Unternehmer und Arbeiter ihre gemeinsamen Interessen verhandeln, Lohn- und Tarifstreitigkeiten ausgleichen und gewissermaßen ihren Klassengegensatz moderieren konnten. Beide Seiten sollten paritätisch vertreten sein, so daß die Arbeiter erstmals ein offizielles Organ der überbetrieblichen Mitbestimmung erhalten hätten. Allerdings tötete die Regierung den lebendigen Keim des Gesetzes eigenhändig ab, indem sie das Prinzip der sozialen Verständigung übersteigerte und die Kammern politisch neutralisieren, d. h. dem Einfluß der Unternehmer- und Arbeiterverbände entrücken wollte. Das führte dahin, daß im Reichstag heftig über aktives und passives Wahlrecht gestritten wurde: die Parteien drangen auf eine Regelung, nach der die Geschäftsführer der Gewerkschaften bzw. Arbeitgeberverbände wählbar gewesen wären, während die Regierung diese Vorreiter des Klassenkampfes von der friedlichen Halle der Arbeitskammer fernhalten wollte.

Zu allem Überfluß bekräftigten die Arbeitgeber und Gewerkschaften, sie hätten keine gemeinsamen Interessen und es kämen allenfalls Arbeiterkammern, in denen nur Arbeiter vertreten wären, in Betracht. Dies verbunden mit diversen Einwänden gegen die organisatorische Gestaltung der Kammern hatte zur Folge, daß die Vorlage unerledigt blieb. Zweimal, 1908 und 1910, hat die Regierung sie im Reichstag eingebracht, beide Male verweigerte sie den entscheidenden Kompromiß und verzichtete auf eine abschließende Beratung. Als einziger Gewinn auf dem Gebiet einer gesetzlich gesicherten Vertretung von Arbeiterinteressen ist die Novellierung des preußischen Berggesetzes von 1905 zu erwähnen. Angesichts eines großen Bergarbeiterstreiks, verstärkt durch den Eindruck der Revolution in Rußland, sorgte die Regierung dafür, daß auf allen preußischen Kohlenzechen mit mehr als 100 Arbeitern ein ständiger Arbeiterausschuß gewählt werden mußte. Er durfte Anträge und Beschwerden an die Betriebsleitung richten sowie bei der Lohnberechnung, der Anordnung von Überschichten und Festsetzung der Arbeitsordnung mitwirken. Für einen ganzen Industriezweig wurde also die betriebliche Mitbestimmung obligatorisch, freilich gerade dort, wo die Haltung der Unternehmer der fruchtbaren Ausgestaltung der neuen Einrichtung besonders abträglich war.

Nach dem bisher Gesagten leuchtet ein, daß die positiven Leistungen der Sozialpolitik im Jahrzehnt vor 1914 nicht auf dem Gebiet der Interessenvertretung der Arbeiter lagen, sondern auf dem des Arbeitsschutzes und der Sozialversicherung. Ohne auf Einzelheiten einzugehen, sei betont, daß hier die Gesetzgebung kontinuierlich vorangeschritten ist. Beim Arbeiterschutz erfolgte 1903 eine Regelung der Kinderarbeit außerhalb der Fabriken, 1908 eine Begrenzung der täglichen Arbeitszeit für Frauen auf 10 (bisher 11) Stunden, ebenfalls 1908 eine gewisse Beschränkung überlanger Arbeitszeiten in der Eisen- und Stahlindustrie, schließlich 1911 ein Versuch, die Arbeitsverhältnisse der Haus- und Heimarbeiter zu normieren. Bei der Sozialversicherung mündeten die Reformarbeiten in die Reichsversicherungsordnung von 1911 ein. Obwohl die organisatorische Eigenständigkeit der drei Versicherungsbereiche Krankheit, Unfall, Alter/Invalidität bestehen blieb, wurde die Gesetzgebung in einer Ordnung zusammengefaßt, die das Verfahren in Streitfragen und die staatliche Aufsicht vereinfachte. Neu kam hinzu die obligatorische Krankenversicherung für Landarbeiter und Dienstboten sowie die Witwen- und Waisenrente als Absicherung hinterbliebener Familienangehöriger. Gleichzeitig erhielten die Angestellten eine eigene Rentenversicherung. Die Ausdehnung des Versicherungsprinzips auf die Arbeitslosigkeit wurde zwar von den Gewerkschaften gefordert, doch die Regierung lehnte solch einen Schritt ab.

Offiziell herrschte 1914 der Eindruck vor, daß die Sozialversicherung fürs erste einen Abschluß erreicht habe. In der Öffentlichkeit fragte bereits der eine oder andere, ob nicht die umfassende Absicherung sozialer Risiken der moralischen Widerstandsfähigkeit des Volkes schade, ja die Neigung zum Mißbrauch und Rentenschwindel fördere. Der Umfang der Versicherungen war 1913 in der Tat beachtlich: 14,6 Mio. Menschen erfaßte die Krankenversicherung, 25,8 Mio. die Unfallversicherung, 16,3 Mio. die Invaliden- bzw. Altersversicherung und 1,4 Mio. die Angestelltenversicherung. Alle vier Versicherungen hatten Einnahmen von 1,3 Mrd. M und Ausgaben von 1,1, Mrd. M - zum Vergleich: das Deutsche Reich wies 1913 in seinem Haushalt 2,2 Mrd. M an Einnahmen aus. Die Sozialversicherung hatte eine Größe erreicht, die sie zu einem Wirtschaftsfaktor machte. Wie begrenzt die Leistungen gleichwohl waren, erkennen wir, wenn wir die 167,99 M einer durchschnittlichen jährlichen Altersrente (1914) mit den 1 881,95 M durchschnittlicher Ausgaben eines Arbeiterhaushalts (1908) vergleichen[42] - das Kaiserreich war immer noch ein Sozialstaat im Werden.

Zu den großen innenpolitischen Aufgaben gehörte die Sanierung der *Reichsfinanzen.* Die Kosten der Weltpolitik wogen schwer, z. B. verdoppelte sich von 1901 bis 1909 der jährliche Marineetat auf 420 Mio. M, außerdem fielen 745 Mio. M für die Intervention gegen den Boxeraufstand in China und die Niederschlagung des Aufstands in Südwestafrika an.[43] Die regulären Einnahmen entsprachen diesem Bedarf nicht, so daß ein großer Teil der Ausgaben durch Kredite gedeckt wurde; binnen acht Jahren stieg die Reichsschuld von 2,4 auf 5,1 Mrd. M (1909). Es lag auf der Hand, daß die Einnahmen des Reichs vermehrt werden mußten. Das war allerdings leichter gesagt als getan. Die Reform der Reichsfinanzen rührte an ein Geflecht konkurrierender Interessen, in das Reich, Bundesstaaten, Parteien und Wirtschaftsgruppen eingebunden waren (s. o. S. 61ff., ferner I, S 103).

Seit 1871 waren die Steuerquellen im Reich so aufgeteilt, daß die direkten Steuern auf Einkommen, Vermögen und Gewerbe den Bundesstaaten, die indirekten Steuern auf Waren des täglichen Verbrauchs oder einzelne Geschäftsvorgänge, ferner die Zölle dem Reich gehörten. Etwaige Defizite im Reichsetat mußten die Bundesstaaten durch Zuschüsse, sog. Matrikularbeiträge, ausgleichen. Diese Beiträge belasteten die Staaten von Jahr zu Jahr in wechselnder Höhe, weshalb die Landesregierungen seit 1902 darauf bestanden, daß ihnen nur noch 24 Mio. M jährlich abverlangt würden; was darüber hinausging, wurde gestundet und addierte sich 1909 auf 272,4 Mio. M, die schließlich durch eine Anleihe gedeckt wurden. An und für sich war die Beseitigung der Matrikularbeiträge dringend, sie setzte aber voraus, daß das Reich dafür andere Einnahmen erhielt. Das konnte durch Vermehrung der indirekten Steuern (u. a. auf Tabak, Bier, Branntwein, Zucker) geschehen, freilich mit der Folge, daß der Massenkonsum verteuert wurde, und dagegen wandten sich Sozialdemokraten, Linksliberale und Teile des Zentrums. Dem Griff nach einer direkten Steuer opponierten die Bundesstaaten, die Konservativen und andere Teile des Zentrums, so daß jede Regelung im Reichstag und Bundesrat umstritten war. Der Kampf um eine direkte Reichssteuer wurde das große Thema der Jahre bis 1913. Er verschliß vier Staatssekretäre im Reichsschatzamt, riß eine tiefe Kluft zwischen Liberalen und Konservativen auf und endete mit der Verabschiedung einer kombinierten Vermögens- und Erbschaftssteuer zugunsten des Reichs. Unter dem Druck des Reichstags und der Sachlage hat sich die Regierung zu einer Reform bequemt, die das Reich als den finanzpolitisch wachsenden Körper gegenüber den Bundesstaaten stärkte.

Ein erstes Zeichen hat der Reichstag 1898 gesetzt. Damals fügte er im 1. Flottengesetz den Vorbehalt ein, daß überplanmäßige Ausgaben nicht aus indirekten Steuern, die den Massenverbrauch belasteten, gedeckt werden dürften. Damit war gesagt, daß künftige Steuererhöhungen nicht ohne eine spürbare Beteiligung der Besitzenden genehmigt würden. Die Regierung ließ sich nur zögernd herbei, die Reform der Reichsfinanzen anzupacken. Einen Anlauf unternahm sie 1905/06, als sie den Fehlbedarf im Reichsetat auf etwa 250 Mio. M. schätzte und neue Einnahmen von 255 Mio. M beantragte, darunter war eine begrenzte Erbschaftssteuer, die die Bundesstaaten dem Reich opfern wollten. Der Reichstag bewilligte nur 180 Mio. M, davon 48 Mio. M aus der Erbschaftssteuer. Das Ergebnis genügte in keiner Weise, so daß im November 1908 eine neue Vorlage folgte. Sie setzte den Bedarf auf 500 Mio. M an und wollte ihn aus höheren Steuern auf Branntwein, Bier, Tabak, Wein und Erbschaften decken. Es war ein ungewöhnlich großes Steuerprogramm, das die Einnahmen, die sonst bei jährlich 1,6 Mrd. M lagen, fast um ein Drittel erhöhte - und tatsächlich haben sie dann ab 1909 die 2 Mrd. M überschritten. Die Vorlage war um so brisanter, als gerade der Sturm, den das Daily-Telegraph-Interview geweckt hatte, über das Land gegangen war und die Parteien nach einer Verfassungsreform riefen. Es herrschte eine angespannte Atmosphäre, und jeder spürte, daß die Zusammenarbeit der Liberalen und Konservativen im Bülowblock auf dem Spiele stand. Die alles entscheidende Frage lautete, ob die Konservativen bei der Erbschaftssteuer und die Linksliberalen bei den Verbrauchssteuern kompromißbereit sein würden.

Die Konservativen hatten 1906 die Erbschaftssteuer nur widerstrebend akzeptiert. Sie schrieben ihr eine familienfeindliche Wirkung, die Verletzung des Eigentums im allgemeinen und die Schädigung des landwirtschaftlichen Besitzes im besondern zu. Ihre Einwände wurden unüberwindlich, als die Regierung 1908 die Steuer auf das Erbe der Ehegatten und Kinder ausdehnen wollte. Noch ehe die Vorlage den Reichstag erreichte, verständigten sich die Konservativen mit dem Bund der Landwirte darüber, daß solch eine Erweiterung verhindert werden müsse. Sie schufen eine Front, die einesteils die Interessen der Landwirte verteidigen und andernteils den Einfluß der Liberalen sowie eine Ausweitung der parlamentarischen Rechte abwehren wollte. Diesem Bollwerk war die Regierung nicht gewachsen. Obwohl Bülow offen für die Erbschaftssteuer eintrat, wohl wissend, daß sie das Band war, das die Linksliberalen beim Block hielt, präsentierte ihm der Reichstag im Juli 1909 ein Ergebnis, in dem die Erbschaftssteuer durch angebliche Besitzsteuern ersetzt worden war, die beim Besitzwechsel von Grundstücken sowie auf Schecks, Wechsel und Gewinne aus Dividenden oder Zinsen erhoben werden sollten. An die Stelle einer großen, eindeutigen Besitzsteuer war ein Bündel von Maßnahmen getreten, die vorwiegend den Geldverkehr und den Kapitalbesitz trafen. In der Summe waren zwar die erforderlichen 500 Mio. M (unter Beibehaltung der Matrikularbeiträge) beschlossen, aber die Lasten aus den direkten Steuern weitgehend dem kapitalbesitzenden Bürgertum zugeschoben worden.

Diese Entwicklung besiegelte das Ende des konservativ-liberalen Blocks, und die Regierung, nun unter Führung Bethmann Hollwegs, nahm das veränderte Steuerpaket nolens volens an. Sie mußte sich fügen, weil das Zentrum die agrarischen Konservativen im Reichstag unterstützt hat. Die katholische Partei stellte das Gros jener Mehrheit von 194 : 186 Stimmen, die am 24. Juni 1909 die Erbschaftssteuer endgültig verweigerte. Sie eroberte dadurch die ausschlaggebende Stellung im Parlament, aus der sie Bülow 1907 verdrängt hatte, zurück. Die Liberalen quittierten den Wechsel der Mehrheiten, indem sie zeitweise die parlamentarische Arbeit boykottierten und im Verein mit dem städtischen Bürgertum sich gegen die neuen Besitzsteuern auflehnten. Unternehmer aus Industrie, Handel und Hand werk gründeten am 12. Juni 1909 den Hansa-Bund, dem sich bis 1913 außer 830 Verbänden noch 200 000 Personen als Einzelmitglieder anschlossen. Er sollte dem Bund der Landwirte Paroli bieten und forderte vom Staat, daß er den „Grundsatz der Gleichberechtigung aller Erwerbsstände“ befolge, den Einfluß einer „einseitig agrardemagogischen Richtung“ abwehre und die Vertreter des Bürgertums „sowohl in der Gesetzgebung wie in der Verwaltung“ gleichberechtigt behandele[44]. Die Namensliste seiner leitenden Gremien las sich wie ein Who is Who? des deutschen Unternehmertums; der geschäftsführende Präsident Jakob Riesser war ein angesehener Bankier nationalliberaler Orientierung. Mag die Stoßkraft des Bundes auch nicht die des BdL erreicht haben, so bleibt doch beachtenswert, daß sich die Nationalliberalen zusehends von der gewohnten Kartellpolitik mit den Konservativen entfernten. Eine Verlagerung der politischen Gewichte zur Mitte und nach links bahnte sich an.

Die Reichsfinanzen haben sich dank Mehreinnahmen und Sparpolitik stabilisiert und zeigten für 1912 sogar einen Überschuß von 200 Mio. M an. Das Geld floß in erhöhte Ausgaben für Heer und Flotte, und abermals tauchte das alte Begehren auf, die Rüstung durch eine angemessene Besitzsteuer zu finanzieren. Im Mai 1912 setzten Nationalliberale und Zentrum den Beschluß durch, daß binnen eines Jahres solch eine Steuer geschaffen werden müsse. Das war nach den Reichstagswahlen von 1912, in denen die Konservativen aller Couleur 30 und das Zentrum 14 Mandate verloren, die Sozialdemokraten aber 67 gewonnen hatten. Die konservativ-katholische Mehrheit war zerbrochen, und mit einiger Verve forderte Bassermann, daß die Regierung nicht mehr die Liberalen, sondern die Konservativen zum Einlenken bewegen solle, damit sie endlich „des Vaterlandes wegen, das ein solches Opfer verlangen kann", die Erbschaftssteuer bewilligten[45]. Auf dieser Bahn ging es 1913 weiter. Die Lage spitzte sich dadurch zu, daß für eine Heeresvermehrung großen Stils einmalig 1 Mrd. M sowie jährlich 186 Mio. M benötigt wurden. Die Heeresvorlage wurde finanziert durch eine einmalige Vermögensabgabe, den sog. Wehrbeitrag, und einige Steuererhöhungen, unter denen die neue Vermögenszuwachssteuer des Reichs (die indirekt auch als Erbschaftssteuer wirkte) am wichtigsten war. Die Regierung hat sich ungern der Reichstagsmehrheit, die von den Sozialdemokraten bis zum Zentrum reichte, gebeugt.

Freilich sollten wir uns hüten, im Vordringen liberal-demokratischer Tendenzen die unbestrittene Signatur deutscher Innenpolitik vor 1914 zu sehen. Zweifellos gab es diese Tendenzen, aber wie begrenzt sie waren, zeigte nichts deutlicher als die Affäre um das *preußische Wahlrecht*. Das ungleiche Dreiklassenwahlrecht (s. o. S. 63ff.) blockierte eine demokratisch egalitäre Entwicklung, da es den besitzenden Schichten in Stadt und Land ein Übergewicht sicherte. Verbunden mit der veralteten Wahlkreiseinteilung kam es den ländlichen Grundbesitzern und der konservativen Partei zugute, während es den Sozialdemokraten keine realistische Aussicht auf einen Mandatsgewinn ließ. Außer den Sozialdemokraten forderten auch Liberale und Zentrum eine Reform des Wahlrechts. Doch sie scheuten sich, mit Ausnahme der Linksliberalen, geradezu das Reichstagswahlrecht auf Preußen zu übertragen, weil sie von der Privilegierung der Höherbesteuerten ebenfalls profitierten. Bei einer radikalen Reform hätten sie in den Städten viele Mandate an die Sozialdemokraten verloren, und ob sie auf dem Lande eine Kompensation zu Lasten der Konservativen gefunden hätten, war ungewiß. So neigten sie zu einer vielfältig gebrochenen Kompromißbereitschaft, die den Reformwillen erheblich schwächte.

Die Sozialdemokraten spitzten die Lage auf ihre Weise zu. Jahrelang haben sie die preußischen Landtagswahlen boykottiert; erst 1898 gingen sie dazu über, durch ihre Beteiligung zu verdeutlichen, wie sehr die Wähler der 3. Klasse diskriminiert wurden. Sie erreichten, daß die Zahl der Wähler von 1,2 (1898) auf 2,7 Mio. (1913) stieg und das Wahlverfahren mit seiner öffentlichen Stimmabgabe, die nach Namensaufruf in der Wählerversammlung protokolliert wurde, bis an die Grenzen der Funktionsfähigkeit ausgedehnt wurde. Aber im Ergebnis blieb alles beim alten. Daraufhin erhöhten sie den Druck, indem sie 1906, 1909 und 1910 Massenkundgebungen und Demonstrationen organisierten, die Polemik gegen „die Schande und Ungerechtigkeit des Dreiklassenwahlsystems" steigerten und einen „Wahlrechtssturm nicht nur in Preußen, sondern in ganz Deutschland" ankündigten[46]. Sie weiteten damit die Diskussion aus und trugen dazu bei, daß die Regierung ernsthaft an Reformen dachte.

Zwischen 1903 und 1911 wurde in mehreren Bundesstaaten an derselben Frage gearbeitet. Baden, Bayern, Württemberg liberalisierten ihr Landtagswahlrecht in Richtung des allgemeinen, gleichen, geheimen Wahlrechts, Sachsen ging von einem Dreiklassenwahlrecht zu einem Pluralstimmrecht über, das geheim und allgemein war, jedoch für Einkommen, Bildungsgrad und Alter bis zu drei Zusatzstimmen gewährte, Braunschweig milderte sein Dreiklassenwahlrecht ab. Aber es gab auch den Fall, daß in Hamburg ein Zweiklassenwahlrecht neu eingeführt wurde oder in Mecklenburg der Übergang zu einer gewählten Volksvertretung ganz und gar scheiterte - hier blieb es bei einem ständischen Landtag der Ritter und Städte. Es kam also darauf an, daß Preußen Anschluß an eine zeitgemäße Entwicklung hielt, und darauf drangen nicht zuletzt die Linksliberalen, die 1907 in den Bülowblock eingetreten sind. Sie stellten wiederholt Reformanträge, und Bülow wollte auch ihren Wünschen „in möglichst freundlicher Form" entgegenkommen, weil „die Stimmung der Liberalen bei der Finanzreform nicht verdorben werden" sollte[47].

Regierung und bürgerliche Parteien waren sich im Prinzip einig, daß das Dreiklassenwahlrecht nur reformiert, nicht abgeschafft werden sollte. Den Anfang machte 1906 eine geringe Revision der obsoleten Wahlkreiseinteilung. Die Ballungsgebiete Berlins, Oberschlesiens und des Ruhrgebiets erhielten zehn neue Wahlkreise, und daraufhin gewannen die Sozialdemokraten 1908 erstmals sieben Mandate. Die inhaltliche Wahlreform folgte im Februar 1910, als die Regierung u. a. vorschlug, vom indirekten zum direkten Wahlverfahren überzugehen, ferner jene Bürger, die sich durch Bildung, Berufserfahrung und öffentliche Tätigkeit auszeichneten, in die nächsthöhere Wählerklasse einzustufen und bei der Klasseneinteilung nur einen individuellen Steuerbetrag bis zu 5 000 M anzurechnen, im übrigen sollte es bei den drei Klassen und der öffentlichen Stimmabgabe bleiben. Die Verbesserungen zielten auf die bürgerlichen Mittelschichten und sollten eine Art Schonkost für die Konservativen sein. Doch diese nahmen die Diät nicht an. Als sich abzeichnete, daß Zentrum und Liberale die geheime Wahl statt der öffentlichen beschließen könnten, einigten sich die Konservativen mit dem Zentrum auf den Kompromiß, der die geheime und indirekte Wahl verband. Das konservativ-katholische Bündnis, das dem Reich 1909 die Steuerreform beschert hatte, kehrte auch in Preußen das Konzept der Regierung - direkte, aber öffentliche Wahlen - um (die Regierung mochte keine geheimen Wahlen, weil das die Agitation und die Politisierung der Wähler steigern würde, dagegen waren alle Parteien mit städtischer Wählerschaft an geheimen Wahlen interessiert). Die Konservativen waren die Herren der Lage, denn mit dem Zentrum bildeten sie die Mehrheit im Landtag. Bethmann Hollweg drang vergebens darauf, die Nationalliberalen in die Mehrheit einzubeziehen, und ergriff den peinlichen Ausweg, die abgeänderte Vorlage zurückzuziehen.

Bethmann Hollwegs Rückzug war ein Akt der Verzweiflung. Er hat 1911 gestanden, daß ihm für die Wahlreform das rettende Stichwort fehlte und deshalb „das Problem undurchsichtig und gefahrdrohend" blieb. Er hielt es für unerträglich, daß die monarchische Regierung von einer herrischen Parlamentsmehrheit abhängig werde. Als er mit seinen Ausgleichsversuchen an den Konservativen scheiterte, unterließ er es, sich ganz den Liberalen zuzuwenden, weil ihn das „materiell zu weit [nach] links führen" könnte. Er stand unschlüssig vor einem Kreuzweg, hatte er doch privatim geäußert, „eigentlich müsse das parlamentarische System bei uns doch kommen"[48]. Er wußte, daß die preußische Wahlrechtsreform eine aufgeschobene Entscheidung war, denn die Existenz der Sozialdemokratie verkörperte tagtäglich die Sinnfrage dieses Wahlrechts.

c) Stiefkinder des Nationalstaats

Was Bethmann Hollweg in Preußen mißglückte, sollte ihm an anderer Stelle, in Elsaß-Lothringen, besser gelingen: die Reform der Verfassung und die Einführung des gleichen, allgemeinen, geheimen Wahlrechts. *Elsaß-Lothringen* fehlte als sog. Reichsland die Qualität eines Bundesstaats (s. I, S. 77). Es war in der Gestaltung seiner Landesangelegenheiten nicht autonom, sondern einem kaiserlichen Statthalter unterstellt, und war nicht Mitglied des Bundesrats. Der Status minderen Rechts wurde in dem Maße ein Ärgernis, in dem sich der ursprüngliche Protest der Bevölkerung gegen die Annexion abschwächte, die Reichszugehörigkeit als Tatsache betrachtet wurde und die Organisation der politischen Kräfte sich ähnlich wie im übrigen Reich gestaltete, d. h. sich dem Zentrum, den Sozialdemokraten und den Liberalen bzw. Freikonservativen annäherte. Die engagierten Frankophilen gerieten als eigenständige Kraft ins Abseits, behielten aber ihre Sympathisanten bei der katholischen Landespartei und den Sozialdemokraten. An ihnen entzündete sich immer wieder das Mißtrauen der reichsdeutschen Politiker, die den Elsässern und Lothringern wegen ihrer Vorliebe für französische Kultur und Sprache, dem persönlichen Verkehr zwischen Verwandten und Bekannten über die Grenze sowie dem Festhalten an demokratisch-republikanischen Traditionen die Loyalität eines Reichsbürgers bestritten. Besonders die Offiziere, die im Reichsland stationiert waren, ein Teil der Beamten und die alldeutschen Nationalisten kultivierten dieses Mißtrauen. Ihre Sicht kam von außen und entsprach der Mentalität des Eroberers, der nicht geneigt ist, die Eigenart von Land und Leuten zu würdigen. Im Zweifelsfall stellten sie in diesem Grenzgebiet die Belange militärischer Sicherheit über die der politischen Integration, und die deutsch-französischen Spannungen seit 1904 lieferten ihnen einige Argumente.

Das Reichsland selbst strebte die Stellung eines Bundesstaats für sich an. Nach längerem Bemühen erreichte es, daß Bethmann Hollweg Ende 1910 dem Reichstag ein Gesetz vorlegte, das die bestehende Verfassung revidierte und am 26. Mai 1911 angenommen wurde. Daraufhin fanden im Oktober die ersten Landtagswahlen statt, bei denen Zentrum, Sozialdemokraten und Liberale mehr als zwei Drittel der Mandate eroberten. Die Reform hatte drei Hauptpunkte: die Frage des Staatsoberhaupts (diese Funktion blieb beim Kaiser, der seine Befugnisse aber auf den Statthalter übertragen konnte), die Beteiligung am Bundesrat (das Reichsland erhielt dort drei Stimmen, über deren Votum der Statthalter entschied), und die Errichtung eines Landtags aus zwei Kammern (die zweite Kammer wurde in gleicher, allgemeiner, geheimer Wahl gewählt). Am meisten umkämpft waren das Stimmrecht im Bundesrat und das Wahlrecht. Die Bundesratsstimmen erwiesen sich als ein Problem für den Reichsföderalismus: sie mußten indirekt den Einfluß Preußens stärken, da sie letztlich vom Kaiser instruiert werden konnten, der als preußischer König schon über 17 Stimmen gebot; solch einen kumulativen Effekt lehnten die übrigen Bundesstaaten ab. Deshalb wurde beschlossen, die elsaß-lothringischen Stimmen nur zu zählen, solange sie nicht für eine Mehrheit zugunsten Preußens ausschlaggebend waren, d. h. Preußen nahm hin, gelegentlich im Bundesrat künstlich geschwächt zu werden. Das demokratische Reichstagswahlrecht hatte die Regierung durch ein ungleiches Pluralstimmrecht umgehen wollen. Sie unterwarf sich aber den anderen Beschlüssen des Reichstags, um die Vorlage nicht zu gefährden. Sie kooperierte hier mit einer Mehrheit, die sowohl Sozialdemokraten als auch Nationalliberale umfaßte und der die Konservativen opponierten.

Diese Verteilung der Kräfte gab der elsaß-lothringischen Verfassungsreform eine eigentümliche Bedeutung: Bethmann Hollweg stützte sich auf eine „linke" Parlamentsmehrheit, er akzeptierte auf dem Wege der Reichsgesetzgebung das allgemeine, gleiche Wahlrecht und er duldete gewisse Abstriche an der Führungsrolle Preußens im Reich. Weil das am Beispiel Elsaß-Lothringens, nicht Preußens geschah, darf sein Gewicht nicht überschätzt werden, aber es unterstrich die Spannungen, die im politischen System des Reichs heranwuchsen und die eines Ausgleichs bedurften.

Die Kompromißfähigkeit, die das Reich in Elsaß-Lothringen erprobt hatte, fehlte vollständig an einer anderen Stelle: gegenüber den *Polen* an der Ostgrenze. Hier bemühte sich die deutsche Verwaltung, die 3 - 4 Millionen polnischer Einwohner nicht nur zu staatsbürgerlicher Loyalität, sondern auch zur Anpassung an die deutsche Nationalität zu nötigen. Es war ein Kampf um die territoriale Integrität und nationale Homogenität des Reichs; seine völkerrechtlichen Grundlagen hatte der Wiener Kongreß 1815 bestätigt, aber seine moralischen Grundlagen waren fragwürdig. Die deutsche Politik gefiel sich darin, seit 1871 zusehends das Recht des Stärkeren herauszukehren. Sie beschnitt den Polen das Recht auf eigene Sprache, Kultur und Geschichte und betonte den nationaldeutschen Charakter des Reichs (s. I, S. 173ff.).

Die Polen machten etwa 5,5 % der Reichsbevölkerung aus. Sie wohnten 1910 vor allem in den Provinzen Posen (1,28 Mio.) und Westpreußen (0,48 Mio.), ferner in Oberschlesien (1,17 Mio.) und im Ruhrgebiet (0,25 Mio.), außerdem ließen sich ihnen 0,3 Mio. Menschen zurechnen, die sich als zweisprachig ausgaben. In ihren Wohngebieten besaßen sie ein festes soziokulturelles Milieu, aus dem stets 14 bis 20 Reichstagsabgeordnete hervorgingen. Ihr politisch-nationales Eigenbewußtsein widerstand den Repressionen, die die preußische Regierung anwandte, und vereinte je länger desto fester alle Schichten der Bevölkerung zu gemeinsamer Abwehr. Selbst die Deutschen räumten ein, daß die Polen eine „unverkennbare nationale Wiedergeburt“ erlebten und sich dabei auf die „Tüchtigkeit ihrer arbeitenden Klassen“ stützten. Die deutschen Gegenkräfte formierten sich im Ostmarkenverein und Alldeutschen Verband, und für letzteren forderte Hugenberg 1902, daß die Polen als Staatsbürger minderen Rechts zu behandeln seien: „Die Gleichberechtigung in wirtschaftlichen Dingen ... muß so gründlich aufhören“, daß sich die Betroffenen alsbald fragen würden, „ob es denn wohl noch so vorteilhaft sei, Pole zu sein“[49]. In den Dienst solch eines rigorosen Nationalismus stellte sich auch die Regierung, was sie vor allem auf dem Gebiet der Sprachen- und Ansiedlungspolitik bewiesen hat.

Die Verdrängung der polnischen Sprache aus dem öffentlichen Leben und der Schule war ein Ziel, das die Regierung seit 1871 beharrlich verfolgte. 1887 hat sie das Unterrichtsfach Polnisch gestrichen und danach versuchte sie, die Anwendung des Polnischen als Unterrichtssprache einzuengen. Ein besonderes Reservat bildete der Religionsunterricht, weil die Regierung 1894 zugestanden hat, daß dort, wo er polnisch erteilt wurde, noch ein begrenzter polnischer Lese- und Schreibunterricht stattfinden durfte. Ab 1900 ordneten die Schulbehörden verstärkt an, daß der Religionsunterricht in deutscher

Sprache stattzufinden habe, und stießen damit auf den Protest der Eltern und Kinder. 1901 weigerten sich zahlreiche Schüler in der Kreisstadt Wreschen, im Unterricht auf deutsch zu antworten, und 1906/07 beteiligten sich in Posen und Westpreußen etwa 61 000 Schüler an einer ähnlichen Aktion. Diese „Streiks" zogen sich Monate hin. Sie wurden von Protestversammlungen, Reibereien zwischen Eltern und Schulen und schließlich von Gerichtsverfahren begleitet, die zu drastischen Freiheits- und Geldstrafen führten. Die Behörden haben den Konflikt energisch durchgefochten, aber ihr Erfolg über Eltern und Kinder, die den Gebrauch ihrer Muttersprache verteidigten, war politisch und moralisch teuer erkauft.

Mit hohem Einsatz wurde auch auf dem Gebiet der Siedlungspolitik gekämpft. Seit 1886 erwarb die preußische Regierung in den Provinzen Posen und Westpreußen Grundbesitz polnischer Landwirte und gab ihn, in Mittel- und Kleinbetriebe aufgeteilt, an deutsche Bauern ab. Dadurch sollte der Anteil der deutschen Bevölkerung erhöht und ihre soziale Lage gefestigt werden. Die Königliche Ansiedlungskommisssion, die diesen Auftrag ausführte, verfügte zunächst über 100 Mio. M, doch der Betrag wurde bis 1913 auf 550 Mio. M erhöht. Ihr Finanzbedarf war eine Frucht der Konkurrenz, die zwischen Deutschen und Polen um den Erwerb landwirtschaftlicher Betriebe entbrannte und die Bodenpreise in die Höhe trieb. Die Polen gründeten ihrerseits Banken, Vereine und Genossenschaften, die die Ansiedlung ihrer Landsleute förderten und alsbald dafür sorgten, daß die Ansiedlungskommission kaum noch Boden aus polnischer Hand erhielt. Statt dessen mußte sie auf deutsche Güter zurückgreifen, ohne jedoch verhindern zu können, daß die Deutschen in der Bilanz des ländlichen Besitzwechsels von 1896 bis 1911 an die Polen 96 126 ha verloren haben. Im technischen Sinne - Errichtung von 21 727 Siedlungen und Ausstattung der Höfe bzw. Dörfer mit solider Infrastruktur - war ihre Arbeit erfolgreich, im nationalpolitischen Sinne weniger, da eine Vermehrung der deutschen Bevölkerung nur örtlich in den Zonen intensiver Siedlung gelang, nicht aber aufs Ganze der beiden Provinzen.

Angesichts derartiger Schwierigkeiten vermehrte die Regierung unter Bülow die von ihr angewandten administrativen Mittel. Sie schuf sich durch Gesetz die Möglichkeit, Polen den Neubau von Wohnhäusern in den Provinzen östlich der Oder zu verweigern (1904) sowie für Zwecke der Siedlung bis zu 70 000 ha polnischen Grundbesitzes zu enteignen (1908). Die Gesetze entsprachen dem nationalistischen Denken, das Alldeutsche und Ostmarkenvereinler verbreiteten und das den Polen die bürgerliche Gleichberechtigung absprach. Die Regierung hoffte, mit dem antipolnischen Kurs Rückhalt bei Konservativen und Liberalen zu gewinnen. Doch gerade die Konservativen zögerten, ihr zu folgen. Die ostdeutschen Gutsbesitzer mißbilligten, daß die Polen, die sie als Landarbeiter brauchten, fortschreitend diskriminiert wurden und daß das Eigentumsprinzip aus politischen Gründen angetastet werden sollte. Andererseits wagten sie nicht, sich dem nationalen Appell zu entziehen, und stimmten nach einigen Abänderungen dem Enteignungsgesetz zu.

Diese Komplikationen ermunterten die Regierung nicht, das Gesetz anzuwenden. Es war mehr eine Konzession an den Furor der nationalistischen Verbände als an die eigene Einsicht, als sie 1912 vier Güter mit etwa 1 700 ha enteignen ließ. Im Rahmen der Ankäufe, die die Ansiedlungskommission 1912/13 tätigte, fiel die Enteignung nicht ins Gewicht, aber als politisches Ereignis wurde sie weit über die Reichsgrenzen hinaus beachtet. Die Kritik verdichtete sich u. a. im Reichstag, wo am 30. Januar 1913 eine Mehrheit von Sozialdemokraten, Zentrum und Polen Bethmann Hollweg bescheinigte, daß „die Enteignung polnischer Grundbesitzer für die Zwecke der preußischen Ansiedlungskommission ... nicht der Auffassung des Reichstags" entspreche[50)]. Das hieß, daß hinter den Exaltationen der Polenpolitik kein allgemeiner Konsens stand und ein gemäßigter Kurs mit Rücksicht auf die Lage im Reichstag angezeigt gewesen wäre.

Tatsächlich hat es an Ansätzen zu einer gewissen Revision nicht gefehlt. Es war ein alter Gedanke, die antipolnische Siedlungspolitik als Auftakt einer generellen Sozialreform zu begreifen, die den ländlichen Bevölkerungsanteil durch Vermehrung der bäuerlichen Familien stärken und die Verstädterung bremsen sollte (s. I, S. 180ff.). Die Frage, wie die Abwanderung vom Lande aufzuhalten und das sozioökonomische Gewicht der Industrie zu begrenzen sei, wurde nach 1890 heiß diskutiert. In bürgerlich-liberalen Kreisen hieß es, „wir brauchen Ansiedlungskommissionen, die nicht nur Polen auskaufen, sondern die überhaupt den deutschen Osten... in kleine kaufbare Stücke zerlegen ... Das Land der Masse!" Die preußischen Landwirtschaftskammern erklärten 1906, die bäuerliche Besiedlung eines Teils des ostelbischen Großgrundbesitzes sei „für eine gesunde Weiterentwicklung unseres Volkes und unseres Staates durchaus geboten". In mehreren Provinzen entstanden Siedlungsgesellschaften. 1912 trat die Gesellschaft zur Förderung der inneren Kolonisation ins Leben und kein Geringerer als Bethmann Hollweg versprach, er wolle das „System für unsere innere Kolonisation stärken und verbessern", um „der Abwanderung vom Lande und dem Aufsaugungsprozeß, der von den großen Städten ausgeht, ein Paroli zu bieten"[51)].

Die preußischen Konservativen leisteten der Siedlungsidee zwar ihren Lippendienst, zogen es aber vor, die staatlichen Gelder, die in die Landwirtschaft flossen, nicht der Kolonisation, sondern den bestehenden Betrieben zuzuwenden; für die Umschuldung von Groß- und Kleinbetrieben sowie für den Ankauf staatlicher Domänen wurden von 1902 bis 1913 in Preußen 405 Mio. M bewilligt. Die Großlandwirte gerieten jedoch in die Kritik, weil sie ihr Defizit an Arbeitskräften durch immer größere Kolonnen ausländischer Wanderarbeiter ausglichen, die vom Frühjahr bis zum Spätherbst aus dem russischen oder österreichischen Teil Polens kamen. 1913/14 sind 414 003 Arbeiter aus Osteuropa registriert worden, die bis nach Sachsen, Hannover und Holstein zogen. Der deutsche Arbeitsmarkt partizipierte also am osteuropäischen Menschenpotential, und das mißfiel den Nationalbewußten, die weniger und nicht mehr Polen innerhalb der Landesgrenzen sehen wollten. Sie forderten deshalb die Ansiedlung deutscher Landarbeiter und verstärkten so den Ruf nach innerer Kolonisation.

Aus dieser sozial- und nationalpolitisch motivierten Diskussion ergab sich peu à peu eine veränderte Perspektive für die Polenpolitik. Neben den Stimmen, die in gewohnter Weise davon sprachen, „mindestens noch fünfzig Jahre mit gleicher - möglichst noch gesteigerter - Tatkraft den Kampf" gegen die Polen zu führen, ließen sich andere vernehmen, die die Polen „als lebensvolles, selbstbewußtes Volk" anerkannten, „das zu assimilieren den Deutschen ein Ding der Unmöglichkeit" sei. Der Publizist Georg Cleinow meinte 1914, „zum Haß gegen unsere Polen liegt kein rechter Anlaß vor"; die antipolnische Politik sollte abgeschwächt, das Enteignungsgesetz aufgehoben und statt dessen eine allgemeine Politik innerer Kolonisation eingeleitet werden, um sich so „den Wallungen eines nationalen Chauvinismus" zu entwinden, „der sich morgen ebenso gegen jeden deutschen Bürger wenden kann, wie er sich heute gegen die Polen richtet"[52]. Er konnte zwar für den Nationalitätenkonflikt keine Lösung anbieten, denn das Konzept der inneren Kolonisation war es weder der Sache noch der Tendenz nach, aber er wagte einen veränderten Blick auf das Problem. Sein Vorstoß zeigte, daß eine neue Polenpolitik nicht mehr undenkbar war.

d) Das Militär zwischen Kaiser und Volk

Am Beispiel der direkten Reichssteuer haben wir einen Konflikt kennengelernt, in dem sich das Parlament gegen die Regierung durchgesetzt hat. Das erreichte der Reichstag 1913 anläßlich einer Vergrößerung des Heeres um mehr als 117 000 Mann, deren Entstehung jetzt näher zu betrachten ist. Sie verweist abermals auf einen Gegensatz zwischen Parlament und Regierung, der sich daraus ergab, daß einige Parteien den moderaten Ausbau des Landheeres, den die Regierung seit 1899 betrieb, kritisierten. Die öffentliche Meinung bemächtigte sich eines Gegenstands, der Armee, der bisher der Initiative der Regierung vorbehalten war und den noch der Schleier einer gewissen Exklusivität umgab. Denn in der Armee verschränkten sich monarchische und nationale Tradition: die vielfach adligen Offiziere kultivierten den Geist ritterlicher Treue gegenüber dem fürstlichen Lehnsherrn und die wehrpflichtigen Bauern, Handwerker, Arbeiter und Bürger galten als das Volk in Waffen, das die Verteidigung des Staats zu seiner Sache machte. Auf der einen Seite die Tendenz zu einer kastenartigen Elite, auf der anderen zu einem egalitären Aufgebot der Wehrfähigen - das trug in das kaiserliche Heer einen Zwiespalt, der bis 1914 nicht völlig heilte.

Zu den Fragen, die die elitären und egalitären Tendenzen im Militär berührten, gehörte die Größe der Armee. Die Reichsverfassung schrieb die allgemeine Wehrpflicht vor, aber das Potential an Rekruten wurde nicht ausgeschöpft, weil organisatorische, finanzielle und außenpolitische Gründe dagegen sprachen. 1889/90 plante der preußische Kriegsminister zwar, die Wehrpflicht konsequent durchzuführen und so die Gefahr des Zweifrontenkriegs zu kompensieren, aber der Reichstag ließ nicht mehr zu als die Caprivische Heeresvorlage von 1893 (s. S. 67ff.). Es dauerte danach bis 1912, ehe die Durchführung der Wehrpflicht erneut gefordert und mit entsprechenden Heeresvergrößerungen auch eingeleitet wurde. In der Zwischenzeit begnügte sich das Kaiserreich mit einer Armee, die wohl organisatorisch und technisch gut gerüstet, aber numerisch den potentiellen Gegnern unterlegen war. Die Gründe dafür waren mannigfaltig. Einmal fühlte sich Deutschland bis 1911 nicht ernsthaft bedroht. Die kolonialpolitische Rivalität der Großmächte minderte den Druck in Europa und die Schwäche Rußlands nach der Niederlage gegen Japan verlängerte den aus deutscher Sicht erträglichen Zustand. Die gemäßigte Heerespolitik entsprach auch finanziellen Bedürfnissen, denn seit 1898 floß viel Geld in den Flottenbau, und der Reichstag hätte größere Aufwendungen für das Heer nur bewilligt, wenn ihm militärpolitische Konzessionen gemacht worden wären. Solch ein Eindringen des Parlaments in militärische Fragen wollten der Kaiser und seine Generäle vermeiden. Als drittes fiel ins Gewicht, daß eine größere Armee mehr Offiziere gebraucht hätte und dann der Einfluß des Adels über das bereits erreichte Maß hinaus abgeschwächt worden wäre: der preußische Teil des Offizierskorps wies 1913 noch 30 % Offiziere adliger Herkunft auf (1860: 65 %), unter den höheren Offizieren vom Oberst aufwärts aber noch 52 %. Der Kriegsminister weigerte sich 1904, die Kriterien bei der Auswahl von Offizieren zu lockern, „weil wir es dann nicht verhindern könnten, in vermehrtem Umfange demokratische und sonstige Elemente aufzunehmen, die für den Stand [des Offiziers] nicht passen". Seine Bedenken teilten alle jene, die meinten, die Armee sei u. a. der Schutzschild des monarchischen Staats gegenüber der Sozialdemokratie und müsse deshalb über den gesellschaftlichen Veränderungen stehen. Obwohl das auf die Dauer nicht möglich war, wurde es auf dem Wege einer quantitativen

Selbstbeschränkung versucht. Die Folge war, daß die männliche Bevölkerung von 1895 bis 1910 um 6,4 Mio. zunahm (= 24 %), dagegen das Heer um knapp 38 000 Offiziere und Soldaten (= 6,5 %). Es erweiterte sich auch der numerische Abstand zwischen den Truppen, die Deutschland und Österreich-Ungarn bzw. Frankreich und Rußland in Friedenszeiten unterhielten, von 672 200 (1898) auf 912 000 (1911). So betrachtet war die deutsche Heerespolitik zwanzig Jahre lang weder expansiv noch aggressiv. Der preußische Kriegsminister huldigte bis 1910 der Ansicht, daß das Heer, was Ausbildung und Leitung betreffe, „die Grenzen einer gesunden Entwicklung bereits überschritten" habe und deshalb sein Rahmen „auf längere Zeit als unveränderlich" gelten sollte[53]. Der Minister lehnte also die Vergrößerung der Armee ab.

Seit 1905 stieß sein Konzept auf wachsende Kritik. Die außenpolitische Lage veränderte sich, und das Stichwort Einkreisung machte die Runde. Die Risiken der Flotten- und Weltpolitik förderten die Einsicht, daß Deutschlands Macht und Sicherheit letzten Endes von der Armee abhänge. Bezeichnenderweise waren es einige alldeutsche Publizisten, die der Kontinentalpolitik das Wort sprachen und die allgemeine Wehrpflicht ausgeschöpft sehen wollten. Die Nationalliberalen trugen solche Ansichten in den Reichstag, wo Bassermann 1910 den Vollzug der allgemeinen Wehrpflicht anmahnte und 1912 einer seiner Parteifreunde sagte, es sei Pflicht des Parlaments, Mängel in der Rüstung zu erkennen und „eventuell auf nötige Verstärkungen aufmerksam zu machen"[54], also in Rüstungsfragen die Initiative zu übernehmen. Zu erwähnen ist auch der Deutsche Wehrverein, der 1912 mit Hilfe des Alldeutschen Vereins gegründet wurde und öffentlich für die Verstärkung der Armee agitierte. Es war also dahingekommen, daß einige Verbände und Parteien verlangten, die monarchisch-konservative Armee in ein (der Tendenz nach) bürgerlich-nationalistisches Massenheer zu verwandeln. Ihre Agitation tangierte die Exklusivität der kaiserlichen Verfügungsgewalt über die Armee und steuerte auf einen gewissen Machtkampf zwischen der Regierung und dem bürgerlich-militanten Teil der Nation zu.

In dieser Konkurrenz hat die Regierung eingelenkt. Sie stand ohnehin in einem Disput mit dem Generalstab über die Größe der Armee. Der Generalstab war unabhängig vom Kriegsminister und hatte die Aufgabe, die Kriegsbereitschaft der Armee zu gewährleisten, indem er die Offiziere schulte, die Mobilmachung plante und die Strategie für die erste Kriegsphase entwarf. Er sollte den operativen Erfolg der Armee im Ernstfall verbürgen und wünschte sich deshalb, getreu der Maxime seines Chefs, des Grafen von Schlieffen, daß man „auf dem Schlachtfelde ... nie stark genug sein kann", ein möglichst großes Heer. Der Wunsch war um so verständlicher, als Schlieffen einen Zweifrontenkrieg mit Frankreich und Rußland erwartete, den

Deutschland nur gewinnen könne, wenn er kurz sei und offensiv geführt werde. Die deutsche Kampfkraft sollte zunächst gegen Frankreich gerichtet und erst nach dem Sieg im Westen gegen Rußland gekehrt werden - ein Plan, der verlangte, daß das Heer schnell und zahlreich nach Frankreich vorstieß. Schlieffen drang mit seinen Anträgen jedoch nicht durch, und sein Nachfolger Helmuth von Moltke d. J. fügte sich in die Situation, bis die zweite Marokkokrise die Rüstungsdiskussion erneut anfachte. Ende 1912 forderte er, „unser Menschenmaterial ... bis zur vollen Durchführung der allgemeinen Wehrpflicht" auszunutzen[55].

Das waren dieselben Worte, die im Reichstag ertönten. Die Regierung nahm sie ernst, weil die außenpolitische Lage im Herbst 1912 so unsicher war, daß der Krieg anscheinend vor der Tür stand. Obendrein wurde aus Paris insgeheim berichtet, Frankreich wolle offensiv werden und sich „mit einem überraschenden Vorstoß über unsere Grenze" einen militärischen Vorsprung sichern. Das Gespenst eines französisch-russischen Überfalls geisterte durch Berlin und steigerte das Bedürfnis nach militärischem Schutz. Im Frühjahr 1913 schlug die Regierung eine Vermehrung des Heeres vor, die den „Ausbau der allgemeinen Wehrpflicht nach dem Stande der Bevölkerung" einleiten sollte[56].

Tatsächlich hat sich die deutsche Heeresrüstung seit 1911 beschleunigt. Nach 1893 ist die Friedenspräsenzstärke dreimal im Sechsjahresabstand erhöht worden, zuletzt im März 1911 um 9 482 Soldaten. Was als Plan bis 1916 gedacht war, erwies sich bald als überholt. Die Aufregungen der Marokkokrise schlugen sich in einem Gesetz vom 12.6.1912 nieder, das der Armee weitere 28 890 Mann hinzufügte. Aber auch hierbei blieb es nicht. Der Balkankrieg von 1912 schwächte die Türkei und stärkte u. a. das siegreiche Serbien, so daß Österreich-Ungarn fortan mehr Truppen für die Balkanfront brauchte; sie fehlten dann gegenüber Rußland, wo Deutschland in die Bresche springen mußte. Außerdem war anzunehmen, daß der Bundesgenosse Italien nicht gegen Frankreich kämpfen würde und seine Truppen aus der Bilanz des Dreibunds herausfielen. Klipp und klar sagte der Generalstabschef: „Deutschland ist auf [seine] eigene Kraft angewiesen. Es kann daher nicht stark genug sein". Er war sicher, daß „ein auf das Ganze zielendes Programm" vom Reichstag begrüßt würde und „der Agitation gegen das Unzureichende unserer militärischen Rüstung den Boden entziehen" könnte. Der Kriegsminister sträubte sich gegen die Eskalation und verschob die Durchführung der allgemeinen Wehrpflicht auf ein Zehnjahresprogramm, mit dem er 1916 beginnen wollte. Aber trotzdem lieh er seine Hand der größten Heeresvorlage während des Kaiserreichs: 117 267 Soldaten, 14 850 Unteroffiziere und etwa 4 000 Offiziere verlangte die Regierung vom Reichstag, und am 30. Juni 1913 bewilligte dieser die Vorlage ohne nennenswerte Abstriche[57].

Welch ein Wandel gegenüber 1887 oder 1893, wo die Regierung in ähnlicher Lage einen widerstrebenden Reichstag nur mit Hilfe von Neuwahlen hatte überwinden können! Die Armee und die militärische Sicherheit waren sozusagen ein nationales Anliegen geworden. Das bedeutete jedoch nicht, daß das Parlament blindlings der Regierung gefolgt sei. Wie erinnerlich, haben die Liberalen mit dieser Heeresvorlage die direkte Reichssteuer durchgesetzt. Ferner hat der Reichstag seine Kritik an den inneren Zuständen der Armee verstärkt. Seit eh und je rügte er die Mißhandlung von Rekruten. 1912 griff er einmal mehr die Gewohnheit der Offiziere an, Ehrenhändel notfalls durch Duell auszutragen, und forderte, die Regierung möge diese Praxis beseitigen. 1913 verurteilte er die Konzentration adliger Offiziere in bestimmten Regimentern. Außerdem trotzte er der Regierung eine Milderung der Militärstrafen ab, die vielfach als inhuman und übertrieben galten. Auch der Ruf nach der einjährigen Dienstzeit war zu vernehmen. Zweifellos war das Parlament bemüht, die Armee im bürgerlich-liberalen und rechtsstaatlichen Sinne zu verändern.

Wie berechtigt sein Bemühen war, sollte sich im Herbst 1913 zeigen. Das Fehlverhalten einiger Offiziere im elsässischen Garnisonsort Zabern produzierte einen Eklat, der die öffentliche Meinung aufwühlte und den Reichstag veranlaßte, mit großer Mehrheit dem Reichskanzler seine Mißbilligung auszusprechen. Der Anlaß faßte wie in einem Brennglas die Merkmale des deutschen Militärsystems zusammen: den jungen, unbedachten Leutnant, der in Wort und Tat die örtliche Bevölkerung provozierte, den prestigebewußten Oberst, der die verärgerten Bürger zum Respekt vor seinen Offizieren nötigen wollte, den schneidigen General, der die Zivilbehörden für schlapp hielt und das Vorgehen des Obersten begünstigte, den preußischen Kriegsminister, der ähnlich dachte und im Zweifelsfall unterlassene Handlungen für schlimmer hielt als falsch gewählte, und schließlich den Kaiser, der mit der Autorität seiner obersten Kommandogewalt dem General den Rücken stärkte. Ausgangspunkt war die Tatsache, daß der Leutnant im Dienst ein Schimpfwort benutzt hatte, das die Elsässer beleidigen konnte und deshalb verboten war. Die örtliche Presse erfuhr davon und wartete mit weiteren Mitteilungen auf, als die Militärbehörde den Vorfall verharmloste. Die Bevölkerung wurde aufmerksam und verfolgte den Leutnant mit Spott, Beschimpfungen und gelegentlichen Steinwürfen. Der Oberst forderte das Eingreifen der Polizei und schritt, als er seine Ansprüche nicht erfüllt sah, zu einer Verhaftungsaktion mit Soldaten, deren Opfer 27 Personen wurden, weil ihr Verhalten auffällig erschien oder sie nicht schnell genug weitergegangen waren. Damit war die öffentliche Ordnung Zaberns und die persönliche Freiheit zahlreicher Bürger verletzt. Durfte im Deutschen Reich das Militär nach Gutdünken mit den Zivilisten umspringen?

Alle Parteien im Reichstag (ausgenommen die Konservativen) werteten die Zaberner Vorgänge als Bruch der rechtsstaatlichen Ordnung. Auch der Reichskanzler bestätigte, daß für das Vorgehen des Militärs „eine formelle gesetzliche Befugnis nicht vorlag". Bethmann Hollweg stellte sich aber nicht in eine Reihe mit dem Reichstag, sondern verstieg sich dazu, Geist und Moral des Offizierskorps, wie sie sich in Zabern offenbart hatten, zu verteidigen: Die Armee sei verpflichtet, ihr Ansehen zu schützen, denn „der Rock des Königs muß unter allen Umständen [!?] respektiert werden". Er hütete sich, in offenen Gegensatz zum Kaiser und den Generälen zu treten, und baute statt dessen auf deren selbsttätige Lernfähigkeit, die sich entfalten würde - so der Spruch des Chefs des kaiserlichen Zivilkabinetts - „wenn ihnen von unserer Seite [d. h. der Zivilverwaltung] die vornehmste Schonung ihrer Fehler entgegengebracht wird". Das war eine leisetreterische Taktik, die der Reichstag ablehnte und mit dem Mißbilligungsvotum beantwortete. Der kultischen Redensart von des Kaisers Rock setzten die Liberalen den Anspruch entgegen, daß die Armeeuniform „des deutschen Volkes Rock" sei; es sei falsch, so zu tun, „als ob das Heer des Kaisers wäre, während diese Armee ebenso gut ist die Armee des deutschen Volkes"[58]. Wer tiefer sah, erkannte, daß die Arroganz einiger Offiziere das Verhältnis zwischen Volk und Armee verletzt hatte. Das Ärgernis war um so größer, als im Juni 1913 jene Heeresvorlage, die die breitere Anwendung der allgemeinen Wehrpflicht bezweckte, beschlossen worden war. Sollte die Armee, die sich in nationalen Dimensionen entwickelte, in den Händen eines egozentrischen Offizierskorps bleiben? Die Frage stellen, hieß sie verneinen. Allerdings gelüstete es niemanden, Veränderungen auf Biegen oder Brechen durchzusetzen. Der Reichskanzler zog es vor, sich der Mentalität der Offiziere anzupassen, und erreichte damit, daß im März 1914 eine neue Dienstvorschrift den Ermessensspielraum des Militärs insoweit beschnitt, als sie ein selbsttätiges Eingreifen nur bei dringender Gefahr und manifester Handlungsunfähigkeit der Zivilbehörden gestattete. Der Reichstag verzichtete darauf, sein Mißbilligungsvotum als Hebel zum Kanzlersturz zu benutzen und damit einen Druck auf Kaiser und Regierung auszuüben. Die Bereitschaft zum großen Konflikt fehlte. Trotzdem zeigte die Reaktion auf die Zaberner Affäre, daß das Militär kritisch beobachtet wurde und die Offiziere nicht mehr leichthin auf ihr Prestige pochen durften. Der monarchisch-elitäre Charakter des Offizierskorps war mutwilig enthüllt worden und dadurch an den Pranger geraten.

★★★

Wir haben die Geschichte des Kaiserreichs bis an den Vorabend des Ersten Weltkriegs verfolgt. Äußere Lage und innere Entwicklung haben Spannungen geschaffen, die selbst um den Preis schwerer Konflikte nicht gänzlich aufgelöst werden konnten. Deutschlands Stellung in Europa war gegenüber 1900 oder 1890 schwieriger geworden, weil die Marokkokrisen das Verhältnis zu Frankreich vergiftet, die Balkankrisen den österreichisch-russischen Gegensatz zugespitzt und die Flottenrüstung die Beziehungen zu England gestört haben. Die Fähigkeit, internationalen Einfluß auszuüben, war eingeengt und die Anforderungen an die Geschicklichkeit der deutschen Diplomatie gewachsen.

Innenpolitisch krankte Deutschland an zwei ungelösten Problemen: der Reform des preußischen Wahlrechts und der Verstärkung der parlamentarischen Kontrolle über den Reichskanzler. Obwohl beide Fälle die Leidenschaften weidlich strapaziert haben, war unwahrscheinlich, daß sich daraus eine gewaltsame Krise ergeben könnte. Die kleinen Fortschritte, die das Vereinsgesetz, die direkte Reichssteuer oder die elsaß-lothringische Verfassung brachten, sprachen dafür, daß das deutsche System aus Monarchie, Föderalismus und Parlamentarismus auch künftig wandlungsfähig sein würde. Es kam allerdings darauf an, daß die Regierung aus ihrer Bindung an den Kaiser und Rücksicht auf die Konservativen herausfand und ein bewegliches Verhältnis zum Reichstag einging. Dazu gehörte, daß das Gewicht Preußens in der Reichspolitik sowie die Rolle der Arbeiterbewegung neu definiert wurden. Die Crux bestand darin, daß wohl mit Gewerkschaften und Sozialdemokraten auf dem Wege über Reformen eine Verständigung denkbar, aber kaum mit Preußen eine Verständigung über Reformen möglich schien. Hier bedurfte es der Zeit, die Dinge heranreifen zu lassen, oder des Staatsmanns, der die Aufgabe entschlossen anpackte. Bülow und Bethmann Hollweg fehlte die Entschlossenheit, und ab 1914 fehlte die Zeit.

IV. Zweifrontenkrieg und Zusammenbruch 1914-1918

Der Beginn des Ersten Weltkriegs stellte Deutschland schlagartig vor eine veränderte Situation. Außen- und Innenpolitik traten unter den Primat der Waffen, politisches Handeln reduzierte sich weitgehend darauf, die Anwendung von Gewalt zum Optimum zu steigern. Das deutsche Volk, beseelt von einem naiven Glauben an sein Recht auf Macht und Größe, stürzte sich in einen Krieg, von dem die Wissenden ahnten, daß an seinem Ende nichts mehr so sein würde, wie es vorher war. Doch nicht Ahnungen, sondern Erfahrungen zählen, und die mußten erst teuer erworben werben.

1. Die Julikrise

Am Vorabend des Krieges bildeten die Großmächte zwei Lager: den Dreibund Deutschland, Österreich-Ungarn und Italien, mit dem außerdem Rumänien liiert war, sowie die Entente zwischen Rußland, Frankreich und England. Beide Gruppen waren keine hermetischen Blöcke, sondern in sich differenzierte Verbindungen. Obwohl der Dreibund de jure vertraglich fest gegründet war, befanden sich Italien und Rumänien de facto in Distanz zu ihm, weil nationale Interessen sie von Österreich-Ungarn trennten (Trentino, Siebenbürgen). Die Entente kannte keine Bündnisverträge, besaß aber in militärpolitischen Vereinbarungen Frankreichs mit Rußland und England für den Kriegsfall ein Fundament. Es ließe sich sagen, daß der Dreibund 1914 kein wirkliches Bündnis mehr und die Entente noch kein festes Bündnis war. Zum einen bildeten Deutschland und Österreich-Ungarn einen Kern, zum andern Frankreich und Rußland; beide wetteiferten um die Freundschaft Englands, wobei die Franzosen und Russen seit 1904 die erfolgreicheren waren.

Das hing damit zusammen, daß Deutschland mit seiner Flottenpolitik England mißtrauisch gemacht hatte und im Verdacht stand, die Vorherrschaft in Europa anzustreben. Englische Diplomaten grübelten darüber, ob nicht „die Errichtung einer deutschen Hegemonie, zuerst in Europa und schließlich in der Welt", des Reiches Ziel sei. Diese Sorge veranlaßte sie zu einer Politik der Gegengewichte, die sich jedoch komplizierte, als Rußland in sie einbezogen wurde. Das Zarenreich schwankte zwischen dem Bedürfnis nach innerer Ruhe und dem Wunsch nach äußerem Einfluß. Es berief sich gern auf seine „von der Geschichte vorgezeichnete Rolle inmitten der slawischen Völker" und spekulierte auf den Zusammenbruch der Türkei, um „am Bosporus und an den Dardanellen irgendeine den russischen Interessen entsprechende Ordnung der Dinge herzustellen"[1]. Es neigte also zu einer Politik, die ähnlich wie die deutsche beunruhigend wirkte und auf dem Balkan gegen die Türkei sowie Österreich-Ungarn gerichtet war. Doch wie die Dinge lagen, kam ihm die Logik der Tatsachen zugute: wenn es Krieg zwischen den Großmächten gab, dann würde ein siegreiches Deutschland das Übergewicht auf dem Kontinent erlangen, während Rußland seinen Sieg mit den Bundesgenossen teilen müßte, und das wäre für die Westmächte das kleinere Übel gewesen.

Die kriegsverursachende Krise ergab sich aus einem machtpolitischen Fingerhakeln zwischen Deutschland und Rußland. Ausgangspunkt war die Lage auf dem Balkan und in der Türkei. Im Vordergrund standen die Interessen Österreich-Ungarns, das in Kroatien und Bosnien-Herzegowina viele Untertanen serbischer Nationalität hatte und sich mühsam der großserbischen Agitation erwehrte, die alle Serben in einem Staat vereinen wollte. Die Balkankriege von 1912/13 hatten diese Aspirationen beflügelt, so daß der großserbische Druck auf die Habsburger Monarchie gewachsen war. Wien hoffte, die Serben zu bremsen, indem es die Gründung des neuen Staates Albanien förderte und ein Zusammenspiel mit Bulgarien und der Türkei anbahnte. Aber sein Versuch, mehr Einfluß auf die Balkanpolitik zu nehmen, überkreuzte sich mit derselben Absicht Rußlands, das sich vorwiegend auf Serbien und auch Rumänien stützte. Die Unruhe in der Region wurde noch durch die Annahme gesteigert, daß das türkische Großreich in Bälde zerbrechen und sein Erbe zum Zankapfel für die Großmächte werden könnte. Besonders alarmiert war Rußland wegen der Kontrolle über die Meerengen, aber auch Deutschland wegen der Investitionen in die türkischen Eisenbahnen. Zu allem Überfluß war ferner der Gedanke im Spiel, daß auch Östereich-Ungarn dem Untergang geweiht sei und nach dem Tode des betagten Kaisers Franz-Joseph I. am kritischen Punkt anlangen werde. Der russische Zar meinte 1913, „daß die Auflösung des österreichischen Reichs nur eine Frage der Zeit" sei und dann „die Südslaven wohl von Serbien" aufgesaugt bzw. „die deutschen Provinzen dem Deutschen Reich einverleibt werden würden". Solch ein Kalkül kannten die Deutschen seit Bismarcks Zeiten, aber der Kaiser und die Regierung wiesen es von sich, weil ihnen die Verselbständigung der slawischen Nachbarvölker unheimlich, die Preisgabe des Einflusses, den die Partnerschaft mit Wien auf dem Balkan und in der Türkei ermöglichte, unerwünscht und die Abkehr von einem alten Bundesgenossen moralisch höchst verwerflich war. Sie glaubten, daß Deutschlands Stellung in Europa des Flankenschutzes, den die Donaumonarchie bot, bedurfte und das 1879 geschlossene Bündnis der Eckstein der deutschen Außenpolitik sei. „Österreichs Erhaltung, und zwar eines möglichst starken Österreichs, ist für uns aus inneren und äußeren Gründen eine Notwendigkeit", schrieb 1914 der Staatssekretär im Auswärtigen Amt[2]. Nicht Umsturz der Bündnisse, sondern Nibelungentreue war 1914 das Motto, das in Berlin galt.

Aus deutscher Sicht war das erste Halbjahr 1914 angefüllt mit Konflikten, die das Verhältnis zu Rußland betrafen. Es begann mit einer Kontroverse über die Beschäftigung deutscher Offiziere bei der Reorganisation der türkischen Armee. Deutsche Militärmissionen sind bereits seit Jahrzehnten in der Türkei tätig gewesen, aber dieses Engagement nahm Ende 1913 erweiterte Formen an. Die türkische Regierung ernannte General Otto Liman von Sanders zum Kommandeur des Armeekorps in Konstantinopel, zum Vorsitzenden einer Reformkomission und Mitglied des Kriegsrats, außerdem wurden nach und nach an die 70 deutsche Offiziere berufen. Liman von Sanders wurde zweithöchster Offizier der türkischen Armee und befehligte direkt jene Truppen, die im Kriege die Meerengen zwischen Schwarzem Meer und Mittelmeer zu verteidigen hätten. Das weckte den Unwillen der Russen. Sie wollten weder in der Kampfkraft gestärkte türkische Armeen an der armenischen Grenze, noch einen kommandierenden deutschen General am Bosporus sehen. Sie erhoben Einspruch und hofften, daß auch Frankreich und England sich anschließen würden - die Engländer reagierten jedoch gemäßigt, weil sie ihrerseits einen Admiral nebst 72 Offizieren für die türkische Flotte abgestellt hatten. So konnten die Russen nur erreichen, daß Liman von Sanders das Kommando über die Konstantinopler Truppen abgab, dafür aber zum Generalinspekteur des türkischen Heeres avancierte. An der Präsenz der deutschen Militärmission änderte sich wenig.

Dieser Streit ließ Rußland einmal mehr um seinen Einfluß am Bosporus fürchten. Um künftig besser gewappnet zu sein, beschloß es u.a. den Ausbau der Schwarzmeerflotte während der nächsten Jahre. Das Drehen an der Rüstungsschraube belastete aber die internationale Lage. Deutschland beobachtete ohnehin die laufende Vermehrung der russischen Armee mit Mißtrauen, und das entlud sich im März 1914 in einer Pressekampagne, die die militärische Bedrohung von

Osten beschwor und einen energischen Widerstand forderte. Die russische Presse blieb die Antwort nicht schuldig, und es entstand der Eindruck, daß die öffentliche Meinung hüben wie drüben den Krieg erwartete. In diese gereizte Atmosphäre platzte Ende Mai 1914 die geheime Kunde, zwischen England und Rußland fänden Gespräche über ein abgestimmtes Vorgehen der Flotten im Mittelmeer und in der Ostsee statt, d. h. das Netz militärischer Absprachen zwischen Frankreich, Rußland und England sollte komplettiert werden. Die Pressemeldungen, die Berlin hierüber lancierte, nötigten in London zu einem gewundenen Dementi, aber der Anschein, daß die Engländer ihre Entente mit den Russen militärisch untermauern wollten, bestärkte den Einkreisungskomplex der Deutschen.

Europa wollte gerade in die Sommerfrische aufbrechen, als am 28. Juni 1914 eine Handvoll bosnisch-serbischer Attentäter in Sarajevo den österreichischen Thronfolger Franz Ferdinand und seine Frau auf offener Straße ermordeten. Die jugendlichen Verschwörer waren keine Einzelgänger, sondern handelten im Einklang mit serbischen Geheimdienstlern, die wiederum Verbindung zur russischen Botschaft in Belgrad hatten - von der Tat wußten einflußreiche Personen, wobei aber eine direkte Mitwisserschaft der serbischen oder russischen Regierung fraglich ist. Wie auch immer: das Attentat war eine bewußte Provokation an die Adresse Wiens und mußte kraft seiner Natur außenpolitische Folgen haben. Die österreichische Regierung arbeitete ohnehin daran, die Kräfte auf dem Balkan neu zu arrangieren und Serbien als Unruhestifter zu isolieren. Das Attentat gab dieser Politik einen zusätzlichen Impuls, und Franz Joseph I. betonte am 2. Juli, daß es nun auf „die Isolierung und Verkleinerung Serbiens" ankomme. Er suchte hierüber das Einvernehmen mit Berlin, nicht ohne anzumerken, daß es eigentlich nicht um Serbien, sondern um Rußland gehe, dessen aggressive, hegemoniale Politik auch gegen Deutschland gerichtet sei. Wilhelm II. und Bethmann Hollweg beteuerten am 5. Juli unisono, daß die Donaumonarchie „auf die volle Unterstützung Deutschlands rechnen" könne, selbst wenn eine „ernste europäische Komplikation" eintreten sollte. Der österreichische Botschafter berichtete, Bethmann Hollweg habe ihn des deutschen Beistandes versichert, „wie auch immer unsere [österreichische] Entscheidung [gegenüber Serbien] ausfallen möge"[3].

Das war der berüchtigte „Blankoscheck", den die deutsche Regierung dem Bundesgenossen aushändigte. Es war nicht ihr Vorsatz, auf diese Weise einen großen Krieg auszulösen, aber sie war bereit, ihn notfalls zu führen. Sie ist ein Risiko eingegangen, das sie aus mehreren Gründen glaubte, rechtfertigen zu können: Das Verbrechen von Sarajevo war ein Vorgang, der eine gebührende Strafe verlangte, die Art des Anlasses ließ erwarten, daß es bei einem bilateralen, lokalisierten Konflikt zwischen Österreich-Ungarn und Serbien bleiben könnte, die gesamte Lage verlangte, daß etwas Durchgreifendes zum Schutz der Sicherheit, Integrität und Macht der Donaumonarchie gegenüber den nationalistischen Bewegungen geschah, es wurde vermutet, daß Rußland politisch und militärisch zu einem großen Krieg nicht bereit sei und daß weder Frankreich noch England ihm um der anrüchigen Balkanaffäre willen beispringen würden; sollte sich das alles als Irrtum erweisen, dann würde es doch die Hypothese bestätigen, daß der Krieg mit Rußland nach allen Erfahrungen unvermeidlich sei, daß er jetzt günstiger sei als einige Jahre später, wenn die Entente weiter gerüstet habe, und daß Deutschland überhaupt gezwungen sei, sich als Großmacht gegenüber den Konkurrenten durchzusetzen - oft genug war zu lesen oder zu hören, es sei „unsere ganze Zukunft, die auf dem Spiele steht", und „wo ein Konflikt der Interessen sich zeigt, sollten wir ... es auf einen Krieg ankommen lassen und ihn durch entschlossene Offensive beginnen". In diesem Sinne bezeichnete Bethmann Hollweg seine Politik des Blankoschecks als einen „Sprung ins Dunkle", der für ihn eine schwere, aber notwendige Pflicht gewesen sei, denn „wir müssen fechten", nämlich gegen die russische Bedrohung und die Umzingelung durch die Entente[4]. Russenphobie und Einkreisungssyndrom waren, auf eine Kurzformel gebracht, die leitenden Antriebe.

Die deutsche Politik war zunächst darauf gerichtet, Wien zu schnellem Handeln zu ermuntern und dessen Aktion gegen Interventionen anderer Staaten abzuschirmen. Die Taktik war nicht aussichtslos, denn der Mord in Sarajevo stieß weithin auf Ablehnung. Als der deutsche Botschafter in London andeutete, daß Österreich wohl „militärisch gegen Serbien vorgehen" und darüber „ganz sicher Verwicklungen eintreten würden", versprach der englische Außenminister Grey seine Hilfe, „um Schwierigkeiten ... aus dem Wege zu räumen" und ein europäisches Gewitter zu verhindern. Die Lage wurde schwieriger, als Österreich am 23. Juli 1914 in einem Ultimatum von Serbien scharfe Maßnahmen gegen die nationalistische Propaganda im allgemeinen und gegen die Hintermänner des Attentats im besonderen verlangte, dann die teils entgegenkommende, teils ausweichende Antwort als ungenügend bezeichnete und am 28. Juli 1914 Serbien den Krieg erklärte. Damit war ein Punkt erreicht, den Wien im Bewußtsein der deutschen Rückendeckung von vornherein angepeilt, jedoch mit dem Ultimatum etwas zögerlich und umständlich angesteuert hatte. Die sachliche Differenz zwischen Ultimatum und Antwort war so gering, daß nach dem Eindruck Wilhelms II. Belgrad eine „Kapitulation demütigster Art" vollzogen habe, „durch sie entfällt jeder Grund zum Kriege". Bethmann Hollweg meinte jedoch, die Donaumonarchie dürfe auf „völliger Erfüllung ihrer Forderungen" bestehen, und suchte dem Eindruck vorzubeugen, „als wünschten wir Österreich zurückzuhalten" - er folgte also nicht dem Impuls des Kaisers und setzte das diplomatische Pokerspiel fort. Die Folgen waren schwerwiegend. In London festigte sich die Ansicht, daß nicht ein Kampf um Serbien, sondern „um das Ziel Deutschlands, seine politische Vorherrschaft in Europa zu errichten", bevorstehe, und Grey warnte am 29. Juli, England werde „sich zu schnellen Entschlüssen gedrängt sehen", falls Deutschland und Frankreich in den Konflikt verwickelt würden.[5)] Das besagte, England wollte seinen Ententepartnern beistehen, wenn Deutschland Österreich beistünde.

Die ausschlaggebende Wendung vom kleinen (österreichisch-serbischen) zum großen (europäischen) Konflikt vollzogen Deutschland und Rußland: ersteres indirekt durch seinen Blankoscheck vom 5. Juli und letzteres direkt durch seine Teilmobilmachung am 29. und Generalmobilmachung am 30. Juli 1914. Rußland hatte sich wiederholt dazu bekannt, daß es seinen Schützling Serbien nicht im Stich lassen werde, und es löste sein Wort nach der österreichischen Kriegserklärung ein. Es handelte so, weil es wußte, daß Frankreich trotz der innenpolitischen Konflikte, die dort das Geschehen bestimmten, seine Pflichten als Bundesgenosse erfüllen würde. Der russische Außenminister Sazonov schrieb Österreich die Absicht zu, „Serbien vollständig zu vernichten und das politische Gleichgewicht auf dem Balkan zu stören", und damit drohe der „Erhaltung des Gleichgewichts in Europa ... ernste Gefahr"[6)]. In einem europäischen Krieg rechnete er nicht nur auf die französische, sondern auch auf die englische Hilfe und empfahl deshalb die Mobilmachung. Diese war aber auch gegen Deutschland gerichtet und erweiterte automatisch die Krise.

In der Woche zwischen dem österreichischen Ultimatum und der russischen Mobilmachung begnügte sich die deutsche Diplomatie je länger desto mehr damit, den Beginn des Krieges unter taktisch günstigen Bedingungen zu erreichen. Sie beteiligte sich zwar an den Bemühungen, Verhandlungen zwischen Österreich-Ungarn und Rußland zustandezubringen - Bethmann Hollweg wirkte in diesem Sinne auf die Wiener Regierung ein, Wilhelm II. begann einen Austausch von Telegrammen mit dem österreichischen Kaiser, russischen Zaren und englischen König -, aber sie war nicht mehr überzeugt, die Entwicklung aufhalten zu können. Am 30. Juli offenbarte Bethmann Hollweg seinen Pessimismus in den (selbstkritischen?) Worten, die Regierungen und Völker seien zwar friedfertig, „aber es sci die Direktion verloren und der Stein ins Rollen geraten". Er konzentrierte sich darauf, Rußlands Verantwortung für die Eskalation hervortreten zu lassen. Sollte ein Krieg ausbrechen, müsse „die Schuld Rußlands in das hellste Licht" gesetzt werden[7)], damit außenpolitisch vielleicht die Neutralität Englands und innenpolitisch auf jeden Fall die Verteidigungsbereitschaft der Bevölkerung erreicht werde. Die Spekulation auf England schlug fehl, doch die Wirkung nach innen war so vollständig, daß sie auch die Sozialdemokratie erfaßte.

Zur pessimistisch-machtlosen Attitüde Bethmann Hollwegs dürfte beigetragen haben, daß ihm als Politiker im Endstadium der Julikrise zusehends die Hände gebunden wurden durch militärische Erwägungen. Seitdem Wien die serbische Antwort als ungenügend bezeichnet hatte, bereitete sich der deutsche Generalstab auf den Aufmarsch der Truppen vor. Sein Chef, Helmuth von Moltke d. J., verlangte am 29. Juli schnelle Klarheit darüber, ob es zum Zweifrontenkrieg kommen werde, denn die militärische Lage werde „von Tag zu Tag ungünstiger ..., wenn unsere voraussichtlichen Gegner sich weiter in aller Ruhe vorbereiten“[8]. Moltkes Sorge war verständlich, denn seine Strategie beruhte darauf, daß Deutschland schnell mobilisieren und durch kraftvolle Offensiven, erst nach Westen, dann nach Osten, den Sieg erringen sollte. Es handelte sich um ein Konzept, in dem der Zeitvorteil und die einseitige Konzentration der Kräfte eine große Rolle spielten. Es ging auf Moltkes Vorgänger Schlieffen zurück, der 1905 das Dilemma des Zweifrontenkriegs zu beheben hoffte, indem er zunächst den Sieg über Frankreich und erst in einer zweiten Phase den über Rußland anvisierte. Ihn leitete die Absicht, einen langen Krieg durch schnelle, möglichst umfassende Siege zu vermeiden, also alles auf die deutsche Offensivkraft zu setzen. Deswegen sollte die große Masse des Heeres gen Westen mobilisiert und dort nicht nur an die französische Grenze, sondern in weit ausholendem Angriff über Belgien auch nach Nordfrankreich dirigiert werden; damit hätte sie die französischen Festungen umgangen und einen Zugriff auf Paris eröffnet. Der Schlieffenplan war ebenso kühn wie riskant. Er erlaubte an der Ostgrenze nur eine schwache Abwehr (in der Annahme, daß Rußland seine meisten Truppen gegen Österreich-Ungarn lenken werde), er baute im Westen auf eine numerische und taktische Überlegenheit der deutschen Truppen, die gegen eine sich im eigenen Lande verteidigende Armee nicht leicht zu erreichen war, er verletzte vorsätzlich die Neutralität Luxemburgs und Belgiens (ursprünglich auch Hollands, doch das hat Moltke gestrichen) und vermehrte die Zahl der Kriegsgegner, der Zugriff auf Luxemburg und Belgien mußte in den allerersten Kriegstagen erfolgen, damit diese Länder zur Abwehr unfähig waren und den Vorstoß nach Frankreich nicht aufhielten. Besonders wichtig sind seine politischen Implikationen, nämlich das Ansinnen, zwei neutrale Nachbarn willkürlich zu überrennen, und die Annahme, der Krieg müsse mit einem Feldzug gegen Frankreich beginnen, obwohl sein Anlaß auf dem Balkan und im östlichen Mitteleuropa lag. Die Tatsache, daß Bethmann Hollweg den Schlieffenplan trotz seines außenpolitischen Sprengstoffs widerspruchslos hinnahm, bedeutete, daß der Reichskanzler in einer politischen Krise vorzeitig die „Direktion“ preisgab und sich den Bedürfnissen militärischer Planung unterwarf. Er brachte sich in eine unmögliche Situation. Er sollte die Logik der Tatsachen umkehren und glaubhaft machen, Deutschland müsse seine Intervention in einen Balkankonflikt mit einer Invasion Belgiens beginnen. Der Vorstoß gegen Belgien war nur begründbar durch einen Krieg mit Frankreich, dieser wiederum setzte den Krieg mit dessen Bundesgenossen Rußland voraus, also mußte die Kriegserklärung an Rußland den allgemeinen Auftakt bilden, obwohl Deutschland im Osten gar nicht die militärische Initiative anstrebte. Es wundert nicht, daß die Regierung in dieser verkehrten Welt keine gute Figur machte und die mokanten Militärs meinten, die „politische Leitung [sei] offenbar in erheblicher Deroute“[9].

Seit dem 31. Juli überstürzten sich die Ereignisse. Auf die russische Mobilmachung vom 30. Juli folgte nach einem kurzfristigen Ultimatum die deutsche Kriegserklärung an Rußland (1. August), die Besetzung Luxemburgs (2. August), die Kriegserklärung an Frankreich (3. August) und die Invasion Belgiens (4. August), schließlich die Kriegserklärung Englands (4./5. August), die aus dem deutschen Angriff auf Frankreich und Belgien ihre Argumente bezog. Die Art der Kriegseröffnung hat Deutschland mit dem Makel des Angreifers belastet. Ob es den Krieg vorsätzlich gewollt hat, kann bezweifelt werden. Aber es hat sich einiges von seiner Politik während der Julikrise versprochen; Bethmann Hollweg wünschte, die „europäische Constellation ... zu ändern oder zu lockern“, vielleicht „das ganze jetzige Bündnissystem“ umzustoßen[10]. Die Bereitschaft, dafür einen Krieg zu riskieren, war selbstmörderisch, denn sie schmiedete die andern Staaten zur Abwehr zusammen. Frankreich und England halfen, die entlegenen Interessen Rußlands auf dem Balkan zu verteidigen, weil sie fürchteten, Deutschland anders nicht mehr gewachsen zu sein. Auch ihre Entscheidung ist im Lichte politischer Vernunft skeptisch zu beurteilen. Die Chancen Österreich-Ungarns, das Gestrüpp der Balkanpolitik zu seinen Gunsten zu lichten, waren zweifelhaft und insofern Rußlands Bedarf, ihm in den Arm zu fallen, begrenzt. Doch es war eine Zeit, in der die wägende Vernunft von Hybris und Fatalismus bedrängt wurde, so daß in der Politik die rationalen Elemente verkümmerten.

Die deutsche Regierung konnte - und ähnlich war es in den anderen Staaten - im Moment der außenpolitischen Katastrophe einen innenpolitischen Erfolg verbuchen: das Volk nahm, ungeachtet seiner Teilung in politische und gesellschaftliche Lager, den Krieg nahezu geschlossen auf sich. Nicht nur das Bürgertum, auch die Arbeiter, einschließlich der in der Sozialdemokratie und den Gewerkschaften organisierten, reihten sich in die Kriegsgemeinschaft ein. Das war bemerkenswert, weil die Arbeiterbewegung dem deutschen Militärsystem opponierte, sich gegen die periodisch drohende Kriegsgefahr auflehnte und für sich die Legitimität von Kriegen innerhalb der bürgerlich-kapitalistischen Gesellschaft nicht anerkannte. Die Sozialdemokratie hat gegen die Kriegsgefahr am 28. Juli 1914 in vielen Kundgebungen protestiert, aber daraus wurde keine nachhaltige Bewegung, weil die Polizei Straßendemonstrationen verbot und die Hoffnung auf einen friedlichen Ausweg noch nicht erloschen war. Außerdem neigten die Funktionäre zur Vorsicht, weil sie wußten, daß ihnen im Falle innerer Krisen oder gar des Kriegszustands Verhaftung und Verbot drohten. Die Regierung hat allerdings darauf verzichtet, die jahrealten Schubladenbefehle anzuwenden, und statt dessen einen informellen Kontakt zur Sozialdemokratie aufgenommen. Sie erfuhr, daß der Parteivorstand diesen Anfang „direkter Mitteilung in kritischen Momenten dankbar" begrüßte und von ihm „keinerlei ... Aktion (... Streik, Sabotage u. dergl.) geplant oder auch nur zu befürchten sei"[11]. Die Gefahr, daß den Kriegsausbruch eine innenpolitische Krise mit Streiks und Demonstrationen begleiten könnte, war gebannt.

Die Sozialdemokratie ging noch weiter. Sie geriet in den Sog der Russophobie, die nach der Mobilmachung um sich griff, sie wurde irritiert durch die Ermordung des französischen Sozialistenführers Jean Jaurès in Paris (31. Juli) und erlag der patriotischen Aufwallung, die das Land erfaßte. Bethmann Hollwegs Taktik, Rußland die Kriegsschuld aufzubürden, brachte sie dazu, den Krieg als Verteidigungskrieg zu verstehen. Als am 4. August 1914 im Reichstag eine Regierungserklärung und die Abstimmung über ein Bündel kriegswichtiger Gesetze (darunter eine Art Ermächtigungsgesetz und Finanzvorlagen) anstand, stimmte die sozialdemokratische Fraktion ihnen zu, was ein bis dahin stets verweigerter Vertrauensbeweis für die Regierung war. Ihr Fraktionsvorsitzender Hugo Haase beschwor das Recht auf nationale Selbstverteidigung und bekannte sich zu dem, „was wir immer betont haben: Wir lassen in der Stunde der Gefahr das eigene Vaterland nicht im Stich". Allerdings erwartete er, daß der Krieg nur der Sicherheit Deutschlands gelten dürfe und alsbald „durch einen Frieden, der die Freundschaft mit den Nachbarvölkern ermöglicht", zu beenden sei. Der Vorbehalt war um so ernster zu nehmen, als sich Bethmann Hollweg in seiner Ansprache, die von einem „erzwungenen Kriege mit Rußland und Frankreich" ausging, verpflichtete, das Belgien zugefügte „Unrecht ... wieder gutzumachen ..., sobald unser militärisches Ziel erreicht ist". So fehlte es im Moment des Aufbruchs nicht an Signalen dafür, daß dem Krieg Schranken gesetzt werden sollten. Auf dieser Basis fanden sich die Parteien von den Konservativen bis zu den Sozialdemokraten zusammen, um den Ausruf des Kanzlers: hinter der Armee stehe „das ganze deutsche Volk, einig bis auf den letzten Mann", zu bestätigen[12].

2. Die militärische Niederlage

Deutschland ist siegesgewiß in den Krieg gezogen, obwohl es an Kräften seinen Gegnern nicht überlegen war. Es baute auf die Schnelligkeit und Schlagkraft seiner Armee, die den Krieg entscheiden sollte, bevor die Gegenseite ihre größeren Reserven entfalten konnte. Mit Hilfe des dichten Eisenbahnnetzes gelang es, die Millionenmassen des Feldheeres in Marsch zu setzen, so daß der Angriff im Westen nach wenigen Tagen begann. Ein Blick auf die Tabelle (s. S. 202) lehrt jedoch, daß die französische Armee keineswegs eindeutig unterlegen war, zumal ein Teil der deutschen Truppen im Osten und Norden (hier als Vorsorge für eine mögliche englische Landung) stand. Es war abzusehen, daß die Franzosen in der Verteidigung eine erhebliche Kraft entwickeln würden, sofern es ihnen gelang, die deutsche Angriffswelle ohne den Zusammenbruch ganzer Armeen zu überstehen. Das galt um so mehr, als ihnen die Unterstützung der Engländer sicher war, die bis Mitte 1917 mit 2 Mio. Soldaten nach Frankreich kamen. Einen besonderen Unsicherheitsfaktor stellte die russische Armee dar, die im Osten ein enormes Übergewicht besaß. Hinderlich war allerdings die geringe Dichte des russischen Eisenbahnnetzes, die den Anmarsch der Truppen verlängerte und logistische Engpässe ankündigte. Das ändert aber nichts daran, daß die ostdeutschen Provinzen in hoher Gefahr schwebten, sobald die russischen Heere die Grenze erreichten. Fürs erste half hier nur die Annahme, daß sich der Hauptstoß der Russen nach Südosten richten würde, weil eine Offensive Österreich-Ungarns dafür sorgen sollte, daß der deutsche Teil der Ostfront entlastet wurde. Wie lange das wirkte, war fraglich, denn die Österreicher kämpften im Süden gegen Serbien an einer zweiten Front, d. h. die verbündeten Mittelmächte führten von Anfang an einen Dreifrontenkrieg. Die Folge des sich hinziehenden Krieges war, daß alle Beteiligten ein Mehrfaches des ursprünglichen Feldheeres aushoben und ihre Reserven an wehrfähigen Männern bis zur Neige erschöpften. Dabei kam den Kolonialmächten England und Frankreich zugute, daß sie einen Teil ihrer Soldaten außerhalb Europas rekrutierten und ihr Bevölkerungsdefizit gegenüber den Mittelmächten ausgleichen konnten. Ab 1916 schaffte es Deutschland nicht mehr, die Verluste seines Heeres zu ersetzen; die Überforderung der physischen und moralischen Kräfte spiegelt sich u. a. in den hohen Gefangenenzahlen, die Deutschland vor allem 1918 schwächten, Rußland und Österreich-Ungarn schon seit 1914.

Die europäischen Großmächte vor dem Ersten Weltkrieg

	Deutsches Reich	Österreich-Ungarn	Rußland (europ. Teil)	Frankreich	Groß-britannien
Territorium (km²)	1910 540 858	1900 624 856	1889 5 427 598	1901 536 408	1901 313 594
1910/11 Bevölkerung (Mio)	64,926	51,350	122,000	39,210	40,831
1913 Eisenbahnen (km)	63 378	44 748	70 156	40 770	32 623
1914 Heer (Friedens-präsenzstärke)	754 000	445 000	1 440 000	767 000	252 300
1914 Marine	79 000	1905 12 000	60 000	66 000	151 000
1914 Feldheer (ohne Kolonialtruppen)	2 292 679	1 421 000	3 420 000	1 867 000	155 000
Zahl der eingezogenen Soldaten (1914–1918)	11 000 000	7 800 000	12 000 000	8 410 000	8 904 467[1]
Tote	1 773 700	1 200 000	1 700 000	1 357 800	908 371[1]
Gefangene und Vermißte	1 152 800	2 200 000	2 500 000	537 000	191 652[1]

1) Zahlen gelten für das Britische Empire

Angaben für: *Territorium* = Meyers Konversationslexikon, 6. Auflage (1907); *Bevölkerung* = Ploetz. Raum und Bevölkerung in der Weltgeschichte, Bd. 4, 3. Auflage, Würzburg 1965, S. 68 ff.; *Eisenbahnen* = Walter Steitz, Quellen zur deutschen Wirtschafts- und Sozialgeschichte von der Reichsgründung bis zum Ersten Weltkrieg, Darmstadt 1985, S. 498; *Marine* (ohne Österreich-Ungarn) = Der Große Brockhaus, Bd. 10, 15. Aufl. (1931), S. 615; Österreich-Ungarn Meyers Konversationslexikon, Bd. 13, 6. Aufl. (1907), S. 304/III; *Heer (Friedenspräsenzstärke) und Feldheer (ohne Kolonialtruppen)* = Der Weltkrieg 1914 bis 1918. Kriegsrüstung und Kriegswirtschaft, Anlagen, Berlin 1930, S. 510; *Eingezogene Soldaten, Tote, Gefangene und Vermißte* = Encyclopaedia Britannica, Vol. 23 (1963), S. 775.

Verlauf der Kämpfe 1914 - 1916

Der Krieg begann für Deutschland mit drei gewichtigen Erfahrungen: der Angriff auf Frankreich lief sich an der Marne fest und mündete in einen begrenzten Rückzug (10. - 12. September), die russischen Truppen rückten schnell vor und lieferten bereits am 17. August ein Gefecht auf ostpreußischem Boden, und die englische Schlachtflotte suchte nicht die Konfrontation mit der deutschen, sondern verlegte sich darauf, die Nordsee weiträumig durch Schiffe und Minenfelder zu blockieren. Die Hoffnung auf einen kurzen Krieg ist schnell zerstoben und wich der Mühsal eines langen, kräftezehrenden Kampfes. Er stand seit Herbst 1914 im Zeichen der verzweifelten Suche nach einem glimpflichen Ausweg aus der bedrückenden Konstellation. Dabei wechselten je nach Lage die angewandten Mittel: einmal sollten vernichtende militärische Schläge gegen einzelne Gegner die Wende bringen (z. B. der Angriff bei Verdun 1916 oder der U-Bootkrieg 1917), ein andermal sollte mit der Kunst der Diplomatie ein Sonderfrieden erreicht werden (so 1915/16 gegenüber Rußland oder 1917 gegenüber England), ein weiteres Mal sollte die konsequente Mobilisierung aller Kräfte demonstrieren, daß das deutsche Volk unbesiegbar sei (so im Rahmen des Hindenburg-Programms 1916/17), und schließlich wurde auch auf den kriegsbedingten Zufall spekuliert, wie er sich 1917 durch den Zusammenbruch des russischen Zarenregimes ergab. Obwohl die Mittel virtuos gehandhabt wurden, ließ sich die Niederlage nicht abwenden.

Das Resultat des Kriegsgeschehens war, daß die Deutschen Ende 1914 nach ihrem Eindringen in Belgien und Nordfrankreich vor einer geschlossenen Front der Franzosen, Engländer und Belgier vom Elsaß bis zur Kanalküste festlagen und daß sie im Osten nicht nur die russische Invasion Ostpreußens abgewehrt, sondern auch größere Teile Russisch-Polens erobert hatten. Hier im Osten schienen weitere Erfolge zum Greifen nahe, und sie wurden dringend benötigt, um Österreich-Ungarn aus seiner schwierigen Lage an der Karpatenfront zu befreien und die Kontrolle über den Balkan zu gewinnen, wo Serbien noch unbesiegt und der Landweg zur verbündeten Türkei, die seit Oktober 1914 gegen Rußland kämpfte, sehr unsicher war. Die beiden Generäle Hindenburg und Ludendorff, die die Truppen an der Ostfront führten, verlangten kategorisch ein Mehr an Soldaten für ihre Operationen. Jedoch der Generalstabschef Falkenhayn, der im September den erfolglosen Moltke abgelöst hatte, zögerte, weil er überzeugt war, daß Rußland militärisch nicht zu besiegen sei und die Entscheidung im Westen fallen müsse. Erst nach scharfem Streit gab er nach, so daß von Mai bis September 1915 die russischen Heere weit zurückgeschlagen und im Herbst auch Serbien erobert wurde (hierbei hat sich Bulgarien den Mittelmächten angeschlossen, die nun einen Viererbund bildeten). Ende 1915 kontrollierten die Mittelmächte das östliche Mitteleuropa von der Ostsee bis zur Ägäis, ausgenommen Rumänien und Griechenland, und befanden sich in einer gefestigten geostrategischen Position. Das ist gelungen, obwohl während des Jahres schwere englisch-französische Offensiven auf die Westfront trafen und Italien im Mai Österreich-Ungarn den Krieg erklärte, so daß in den Ostalpen eine neue Front entstand.

Unter diesen Umständen entschloß sich Falkenhayn, an der Westfront wieder aktiv zu werden. Die Erfahrungen, die er 1915 gesammelt hatte, brachten ihn auf den Gedanken, nicht eine Durchbruchs-, sondern eine Abnutzungsschlacht vorzubereiten, eine Schlacht, in der Frankreich seine Kräfte soweit verbrauchen sollte, daß es um den Frieden bitten müßte. Es hatte sich gezeigt, daß bei der Zusammenballung von Mensch und Material jeder Angreifer zu schwach war, um die Front aufzubrechen und und in den Rücken des Gegners zu gelangen. Selbst der Einsatz neuer Waffen - 1915 Giftgas, 1916 Tanks - änderte daran nichts, sondern steigerte nur das Grauen jener Schlachten, in denen sich die Soldaten zu Zehntausenden im Feuer der Artillerie, Minenwerfer und Maschinengewehre aufopferten. Falkenhayn vermutete, Frankreich sei wegen seiner erfolglosen Offensiven „militärisch und wirtschaftlich ... bis nahe an die Grenze des Erträglichen geschwächt“ und werde nach weiteren Verlusten resignieren. Es gelte nur, einen Angriffspunkt zu finden, den es unbedingt verteidigen werde, und wenn es dabei seine „Kräfte verbluten“ müsse: dieser Punkt sei die Festung Verdun[13]. Seine Rechnung ist nicht aufgegangen. Der Angriff auf Verdun (Februar bis Juli 1916) geriet zu einem menschenverzehrenden Inferno, das die Franzosen 317 000 und die Deutschen 282 000 Mann kostete. Die kriegsentscheidende Wirkung wurde verfehlt, vielmehr eröffneten im Juni Engländer, Franzosen, Russen und Italiener große Offensiven, die die Mittelmächte an allen Fronten bedrängten. Das Blatt schien sich vollends zu wenden, als Rumänien Ende August 1916 Österreich-Ungarn angriff und die Lage auf dem Balkan abermals ins Wanken geriet. Falkenhayns Kredit war verbraucht, die Leitung des Generalstabs erhielten am 29. August 1916 Hindenburg und Ludendorff.

Hindenburg und Ludendorff

Die neuen Männer setzten alles daran, der Verteidigung der Mittelmächte wieder Halt zu geben. Im Osten stoppten sie die russische Offensive und überzogen Rumänien mit einem Gegenangriff, so daß bis Anfang Dezember fast das ganze Land erobert war. Im Westen entschlossen sie sich dazu, die Truppen zwischen Arras und Soissons bis zu 50 km weit zurückzuziehen (März 1917), denn das verkürzte die Front und vergrößerte die disponible Truppenreserve - ein Entschluß, der aus der Not geboren war, die der unzureichende Heeresersatz inzwischen bereitete. Außerdem regten sie große rüstungswirtschaftliche Investitionen an, um Deutschland nicht nur militärisch, sondern auch wirtschaftlich und sozial zur äußersten Kraftanstrengung zu bringen; sie waren sozusagen die Männer für das letzte Gefecht.

Die beiden Führer der dritten Obersten Heeresleitung (OHL) - nach Moltke und Falkenhayn - hielten weit mehr als die Leitung der militärischen Aktionen in ihrer Hand: sie waren die Hoffnungsträger des deutschen Volkes schlechthin. „Der Name Hindenburg", schrieb Bethmann Hollweg, „elektrisiert unser Heer und Volk, die grenzenloses Vertrauen zu ihm haben", unter seiner Führung würde das Volk Niederlagen ertragen „und ebenso jeden Frieden [also auch einen ungünstigen!], den sein Name deckt"[14].

Dieser Hoffnungsträger, mit vollem Namen *Paul von Beneckendorff und von Hindenburg* (1847 - 1934), war ein in Ehren ergrauter General, den das Volk im August 1914 so gut wie gar nicht kannte. Seine Familie wurzelte im ost- und westpreußischen Landadel, sein Vater war Berufsoffizier, und er selbst schlug dieselbe Laufbahn ein, in der er erfolgreich, aber ohne sonderliches Aufsehen die höchsten Ränge erklomm. Er lernte Deutschland nach der Geographie der Garnisonsorte kennen, diente im Generalstab und Kriegsministerium und ging 1911 als General der Infanterie in Pension. Seine geistigen Wurzeln reichten ins Preußen der Zeit vor der Reichsgründung zurück, er war ein loyaler Monarchist, dem politische Interessen oder Emotionen fernlagen. Mehr den kleinen als den großen Dingen zugewandt, liebte er es, genau und pünktlich zu sein, wobei seine väterlich-joviale Art ihn davor schützte, kleinlich zu werden. Diesem geruhsamen General war es beschieden, im Mai 1916 aus dem Munde Wilhelms II. zu hören: „Sie sind zu einem Nationalheros des deutschen Volkes geworden", sein Name habe „einen sagenhaften Klang".

Die Verwandlung zum Nationalheros begann im September 1914. Seine Erfolge gegenüber den Russen verliehen ihm die Aura eines Feldherrn, der ein Konzept für die siegreiche Beendigung des Krieges zu haben schien. Die Presse, die Propaganda, ja die Legendenbildung bemächtigten sich seiner und verwandelten ihn in eine Person, die in schwerer Zeit Identifikation und Rettung verkörperte. Es kam ihm auch zugute, daß er nichts vom schneidigen, arroganten Offizier an sich hatte, sondern Auge und Ohr für die Menschen um sich herum besaß und, wie er sich ausdrückte, „eine auf Gottvertrauen begründete Ruhe und Klarheit" verbreitete. Das trug ihm beim Volk ein Vertrauen ein, das ihm erstaunlicherweise bis zum Lebensende erhalten blieb.

Inwieweit er die Verehrung verdient hat, ist eine Streitfrage. Hindenburg hat sein Prestige seit 1915, angestachelt durch Ludendorff, politisch eingesetzt, zuerst gegen Falkenhayn, dann gegen Bethmann Hollweg, er hat auch die Diskussion über den U-Bootkrieg oder die Kriegsziele scharfmacherisch beeinflußt. Bemerkenswert ist, daß er für sich selbst die Einheit von Person und Legende vollzogen hat und während der Novemberrevolution schrieb: „Mein Name und meine Persönlichkeit müssen ... dem ganzen Volke als einigender Faktor erhalten bleiben"[15]. Obwohl es überheblich klang, war daran etwas

Wahres, denn für viele stellte Hindenburg in schwierigen Lagen ein Stück politischer und moralischer Kontinuität dar. Aber das rückte ihn wiederum ins Zwielicht. Als General hemmte er 1918/19 die demokratische Revolution, als Reichspräsident ermöglichte er 1933/34 die nationale Revolution Hitlers - alles Ausdruck dessen, daß seine historische Wirkung größer als seine politische Urteilskraft war.

Wer von Hindenburg spricht, darf von *Erich Ludendorff* (1865 - 1937) nicht schweigen. Von August 1914 bis Oktober 1918 bildeten sie ein Paar, in dem jener das stabile, dieser das dynamische Element war. Ludendorff schuf die Pläne, Direktiven und Initiativen, mit denen beide militärisch wie politisch wirkten. Ein rastloser Arbeiter, der ebenso intelligent wie energisch zu Werke ging, neigte er zu einer Einseitigkeit des Denkens, die alles dem verfolgten Zweck unterordnete. Und der Zweck war für ihn die militärische Effizienz Deutschlands im Zweifrontenkrieg. In diese Aufgabe war er seit 1904 hineingewachsen, als er der Aufmarschabteilung des Generalstabs angehörte. Von hier aus regte er 1912 die große Heeresvorlage an, sehr zum Unwillen des Kriegsministers und anderer Generäle, die ihn aus dem Generalstab entfernten. Er war ein bürgerlicher Nationalist in Uniform, der seine Karriere der eigenen Tüchtigkeit verdankte, weniger der sozialen Herkunft (sein Vater war ein ostdeutscher Landwirt). Die konservative Prägung der alten Armee war ihm kein oberster Wert mehr, denn ihm lag daran, Volk und Staat in Gänze für den Krieg zu mobilisieren. Jedes Menschenleben sei Kampf, meinte er, und der Krieg „in seiner wahrhaftigen Form" sei ein äußerster Daseinskampf, der verlange, daß „das ganze deutsche Volk ... nur [noch] im Dienste des Vaterlandes leben" dürfe. Ein Hauch des totalen Krieges ging von ihm aus und durchsetzte seit 1916 das politische Klima.

Im Grunde genommen ahnte Ludendorff, daß er mit dem Postulat der totalen Kriegsbereitschaft das Volk überforderte. Er wußte, daß die Feinde wirtschaftlich und „auch an Zahl der Menschen weit überlegen sind"; trotzdem behauptete er, Deutschland könne siegen, wenn sein „Kriegswille" die materiellen Defizite ausgleiche - gelegentlich bemerkte er, „die beste Waffe gegen den Tank [ein Kriegsgerät, über das die Deutschen bekanntlich nicht verfügten] waren die Nerven, Mannszucht und Unerschrockenheit".[16)] Er erwartete, daß Regierung, Parlament und Parteien diesen Willen entfachten, und als sie das nicht schafften, griff er zu dem Argument, die Politik habe versagt. Es gab kaum eine innenpolitische Krise, an der er nicht beteiligt war, am bekanntesten ist sein Beitrag zum Sturz Bethmann Hollwegs (Juli 1917). Er erfreute sich bei alledem eines großen Respekts, weil er als militärischer Fachmann Bedeutendes leistete. Sehr spät beugte er sich der Einsicht, daß der Krieg verloren sei, und obwohl er Ende September 1918 tagelang fürchtete, daß die deutsche Front unter dem Druck der Gegner zerbrechen werde, blieb er bei der Fiktion, nicht das Heer, sondern die Zivilbevölkerung sei verantwortlich für die Niederlage. Er war unfähig, die Grenzen des Menschenmöglichen zu erkennen; für ihn galt, daß dort, wo ein Wille, auch ein Weg sei - daß es der Weg in den Untergang sein konnte, nahm er in Kauf.

Der U-Bootkrieg

In der Ära Hindenburgs und Ludendorffs erhielt auch der Krieg zu Wasser ein neues Gewicht. Die Flotte war in eine Randposition geraten, als sich herausstellte, daß die englische Marine den Handelsverkehr fernab der deutschen Häfen kontrollierte und Anfang November 1914 die ganze Nordsee zum Sperrgebiet erklärte. Seitdem gab es nur noch in der Ostsee einen deutschen Schiffsverkehr, ansonsten war Deutschland vom überseeischen Handel ausgeschlossen. In dieser Situation waren zwei Reaktionen denkbar: ein Vorstoß der Flotte gegen die englische Sperre oder eine Gegenblockade Englands durch U-Boote. Für einen Flottenvorstoß waren die Erfolgsaussichten gering; er wurde nur einmal ernsthaft unternommen und brachte in der Schlacht am Skagerrak (31. Mai 1916) einen Achtungserfolg, der freilich die Gesamtlage nicht änderte. Blieb also der U-Bootkrieg. Die deutsche Marineleitung hat schon im November 1914 vorgeschlagen, die englische und französische Küste abzuriegeln und die Blockadebrecher ohne Warnung zu torpedieren. Solch eine drastische Maßnahme bedrohte alle Handels- und Passagierschiffe, die neutralen eingeschlossen, und verletzte insofern das Völkerrecht, als sie das Anhalten und Kontrollieren der Schiffe unterließ. Es war zu erwarten, daß Gut und Leben der Bürger neutraler Staaten gefährdet wurden und daraus internationale Verwicklungen folgten. So geschah es denn 1915 auch. Vor allem die USA protestierten gegen die Verluste, die ihre Bürger erlitten, und erreichten, daß im September 1915 das Versenken ohne Warnung aufhörte. Diese Anordnung war aber in Deutschland sehr umstritten. Die Marine verzichtete ungern auf ihre vermeintlich schärfste Waffe. Tirpitz, dessen Flottenpolitik seit 1914 als konzeptioneller Irrtum entlarvt war, verfocht nun den rigorosen U-Bootkrieg, die meisten bürgerlichen Parteien und Teile der Presse unterstützten ihn. Bethmann Hollweg hielt es für die klügere Politik, die Neutralen zu schonen und die USA davon abzuhalten, sich dem Gegner anzuschließen. Vom Herbst 1915 bis Anfang 1917 wogte der Meinungskampf hin und her, im März 1916 wurde Tirpitz entlassen, doch gegen Ende des Jahres pochten Hindenburg und Ludendorff auf den U-Bootkrieg, weil sie von ihm eine Entlastung der Westfront erwarteten. Bethmann Hollwegs Widerstand schmolz, als im Dezember 1916 sein Versuch, Friedensgespräche mit den Gegnern anzubahnen, kein Echo fand. Wider besseres Wissen stimmte er zu, und ab 1. Februar 1917 führte Deutschland den uneingeschränkten U-Bootkrieg vor England. Er brachte zunächst eine Überraschung, weil der versenkte Schiffsraum monatelang das von der Marine geschätzte Ausmaß überschritt. Aber seine Wirkung auf England war trotzdem nicht entscheidend. Die Not und Sorge, die er dem Gegner bereitete, wurde aufgewogen, als die USA Deutschland am 6. April 1917 den

Krieg erklärten. Das westliche Gegenlager hatte sich zu einer atlantischen Gemeinschaft erweitert.

Das geschah zu einer Zeit, als die Alliierten mit verbissener Energie versuchten, die Westfront zu durchbrechen. Ihr Anrennen war so reich an Opfern, daß die französischen Soldaten zu meutern begannen. Die Krise wurde jedoch überwunden, so daß die Deutschen in der Anspannung aller Kräfte aushalten mußten. Allerdings zeigte sich für sie an anderer Stelle ein Hoffnungsschimmer. In Rußland hatte ein innenpolitischer Umbruch begonnen, die Bevölkerung verlangte ein Ende des Krieges und ermöglichte den kommunistischen Bolschewiki, die die Parole vom Frieden ohne Annexionen und Kontributionen übernommen hatten, die Macht zu erobern (Oktoberrevolution 1917). Die neue Regierung war bereit, aus dem Kriege auszuscheiden. D. h. Ende 1917 bot sich Deutschland die heißersehnte Gelegenheit, durch einen Teilfrieden den Ring der Gegner zu sprengen. Vorher mußte es jedoch wissen, zu welchen Bedingungen es Frieden schließen wollte.

Kriegsziele und Sonderfrieden

Die Diskussion über die Kriegsziele gehört zu den brisantesten Vorgängen der Jahre 1914 bis 1918. Sie schwankte zwischen Wahn und Wirklichkeit, weil Deutschland eigentlich kein natürliches Kriegsziel hatte. Die Vereinigung mit den Deutschösterreichern in einem großdeutschen Staat schied wegen des Bündnisses mit Österreich-Ungarn aus. Die Diskussion dehnte sich je nach Interesse und Temperament auf ein beliebiges Bündel von Forderungen aus. Ihr Spektrum reichte vom Verlangen der Sozialdemokraten, einen Verständigungsfrieden, „der die Freundschaft mit den Nachbarvölkern ermöglicht", zu schließen, bis zur Forderung der wirtschaftlichen Interessenverbände nach einem Frieden, „der uns eine bessere Sicherung unserer Grenzen im Westen und Osten, eine Erbreiterung der Grundlagen unserer Seegeltung und eine Möglichkeit einer ungehinderten ... Entfaltung unserer wirtschaftlichen Kräfte" gewährleistet[17]. Mit Blick auf die Faustpfänder, die die Mittelmächte erobert hatten, war die Versuchung, daraus einen territorialen Vorteil zu ziehen, groß. Parteien, Verbände, Privatpersonen produzierten verschiedene Varianten von Kriegszielen, die sich auf Belgien und die Kanalküste, auf die ostfranzösischen Festungen und Industriegebiete, auf Polen und das Baltikum, auf handelspolitische Verträge und eine Art Wirtschaftsunion Mitteleuropa, deren bestimmende Kraft Deutschland sein sollte, außerdem auf Reparationen und Kolonien bezogen. Die Regierung versuchte, mit Hilfe der Zensur den Streit zu dämpfen, geriet deshalb ins Feuer der Kritik und mußte im November 1916 die öffentliche Diskussion der Kriegsziele erlauben.

Ihr eigener Standpunkt war etwas schillernd. In den Ministerien sind viele Denkschriften bearbeitet worden, aber Bethmann Hollweg legte sich auf kein konkretes Programm fest. Er sagte, daß es ein Erfolg wäre, wenn Deutschland sich der Koalition der Gegner gewachsen zeigte, daß aber eine Rückkehr zum Status quo von 1914 unwahrscheinlich sei und Deutschland Garantien brauche, die es vor neuen Kriegsgefahren schützten; gelegentlich kündigte er den Gegnern an: „je länger ... sie diesen Krieg gegen uns führen, um so mehr wachsen die Garantien, die für uns notwendig sind"[18]. Vermutlich schwebte ihm ein Frieden auf folgenden Grundlagen vor: Auflösung der englisch-französisch-russischen Entente, verstärkte Stellung Deutschlands gegenüber Frankreich und Belgien (sein Bekenntnis, daß Belgien Unrecht zugefügt worden sei, hat er im Dezember 1914 relativiert), Verschiebung der russischen Grenze nach Osten (wobei die neuen polnisch-baltischen Staaten vertraglich an Deutschland gebunden sein sollten) und Abschluß einer mitteleuropäischen Wirtschafts- oder Zollunion. Das Ergebnis solcher Garantien wäre ein deutsches Übergewicht in Europa gewesen, und das war für die Gegner nicht verhandlungsfähig. Diese hatten sich vielmehr am 4. September 1914 verpflichtet, keinen Sonderfrieden zu schließen, und damit ihren Willen, Deutschland in die Schranken zu weisen, bekräftigt.

Bethmann Hollweg wurde durch Falkenhayn auf das Problem des Sonderfriedens gestoßen. Mitte November 1914 teilte ihm der Generalstabschef mit, es sei „unmöglich, unsere Gegner so zu besiegen, daß wir zu einem anständigen Frieden kämen. Wir würden vielmehr Gefahr laufen, uns langsam zu erschöpfen". Deshalb sei ein Frieden mit Rußland anzustreben, um die Entente zu sprengen und im Westen Frankreich und England niederzukämpfen.[19] Der Reichskanzler sah das ein, empfand es aber als mißlich, daß ausgerechnet der Gegner, den er für den bedrohlichsten und unberechenbarsten hielt, Partner eines Sonderfriedens werden sollte. Ohnehin war zu fragen, wer denn der Hauptgegner in diesem Kriege sei. War es Rußland, wie es in der Julikrise schien, oder England, wie es die Errichtung der Seeblockade anzeigte, oder aber Frankreich, das in Elsaß-Lothringen einen direkten territorialen Anspruch verfolgte? Je nach Auffassung konnten unterschiedliche Strategien für eine Friedenspolitik ersonnen werden; in der Praxis sind alle gescheitert, und am Ende behielten die kompromißlosen Nationalisten die Vorhand, die jeden 'faulen Frieden' ablehnten und den vollen militärischen Sieg verlangten.

Es hat von 1915 bis 1917 nicht an Kontakten zu fast allen Gegnern gefehlt, doch sie zerschlugen sich, weil keiner als erster einen Kompromiß anbieten wollte. Auch die Hilfe, die der US-Präsident Wilson und der Papst liehen, fruchtete nichts, denn Deutschland weigerte sich, vorab die unbedingte Freigabe Belgiens zu versprechen. Nicht minder wirkungslos verpufften die öffentlichen Friedensangebote, die Deutschland machte: am 12. Dezember 1916, nach dem Sieg über Rumänien, schlug Bethmann Hollweg in allgemeiner Form Verhandlungen vor, und am 19. Juli 1917 bekundete der Reichstag in einer Resolution, er wolle einen „Frieden der Verständigung" ohne „erzwungene Gebietserwerbungen und politische, wirtschaftliche oder finanzielle Vergewaltigungen"[20]. Die Gegner gingen darauf nicht ein und bezichtigten Deutschland statt dessen einer grausamen Kriegsführung, die die Rechte und Freiheiten der Völker verletze. Sie brachten eine moralisch-ideologische Note in die Diskussion - dazu gehörten auch die Formeln vom Selbstbestimmungsrecht der Nationen oder dem Frieden ohne Annexionen und Kontributionen -, der Deutschland nichts Gleichwertiges entgegenzusetzen wußte. Es stand als der Eroberer da, der die Staaten und Völker bedrohte.

Der Umgang mit den eroberten Gebieten war tatsächlich ein Problem, das die deutsche Politik belastete. Neben Belgien bot vor allem Polen hierfür ein Beispiel. Die beiden Mittelmächte waren sich einig, daß Rußland seinen Anteil an Polen verlieren sollte. Über die außenpolitische Orientierung des neuen polnischen Staats stritten sie lange hin und her, bis sich ein Vorzug für die sog. austropolnische Lösung ergab: sie sah für Polen eine habsburgische Leitung vor. Dem wollten aber Hindenburg und Ludendorff nur zustimmen, wenn Deutschland (angeblich aus militärischen Gründen) an seiner Ostgrenze einen Streifen polnischen Landes erhielt. Dem Staat Polen drohte also nicht nur ein fremdes Oberhaupt, sondern auch ein Gebietsverlust. Nicht minder zwiespältig waren die innenpolitischen Perspektiven. Deutschland und Österreich, die das Land militärisch verwalteten, beabsichtigten nicht, die Bevölkerung autonom am Aufbau des Staates zu beteiligen. Sie setzten von oben einen Staatsrat (später Regentschaftsrat) ein und übertrugen den polnischen Behörden nur schrittweise wirksame Kompetenzen; auch die polnische Armee, auf die Ludendorff im Herbst 1916 großen Wert legte, war weitgehend als deutsche Hilfstruppe gedacht. Es kann nicht überraschen, daß die deutsch-österreichische Proklamation eines selbständigen polnischen Staats vom 5. November 1916 keine Euphorie auslöste. Der an sich bedeutsame Versuch, die Emanzipation der unfreien Völker Osteuropas einzuleiten, erzielte keine propagandistische Wirkung. Ähnliches ließe sich über die Politik in Litauen und Kurland sagen. Nicht Freiheit und Gleichberechtigung, sondern Abhängigkeit und Kontrolle standen den neuen Staaten bevor, falls die Deutschen ihre Ziele erreichten.

Wir kehren zum Frieden mit Rußland zurück. Wie erwähnt, wollte die bolschewistische Regierung den Krieg beenden. Es kam zu

Verhandlungen zwischen Rußland, Deutschland, Österreich-Ungarn, Bulgarien und der Türkei, die in den Friedensvertrag von Brest-Litowsk mündeten (3. März 1918); ihm war ein Friedensvertrag mit der Ukraine (9. Februar 1918) vorangegangen, der Vertrag mit Rumänien folgte noch (7. Mai 1918). Der Vertrag ist geschrieben worden mit der Hand des Siegers, der tief im gegnerischen Land stand und sich nicht scheute, während einer der Verhandlungskrisen sein Besatzungsgebiet auf Estland, Livland, Weißrußland und die Ukraine auszudehnen. Die Bolschewiki, außen- und innenpolitisch isoliert, beugten sich den deutschen Bedingungen: sie traten Kurland, Litauen und Polen ab (der Verzicht auf Livland und Estland folgte am 27. August 1918), ferner mußten sie die Ukraine als unabhängig anerkennen, ihr Heer abrüsten, deutschen Kaufleuten und Unternehmern weitgehende Bewegungsfreiheit zugestehen, die periodische Wanderung von Arbeitskräften nach Deutschland gestatten und die Wiederherstellung des deutschen Privateigentums, das während des Kriegs eingezogen worden war, zusagen. Obwohl beide Seiten auf Reparationen verzichteten, wurde den Bolschewiki im August 1918 auferlegt, 6 Mrd. M zur Entschädigung der deutschen Privateigentümer zu zahlen. Der Sinn der Verträge war, Deutschlands politischen, wirtschaftlichen und militärischen Einfluß in Osteuropa zu sichern. Die Blicke schweiften teilweise bis zur Krim und zum Kaukasus, und kühl berechnend hieß es im Auswärtigen Amt, gegenüber Rußland gebe es „nur das eine Interesse, die zersetzenden Kräfte zu fördern und das Land noch auf lange hinaus schwach zu erhalten"; gleichzeitig sei die dortige Wirtschaft unter Kontrolle zu nehmen und der „Osten für uns auszubeuten. Dort sind die Zinsen für unsere Kriegsanleihen zu holen"[21]. In diesem Vorhaben war sich die Regierung mit der OHL, den meisten Parteien und Unternehmergruppen einig. Die Einkreisung der Vorkriegszeit sollte gesprengt und die Grundlagen deutscher Macht ausgebaut werden.

Westoffensive 1918 und Zusammenbruch

Das im Osten Erreichte konnte allerdings nur Bestand haben, wenn ein ähnlicher Erfolg im Westen es ergänzte. Es entsprach der Lage, daß die OHL 1918 alles daransetzte, dieses Ziel zu erreichen. Ludendorff bereitete seit dem Herbst 1917 eine große Offensive vor. Es gelang, das deutsche Heer ungefähr gleichstark den Franzosen und Engländern entgegenzustellen (die Amerikaner bauten ihre Armee noch auf und brachten im Laufe des Jahres 1918 ca. 2 Mio. Mann nach Frankreich), den Mangel bei Geschützen, Kraftwagen, Lebensmitteln sollte der Offensivgeist ausgleichen. Nach fast vier Jahren Krieg mußte das der letzte und entscheidende Angriff sein, zu dem sich Deutschland aufraffte. Tatsächlich wurde daraus eine Serie von fünf Offensiven (März bis Juli 1918), die große Wirkungen erzielten und die Deutschen wieder bis an die Marne brachten. Aber die Verluste waren so hoch, daß die Kraft nicht ausreichte, den Gegner zu demoralisieren. Vielmehr war es so, daß dem letzten Angriff sofort ein Gegenangriff der Franzosen folgte (18. Juli), und besonders effektvoll war ein englischer Panzerangriff am 8. August, der vorübergehend so etwas wie Panik auslöste. Obwohl die deutsche Front nicht zerbrach, war ein kontinuierliches Ausweichen notwendig; am 11. November, dem Tag des Waffenstillstands, waren die flandrische Kanalküste und fast ganz Nordfrankreich verloren.

Mitte August räumte die OHL ein, „daß wir den Kriegswillen unserer Feinde durch kriegerische Handlungen nicht mehr zu brechen hoffen dürfen." Ende September gestand sie, daß angesichts der Überlegenheit des Gegners „die Kriegführung auf der Westfront ... den Charakter des Glückspiels angenommen" habe und deshalb „die Beendigung der Feindseligkeiten geboten" sei, mit Nachdruck setzte sie hinzu: es „darf keine Zeit verloren gehen. Jede 24 Stunden können die Lage verschlechtern", d. h. die Front könne zusammenbrechen[22]. Ähnlich trostlos sah es bei den Verbündeten aus. Österreich-Ungarn hatte am 14. September einseitig ein Friedensangebot gemacht und Bulgarien, von Saloniki aus durch die Entente angegriffen, rettete sich am 30. September in einen Waffenstillstand. Deshalb war es richtig, daß die OHL seit dem 29. September den Waffenstillstand verlangte.

Die Politiker waren von der Wendung überrascht. Bisher hatte die OHL gemeint, die Front werde in der Defensive noch längere Zeit aushalten, so daß für etwaige Friedensfühler ein geeigneter Moment abzuwarten sei. Solch ein Moment war Ende September nicht gegeben, weil wegen der innenpolitischen Reformen eine Regierungskrise ausgebrochen war und ein neuer Reichskanzler gesucht wurde. Minister, Parteiführer und die Bevölkerung waren tief erschüttert, als sie die Botschaft der OHL erfuhren. Der neue Reichskanzler Prinz Max von Baden mußte die wichtigste Entscheidung, die eine Regierung seit dem 31. Juli 1914 zu treffen hatte, sozusagen aus dem Handgelenk fällen. Am 4. Oktober bat er den US-Präsidenten, die Herstellung des Friedens und den sofortigen Abschluß eines Waffenstillstandes zu veranlassen. Das Eingeständnis der Niederlage wurde durch die Erklärung abgerundet, daß sich der Frieden an der Kongreßbotschaft Wilsons vom 8. Januar 1918 ausrichten solle, die u. a. die Wiederherstellung Belgiens, die Abtretung Elsaß-Lothringens, die Errichtung eines unabhängigen polnischen Staates und die Räumung aller russischen Gebiete vorsah.

Aber das war erst der Anfang vom Ende. Der Notenwechsel mit der amerikanischen Regierung ergab, daß ein Verhandlungsfrieden nur zu erwarten sei, wenn Deutschland sich von seinen „militärischen Beherrschern und monarchistischen Autokraten" trenne, denn „die Völker der Welt [hegten] kein Vertrauen zu den Worten derjenigen ..., die bis jetzt die deutsche Politik beherrschten". Das Ansinnen war ein starker Eingriff in die inneren Verhältnisse Deutschlands, forderte doch der amerikanische Präsident den Sturz des Kaisers. Die Regierung überging den Affront nolens volens, aber sie geriet deshalb mit Ludendorff heftig aneinander. Der General wollte sich gegen die Daumenschrauben der Alliierten wehren und einen „Kampf bis zum letzten Mann unserer Ehre halber" riskieren. Er glaubte, die Demütigung sei abzuwenden, wenn das Volk den „felsenfesten Willen" habe, nach dem Motto „ehrenvoller Friede oder Kampf bis zum äußersten" zu handeln[23)]. Sicherlich waren die Forderungen der Sieger anmaßend, aber die Spekulation auf ein nationales Aufbegehren und erschrecktes Nachgeben der Gegner war töricht. Und hinterhältig war es, so zu tun, als sei die militärische Lage noch zu retten, wenn nur das Volk das Heer unterstütze. Da Ludendorff nicht einlenkte, wurde er am 26. Oktober 1918 vom Kaiser entlassen und durch Wilhelm Groener ersetzt (Hindenburg blieb Chef des Generalstabs). Der Waffenstillstand, der am 11. November in Kraft trat, war hart: die deutschen Truppen mußten bis auf das rechte Rheinufer zurückgehen, sie mußten große Mengen an Waffen und Material abliefern und alle Kriegsgefangenen herausgeben, dagegen die Blockade der Häfen wurde fortgesetzt.

Dieses Dokument der Niederlage erregte das deutsche Volk kaum noch, denn andere Dinge rückten in den Vordergrund: der Zusammenbruch der inneren Ordnung, die Flucht des Kaisers und die Übernahme der Regierung durch den sozialdemokratischen Rat der Volksbeauftragten. Hier ist zunächst nur zu betrachten, inwieweit das Militär in die Vorgänge verwickelt war. Das traf in zweifacher Weise zu: einmal schlug ein von der Marine geplanter Flotteneinsatz in offene Meuterei um, aus der sich die Novemberrevolution entwickelte, und zum andern war das Heer außerstande, die Abdankung seines obersten Kriegsherrn, des Kaisers, zu verhindern. Die Marineleitung dachte ähnlich wie Ludendorff und plante einen Vorstoß in den Kanal, um den Engländern eine letzte Schlacht zu liefern. Die Flotte erhielt am 29. Oktober in Wilhelmshaven den Marschbefehl. Ihm widersetzte sich ein Teil der Matrosen, so daß die Englandfahrt nicht stattfand. In der Flotte hatte es bereits 1917 Unruhen gegeben wegen dienstlicher und sozialer Mängel; die Probleme waren nicht beseitigt und vermischten sich nun mit dem Entsetzen über einen sinnlosen Kampfauftrag. Die Meuterei in Wilhelmshaven wurde zwar unterdrückt, aber als viele verhaftete Meuterer nach Kiel gebracht wurden, löste das dort eine Welle von Versammlungen, Demonstrationen und Resolutionen aus, die die Freilassung der Verhafteten forderten. Die Bewegung griff auf die Arbeiter über, ein Soldatenrat entstand, vor dem das örtliche Marinekommando zurückwich. Am 5. November wehte auf allen Schiffen und öffentlichen Gebäuden die rote Fahne. Die kaiserliche Marine- und Zivilgewalt war in Kiel gestürzt worden. Ihre handstreichartige Entmachtung wiederholte sich in anderen Städten und brachte die Revolution in Gang.

Zur selben Zeit fand zwischen Regierung und OHL ein Tauziehen in der Frage statt, ob Wilhelm II. abdanken solle oder nicht. Wilsons Anspielung auf die monarchistischen Autokraten unterminierte die Königstreue der Bevölkerung und förderte die Hoffnung, daß ein Thronverzicht des Kaisers die Bahn zu einem maßvollen Frieden ebnen werde. Die Regierung dachte seit dem 31. Oktober an solch eine Lösung, doch die OHL lehnte das vehement ab, weil sie die kaiserliche Kommandospitze als Hort der Disziplin in der Armee betrachtete, und Disziplin war nötig, wenn der Rückzug über den Rhein und die Entlassung des Feldheeres geordnet ablaufen sollten. Allerdings stellte sich heraus, daß die OHL die Armee nicht mehr hinter sich hatte, wenn sie für Wilhelm II. eintrat. Die Fortschritte der Revolution in der Heimat brachten Hindenburg und Groener am 8. November zu der Einsicht, daß die Fronttruppen nicht die Rückkehr des Kaisers nach Berlin (er befand sich bei der OHL in Belgien) erzwingen könnten. Am nächsten Tag betonten außerdem viele Offiziere, daß die meisten Truppen nicht mehr willens seien, für den Kaiser zu fechten. Inmitten der quälenden Diskussion, die darauf folgte, sagte Groener dem Kaiser ins Gesicht, das Heer werde mit seinen Offizieren nach Hause marschieren, „aber nicht unter dem Befehl Eurer Majestät, denn es steht nicht mehr hinter Eurer Majestät" - ein Satz, der das Schlußwort in der Geschichte der monarchischen deutschen Armee war[24]. Widerstrebend dankte Wilhelm ab und fuhr am 10. November ins holländische Exil. Den Oberbefehl über die Armee erhielt Hindenburg, der inmitten des Strudels von Niederlage, Rückzug und Revolution einen Rest von Autorität und Kontinuität verkörperte.

3. Burgfrieden und Revolution

Ebenso wie die militärische stand auch die zivile Leitung des Reichs vor der Aufgabe, alles für ein siegreiches Ende des Krieges zu tun. Allerdings war ihre Verantwortung größer und schwieriger als die der Generäle, denn sie mußte die divergierenden politischen Kräfte auf einen Nenner bringen, für einen Ausgleich der wirtschaftlichen und sozialen Spannungen sorgen, den Weg für Reformen im

Innern eröffnen und nach außen die Beziehungen zu den verbündeten wie neutralen Staaten pflegen sowie die Möglichkeiten eines Friedens mit dem einen oder anderen Gegner erkennen. An der Fülle der Aufgaben mühte sich das Regierungssystem des Reichs vergebens ab; der Krieg brachte die Agonie der konstitutionellen Monarchie und damit Deutschland an die Schwelle der parlamentarisch-demokratischen Republik.

a) Regierung, Parteien, Reichstag

Das sichtbarste Opfer des politischen Formenwandels im Reich ist der Kaiser geworden. Obwohl seine Rolle als höchster ziviler und militärischer Entscheidungsträger bis zu seinem Thronverzicht erhalten blieb, ist er zusehends in den Schatten des Reichskanzlers, der Generäle der OHL und des Reichstags geraten. Er hat die Verlagerung der Gewichte auf seine Weise begünstigt, indem er dem archaischen Ritus frönte, als König in der Nähe seiner kämpfenden Heere zu sein, und im Hauptquartier an der West- oder Ostfront verweilte. Selten hielt er sich für längere Zeit in Berlin oder Potsdam auf, wo er dem Reichskanzler nahe und für die Bevölkerung sichtbar gewesen wäre. Gelegentlich redete er sich ein, er sei kriegsbedingt „eben zur Zeit nicht Herrscher" und „die innere Politik gehöre nicht ins Hauptquartier". Sein Verhalten schuf an der Spitze des Reichs eine diffuse Situation, die dem aktivistischen Tirpitz den Gedanken eingab, „der Kaiser müßte einmal seine Macht auf einige Zeit detachieren", damit ein Mann mit Sondervollmachten „eine größere Einheitlichkeit in die Führung des Ganzen" brächte[25)]. Aus solchen Diktaturplänen ist zwar nichts geworden, aber sie verrieten, daß der Kaiser drauf und dran war, Objekt der handelnden Kräfte zu werden, und insofern sein Sturz im November 1918 kein Zufall war.

Als Beispiel für die schwindende Bedeutung des Kaisers kann die Entlassung der Reichskanzler in den Jahren 1917 und 1918 erwähnt werden. Sie folgte nicht daraus, daß Wilhelm II. das Vertrauen zu seinen wichtigsten Ministern verloren hätte, sondern weil diese der Unterstützung des Reichstags bzw. der OHL entbehrten. Der Sache nach ergaben sich alle drei Kanzlerkrisen aus den Schwierigkeiten, auf die eine konstruktive Friedens- und Reformpolitik stieß. Ein Kompromißfrieden mußte gesucht werden, weil nach dem Scheitern des Schlieffenplans die Aussicht auf einen militärischen Sieg sehr reduziert war, und von der Durchführung innerer Reformen hing die Bereitschaft breiter Bevölkerungsschichten ab, die Lasten des Krieges zu tragen. Was Bethmann Hollweg betrifft, so befand er sich bei Beginn des Krieges in einer gestärkten Stellung, denn alle Parteien unterstützten ihn im Rahmen des sog. Burgfriedens. Er bemühte sich, den Zustand zu erhalten, indem er Diskussionen über die Kriegsziele und Reformen unterband und durch vertraulichen Gedankenaustausch mit den Parteiführern den Konsens förderte. Aber je länger der Krieg dauerte, desto mehr verlor seine Taktik an Wirkung. Einerseits verlangten die konservativ-bürgerlichen Nationalisten, die Regierung möge der Bevölkerung deutlich formulierte Kriegsziele als Preis für das Ausharren vor Augen stellen, und andererseits sahen Linksliberale wie Sozialdemokraten in demokratischen Reformen das Äquivalent für die kriegsbedingten Opfer. Bethmann Hollweg gab dem Druck teilweise nach, indem er seit 1915 auf Reformen einschwenkte, die zunächst sozialpolitische Verbesserungen für die Gewerkschaften, dann die Umgestaltung des preußischen Dreiklassenwahlrechts und schließlich den Einfluß des Reichstags auf die Regierung betrafen. Seine Suche nach einem Weg zum Frieden verlief jedoch erfolglos, und hier setzte im Sommer 1917 der Reichstag ein, der ihn mit der Forderung bedrängte, bei einem Friedensvertrag sei auf erzwungene Gebietsveränderungen und Reparationen zu verzichten. Der Kanzler war darauf bedacht, nicht völlig ins Schlepptau der Parteien zu geraten, und wich einer verbindlichen Äußerung aus. Das schuf die paradoxe Situation, daß zu seinen Feinden, die ihm die Reformpolitik bei Nationalisten, Konservativen und der OHL eingebracht hatte, nun die linke Reichstagsmehrheit, die die Friedensresolution trug, stieß. Dieser ungleichen Koalition konnte er nicht widerstehen. Auch der Kaiser hatte nicht den Mut, seinem Kanzler den Rücken zu stärken, sondern bewilligte am 13. Juli 1917 dessen Rücktrittsgesuch.

Die Entscheidung war fragwürdig, weil es zur bisherigen Politik keine Alternative gab. Auch die folgenden Reichskanzler Georg Michaelis (bis 1. November 1917), Georg von Hertling (bis 30. September 1918) und Prinz Max von Baden (bis 9. November 1918) konnten nichts anderes tun, als die Politik innerer Reformen und des Tastens nach Friedensmöglichkeiten fortzusetzen. Sofern sie dabei erfolgreicher waren, verdankten sie das weniger dem eigenen Geschick als dem Zwang der allgemeinen Lage. Hertling konnte nach dem Umschwung in Rußland die Friedensverträge mit Rußland, Rumänien und der Ukraine unter Dach und Fach bringen, aber die Verwirklichung des gleichen Wahlrechts in Preußen verweigerte ihm die konservativ-bürgerliche Mehrheit des Landtags. Max von Baden brachte im Oktober 1918 die Umwandlung der Reichsverfassung im parlamentarischen Sinne voran, weil nach dem Versiegen der militärischen Kräfte die Glaubwürdigkeit der deutschen Politik von ihrer demokratischen Legitimation abhing, und die war verbunden mit der Regierungsbeteiligung der größten Partei, der Sozialdemokratie. Was Hertling in bescheidenem Maße begonnen hatte: die Aufnahme von zwei liberalen Parlamentariern in die Regierung, setzte Max von Baden in großem Stile fort: sechs weitere Abgeordnete traten als Staatssekretäre in die Reichsregierung ein, darunter die Sozialdemokraten Philipp Scheidemann und Gustav Bauer. Die Kanzlerwechsel, die auf dem Weg zu diesem Ziel noch fällig wurden, ergaben sich daraus, daß Michaelis und Hertling zu konservativ waren, um den Reformen das rechte Maß zu geben, und daß beide die Tür zu einem allgemeinen Frieden nicht gefunden haben. Sie traten unter ähnlichen Umständen ab, wie Bethmann Hollweg. In der Rückschau ist leicht zu erkennen, daß alle Kanzlerwechsel seit Bülows Sturz (1909) maßgeblich durch den Vertrauensverlust, den die Amtsinhaber im Reichstag erlitten hatten, bedingt waren - ein deutliches Symptom dessen, daß das Gewicht des Parlaments gewachsen war.

Diese Tatsache ist freilich während des Krieges verdunkelt worden, weil mit der Obersten Heeresleitung ein mächtiger Rivale hervortrat. Dem operativen Organ der Kriegsführung, dem Generalstab bzw. der OHL, fiel seit August 1914 zwangsläufig ein erheblicher Einfluß zu, und davon haben Hindenburg und Ludendorff einen extensiven Gebrauch gemacht; zeitweise ist von einer Diktatur der OHL gesprochen worden. Tatsächlich haben die Generäle 1918 Hertling die Konzession abgerungen, daß die OHL sich in allen Fragen, die „die militärischen Interessen berühren" (und dazu zählten die Innen-, Wirtschafts-, Sozialpolitik, ferner die Gestaltung der Reichsgrenzen und der Beziehungen zu anderen Staaten), beratend äußern dürfe, und der Kanzler wolle „darauf Bedacht nehmen, daß [ihre] Forderungen ... vor allen anderen ... den Vorrang erhalten"[26]. Dies Privileg war zwar auf Friedensverhandlungen bezogen, aber es entsprach der Tendenz vieler Politiker, ihr eigenes Urteil von den Äußerungen des Militärs abhängig zu machen. Es durfte also nicht überraschen, daß sich Hindenburg und Ludendorff seit 1916 in zahlreiche Sach- und Personalfragen einmischten und oft einen ungebührlichen Druck ausübten. Der Kanzler und die Minister ließen es geschehen, weil keiner das Ausscheiden der Generäle aus dem Amt riskieren wollte, selbst Bethmann Hollweg hielt seinen Rücktritt für erträglicher als die Entlassung Hindenburgs oder Ludendorffs. Das Unglück war, daß Ludendorff der Einblick in politische Zusammenhänge fehlte und er seine Macht engstirnig nutzte. Und doch war er nicht so verblendet, sich persönlich zum Diktator aufzuschwingen. Als ihm 1917 bedeutet wurde, er möge Nachfolger Bethmann Hollwegs werden, zog er seine Rolle im Generalstab vor und wies die politische Führung ab. Insofern relativiert sich das Verdikt Diktatur der OHL. Die Generäle haben die Kompetenzen des Kaisers, des Reichskanzlers oder des Reichstags nicht bestritten, jedoch den Respekt, den die Politiker vor ihnen hatten, rigoros ausgenutzt.

Es trug zur Schwäche der politischen Institutionen gegenüber der OHL bei, daß sich das Herrschaftssystem des Reichs wohl veränderte, aber der Reichstag sich schwer tat, in diesem Prozeß das Kräftezentrum zu sein. Bis 1917 fehlte ihm eine stabile Mehrheit, die ein eigenes Programm vertreten und im Konflikt mit der Regierung verfochten hätte. Es waren zwei Kombinationen der Parteien möglich: eine rechtsgerichtete, die sich einem Krieg mit allen Mitteln und einträglichen Kriegszielen verschrieb, oder eine linksgerichtete, die einen Verständigungsfrieden und demokratische Reformen wollte. Anfänglich dominierte die nationalistische Mehrheit, und erst seit dem Winter 1916/17 zeichnete sich die demokratische Mehrheit ab. Entscheidend für den Umschwung waren Zentrum und Nationalliberale, denen Zweifel an der deutschen Chance, einen glatten Sieg zu erfechten, kamen.

Der Burgfrieden, in dem sich die siegorientierte Mehrheit verhüllte, diente vor allem der konservativen Partei. Ihr hatte seit den Wahlen von 1912 die politische Isolierung gedroht; jetzt bildete sie mit Zentrum und Nationalliberalen jene Mehrheit der Superpatrioten, die die deutschen Grenzen voranschieben, England mit dem U-Bootkrieg auf die Knie zwingen und innere Reformen vermeiden wollten. Ihre Sprache war wuchtig und anspruchsvoll: „Friedensziele müssen Machtziele sein", sagte der Zentrumsführer Spahn. „Der Krieg muß mit einem greifbaren Ergebnis enden. ... [Wir müssen] unsere Grenzen berichtigen nach unseren eigenen Interessen"[27]. Sie traten meistens mit gemeinsamen Erklärungen auf und formten die Abstimmungen über neue Kriegskredite oder den Reichshaushalt zu Demonstrationen der nationalen Einheit, denen sich in der Regel die Linksliberalen und Sozialdemokraten anpaßten.

Unter diesen Umständen geriet die Sozialdemokratische Partei in eine prekäre Rolle. Sie hatte sich am 4. August 1914 der nationalen Einheitsfront angeschlossen auf Grund mehrschichtiger Erwägungen: sie wollte ihre politische Loyalität beweisen und nicht riskieren, wie bei den Wahlen von 1907 von einer patriotischen Welle überrollt zu werden, sie wollte einem Konflikt mit Staat und Polizei ausweichen und statt dessen durch Demonstration ihrer nationalen Haltung ein verstärktes Anrecht auf politische Gleichberechtigung, soziale Emanzipation und bürgerliche Anerkennung gewinnen, und sie wollte bekräftigen, daß sie im Kriege, wie auch immer er entstanden sei, die Pflicht auf sich nehme, „die Niederlage des eigenen Landes verhindern zu helfen". Sie tat damit einen großen Schritt, denn sie gab ihre traditionelle Opposition auf und fand sich, wie Friedrich Ebert sagte, bereit, „mit der Verteidigung unseres Landes auch das herrschende System mit zu schützen"[28]. Allerdings schloß sie sich Kaiser und Reich nicht vorbehaltlos an, sondern in der Erwartung, daß das Verhältnis zwischen Arbeiterbewegung und Staat durch Reformen positiv verdichtet werde. Das war um so wichtiger, als in der Partei nicht wenige waren, die den Krieg als Machtkampf der europäischen Staaten und die Regierung als Hüterin konservativ-bürgerlicher Interessen bezeichneten und deshalb für eine Arbeiterpartei kritische Opposition statt vertrauensvoller Annäherung verlangten. Die Kritiker, zu denen mit Hugo Haase einer der beiden Parteivorsitzenden gehörte, traten seit Frühjahr 1915 offen auf; der Konflikt ging so weit, daß sich im April 1917 eine Unabhängige Sozialdemokratische Partei von der Mehrheit trennte und als Sammelbecken verschiedener radikal-sozialistischer Gruppen etablierte. Von nun an klaffte ein Riß in der deutschen Arbeiterbewegung; der linke Flügel kehrte zur betonten Opposition gegen die bürgerlich-kapitalistische Ordnung zurück und brachte einen schrillen Ton in die politische Debatte.

Diese Entwicklung trug dazu bei, daß die sozialdemokratische Parteiführung von Jahr zu Jahr lauter an die Regierung appellierte, vorab auf Annexionen beim Friedensschluß zu verzichten und umgehend innere Reformen einzuleiten. Das galt besonders seit Februar 1917, als das Beispiel der russischen Revolution den Trend zur Polarisierung verstärkte. Mit einiger Schärfe sagte Scheidemann am 15. Mai 1917, das Volk wolle einen Frieden ohne Annexionen, und sollte die Regierung Eroberungen betreiben, „dann haben Sie die Revolution im Lande", also eine Situation wie in Rußland. Angesichts dieser Konfrontation vollzog sich ein wichtiger Szenenwechsel: im Reichstag bildete sich die Mitte-Links-Mehrheit der Friedensresolution. Den Anstoß lieferte der Zentrumsabgeordnete Erzberger, der am 6. Juli 1917 im Reichshaushaltsausschuß einige aktuelle Fragen erörterte - finanzielle Lasten des Krieges, schlechte Versorgung der Bevölkerung, Versagen des U-Boot-Kriegs - und zu dem Schluß kam, das Volk werde nur weiter aushalten, wenn „eine riesige Mehrheit" im Reichstag den „Frieden des Ausgleichs", der niemandem Zwang antun dürfe, proklamiere[29)]. Erzberger erzielte eine große Wirkung, weil er ein einflußreicher Abgeordneter mit Verbindungen zur Regierung und ins Ausland war. Seine Friedensparole wurde als Krisensignal verstanden und veranlaßte am selben Tage Vertreter des Zentrums, der National- und Linksliberalen sowie der Mehrheits-Sozialdemokratie, über eine gemeinsame Linie in Fragen des Friedens und der Reformen zu beraten. Die Versammelten etablierten sich als Interfraktioneller Ausschuß (IFA), d. h. als extrakonstitutionelles Organ der neuen Reichstagsmehrheit, und verfaßten als erstes Produkt die Friedensresolution vom 19. Juli 1917. Bis Anfang November 1918 hat der Ausschuß 106 mal getagt und eine Art von parlamentarischer Nebenregierung dargestellt. Die Nationalliberalen sind allerdings nur 48 mal an ihm beteiligt gewesen, da sie weder den Annexionsverzicht der Friedensresolution noch alle Reformziele der übrigen Parteien teilten. Trotz seiner kurzen Existenz ist der IFA eine entscheidende Etappe auf dem Wege zu einer vom Parlament abhängigen Regierung gewesen, die sog. Weimarer Koalition von 1919 konnte direkt an ihn anknüpfen.

Wie ungewohnt und neuartig das Geschehen war, zeigt die Tatsache, daß sich zum IFA sofort ein Gegenpol der nationalistischen Kräfte bildete, die parlamentarisch in die Minderheit geraten waren. Es handelte sich um die Deutsche Vaterlandspartei, die im September gegründet wurde. An ihre Spitze traten zwei notorische Reformgegner, Tirpitz und Wolfgang Kapp, und im Hintergrund standen der Alldeutsche Verband sowie industrielle und agrarische Kreise. Die Organisation wollte ihre Anhänger über alle Parteigrenzen hinweg sammeln und für einen Hindenburg-Frieden und gegen die Verfassungsreform mobilisieren. Es gelang ihr, die Emotionen noch einmal aufzurühren, vor allem während der Frühjahrsoffensiven 1918, aber mit der Niederlage mußte sie abtreten - leider nicht spurlos, wie die Entwicklung der nationalistisch-völkischen Gruppen während der Weimarer Republik lehrt.

Dem IFA ist es eingedenk der starken konservativen und föderalistischen Interessen im Zentrum nur in Maßen gelungen, ein demokratisches Reformprogramm anzustoßen. Er legte das Hauptgewicht darauf, die Regierung an die Parlamentsmehrheit zu binden, indem einige Abgeordnete zu Ministern ernannt wurden. Erst im Oktober 1918 schritt er unter dem Druck der Wilson-Noten zu Reformen, die die Reichsverfassung den Normen eines parlamentarischen Systems anglichen. Ein Gesetz vom 28. Oktober verfügte, daß der Reichskanzler dem Reichstag verantwortlich sei und ohne dessen Vertrauen sein Amt nicht ausüben durfte. Gleichzeitig wurden die Vorrechte des Kaisers beschnitten, indem Kriegserklärung und Friedensschluß der Zustimmung des Reichstags und die Ernennung von Offizieren der Gegenzeichnung eines Ministers bedurften. Bei Auswahl und Ernennung der Minister war der Kaiser zwar frei, aber de facto war er gehalten, mehrheitsfähige Kandidaten zu finden, d. h. auf das Parlament Rücksicht zu nehmen. Die Regierung war fortan vom Parlament abhängig und die konstitutionelle Monarchie hatte sich in eine parlamentarisch-demokratische verwandelt.

Das historische Ausmaß der Verfassungsreform ist weniger dem freien Willen der Parteien als der politischen Notlage am Ende des Krieges entsprungen. Wie sehr es den bürgerlichen Parteien an konsequenter Bereitschaft zur Demokratie fehlte, bewies ihr Umgang mit der preußischen Wahlrechtsfrage. Das Thema ruhte seit 1910, aber die Sozialdemokraten gaben 1914 zu verstehen, daß das Dreiklassenwahlrecht während des Krieges verschwinden müsse. Bethmann Hollweg wich ihrem Ansinnen zunächst aus und veranlaßte erst 1917 Wilhelm II. zu einem klaren Reformversprechen; noch kurz vor seinem Rücktritt erreichte er die Zusage des gleichen Wahlrechts. Seinen Nachfolgern ist es nicht gelungen, das königliche Versprechen zu erfüllen, weil der Preußische Landtag das gleiche Wahlrecht verweigerte. Er wollte den Gesetzentwurf, den die Regierung am 25.

November 1917 vorlegte, im Sinne eines Pluralstimmrechts abändern und erreichte, daß bis November 1918 kein gültiges Gesetz zustandekam. Hier beuteten die Konservativen noch einmal ihre starke Stellung im Landtag aus und fanden bei Zentrum und Nationalliberalen genügend Helfer, um dieses Spiel gegen die Regierung und die öffentliche Meinung durchzustehen.

Das Urteil über die Reformen der Jahre 1917/18 wird zu einem „zu spät und zu wenig" neigen. Aber trotzdem bleibt das Erreichte beachtlich. Die Machtverteilung zwischen Kaiser, Reichskanzler und Reichstag hat sich erheblich geändert; der Reichstag nahm seit 1917 eine neuartige Position ein, Abgeordnete waren als Minister in die Regierung eingezogen und damit auch Sozialdemokraten in die oberen Bereiche staatlicher Machtausübung aufgestiegen. Gemessen an der Lage, wie sie vor Kriegsbeginn war, sind das außergewöhnliche Veränderungen gewesen.

b) Kriegswirtschaft und Gesellschaft

Schmerzlich spürbar waren für jeden einzelnen die ökonomischen und gesellschaftlichen Auswirkungen des Krieges. Der tägliche Bedarf war seit 1914 schwer zu befriedigen, und obwohl der Staat mit vielen Mitteln der Lenkung und Verteilung eingriff, wuchs für die Masse der Bevölkerung der Kampf gegen Unsicherheit, Mangel und Not von Monat zu Monat. Dieser Kampf wurde wie an der Front so auch in der Heimat bis zur Erschöpfung geführt.

Eine der ersten Folgen des Krieges war, daß sich über die Menschen ein Regime eingeschränkter Öffentlichkeit ausbreitete. Am 31. Juli versetzte der Kaiser das gesamte Reich in den Kriegszustand, und das bedeutete, daß die vollziehende Gewalt auf die Generäle in den Armeekorpsbezirken überging (die Zivilbehörden unterstanden den Weisungen und Verordnungen des Militärs), daß die Generäle in die Rechte der Bürger eingreifen und die Presse-, Vereins-, Versammlungsfreiheit begrenzen, eine Zensur einführen oder Schutzhaft über einzelne Personen verhängen konnten, daß ein verschärftes Strafrecht in Kraft trat und von außerordentlichen Kriegsgerichten angewandt wurde - all das gab im Laufe der Jahre Anlaß zu vielen Mißhelligkeiten, die immer wieder die Stimmung der Bevölkerung trübten. Weniger auffallend war die erweiterte Verordnungsgewalt, die der Bundesrat am 4. August 1914 erhielt. Der Reichstag erlaubte ihm, „während der Zeit des Krieges diejenigen gesetzlichen Maßnahmen anzuordnen, welche sich zur Abhilfe wirtschaftlicher Schädigung als notwendig erweisen", d. h. er verzichtete auf seine Mitwirkung in Fragen der wirtschafts-, finanz- und sozialpolitischen Gesetzgebung[30]. Die Regierung hat dank dieser Ermächtigung nach und nach 825

Verordnungen erlassen, die im wesentlichen einen neuartigen kriegswirtschaftlichen Apparat schufen. Denn bereits in den ersten Augusttagen zeigte sich, daß die Regierung auf die Feinheiten der wirtschaftlichen Kriegsführung schlecht vorbereitet war. Der Unternehmer Walther Rathenau machte ihr begreiflich, daß es wegen der Trennung vom Weltmarkt bei den industriellen Rohstoffen Engpässe geben werde, also die Vorräte erfaßt, notfalls beschlagnahmt und denjenigen Werken zugeteilt werden müßten, die sie für eine kriegswichtige Produktion brauchten. Das preußische Kriegsministerium richtete sofort eine Kriegsrohstoffabteilung ein, die ihrerseits im Verein mit Unternehmern verschiedene Gesellschaften gründete, so für Chemikalien, Metalle oder Schmieröle, die die Lenkungsmaßnahmen branchenweise ausführten. Seit dem Herbst 1914 legte sich ein Netz von Gesellschaften, Büros und Ausschüssen über die Wirtschaft, ohne dessen Eingreifen z. B. die Produktion von Pulver (und d. h. von Munition) bereits im Winter 1914/15 wegen Mangels an Stickstoff zum Erliegen gekommen wäre.

Ähnliches gilt von der Organisation des Ernährungswesens. Hier drohte zwar nicht wie beim Pulver ein schneller Kollaps, aber Mangel und Not waren vorhersehbar, weil Deutschland bis 1914 ein Fünftel seiner Lebensmittel aus dem Ausland bezogen hatte. Das Ausbleiben der Einfuhren zwang dazu, die Verteilung der Lebensmittel staatlich zu dirigieren. Den Anfang machte das Brotgetreide. Am 28. Oktober 1914 setzte die Regierung dafür Höchstpreise fest, im Februar 1915 führte sie die Rationierung per Brotkarte ein, und am 28. Juni 1915 errichtete sie eine Reichsgetreidestelle, die das Getreide erfassen und verteilen sollte. Andere Organisationen für Kartoffeln, Zucker, Gemüse, Fleisch usw. folgten, und am 22. Mai 1916 wurde ein Kriegsernährungsamt als Zentralbehörde an die Spitze der Pyramide gesetzt. Der organisatorische Aufwand war erheblich, doch der Erfolg unbefriedigend. Die landwirtschaftliche Produktion sank von Jahr zu Jahr, die Lebensmittel wurden immer knapper und die Empörung der notleidenden Städter wuchs.

Großen Einfluß hatte auf die Lage der Menschen auch die Finanzierung des Krieges. Die wichtigsten Einnahmequellen des Reichs, die Zölle und Verbrauchssteuern, waren wenig kriegstauglich, weil der zu erwartende Rückgang von Handel, Verkehr und Konsum ihren Ertrag mindern mußte. Das Reich brauchte also zusätzliche Einnahmen, und es hat seine Kriegskosten auf dreierlei Weise finanziert: durch Steuererhöhungen, die 1917 knapp 6 Mrd. M abwarfen, durch Anleihen, die von 1914 bis 1918 96,9 Mrd. M ergaben, und durch schwebende Schulden in Form von Schatzanweisungen, die sich bis November 1918 auf 51,2 Mrd. M summierten[31]. Bedenklich war das Mittel der Schatzanweisungen, die bei der Reichsbank gegen Bargeld eingereicht wurden und die Menge des umlaufenden Geldes vermehrten, also eine

Inflation in Gang setzten. Diesen Prozeß sollten die Kriegsanleihen aufhalten, deren erste schon im September 1914 von der Bevölkerung mit 4,35 Mrd. M gezeichnet wurde und die ermöglichte, die bisher aufgelaufene schwebende Schuld in eine langfristig gesicherte zu verwandeln. Jedoch ab August 1916 enteilten die Kriegskosten den periodisch aufgelegten Anleihen. Auch die Steuererhöhungen von 1916 änderten daran nichts. Sie betrafen einige Verkehrs- und Verbrauchssteuern und führten als neue direkte Steuer eine außerordentliche Kriegsabgabe in zweierlei Form ein: bei Unternehmen und Gesellschaften schöpfte sie 10 - 30 % des Mehrgewinns ab, der den Gewinn in Friedenszeiten überschritt, und bei physischen Personen 5 - 50 % des Vermögenszuwachses, der zwischen 1913 und 1916 eingetreten war. Der Ertrag der Kriegsabgabe war beachtlich, aber zu gering, um den Absturz des Reichshaushalts in ein horrendes Defizit zu verhindern.

Motor dieser Entwicklung war der sprunghaft steigende Kriegsbedarf ab Sommer 1916. Die Front brauchte mehr Waffen und Munition, daran ließen Hindenburg und Ludendorff, die neuen Männer in der OHL, keinen Zweifel. Bereits zwei(!) Tage nach Amtsantritt warteten sie mit einem kolossalen Programm auf: bis zum Frühjahr 1917 sei die Produktion von Munition und Minenwerfern zu verdoppeln, von Geschützen und Maschinengewehren zu verdreifachen. Die erforderlichen Arbeitskräfte seien unter Kriegsbeschädigten, Frauen und Jugendlichen zu rekrutieren, Sonntagsarbeit sei einzuführen und im übrigen müsse die Parole gelten: „Finanzielle und andere Bedenken können jetzt nicht mehr mitsprechen“[32]. Das sog. Hindenburgprogramm lief also auf einen Investitionsstoß in der Industrie hinaus. Die Koordination der rüstungswirtschaftlichen Aufgaben erhielt ein Kriegsamt beim preußischen Kriegsministerium (1. November 1916), das General Wilhelm Groener leitete, das Hilfsdienstgesetz (5. Dezember 1916) schrieb für alle 17 - 60 Jahre alten Männer eine Arbeitspflicht vor, und ein ständiger Ausschuß für Zusammen- und Stillegung von Betrieben entwarf seit Februar 1917 jene Maßnahmen, die die Konzentration der Kräfte auf die kriegswichtigen Fabriken erreichen sollten. Viele Unternehmer erweiterten ihre Anlagen: die BASF baute ein neues Stickstoffwerk in Leuna, das Stuttgarter Textilwerk Bleyle verwandelte sich in eine Munitions-, der Kasseler Lokomotivbauer Henschel in eine Geschützfabrik. Doch die allgemeine Geschäftigkeit fuhr sich bald fest. Stahl und Kohle wurden knapp, der private Verbrauch geriet ins Hintertreffen, die Eisenbahn konnte den Transport nicht bewältigen, ein strenger Winter erschwerte die Lage zusätzlich - kurz, das Jahr 1917 begann im Zeichen der Krise. Die ehrgeizigen Ziele wurden nicht erreicht, obwohl ein Produktionszuwachs durchaus eingetreten ist.

Die überstürzte Entwicklung zog eine spitzige Diskusssion über das Preisgebaren und die Kriegsgewinne der Unternehmer nach sich. Es blieb nicht verborgen, daß die deutschen Aktiengesellschaften 1917 und 1918 hohe Dividenden ausschütteten, ihre Abschreibungen und Rückstellungen erhöhten sowie ihre Schulden bei den Banken abbauten. Ihre Liquidität verdankten sie der Tatsache, daß sie den militärischen Beschaffungsstellen ständig steigende Preise abpressen konnten. Zum Teil war die Teuerung wegen des Mangels an Rohstoffen und Arbeitskräften unvermeidlich und die stoßartige Nachfrage des Staats verstärkte die Effekte des Mangels. Aber die Regierung resignierte auch schnell vor der Aufgabe, den Industriellen mehr Disziplin abzuverlangen. Der Kriegsminister sagte am 26. November 1916: „Die Hauptsache sei, daß schnell geliefert werde, und dabei könne die Kostenfrage nicht in den Vordergrund gestellt werden"[33]. Als das Kriegsamt trotzdem versuchte, die Preisspirale durch strengere Vorgaben und Kontrollen bei den Produzenten von Kohle, Eisen, Stahl zu bremsen, biß es bei der Regierung und den Industriellen auf Granit. Statt den Schwerindustriellen ging es Groener an den Kragen, der am 16. August 1917 aus dem Kriegsamt abberufen wurde. Die Staatskasse zahlte weiter bis zum bitteren Ende.

Mit den Kriegskosten war auch das Wohlergehen der Bevölkerung im allgemeinen und der Arbeiter im besonderen verknüpft. Arbeitskräfte waren in Deutschland seit 1915 rar, das galt vor allem für die Landwirtschaft und das Handwerk, während die Industrie, soweit sie kriegswichtig war, etwas besser abschnitt. Sie zog in größerem Maße als bisher Jugendliche und Frauen an sich - 1918 arbeiteten 2,3 Mio. Frauen in der Industrie, was ein Plus von 46 % gegenüber 1913 war -, auch Kriegsgefangene und ausländische Zivilisten wurden eingesetzt (zusammen knapp 1 Mio. Menschen). Die Rekrutierung von Arbeitskräften geriet mitunter zu nacktem Zwang, wie die Deportation von etwa 60 000 Belgiern im Winter 1916/17 zeigte. Dem Mangel an Arbeitskräften entsprach es, daß die Löhne stiegen. Männliche Industriearbeiter haben 1918 mehr als das Doppelte verdient als 1913, in kriegswichtigen Branchen sogar das Zweieinhalbfache. Aber was blieb davon wirklich übrig? Weniger als die Arbeiter 1914 gehabt haben, denn die reale Kaufkraft der Löhne war 1918 um ein Drittel gesunken. Noch schlechter sah es bei den Beamten aus, deren Gehälter 1918 z. T. nur noch die Hälfte wert waren. Die Masse der städtischen Bevölkerung war in ihrer Lebenshaltung sehr eingeschränkt, und den Landbewohnern ging es nicht besser, sobald sie Bedarfsgüter kaufen mußten: Schuhe kosteten 1918 das Fünffache, Textilien das Zehnfache gegenüber 1914. Der Krieg powerte das Volk aus. Das tägliche Leben verwandelte sich in eine Abfolge von Entbehrungen, und das schuf eine Stimmung, die das Preußische Kriegsministerium 1916 so deutete: „Man kann ohne Schwarzseher zu sein sagen, daß das Volk in seinem überwiegenden Teil kriegsmüde ist"[34].

An Beweisen dafür fehlte es nicht. Der Unmut über die teuren Lebensmittel äußerte sich schon 1915 in Demonstrationen und Angriffen auf Geschäfte. Von der Straße wanderte der Protest in die Betriebe. Ab 1916 nahmen die Streiks zu, meistens bedingt durch die Versorgungslage, auch ein politischer Streik wie der einiger tausend Berliner Arbeiter am 28. Juni 1916 (anläßlich eines Gerichtstermins gegen den oppositionellen Sozialdemokraten Karl Liebknecht) war möglich; größeres Ausmaß hatten die Streiks im April 1917 (in Berlin mindestens 150 000 Streikende) und Januar 1918 (in Berlin 185 000 Streikende), wobei politische Forderungen wie der Abschluß eines Friedens, die Aufhebung des Belagerungzustands oder die Durchführung von Reformen in den Vordergrund rückten. Es ging nicht mehr allein um Brot und Fleisch, sondern auch um die politischen Themen Frieden und Reformen. Die oppositionellen Sozialdemokraten fanden hier einen Resonanzboden für ihre Agitation, und die Behörden beobachteten voll Unruhe die Mischung von materieller Not und politischem Protest, in der sie den Keim einer Revolution erkannten.

Die Regierung tat einiges, um der Explosion vorzubeugen. Sie baute dabei auf die Gewerkschaften und die Sozialdemokratie, die z. B. am 25. Juli 1916 im Sinne des Burgfriedens ihre Anhänger vor der Streikbewegung warnten und das „putschistische Treiben einzelner, jedes Verantwortlichkeitsgefühls barer Personen" verurteilten. Die Hilfe, die sie der Regierung gewährten, konnte sie aber nur fortsetzen, wenn sie an anderen Stellen Kompensationen erhielten, d. h. wenn die politischen Reformen vorankamen. Das wußte auch Bethmann Hollweg. Er belehrte am 11. Dezember 1915 die preußischen Minister: die Sozialdemokraten hätten „während der Dauer des Krieges bis jetzt an keiner Stelle versagt", und „zu den verständigen Elementen" unter ihnen gehörten die Gewerkschaften, so daß „ihren Wünschen entgegenzukommen" besonders angezeigt sei[35]. Dem entsprachen einige sozialpolitische Reformen, die die Arbeit der Gewerkschaften erleichtern sollten. 1916 wurde klargestellt, daß Gewerkschaften nicht als politische Vereine anzusehen seien - das unterband eine gewisse Praxis der Behörden zur Kontrolle über die Gewerkschaften -, 1917 wurde der Sprachparagraph des Vereinsgesetzes (s. o. S. 170f. und 1918 der § 153 der Reichsgewerbeordnung aufgehoben (s. o. S. 77) - letzterer hatte die Organisation von Streiks eingeengt.

Wichtiger als dieser Verzicht auf administrative Drangsalierung war das Gesetz über den vaterländischen Hilfsdienst vom 5. Dezember 1916. Es gehörte zum Hindenburgprogramm und war ein sozialpolitischer Meilenstein, weil es die betriebliche Mitbestimmung durch gewählte Arbeiterausschüsse vorschrieb, paritätische Schlichtungsausschüsse der Unternehmer und Arbeiter unter staatlicher Beteiligung einführte und stillschweigend die Anerkennung der Gewerkschaften durch den Staat und die Unternehmer voraussetzte. Es ist paradox, daß ein Geburtshelfer des Gesetzes die OHL war. Bekanntlich wollten Hindenburg und Ludendorff im Herbst 1916 alle Arbeitskräfte mobilisieren. Sie erreichten gegen den Wunsch der Regierung eine Arbeitspflicht für Männer im Alter von 17 bis 60 Jahren, der in kriegswichtigen Tätigkeiten zu genügen war und die notfalls angeordnet werden konnte. Das schränkte die freie Wahl des Arbeitsplatzes ein und verletzte ein Grundrecht der Arbeiter. Die OHL war klug genug, diesen Einschnitt in die Rechtsordnung nicht dekretieren, sondern als Gesetz vom Reichstag beschließen zu lassen. Hindenburg schrieb, es sei „von höchster Wichtigkeit, daß die Volksvertretung zur Mitarbeit herangezogen wird", weil „die Bevölkerung dann mit größerer Bereitwilligkeit den neuen Aufgaben sich unterziehen wird"[36]. In der parlamentarischen Beratung setzten die Gewerkschaften, die bei Sozialdemokraten, Linksliberalen und Zentrum einen Rückhalt hatten, die sozialpolitischen Neuerungen durch. Die Regierung - und mit ihr die Unternehmer -, in der Klemme zwischen OHL und Reichstag, mußte nachgeben.

Wie erwähnt, war das Gesetz von grundlegender Bedeutung, obwohl es sich nur auf die kriegswichtigen Teile der Wirtschaft und Verwaltung bezog und auf die Dauer des Krieges befristet war. Es sah für Betriebe mit mindestens 50 Arbeitern einen geheim gewählten Arbeiterausschuß vor, der u. a. mit dem Unternehmer über die Lohn- und Arbeitsbedingungen verhandeln durfte. Blieb ein Ergebnis dabei aus, konnte ein überbetrieblicher Schlichtungsausschuß angerufen werden, dem je drei Vertreter der Arbeiter und Unternehmer angehörten und ein Beauftragter des Kriegsamts vorsaß. Seine Mitglieder sollten die Gewerkschaften und Arbeitgeberverbände vorschlagen, womit die Anerkennung der Gewerkschaften und ihre paritätische Beteiligung an gesetzlichen Organen vollzogen war. Sicherlich war das nur ein Anfang für die Zusammenarbeit beider Seiten in der Wirtschaft, aber er war wichtig, weil er die Großunternehmen der Schwer-, Elektro- und Chemieindustrie nötigte, ihre Strategie der Abgrenzung aufzugeben. Sie liebäugelten zwar mit der Hoffnung, daß bei Kriegsende alle neuen Vorschriften ungültig würden, aber bekanntlich kam es anders. Im Herbst 1918 haben die Unternehmer schnell den Schulterschluß mit den Gewerkschaften vollzogen, um das Gespenst der sozialen Revolution zu bannen. Das Stinnes-Legien-Abkommen, so benannt nach den Hauptunterhändlern der beiden Seiten, erweiterte die Bestimmungen des Hilfsdienstgesetzes und sprach den Willen zur Zusammenarbeit offen aus (15. November 1918).

c) Zusammenbruch und Revolution

Wie erwähnt, beschleunigte sich im Sommer 1918 der militärische und politische Zusammenbruch des Reiches. Mit Blick auf die schwierige Politik der Friedenssuche schlug die OHL Ende September vor, hierfür eine Regierung „auf breiterer Basis" zu bilden, d. h. die Verbindung der Regierung mit dem Parlament und den Parteien auszubauen. In Berlin war bereits ähnliches erwogen worden, und am 30. September verfügte Wilhelm II., es sollten nun „Männer, die vom Vertrauen des Volkes getragen sind, in weitem Umfange teilnehmen an den Rechten und Pflichten der Regierung".[37] Dies war der Auftakt zur parlamentarischen Umwandlung der Reichsverfassung, den also die OHL hat auslösen helfen.

Die innenpolitische Szene war bereits sehr unsicher. Seit Juli häuften sich Streiks, in denen mehr Lebensmittel und der Achtstundentag gefordert wurden. Flugblätter meldeten: „Die Westfront ist zusammengebrochen!" und riefen die Arbeiter zur sozialistischen Revolution auf. [38] Die Friedensagitation der Unabhängigen Sozialdemokraten und anderer linker Gruppen, insbesondere der Spartakusgruppe, steigerte sich, so daß die Rolle der Mehrheitssozialdemokraten an der Seite der Regierung unbequem wurde. Der Interfraktionelle Ausschuß ventilierte die Frage, ob nicht die Stellung der Regierung durch direkte Beteiligung von Sozialdemokraten gefestigt werden könne. Die Angesprochenen waren dazu aber nur bereit, wenn u. a. die Friedensresolution von 1917 eingehalten, die Wiederherstellung Belgiens unzweideutig zugesagt und die Regierung personell enger mit den Mehrheitsparteien verzahnt wurde. Das wiederum ging Hertling zu weit, so daß der Kanzlerwechsel fällig wurde.

Die Regierungsbeteiligung der Sozialdemokratie war gedacht als stabilisierendes Moment in kritischer Lage, aber sie hat den Zusammenbruch nicht verhindert, sondern nur verzögert. Die Regierung des Prinzen Max befand sich trotz ihrer aktiven Reformpolitik und der Vorbereitung des Waffenstillstands Anfang November vor großen Problemen. Die Bevölkerung erwartete ungeduldig das Kriegsende. Die Noten des US-Präsidenten hatten den Friedensschluß mit der Person des Kaisers verbunden (s. o. S. 213f.), und das weckte eine Diskussion über den Thronverzicht Wilhelms II., die sich ab Mitte Oktober beschleunigte. Darauf mußten die Sozialdemokraten achten, wenn sie nicht die Führung der Arbeiter ganz den Unabhängigen überlassen wollten. Am 29. Oktober schrieb Scheidemann dem Reichskanzler, die Bevölkerung sei überzeugt, ein Bleiben des Kaisers verschlechtere die Aussicht auf einen erträglichen Frieden, und deshalb sei es besser, „wenn der Kaiser jetzt ... die Konsequenzen ... so schnell als möglich zieht". Prinz Max widersprach nicht, bestand aber darauf, daß Wilhelm freiwillig abdanken müsse. Doch wie sollte das erreicht werden? Der Kaiser war am 29. Oktober in das Große Hauptqaurtier ausgewichen, und dort beschied er am 1. November einen Abgesandten des Reichskanzlers: „ich trete nicht ab", außerdem werde keiner seiner Söhne eine Regentschaft übernehmen. Die Generäle unterstützten ihn, so daß die Regierung nicht vorankam. Inzwischen war schon der Aufruhr der Matrosen im Gange, Arbeiter- und Soldatenräte wurden proklamiert und Streiks bzw. Demonstrationen bestimmten vielerorts das Bild. Auch in Berlin bereiteten linke Gewerkschaftler und die Spartakusgruppe einen Generalstreik vor. In dieser Situation verlangten die Mehrheitssozialdemokraten am 7. November vom Kanzler nicht nur einen größeren Einfluß innerhalb der Regierung, sondern auch den sofortigen Rücktritt des Kaisers.

Dem Prinzen war klar, daß sich die Regierung ohne Sozialdemokraten nicht halten könne. Beschwörend warnte er den Kaiser, daß dann eine Militärdiktatur drohe, die ihrerseits „in blutigem Bürgerkrieg und in der Zerstörung des deutschen Volkskörpers durch den Bolschewismus enden müßte"[39]. Doch er bemühte sich am 8. und 9. November vergebens, per Telefon die Rücktrittserklärung Wilhelms zu erhalten. Als am 9. November die Berliner Arbeiter demonstrierten, die Soldaten sich mit ihnen solidarisierten und der kommandierende General auf den Einsatz der Truppen verzichtete, verwandte Prinz Max eine etwas zweideutige Meldung aus dem Hauptquartier dazu, die Abdankung des Kaisers kurzer Hand zu verkünden und die Regierungsgewalt an Friedrich Ebert, den Vorsitzenden der Mehrheitssozialdemokraten, zu übergeben. Scheidemann ließ sich vom Strom der Ereignisse forttragen und rief am Reichstag die deutsche Republik aus, am Berliner Schloß proklamierte Karl Liebknecht für die linken Revolutionäre die freie sozialistische Republik. Während das in Berlin geschah, hatte in München, Stuttgart, Leipzig, in Köln, Hannover, Bremen und Hamburg die Revolution schon gesiegt, die Könige, Herzöge und Fürsten dankten ab, und das Militär wehrte dem Umsturz nicht. Die neue Regierung, an deren Spitze ein Rat der Volksbeauftragten trat, vereinte beide sozialdemokratische Richtungen einige Wochen lang. Sie verfügte über den Regierungsapparat, außerdem über das Militär dank einer Absprache mit der OHL (10. November); das Stinnes-Legien-Abkommen zwischen Unternehmern und Gewerkschaften (15. November) vermittelte ihr auch die Mitarbeit der Industrie. Derart abgesichert verfolgte sie das Ziel, ihre Macht sobald wie möglich einer gewählten Nationalversammlung zu übergeben. Eine ihrer ersten Entscheidungen war die Annahme der Waffenstillstandsbedingungen, so daß der Krieg am 11. November 1918 endete. Im Innern bereiteten ihr die Demonstrationen und Streiks der Arbeiter Schwierigkeiten, zumal der Spartakusbund diese Unruhen zu einer sozialen Revolution ausweiten wollte. Doch gestützt auf die sozialdemokratische Parteiorganisation und den

Regierungsapparat haben die Volksbeauftragten den Kampf um die Macht in Berlin gewonnen und die Wahl der Nationalversammlung am 19. Januar 1919 durchgesetzt.

***

Die Novemberrevolution hat den monarchischen Stuck von der Fassade des Reichs abgestoßen - der Kaiser ist gegangen, das Reich ist geblieben. Die Substanz des Nationalstaats, die politische Einheit des deutschen Volkes, hat Niederlage und Revolution überlebt. Der Zusammenschluß von 1871 hielt Stand, das haben auch die territorialen Einbußen nach dem Friedensvertrag nicht entkräftet. Es sprach für die gewachsene Festigkeit der Nation, daß die „Reichsfeinde“ der Zeiten Bismarcks: Linksliberale, Zentrum und Sozialdemokraten, längst zu Reichsfreunden geworden waren und 1917 ein ausschlaggebendes Gewicht in der Politik erlangten. Der nationale Konsens war breiter und fester geworden, und die ihrer selbst gewisse Nation spürte es nicht ohne Stolz. Das änderte jedoch nichts daran, daß die politischen und sozialen Unterschiede im Volk weiterhin erheblich waren. Um sie zu überbrücken, ist in der Zeit Wilhelms II. weniger geschehen als nach der sozioökonomischen Entwicklung zu erwarten gewesen wäre. Die Reformen eines Bülow oder Bethmann Hollweg begnügten sich mit kleinen Schritten, wohl wissend, daß es eigentlich größerer Schritte bedurft hätte. Hinzukam, daß auch nach außen die Chancen einer Verständigung mit den Nachbarn wiederholt nicht gefördert, sondern durch das Pochen auf die eigene Macht geschmälert worden sind. Solch eine Politik hatte nicht viel Wahlmöglichkeiten, wenn eine ernsthafte Krise ausbrach. Das hat sich 1914 bestätigt, als Bethmann Hollweg meinte, Deutschlands Stellung in Europa hänge maßgeblich von der Stärke oder Schwäche ab, die Österreich-Ungarn gegenüber Serbien zeigte. Es war nicht so sehr Klugheit, als vielmehr Mut zum Risiko, der die Deutschen leitete, als sie 1914 in den Weltkrieg eintraten. Die Mutprobe ist fehlgeschlagen, und der Krieg endete in einer unfaßbaren Situation: Revolution und Niederlage erschütterten das deutsche Selbstbewußtsein. Die Begriffe Kaiser, Reich, Nation hatten an Glanz verloren; es schien sich zu bewahrheiten, was Grillparzer 1850 schon einmal den „deutschen Bestrebungen“ vorhergesagt hatte:

„Das Unmögliche wollen,
Das Undenkliche denken
Und das Unsägliche sagen
Hat stets gleiche Frucht getragen,
Du mußt, wenn die Träume sich scheiden,
Zuletzt das Unleidliche leiden.“

Ende 1918 standen die Deutschen wieder vor der Aufgabe, Form und Maß ihres politischen Lebens zu bestimmen.

Abkürzungen und abgekürzte Literaturangaben

AA	Auswärtiges Amt
ADV	Alldeutscher Verband
BdL	Bund deutscher Landwirte
Bismarck GW	Otto von Bismarck, Die gesammelten Werke, Bd. 1 - 15, Berlin 1924ff.
Bülow I, II, III	Bernhard von Bülow, Denkwürdigkeiten Bd. 1 - 3, Berlin 1930
Bülow Reden I, II, III, IV, V	Fürst Bülows Reden, hrsgg. von Wilhelm von Massow, Bd. 1 - 5, Leipzig o. J.
DFV	Deutscher Flottenverein
DOV	Deutscher Ostmarkenverein
DuM	Dokumente und Materialien zur Geschichte der deutschen Arbeiterbewegung, [Reihe I] Bd. 3,4 bzw. Reihe II, Bd. 1,2, Berlin 1957-75
Eulenburg I, II, III	Philipp Eulenburgs politische Korrespondenz Bd. 1 - 3, hrsgg. von John C. G. Röhl, Boppard/Rh. 1976 - 83
Fenske I	Hans Fenske (Hg.), Unter Wilhelm II. 1890 - 1918, Darmstadt 1982
Fenske II	Hans Fenske (Hg.), Quellen zur deutschen Innenpolitik 1890 - 1914, Darmstadt 1991
GP	Die Große Politik der Europäischen Kabinette 1871 - 1914, Bd. 1-40, Berlin 1922ff.

Hohenlohe II	Denkwürdigkeiten des Fürsten Chlodwig zu Hohenlohe-Schillingsfürst, Bd. 2, Stuttgart/Leipzig 1907
Hohenlohe III	Fürst Chlodwig Hohenlohe Schillingsfürst, Denkwürdigkeiten der Reichskanzlerzeit, hrsgg. von Karl Alexander von Müller, Stuttgart/Berlin 1931
Huber, Dok. II, III	Ernst Rudolf Huber (Hg.), Dokumente zur deutschen Verfassungsgeschichte, Bd. 2,3, Stuttgart 1986, 1990
IFA	Interfraktioneller Ausschuß
OHL	Oberste Heeresleitung
PreußAH/HH	Preußischer Landtag. Haus der Abgeordneten/ Herrenhaus
PreußKrM	Preußisches Kriegsministerium
PreußStM	Preußisches Staatsministerium
PT	Protokoll über die Verhandlungen des Parteitages der Sozialdemokratischen Partei Deutschlands. Abgehalten zu ..., Berlin 1890 ff.
Reden I, II, III, IV	Die Reden Kaiser Wilhelms II., hrsgg. von Johannes Penzler, Bd. 1 - 4, Leipzig o. J.
RK	Reichskanzler
RT	Reichstag bzw. Stenographische Berichte über die Verhandlungen des Deutschen Reichstages, Bd. 111 ff., Berlin 1890 ff.

Anmerkungen

I. Einleitung

1) Aus Reden Wilhelms II. vom 15.12.97 und 18.10.99, in: *Reden* II, S. 79, 176.
2) Caprivi im RT, 10. 12.91, in: *Fenske I*, S. 35f.
3) Freiherr von Wangenheim-Klein = Spiegel, Eine Frage an die Regierung, 28.1.93 („moralisch"), Resolution des Bundes der Landwirte, 18.2.93 („dauernd"), beides in: *Otto von Kiesenwetter*, Fünfundzwanzig Jahre wirtschaftspolitischen Kampfes, Berlin 1918, S. 340, 343.
4) Alfred Hugenberg, Entwurf einer Adresse an Carl Peters, [1.8.90], in: *Fenske I*, S. 25; Aufruf des Alldeutschen Verbandes, 9.4.91, in: *Wilhelm Mommsen*, Deutsche Parteiprogramme, 3. Aufl., München 1960, S. 91, *Max Weber*, Der Nationalstaat und die Volkswirtschaftspolitik (1895), in: *ders.*, Gesammelte politische Schriften, 3. Aufl., Tübingen 1971, S. 21, 23 („Epigonentum" usw.).
5) Die Zitate entstammen 5 Vorträgen von Professoren, gesammelt in: Handels- und Machtpolitik, Stuttgart 1900, Bd. 1, S. 25, 59f., 121, 205, 208, sowie Bd. 2, S. 41; ferner *M. Weber*, Nationalstaat.., in: a.a.O., S. 14 („Nicht Frieden...").
6) Schmoller, in: Handels- und Machtpolitik I, S. 5 („ob wir"); *Heinrich Dietzel*, Die Theorie von den drei Weltreichen, in: Die Nation, Jg. 17 (1900), S. 416.
7) Max Sering, in: Handels- und Machtpolitik II, S. 41 („Noch ist..."); *Fritz Bley*, Die Weltstellung des Deutschtums, München 1897, S. 21 („Kriegervolk"); *Werner Sombart*, Die deutsche Volkswirtschaft im Neunzehnten Jahrhundert, 2. Aufl., Berlin 1909, S. 116 („Schulmeister"); Reden IV, S. 88 (31.8.07).
8) *Friedrich Meinecke*, Straßburg, Freiburg, Berlin 1901 - 1919, Stuttgart 1949, S. 134.

II. Der Aufbruch der Epigonen

1) Reden I, S. 105 (22.4.90).
2) Reden I, S. 114 (15.5.90).

3) Philipp Eulenburg an Marschall, 12.11.91, in: *Eulenburg* I, S. 725 („suprema lex"); Wilhelm II. an Nikolaus II., 7.2.95, in: Briefe Wilhelms II. an den Zaren 1894 - 1914, Berlin (1920), S. 8 („Reichstag").
4) *Sigurd von Ilsemann*, Der Kaiser in Holland. Amerongen und Doorn 1918-1923, München 1967, S. 46; Wilhelm II. an Chamberlain, 23.12.07, in: *Houston Stewart Chamberlain*, Briefe, Bd. 2, München 1928, S. 227 („Bergaufarbeit").
5) Reden I, S. 227 (1.3.93 - „Tag und Nacht"), S. 250 (11.3.93 - „wachend über"); Reden II, S. 208 (3.7.00 - „Weltmachtstellung"), S. 155 (17.6.99 - „unüberwindliche"/ „den Frieden"); Reden III, S. 271 (12.9.05 - „Vorsehung"), S. 242 (22.3.05 - „Vertrauen").
6) Reden I, S. 170 (20.2.91 - „Geheimnis"/"vertrauend"), S. 282 (20.10.94 - „wohlgesinnten"), S. 209 (24.2.94 - „zu Großem"); Reden II, S. 146 (3.2.99 - „Volk in sich"), S. 8 (18.1.96 - „Ein Reich"); Reden III, S. 193 (23.9.03 - „zunächst Deutsche").
7) Das Tagebuch der Baronin Spitzemberg, Göttingen 1960, S. 399, 382 (9.7.1900 -"Jugend"; 21.2.99 - „Urgermane"); *Daniel Frymann (=Heinrich Claß)*, Wenn ich der Kaiser wär', Leipzig 1912, S. 220.
8) RK Bülow, 19.1.03, in: RT 186, S. 7409; lt. Holstein, 5.3.97,nach: *John C. G. Röhl,* Deutschland ohne Bismarck, Tübingen 1969, S. 195 („Ich kenne").
9) Bassermann/Graf Hompesch/v. Kardorff/v. Normann an den RK, 30.1.03 („in der alleinigen"), nach: *Huber*, Dok. III, S.25, und *Bülow* I, S. 600; *Bülow* II, S. 380 („Kapitulation").
10) Holstein an Eulenburg, 4.4.90, in: *Eulenburg* I, S. 521.
11) Eulenburg an Prinz Wilhelm, 27.8.86 und 17.1.87, in: *Eulenburg* I, S. 195.
12) Eulenburg an Holstein, 2.12.94, in: *Johannes Haller*, Aus dem Leben des Fürsten Philipp zu Eulenburg-Hertefeld, Berlin 1924, S. 171f. („selbst regieren"/"Absicht der Vorsehung"); und Bülow an Eulenburg, 28.8.90 („unser Herrgott"), in: *Eulenburg* I, S. 562.
13) Artikel vom 17.11.06, 15.6.07, in: *Maximilian Harden*, Kaiserpanorama, Berlin 1983, S. 259, 264.
14) Eugen Richter, 18.5.97, in: RT 150, S. 5911f., Schädlich und RK Bülow, 19.1.03, in: RT 186, S. 7404f., 7409; Bassermann, von Vollmar und RK Bülow, 14.11.06, in RT 218, S. 3620, 3636f., 3649f.
15) Bassermann, 10.11.08, in: RT 233, S. 5375, 5378; (indirekte) Erklärung Wilhelms II., 17.11.08, in: *Huber*, Dok. II, S. 28.
16) Eulenburg an Holstein, 2.12.94, in: *Haller*, Eulenburg, S. 172 .
17) Caprivi s. Protokoll der Ministersitzung vom 12.10.94, in: *Egmont Zechlin*, Staatstreichpläne Bismarcks und Wilhelms II. 1890, 1894, Stuttgart/Berlin 1929, S. 196; *Hohenlohe* III, S. 325 (März 1897).
18) Wilhelm von Kardorff an seine Frau, 6.2.94 („Nullen"), in: *Siegfried von Kardorff*, Wilhelm von Kardorff, Berlin 1936, S. 289f.; Caprivi an Max Schneidewin, 28.12.94, nach: *Max Schneidewin*, Briefe des Reichskanzlers von Caprivi, in: Deutsche Revue, 47. Jg./2. Bd. (1922), S. 142.
19) Stumm an Caprivi, 6.7.94, in: *Fritz Hellwig*, Carl Ferdinand Freiherr von Stumm-Halberg 1836-1901, Heidelberg/Saarbrücken 1901, S. 500 („Nur eine"); Resolution des Delegiertentags der Nationalliberalen Partei, 30.9.94, in: *Fenske* I, S. 96 („eines klaren"); Kiderlen-Wächter an Caprivi, 16.7.94, in: *Zechlin*, Staatstreichpläne, S. 188 („der Regierung").

20) Abgedruckt in: *Huber*, Dokumente II, S. 536.

21) Stosch an Bennigsen, 3.7.94, in: *Hermann Oncken*, Rudolf von Bennigsen, Bd. 2, Stuttgart/Leipzig 1910, S. 591.

22) Journal Hohenlohes, 15.12.98, in: *Hohenlohe* III, S. 474.

23) Aufzeichnung Hohenlohes, Herbst 95; sowie Hohenlohe an Völderndorff, 7.11.97, beides in: *Hohenlohe* II, S. 523 („mit dem"), S. 531f. („Laune").

24) Journal Hohenlohes, 3.1.96, in: *Hohenlohe* III, S. 151. Es betraf den Kriegsminister Bronsart von Schellendorf, bei dem sich Wilhelm II. aber bald entschuldigte.

25) Philipp Eulenburg an Bülow, 8.6.96 („das ganze"), Bülow an Philipp Eulenburg, 23.7.96 („Autorität"), beides in: *Eulenburg* III, S. 1695, 1714.

26) Wilhelm II. an Philipp Eulenburg, 25.12.95 („und wie"), in: *Eulenburg* III, S. 1620.

27) Journal Hohenlohes, 10.1.96 („die Monarchie"), in: *Hohenlohe* III, S. 156; Philipp Eulenburg an Bülow, Juli 98 („alles in"), in: *Haller*, Eulenburg, S. 240.

28) Caprivi in der preußischen Ministersitzung, 12.10.94, in: *Zechlin*, S. 197 („alle Parteien"); Frh. von Wangenheim, „Eine Frage an die Regierung", 28.1.93, in: *Kiesenwetter*, Fünfundzwanzig Jahre, S. 342 („überlebten").

29) Programm der Deutschkonservativen Partei, 8.12.92 („zersetzenden jüdischen" usw.), in: *Fenske* I, S. 45ff.; Graf Mirbach-Sorquitten, Rede am 12.3.93 („Spielart"), und Antrag zum konservativen Parteiprogramm („Gesetzgebung"), beides in: *Walter Frank*, Hofprediger Adolf Stoecker und die christlich-soziale Bewegung, Berlin 1928, S. 304, 302.

30) Graf Klinckowström am 7.2.96, in: *Frank*, S. 351.

31) Frh. v. Wangenheim, 28.1.93 („Fels"), und Resolution des BdL, 18.2.93 („Grundlage"), beides in: *Kiesenwetter*, S. 342, 343.

32) Stumm, 9.1.95, in: RT 138, S. 211.

33) Beschluß der Deutschsozialen Reformpartei, 11.9.99 („endgültig"), in: *Mommsen*, Parteiprogramme, S. 84; (Zeitschrift) „Bund der Landwirte", 6.6.95 („daß Landwirtschaft"), nach: *Hans-Jürgen Puhle*, Agrarische Interessenpolitik und preußischer Konservativismus im wilhelminischen Reich (1893-1914), Hannover 1966, S. 130.

34) Bennigsen im RT, 22.1.92, nach: *Oncken*, Bennigsen, Bd. 2, S. 559.

35) Theodor Barth, 3.10.97, nach *Eckart Kehr*, Schlachtflottenbau und Parteipolitik (1894-1901), Berlin 1930, S. 86.

36) *Eugen Richter*, Politisches ABC-Buch, 9. Jg., Berlin 1898, S. 310 („die Menschheit"). Dort S. 116 auch die Zitate aus dem Parteiprogramm von 1893 („Entwicklung" usw.).

37) *Friedrich Naumann*, Neudeutsche Wirtschaftspolitik (zuerst 1906 - „im Jahre 1925"); *ders.*, „Nationaler Sozialismus" (1899 - „energische" bis „daß die"), alles in: *ders.*, Werke III, S. 89, und Werke V, S. 254, 252.

38) Paul Liman in den Leipziger Neuesten Nachrichten, 31.7.06 („Herold"), nach: Die bürgerlichen Parteien in Deutschland, Bd. 2, Berlin 1970, S. 317; Naumann, Nov. 08 („Wille" usw.), nach: *Theodor Heuss*, Friedrich Naumann, Stuttgart/Berlin 1937, S. 345.

39) Hertling an Althoff, 20.12.06 („auf Überbrückung"), nach: *Wilfried Loth*, Katholiken im Kaiserreich, Düsseldorf 1984, S. 122; Hertling („achtunggebietend") und Spahn („als unser") am 23. und 24. 3.98, in: RT 161, S. 1709, 1756.

40) Caprivi an Kardinal Kopp, 19.6.93 („kirchlich"), nach: *Michael Traut*, Der Reichsregent. Ernst Liebers Weg..., Camberg 1984, S. 111; Lieber an Fürst Löwenstein, 23.3.96 („das höchste"), in: *Karl Buchheim*, Ultramontanismus und Demokratie, München 1963, S. 468; Wilhelm II. an Philipp Eulenburg, 12.2.95 („Halunke"), in: *Eulenburg* II, S. 1460; Wilhelm II. an Lieber, 28.3.98 („Gesinnung"), in: *Traut*, S. 149.

41) Hertling an Lieber, 25.11.97, nach: *Herbert Gottwald*, Der Umfall des Zentrums, in: Studien zum deutschen Imperialismus vor 1914, hrsgg. von Fritz Klein, Berlin 1976, S. 196.

42) August Bebel, 14.10.90, in: PT 1890, S. 102.

43) Zirkular des Parteivorstandes, Okt. 90, in: *DuM* III, S. 351.

44) Erfurter Programm, Okt. 91, in: DuM III, S. 381f.

45) *Adolf Levenstein*, Die Arbeiterfrage, München 1912, S. 148.

46) *Karl Marx*, Randglossen zum Programm der deutschen Arbeiterpartei (1875, veröffentlicht 1891), in: *Karl Marx/ Friedrich Engels*, Werke, Bd. 19, Berlin 1962, S. 28; *Friedrich Engels*, Zur Kritik des sozialdemokratischen Programmentwurfs 1891, in: *dies.*, Werke, Bd. 22, Berlin 1963, S. 235; Wilhelm Liebknecht, März 1891, nach: *Marga Beyer*, Zur Genesis des Erfurter Parteiprogramms, in: Revolutionäres Parteiprogramm - Revolutionäre Arbeitereinheit, Frankfurt/M. 1975, S. 448 („Gesetzgebung für sich"); Karl Grillenberger, 28.2.91, in: RT 116, S. 1805 („niemals"); Äußerungen der innerparteilichen Opposition 1891, nach: *Hans Müller*, Der Klassenkampf und die Sozialdemokratie, Zürich 1892 (Nachdruck 1969), S. 93, 103 („die Massen", „zur puren"); *Wilhelm Liebknecht*, 21.10.91, in: *PT 1891*, S. 345 („daß der Schwerpunkt").

47) Erfurter Programm, 1891, in: DuM III, S. 382f. („Befreiung", „Abschaffung"); Engels an Laura Lafargue, 26.2.90, in: *Marx/Engels*, Werke, Bd. 37, Berlin 1967, S. 359 („Der 20. Februar"); Friedrich Engels, Interview ... am 8.5.93, in: *dies.*, Werke, Bd. 22, S. 542 („es naht"); Bebel, 16.10.91, in: *PT 1891*, S. 172.

48) *Karl Kautsky*, Das Erfurter Programm (1892), Berlin 1965, S. 225 („überall für"); *ders.*, Ein sozialdemokratischer Katechismus, in: Die Neue Zeit, 12. Jg./1. Bd. (1894), S. 368 („Die Sozialdemokratie"); vgl. auch *ders.*, Der Parlamentarismus, die Volksgesetzgebung und die Sozialdemokratie, Stuttgart 1893, S. 118f.

49) *Georg von Vollmar*, Über die nächsten Aufgaben der deutschen Sozialdemokratie (1891), in: *ders.*, Reden und Schriften zur Reformpolitik, Berlin/Bonn-Bad Godesberg 1977, S. 152, 139, 140.

50) Resolution des Erfurter Parteitags, Okt. 91, in: DuM III, S. 385.

51) *Georg Vollmar*, Rede 25.9.99 („die Hauptsache"), und: Der Fall Millerand 1900 („allenthalben"), beides in: *ders.*, Reden, S. 187, 191.

52) *Georg Vollmar*, Rede im RT, 12.5.82 („aus dem"), und: Über die nächsten Aufgaben („dem guten"), beides in: *ders.*, Reden, S. 111, 140.

53) Resolution zur Ablehnung des Agrarprogrammentwurfs, Okt. 95, in: DuM III, S. 445.

54) *Eduard Bernstein*, Die Voraussetzungen des Sozialismus und die Aufgaben der Sozialdemokratie, Reinbek 1969, S. 196, 198.

55) *Karl Kautsky*, Bernstein und das sozialdemokratische Programm, Stuttgart 1899, S. 181 (vgl. dort auch S. 172, 17f.); *Rosa Luxemburg*, Sozialre-

form oder Revolution (1899), in: *dies.*, Gesammelte Werke, Bd. 1, Berlin 1970, S. 433 („Hühnerstall"), 386 („Periode"), 400 („Hammerschlag"); Resolution gegen den Revisionismus Bernsteins, Okt. 99, In: DuM IV, S. 36f.

56) *Bebel*, 17.9.03, in: PT *1903*, S. 316, 313, 305; Resolution gegen den Revisionismus, Sept. 03, in: DuM IV, S. 99 („sieggekrönte").

57) *Kautsky*, Bernstein..., S. 145.

58) *Hans Delbrück*, Politische Korrespondenz, in: Preußische Jahrbücher, Bd. 100 (Juni 1900), S. 571.

59) Ansprache Bismarcks, 16.4.90, in: *Bismarck*, GW XIII, S. 408.

60) Bismarck in den „Hamburger Nachrichten", 14.10.91, 24.1.92, 13.12.94 („alle Brücken", „an das"), nach: *Wolfgang Stribrny*, Bismarck und die deutsche Politik nach seiner Entlassung (1890-1898), Paderborn 1977, S. 42, 49, 224; Bismarck am 10.12.91, in: Denkwürdigkeiten des Generalfeldmarschalls Alfred Grafen von Waldersee, hrsgg. von *Heinrich Otto Meisner,* Bd. 2, Stuttgart/Berlin 1923, S. 226 („Führung"); Ansprache Bismarcks, Juli 92, in: *ders.*, GW XIII, S. 465 („jetzt die").

61) Alle Zitate von „ein volles..." bis „Sicherheit fördert" aus Ansprachen Bismarcks vom 10.7.92 bis 1.4.95, s. *Bismarck*, GW XIII, S. 523, 554, 453, 558, 460, 475; dort S. 454 Hinweis auf den Ausspruch „Nationalheros", den ein Vertreter der Stadt Jena machte.

62) Zitate entstammen Schriftstücken aus der Gründungsphase des ADV: Alfred Hugenberg am 1.8.90 („unser Vaterland"), ders. an Karl Peters, Aug.90 („zu einer kulturellen", „einseitig kontinentalen"), Aufruf des ADV, April 91 („der Ausbau"), alles in: *Otto Bonhard*, Geschichte des Alldeutschen Verbandes, Leipzig/Berlin 1920, S. 240, 244, 248.

63) Aufruf von A. Fick u.a. vom 24.6.90 („die kommenden", „entschiedenes"), Aufruf des ADV, April 91 („großen geschichtlichen", „den Inhalt"), beides in: *Bonhard*, Geschichte, S. 237, 236, 248; Alldeutsche Blätter (1896), nach: *Roger Chickering*, We Men Who Feel Most German. A Cultural Study of the Pan-German League, 1886-1914, Boston 1984, S. 64 („deutschen Volksboden"); Heinrich Claß, 11.9.03, in: Zwanzig Jahre alldeutscher Arbeit und Kämpfe, Leipzig 1910, S. 189 („stolz", „zukunftsfrohen", „für eine"); Ernst Hasse (1905), nach: *Lothar Werner*, Der Alldeutsche Verband 1890-1918, Berlin 1935, S. 36 („die planmäßige").

64) Eingabe des ADV an den RK, 9.10.95, in: Zwanzig Jahre, S. 31f. Vgl. dazu Wilhelm II. am 3.7.1900: jenseits der Ozeane dürfe „ohne Deutschland und ohne den Deutschen Kaiser keine große Entscheidung mehr fallen" (in: *Reden* II, S. 208), und Staatssekretär Bernhard von Bülow am 11.12.99: wie andere Großmächte hätten „auch wir Anspruch auf ein größeres Deutschland..., wir können nicht dulden..., daß man zur Tagesordnung übergeht über das deutsche Volk" (in: *Bülow*, Reden I, S. 100).

65) Ansprache Hugenbergs im Bergbauverein, 20.3.13, in: *ders.*, Streiflichter aus Vergangenheit und Gegenwart, Berlin 1927, S. 207.

66) Votum Caprivis, 18.11.93 („die Stimmung"), nach: *Peter Leibenguth*, Modernisierungskrise des Kaiserreichs an der Schwelle zum wilhelminischen Imperialismus. Politische Probleme der Ära Caprivi (1890-1894), phil. Diss., Köln 1975, S. 171; Ansprache Bismarcks, 23.9.94, in: *ders.*, GW XIII, S. 549.

67) DOV an den preuß. Ministerpräsidenten, 10.3.02, nach: *Adam Galos/Felix-Heinrich Gentzen/Witold Jakóbczyk*, Die Hakatisten. Der Deutsche Ostmarkenverein (1894-1934), Berlin 1966, S. 209.

68) Tägliche Rundschau, 19.12.99, rückübersetzt nach: *Geoffry Ely*, Reshaping the German Right, New Haven/London 1980, S. 97.

69) Beschlüsse des Alldeutschen Verbandstages, 9.9.94, und Aufruf des ADV, 28.10.96, beides in: Zwanzig Jahre, S. 12, 39.

70) So die Zentrums-Zeitung „Germania", 14.11.99, nach: *Wilhelm Deist*, Flottenpolitik und Flottenpropaganda, Stuttgart 1976, S. 159.

71) Äußerung des Admirals Hollmann, Juni 1901, nach: *Volker R. Berghahn*, Der Tirpitz-Plan, Düsseldorf 1971, S. 483, Anm. 27.

72) Ruprecht-Ransern, „Ein Vorschlag zur Besserung unserer Lage", 21.12.92, nach: *Kiesenwetter*, Fünfundzwanzig Jahre, S. 335; Programm des BdL (1893), in: *Puhle*, S. 314 („Die deutsche").

73) Frh. von Wangenheim, 18.2.93, nach: *Kiesenwetter*, Fünfundzwanzig..., S. 24.

74) S. *Puhle*, Interessenpolitik, S. 38f., 309.

75) Lt. späterer Auskunft eines Freundes, s. *Gerd Dieter von Tippelskirch*, Agrarhistorische Ausschnitte aus der Zeit von 1893 bis 1924 im Lichte des Wirkens von Dr. Gustav Roesicke, Stollhamm/Old. o. J., S. 24.

76) Roesicke an Gustav Ruhland, 23.5.94, in: *Tippelskirch*, S. 238f.; Gustav Roesicke, Görsdorf, in: *Heinrich Gerd Dade* (Hg.), Die deutsche Landwirtschaft unter Kaiser Wilhelm II., Bd. 1, Halle/S. 1913, S. 336.

77) RT 179, S. 371 („Hypertrophie") /182, S. 3076 („Überproduktion") /185, S. 5814 („langsame"): Roesicke am 7.12.1900, 9.12.01, 21.10.02.

78) Roesicke im RT, 15.5.17, nach: *Kiesenwetter*, S. 374.

79) Frh. von Wangenheim, 12.2.1900, nach: *Kiesenwetter*, S. 67 („unser Land heer"); RT 167, S. 2583: Roesicke, 16.6.99 („nicht mit dem"); *Puhle*, Interessenpolitik, S. 97 („nur wollen"), 130 („eigentlichen Vertreter"), 105, 100 - alles Beispiele aus der BdL-Presse 1894–1910.

80) Caprivi im RT, 17.2.93, nach: *ders.*, Reden, S. 307; Kardorff an Stumm, 25.12.92 („mit Windeseile"), in: *Fenske* II, S. 75; Waldersee, Eintragung vom 30.12.96, in: *ders.*, Denkwürdigkeiten, Bd. 2, S. 381 („daß wir"; vgl. dort auch S. 309f.).

81) Miquel an Waldersee, 6.3.90, in: *Peter Leibenguth*, Modernisierungskrisis, S. A 213.

82) Caprivi im PreußAH, 13.11.90 („von innen/Liebe"), sowie 15.4.90 („Wir werden"), in: *Caprivi*, Reden..., S. 376, 371; Caprivi an Max Schneidewin, 28.12.94, nach: *Schneidewin*, Briefe, in: a.a.O., S. 142.

83) Die Zahlen nach *Karlheinz Kitzel*, Die Herrfurthsche Landgemeindeordnung, Stuttgart 1957, S. 104; Statistisches Jahrbuch für den Preußischen Staat, 11. Jg. (1913), S. 7,9.

84) Für die Zahlungen von 1890 s. Statistisches Handbuch für das Deutsche Reich, Teil 1, Berlin 1907, S. 574; das Zitat s. *Wilhelm Gerloff*, Die Finanz- und Zollpolitik des Deutschen Reiches, Jena 1913, S. 320.

85) Zahlen berechnet nach *Gerloff*, Finanz- und Zollpolitik, S. 521, 527.

86) Limburg-Stirum im PreußAH, Januar 93, nach: *Helmuth von Gerlach*, Die Geschichte des preußischen Wahlrechts, Berlin-Schöneberg 1908, S. 116; Wahlablauf auf dem Gut der Familie Bethmann Hollweg, s. *Willibald Gut-*

sche, Aufstieg und Fall eines kaiserlichen Reichskanzlers, Berlin 1973, S. 49f.

87) Miquel am 14.12.93 („Elemente"), s. *Hohenlohe* II, S. 506, und Miquel am 6.3.94 („in den nächsten"), nach: *Walter Geiger*, Miquel und die preußische Steuerreform 1890/93, phil. Diss., Tübingen 1934, S. 64.

88) Kabinettsordre Wilhelms II., 1.5.89, in: Verhandlungen über Fragen des höheren Unterrichts, Berlin 4. bis 17. Dezember 1890, Berlin 1891, S. 3; Caprivi im PreußAH, 22.1.92, in: *Caprivi*, Reden, S. 400f.

89) *Kurt Richter*, Der Kampf um den Schulgesetzentwurf des Grafen Zedlitz-Trützschler vom Jahre 1892, phil. Diss. Halle/S. 1934, S. 34/Anm. 86 (Evangelischer Bund); *Hohenlohe* II, S. 485f. (7 Mio. M.).

90) Caprivi im Bundesrat, 20.10.92 („ihre volle"), in: *Fenske* II, S. 68; Denkschrift Caprivis, (27.)8.91 („Unterstützung"), nach: *Volker Berghahn/Wilhelm Deist*, Rüstung im Zeichen der wilhelminischen Weltpolitik, Düsseldorf 1988, S. 37; Caprivi im RT, 23.11.92, in: *ders.*, Reden, S. 270 („das wir").

91) von Komierowski (Pole), 5.5.93, in: RT 129, S. 2193 („in unserer"); von Vollmar, 1.6.91, in: *ders.*, Reden und Schriften, S. 142 („nationale Aufgaben"), sowie Bebel im RT, 13.12.92, nach: *Berghahn/Deist*, Rüstung, S. 50 („mit Aufbietung").

92) Waldersee, 18.4.90, in: *ders.*, Denkwürdigkeiten...II, S. 124 („wie eine Familie"); Erlaß Wilhelms II., 28.12.99, in: *Max Schippel*, Sozialdemokratisches Reichstagshandbuch, Berlin (1902), S. 941 („der Sinn für").

93) Gespräch Wilhelms II. mit Richard Roesicke, 6.2.89, in: *Hans-Jörg von Berlepsch*, „Neuer Kurs" im Kaiserreich? Die Arbeiterpolitik des Freiherrn von Berlepsch 1890 bis 1896, Bonn 1987, S. 18 („daß sie"); Ausarbeitung Wilhelms II. zur Arbeiterfrage, 21.1.90, in: *Georg Freiherr von Eppstein*, Fürst Bismarcks Entlassung, Berlin (1919), S. 153 („den Anfang").

94) Erlasse Wilhelms II., 4.2.90, in: *Huber*, Dok. II, S. 510ff.

95) Am 6.2.95 im RT, nach: *Berlepsch*, „Neuer Kurs", S. 375.

96) Denkschrift vom 3.9.89, nach: *Berlepsch*, „Neuer Kurs", S. 307.

97) Der nationalliberale Abg. von Eynern im PreußAH, 7.5.96, nach: *Berlepsch*, „Neuer Kurs", S. 221 („Zwangsstaat"); die rheinisch-westfälischen Handelskammern an Berlepsch, 2.2.94, in: *Peter Rassow/Karl Erich Born*, Akten zur staatlichen Sozialpolitik in Deutschland 1890-1914, Wiesbaden 1959, S. 21 („persönliches Eindringen").

98) RT 114, S. 157: Frh. von Stumm, 19.5.90.

99) Wilhelm II. an RK Hohenlohe-Schillingsfürst, 11.5.95, in: *Hohenlohe* III, S. 63.

100) Caprivi im RT, 27.2.91, in: *ders.*, Reden, S. 114 („der Kampf"); Preuß. KrM an die Generalkommandos, 20.3.90, in: *Reinhard Höhn*, Sozialismus und Heer, Bd. 3, Bad Harzburg 1969, S. 68 („dauernd auf"); vgl. *Klaus Saul*, Der Staat und die „Mächte des Umsturzes", in: Archiv für Sozialgeschichte, Bd. 12 (1972), S. 299.

101) Legien, Februar/Mai 1891, nach: *Klaus Tenfelde/Klaus Schönhoven u.a.*, Geschichte der deutschen Gewerkschaften von den Anfängen bis 1945, Köln 1987, S. 193f.

102) Resolution und Legien in: Protokoll der Verhandlungen des dritten Kongresses der Gewerkschaften Deutschlands, Hamburg 1899, S. 150, 162, 103.

103) Bassermann, 20.6.99, in: RT 167, S. 2665, 2672f. („daß jeder" usw.); *Ernst von Halle*, Weltmachtpolitik und Sozialreform, in : Soziale Praxis, 8. Jg. (1899), Sp. 555 („einen erfolgreichen").

104) Die Angaben zur Bevölkerungsstatistik nach *Gerd Hohorst, Jürgen Kocka, Gerhard A.Ritter*, Sozialgeschichtliches Arbeitsbuch, München 1975, S. 22ff.; ferner *Sigmund Schott*, Die großstädtischen Agglomerationen des Deutschen Reichs 1871 - 1910, Breslau 1912, S. 29.

105) (anonym), Deutschland bei Beginn des 20. Jahrhunderts, Berlin 1900, S. 115 („wie mächtig"); *Gustav Rümelin*, Reden und Aufsätze. Neue Folge, Freiburg/Tübingen 1881, S. 619, 570, 600ff.; *Adolph Wagner*, Agrar- und Industriestaat, 2. Aufl., Jena 1902, S. 71f., 83.

106) *Karl Helfferich*, Deutschlands Volkswohlstand 1888 - 1913, 4. Aufl., Berlin 1914, S. 13 („Die Zunahme"); Bülow (11.12.99), in: *ders.*, Reden I, S. 100, 107; (anonym), Deutschland bei Beginn..., S. 115 („überquellende Lebenskraft"); *Friedrich Ratzel*, Der Lebensraum (1901), Darmstadt 1966, S. 51; *Friedrich Naumann*, Neudeutsche Wirtschaftspolitik (1906), in: *ders.*, Werke, Bd. 3, S. 87; *J. J. Ruedorffer* (=Kurt Riezler), Grundzüge der Weltpolitik in der Gegenwart, Stuttgart 1914, S. 102; *Max Weber*, Gesammelte politische Schriften, 3. Aufl., Tübingen 1971, S. 176f.

107) Nach *Jürgen Kocka/Hannes Siegrist*, in: Recht und Entwicklung der Großunternehmen im 19. und frühen 20. Jahrhundert, Göttingen 1979, S. 82.

108) Nach *Helga Nußbaum*, Unternehmer gegen Monopole, Berlin 1966, S. 56.

109) *Bernstein*, Die Voraussetzungen..., S. 99; *Rudolf Hilferding*, Das Finanzkapital (erstmals 1910), Berlin 1955, S. 442; Schmoller zitiert bei *Fritz Blaich*, Kartell und Monopolpolitik im kaiserlichen Deutschland, Düsseldorf 1973, S. 294; Rathenau (1907) in: *ders.*, Schriften, Berlin 1965, S. 234.

110) *Jakob Riesser*, Die deutschen Großbanken und ihre Konzentration, 3. Aufl., Jena 1910, S. 570; dort S. 610ff. über die Aufsichtsratssitze der Deutschen Bank.

111) Die Angaben nach *W. Fischer* und *W. Conze* in: Handbuch der deutschen Wirtschafts- und Sozialgeschichte, Bd. 2, Stuttgart 1976, S. 533, 625; *Werner Sombart*, Die deutsche Volkswirtschaft im 19. Jahrhundert und im Anfang des 20. Jahrhunderts, 8. Aufl., Darmstadt 1954, S. 497ff.; *Johannes Conrad/Albert Hesse*, Grundriß zum Studium der politischen Ökonomie. Vierter Teil: Statistik III, 4. Aufl., Jena 1925, S. 155, 146f.

112) Zu den Fideikommissen s. Statistisches Jahrbuch für den Preußischen Staat, 11. Jg. (1914), S. 84, und *Wilhelm Roscher/Heinrich Dade*, Nationalökonomie des Ackerbaus und der verwandten Urproduktionen, 14. Aufl., Stuttgart/Berlin 1912, S. 635.

113) Angaben zur Agrarproduktion nach *Eberhard Bittermann*, Die landwirtschaftliche Produktion in Deutschland 1800–1950, Halle/Saale 1956, S. 34, 38, 55, 59, 127; *Heinrich Dade* in: Die deutsche Landwirtschaft unter Kaiser Wilhelm II., 2. Bd., Halle/Saale 1913, S. 565 („heutzutage"), und *Hans Graf von Schwerin-Löwitz* in: Deutschland unter Kaiser Wilhelm II, Bd. 2, Berlin 1914, S. 31f., 34.

114) *Caprivi*, Reden, S. 176ff.

115) RT 118, S. 3544, 3551: Bebel und von Koscielski, 14.12.91.

116) *Caprivi*, Reden, S. 173 (10.12.91); RT 118, S. 3313: Graf Kanitz (Deutschkonservative Partei), 10.12.91 („die industriellen").

117) *Henry Axel Bueck*, Der Centralverband Deutscher Industrieller 1876-1901, Bd. 1, Berlin 1902, S. 451, 468, 472.
118) *Siegfried von Kardorff*, Kardorff, S. 292: Wilhelm von Kardorff an seine Frau, 28.2.94.
119) Erklärung des Staatssekretärs im Reichsschatzamt, Frh. v. Thielmann, in der Budgetkommission des RT, 25.4.00, in: *Fenske* II, S. 229.
120) Miquel in Solingen, 15.7.97, in: *ders.*, Reden, Bd. 4, Halle/S. 1914, S. 280 („große"), und in der Sitzung des PreußStM, 27.7.97 („die Parteien"), in: *Röhl*, Deutschland, S. 225.
121) Erklärung des BdL-Vorsitzenden Frh. v. Wangenheim, 13.12.02, in: *Kiesenwetter*, Fünfundzwanzig Jahre, S. 357.
122) *Bismarck*, GW XIII, S. 331: im RT, 6.2.88; *Wilhelm II.*, Reden, Bd. 2, S. 208 (3.7.1900) *Bülow*, Reden IV, S. 110f.: im RT 14.11.06 („einen Kreis"); GP XXV, S. 476: Zirkularerlaß Bülows an die Botschafter, 25.6.08 („einer starken").
123) Herbert von Bismarck an den Botschafter in Paris, 13.11.86, in: GP VI, S. 152 („welche Frankreich"); ders. an Bülow, 21.9.87, in: *Staatssekretär Graf Herbert von Bismarck.* Aus seiner politischen Privatkorrespondenz, Göttingen 1964, S. 472 („daß wir"); Bismarck an Lord Salisbury, 22.11.87, in: GP IV, S. 379 („durch eine"/ Original franz.).
124) Aus Äußerungen Caprivis, des Unterstaatssekretärs Berchem und des Botschafters Radowitz (März/Mai 1890), in: GP VII, S. 8f., 35; Aufzeichnungen und Erinnerungen aus dem Leben des Botschafters Joseph Maria von Radowitz, 2. Bd., Berlin/Leipzig 1925, S. 323.
125) Aufzeichnung vom 2.11.86, in: Die Geheimen Papiere Friedrich von Holsteins, Bd. 2, Göttingen 1957, S. 348.
126) Aufzeichnungen vom 2.11.86, in: Die Geheimen Papiere...II, S. 357.
127) Aufzeichnungen vom 14.6.01, 20.5.01, in: GP XVII, S. 87f., 22.
128) Aufzeichnung Caprivis, 22.5.90, in: GP VII, S. 30ff.
129) Hatzfeldt an Caprivi, 11.6.90, nach *Rainer Lahme*, Deutsche Außenpolitik 1890 - 1894, Göttingen 1990, S. 146 („immer mehr"); Hatzfeldt an das AA, 4.8.92, in: GP VIII, S. 80 („in den").
130) Marschall an Hatzfeldt, 2.8.93 („Konflikt" bis „zu vertreten"); Hatzfeldt an AA, 26.7.93 („eine solche"); Marschall an Hatzfeldt, 24.10.93 („kein Zutrauen"); alles in: GP VIII, S. 113ff., 105, 127.
131) Salisbury lt. Bericht des österr. Botschafters, 2.12.91, nach: *Wolfgang Herrmann*, Dreibund, Zweibund, England 1890 - 1895, Stuttgart 1929, S. 37f. („eine gewisse", „mit Rußland"); Hatzfeldt an das AA, 23.5.91 („Rücksicht"); in: GP VIII, S. 48; Salisbury an Lascelles, 10.3.96, in: *Peter Winzen*, Die Englandpolitik Friedrich von Holsteins 1895 - 1901, phil. Diss. Köln 1975, S. 121 („attitude").
132) Hohenlohe an den Botschafter in Wien, 5.11.95 („Machtstellung"), Aufzeichnung Marschall, 4.11.95 („eine gegen"), beides in :GP X, S. 156, 154.
133) Caprivi an den Botschafter in Wien, 26.3.91, in: GP VII, S. 160.
134) Aufzeichnung des Botschafters in Petersburg, (25.11.91), in: GP VII, S. 367; Alexander III. in: *Peter Jakobs*, Das Werden des französisch-russischen Zweibundes 1890 - 1894, Wiesbaden 1968, S. 111.
135) *Caprivi*, Reden, S. 417; Marschall an Hatzfeldt, 2.8.93 („anti-englische"), in: GP VIII, S. 113; Bülow an den Geschäftsträger in Petersburg, 5.6.1900, in: GP XVII, S. 320.

136) Kronratsprotokoll vom 18.2.94 („Eine der“); Geschäftsträger in Petersburg an Caprivi, 6.4.94 („daß der“), alles in: GP VII, S. 452, 455.

137) Botschafter in Wien an Hohenlohe, 7.4.95 („den Frieden“), in: GP IX, S. 349; Wilhelm II. an Nikolaus II., 26.4.95, in: Briefe Wilhelms II., S. 12.

138) Hohenlohe an Bülow, 11.2.96, in: GP XI, S. 271.

139) GP XI, S. 31 („ohne an“); Salisbury an Lascelles, 22.1.96 („will become“), in: *Winzen*, Englandpolitik Holsteins, S. 115; RT 144, S. 929 (Hammacher/nationalliberal; „einen Akt“), 945 (Bebel), 935 (E. Richter).

140) Bülow im RT, 11.12.99, in: *Bülow*, Reden I, S. 98.

141) Caprivi im RT, 12.5.90, in: *Caprivi*, Reden, S. 57; Marschall an Hatzfeldt, 18.4.94, in: GP VIII, S. 418.

142) RT 115, S. 888: Siemens (Freisinnige Volkspartei), 12.12.90.

143) Marschall an Hohenlohe, 3.1.99, nach: *Johann Manzenreiter*, Die Bagdadbahn. Als Beispiel für die Entstehung des Finanzimperialismus in Europa (1872 - 1903), Bochum 1982, S. 130ff.; *Friedrich Naumann*, Asia, 5. Aufl., Berlin-Schöneberg 1904, S. 162f.

144) Aus Denkschriften, Briefen und Notizen Tirpitz’ von 1894 bis 1899, alles nach: *Berghahn/Deist* (Hg.), Rüstung im Zeichen, S. 89, 103, 161, 122f.; ferner RT 176, S. 3359: Entwurf einer Novelle zum Gesetze, betr. die deutsche Flotte, 10. April 1898 („auch für“).

145) *Alfred von Tirpitz*, Erinnerungen, Leipzig 1919, S. 81 („ohne Bündnis“), 47 („der Stempel“); *ders.*, Der Aufbau der deutschen Weltmacht, Hamburg 1924, S. 97 (Tirpitz an Bülow, 17.12.08 - „durch Schaffung“).

146) RT 144, S. 932: Lieber, 13.2.96.

147) Wilhelm II. an Bülow, 29.10.99, in: GP XV, S. 408.

148) Aufzeichnung Holstein, 17.4.99 („die allseitige“), in: GP XIV/2, S. 538; Botschafter in Petersburg an Holstein, 11.3.1900 („die daß “), in: GP XV, S. 530.

149) Aufzeichnung Prinz Lichnowsky, 31.1.1900, in: *Peter Winzen*, Bülows Weltmachtkonzept, Boppard/Rh. 1977, S. 206.

150) Hatzfeldt an das AA, 29.3.98 („traditionelle“); Bülow an Hatzfeldt, 3.4.98 („zum ersten“, „den Kampf“); alles in: GP XIV/1, S. 197, 205, 207.

151) Hatzfeldt an das AA, 10.2.01 („sofort zu“) und 17.5.01 („sich niedergehenden“); Aufzeichnung Klehmet, 20.3.01 („Besorgnis“); Holstein an Hatzfeldt, 11.2.01 („manches“); alles in: GP XVII, S. 31., 43, 34, 59.

152) Bülow an Botschafter in Rom, 17.12.01 („Wir haben“), in: GP XVIII/2, S. 510; Randbemerkungen Bülows, 20.3. und 11.2.01, in GP XVII, S. 44, 36 („unsere öffentliche“/ „englische“); Bülow an Hatzfeldt, 3.4.98 („für alle“), in: GP XIV/1, S. 207.

III. Im Banne der Machtpolitik 1900 – 1913

1) Rede am 14.6.13, in: *Friedrich Meinecke*, Preußen und Deutschland, München/Berlin 1918, S. 39.

2) Botschafter in London an Bülow, 16.7.08 („eine mächtige“), ders. an Bethmann Hollweg, 3.12.12 („eine Niederwerfung“ usw.), beides in: *Alfred von Tirpitz*, Der Aufbau der deutschen Weltmacht, Hamburg 1924, S. 74, 362; Moltke an Bülow, 23.2.06, in: GP XXI, S. 526.

3) Bülow an das AA, 3.4.03, in: GP XVIII, S. 840.
4) Bülow an den Botschafter in London, 14.5.1900, in: GP XVII, S. 303.
5) Wilhelm II. an Bülow, 28.12.04, in: GP XIX/1, S. 347.
6) Bülow an Kühlmann, 30.1.05, in: GP XX/1, S. 247 („nicht wegen"); Bülow im RT, 5.4.06 („Frage"), in: *Bülow*, Reden IV, S. 93.
7) Bebel („handelspolitischen", „in vollständiger") und von Hertling (Z/ „mit einem") im RT, 23.3.08, in: RT 231, S. 4234, 4236, 4217; ferner RT 218, S. 3619, 3638, 3647, 3635ff.: Bassermann („immer geringer"), Graf zu Limburg-Stirum („nicht ganz"), Wiemer („freiheitliche"), v. Vollmar („ein vollständiger „ usw.) am 14.11.06; Bülow („vernünftige") in: *Bülow*, Reden IV, S. 146.
8) Bülow an Philipp Eulenburg, 15.2.98 („echteste"), in: *Eulenburg* III, S. 1885; Bülow an Wilhelm II., 24.8.98 („arbiter"), in: GP XIV/1, S. 342; Bülow an Wilhelm II., 27.3.05 („mit wirklicher"), in: GP XX/1, S. 272; *Bernhard von Bülow*, Deutsche Politik, in: Deutschland unter Kaiser Wilhelm II., Bd. 1, Berlin 1914, S. 16 („dieselbe Unabhängigkeit" usw.); Protokoll einer Sitzung beim RK, 3.6.09 („jetzt günstiger"), in: *Tirpitz*, Aufbau, S. 157.
9) Bülow an die deutschen Botschafter, 25.6.08 („bilden" usw.), in: GP XXV, S. 478f.; Bülow an Aehrenthal, 30.10.08 („als die"), in: GP XXVI, S. 227; Bülow an den Botschafter in Petersburg, 21.3.09 („ohne jeden"), in: GP XXVI/2, S. 694; *Bülow*, Deutsche Politik, a.a.O., S. 27 („das Ende").
10) Kiderlen-Wächter an Jenisch, Okt. 1912, in: *Ernst Jaeckh*, Kiderlen-Wächter, der Staatsmann und Mensch, Bd.2, Stuttgart/Berlin/Leipzig 1924, S. 189 („die Leitung"); Bethmann Hollweg am 2.12.12, in: RT 286, S. 247 („würden wir"); Bethmann Hollweg an Berchtold, 10.2.13 („Fehler von", „ein vermittelndes" usw.) und Grey an Buchanan, 14.1.13 („höchst"), beides in: *Erwin Hölzle* (Hg.), Quellen zur Entstehung des Ersten Weltkrieges, Darmstadt 1978, S. 142, 127.
11) Marginal Wilhelms II., Mai 1913, in: GP XXXIV/2, S. 811; Moltke am 6.11.13, zitiert nach *Fritz Fischer*, Krieg der Illusionen, Düsseldorf 1987, S. 319.
12) Memorandum Earl of Selborne, 17.10.02, nach *George Monger*, Ursachen und Entstehung der englisch-französisch-russischen Entente 1900 - 1907, Darmstadt 1972, S. 102.
13) Die Äußerungen Tirpitz' s. *ders.*, Aufbau, S. 84, 213; Marginal Wilhelms II. (16.7.08), in: GP XXIV, S. 103 („unerhörte"); Bülow an Tirpitz 25.12.08 („die englische"), in: *Tirpitz*, Aufbau, S. 101; Bülow an die deutschen Botschafter 25.06.08 („unsere militärische" usw.), in: GP XXV, S. 478.
14) Churchill im Unterhaus, 18.3.12 („a 60 per cent") und 26.3.13 („as a matter", „both nations", „independent"), in: *Winston S. Churchill*, His complete Speeches 1897–1963, vol. II, New York/London 1974, S. 1923, 2073, 2090; Tirpitz im RT-Haushaltsausschuß, 6.2.12, in: GP XXXIX, S. 16/Anm.
15) Bülow im RT, 29.11.07 und 29.3.09, in: *ders.* Redew. V, S. 23, 118.
16) Bethmann Hollweg an Schoen, 14.8.09 („ein Neutralitätsvertrag") und ders. an den Botschafter in London, 27.10.09 („nicht das Ziel"), beides in: GP XXVIII, S. 218, 246; Memorandum Crowe, 20.10.10 („political ambitions"), und Goschen an Nicolson, 22.10.10 („they want"), beides in: British Documents on the Origins of the War 1898-1914, vol. VI, London 1930, S. 535f.

17) Tagebuch Admiral von Müller, 8.12.12, nach: *John C. G. Röhl*, An der Schwelle zum Weltkrieg, in: Militärgeschichtliche Mitteilungen, Jg. 21 (1977), S. 100.

18) Goschen an Nicolson, 18.4.13, in: *Klaus Wormer*, Großbritannien, Rußland und Deutschland, München 1980, S. 231; Lichnowsky an Jagow, 10.5.14, in: GP XXXIX, S. 103.

19) Bülow im PreußHH, 11.5.04, in: *Bülow*, Reden III, S. 154.

20) Bülow im RT, 13.12.06, in: *Bülow*, Reden IV, S. 175.

21) RT 237, S. 9325: von Heydebrand und der Lase, 10.7.09 („aber eine"); Bericht Klügmann, 5.12.07, in: *Fenske* II, S. 325 („sofort").

22) *Bülow*, Denkwürdigkeiten, Bd. 2, Berlin 1930, S. 458 („außerstande"); *Bülow*, Reden V, S. 208.

23) Bassermann im RT, 10.11.08, nach: *Fenske* I, S. 265; *Huber*, Dok. III, S. 26 („unsere auswärtige"), S. 28 („die Stetigkeit").

24) RT 189/DrucksNr. 77: Antrag Albrecht u. Gen., 22.11.1900 („alle politischen" etc.); RT 250/DrucksNr. 1036: Antrag Albrecht und Gen., 12.11.08 („Der Reichskanzler"); *Bülow* II, S. 386 („keinerlei"), 458f. („konservativem" - diese Bemerkung bezog sich auf die Steuerreform).

25) *Theobald von Bethmann Hollweg*, Betrachtungen zum Weltkriege, hrsgg. v. Jost Dülffer, Essen 1989, S. 425.

26) Bethmann Hollweg vor dem Hauptausschuß des RT, 9.7.17, in: *Bethmann Hollweg*, Betrachtungen, S. 425; von Carmer an Graf Westarp, 14.9.12, in: *Kuno Graf Westarp*, Konservative Politik im letzten Jahrzehnt des Kaiserreichs, Bd. 1, Berlin 1935, S. 200 („idealen").

27) Bethmann Hollweg an Wilhelm II., 6.3.12, in: *Tirpitz*, Aufbau, S. 319.

28) Bethmann Hollweg an Valentini, 9.12.15, in: *Bethmann Hollweg*, Betrachtungen, S. 439 („Vorspiegelung"); ders. am 11.1.16, nach: *Kurt Riezler*, Tagebücher, Aufsätze, Dokumente, hrsgg. von Karl Dietrich Erdmann, Göttingen 1972, S. 322 („würden wir").

29) RT 268, S. 7722, 7756: von Heydebrand und der Lase und Bethmann Hollweg, 9./10.11.11.

30) Heydebrand an Westarp, 20.12.13, in: *Graf Westarp*, Politik, Bd. 1, S. 393.

31) Resolution des Jungliberalen Vertretertags, 12.10.13, nach: *Herbert Schwab*, Nationalliberale Partei, in: Die bürgerlichen Parteien in Deutschland, Bd. 2, Berlin 1970, S. 365.

32) Programm der Fortschrittlichen Volkspartei, 6.3.10, nach: *Mommsen*, Parteiprogramme, S. 173.

33) Julius Bachem, „Wir müssen aus dem Turm heraus" (1906), nach: *Mommsen*, Parteiprogramme, S. 244.

34) Karl Liebknecht, Sept. 04, und Resolution des sozialdemokratischen Parteitags, Sept. 05, beides: DuM IV, S. 124, 157; August Bebel, Sept. 06, in: PT 1906, S. 238 („können wir").

35) Noske s. *PT 1907*, S. 229 (ähnlich Noske im RT am 25.4.07); Bülow im RT, 26.2.07, in: *ders.*, Reden IV, S. 233; Resolution des Internationalen Sozialistenkongresses, Aug. 07, in: DuM IV, S. 210f.; RT 268, S. 780: Bebel, 11.11.11 („daß die").

36) Rosa Luxemburg, „Der politische Massenstreik", 22.7.13, in: *dies.*, Gesammelte Werke, Bd. 3, Berlin 1973, S. 263.

37) Bülow am 25.3.07 im RT, in: *ders.*, Reden IV, S. 220 („der bürgerlichen"),

sowie im PreußStM am 5.10.07, nach: *Gerd Fesser*, Zur Genesis des Reichsvereinsgesetzes, in: Forschungsergebnisse zur Geschichte des deutschen Imperialismus vor 1917, Berlin 1980, S. 119 („heute zu").

38) Aus der Begründung des Gesetzentwurfs, s. *Peter Rassow/Karl Erich Born* (Hg.), Akten zur staatlichen Sozialpolitik in Deutschland 1890 - 1914, Wiesbaden 1959, S. 286.

39) Zahl der Streiks s. *Gerd Hohorst/Jürgen Kocka/Gerhard Ritter*, Sozialgeschichtliches Arbeitsbuch [II], München 1975, S. 132; Tarifverträge s. *Ilse Costas*, Die Auswirkungen der Konzentration des Kapitals auf die Arbeiterklasse in Deutschland (1880 -1914), Frankfurt/M./ New York 1981, S. 236; Beschluß des Gewerkschaftskongresses, 22.-27.6.14, in: *Paul Barthel*, Handbuch der deutschen Gewerkschaftskongresse, Dresden 1916, S. 443 („Kampf" usw.).

40) Vortrag Berlepsch, 08.03.11, in: Soziale Praxis, Jg. 20 (1911), S. 807.

41) Bethmann Hollweg in: RT 291, S. 6341; RT 292, S. 6640: Vizekanzler Delbrück, 20.1.14 („Rechtsfähigkeit").

42) Zahlen zu den Versicherungen nach *Friedrich Syrup*, Hundert Jahr staatliche Sozialpolitik 1839 - 1939, Stuttgart 1957, S. 138ff.; Altersrente s. *Gerhard A. Ritter*, Sozialversicherung in Deutschland und England, München 1983, S. 175, und Arbeiterhaushalt s. *Hohorst* u.a., Arbeitsbuch, S. 113.

43) Diese und weitere Zahlen nach *Peter-Christian Witt*, Die Finanzpolitik des Deutschen Reiches von 1903 bis 1913, Lübeck/Hamburg 1970, S. 76, 88, 381, 386.

44) Richtlinien des Hansa-Bundes vom 4.10.09, nach: *Siegfried Mielke*, Der Hansa-Bund für Gewerbe, Handel und Industrie 1909 - 1914, Göttingen 1976, S. 200f.

45) RT 284, S. 1329: Bassermann, 23.4.12.

46) Resolution der Sozialdemokratischen Partei Preußens, Januar 1910, in: DuM IV, S. 298.

47) Bülow im Preußischen Staatsministerium, 15.10.08, nach: *Kuno Graf Westarp*, Politik, Bd. 1, S. 100.

48) Bethmann Hollweg an Bülow, 14.7.11 („das Problem", „materiell"), in: *Fenske* II, S. 398; Das Tagebuch der Baronin Spitzemberg, S. 515 (Eintragung v. 12.12.09: „eigentlich").

49) *Wilhelm von Massow* in: Die Grenzboten, 72. Jg. (1913) III, S. 487 („unverkennbar"); *Georg Cleinow*, „Das polnische Problem und die preußische Ostmarkenpolitik", in: Die Grenzboten, 73. Jg. (1914) II, S. 582 („Tüchtigkeit"); *Alfred Hugenberg*, Streiflichter aus Vergangenheit und Gegenwart, Berlin 1937, S. 292f. („Die Gleichberechtigung").

50) Drucks.Nr. 707: Antrag Brandys, in: RT 287, S. 3371.

51) *Friedrich Naumann*, Neudeutsche Wirtschaftspolitik (1902/06), in: *ders.*, Werke III, S. 143f. („wir brauchen"); Resolution des preußischen Landes-Ökonomie-Kollegiums, 2.2.06, in: *Otto von Kiesenwetter*, Fünfundzwanzig Jahre wirtschaftspolitischen Kampfes, Berlin 1918, S. 360 („für eine"); Bethmann Hollweg, 25.10.12, in: PreußAH - 21. Leg. Periode/6. Bd., Sp. 7217f.

52) Anonym in: Die Grenzboten, 72. Jg. (1913) III, S. 363 („mindestens"); *Cleinow*, „Das polnische Problem", in: a.a.O., S. 579, 582f. („als lebensvolles" usw.).

53) Angaben über Adelsanteil am Offizierskorps, Bevölkerung und Heer sowie internationalen Vergleich, s. *Karl Demeter*, Das deutsche Offizierskorps in Gesellschaft und Staat 1650 - 1945, Frankfurt/M. 1962, S. 26; *Hohorst* u. a., Arbeitsbuch S. 22, 171, und *Freiherr Ludwig Rüdt von Collenberg*, Die deutsche Armee von 1871 bis 1914, Berlin 1922, S. 36, 89. Zitate aus Briefen des PreußKrM, jeweils an den Chef des Generalstabs, vom 19.4.04 („weil wir"), 8.6.99 („die Grenzen"), 23.7.09 („auf längere"), s. Der Weltkrieg 1914 bis 1918. Kriegsrüstung und Kriegswirtschaft. Anlagen, Berlin 1930, S. 91, 57, 114.

54) RT 286, S. 2531: Hartmann Frhr. v. Richthofen, 3.12.12. Zur bürgerlich-nationalistischen Rüstungsagitation s. *Stig Förster*, Der doppelte Militarismus, Stuttgart 1985, S. 154ff., 185ff.

55) Randbemerkung Schlieffens, Okt. 99 („auf dem"), Moltke an den PreußKrM, 25.11.12, beides in: Kriegsrüstung/Anlagen, S. 76, 147.

56) Botschafter in Paris an den RK, 11.11.12, in: GP XXXIII, S. 315 („mit einem"); RT 301, DrucksNr. 869: Ergänzung des Gesetzes über die Friedenspräsenzstärke, 28.3.13, S. 5 („Ausbau")

57) Moltke an den RK, 21.12.12 („Deutschland ist"), ders. an das PreußKrM, 14.1.13 („ein auf"), beides in: Kriegsrüstung/Anlagen, S. 164, 176.

58) RT 291, S. 6117, 6189; Bethmann Hollweg und Haas (Fortschrittliche Volkspartei - „des deutschen" usw.), 3. und 4.12.13; Valentini an den Statthalter in Straßburg, 9.1.14 („wenn ihnen"), nach: *Hans-Günter Zmarzlik*, Bethmann Hollweg als Reichskanzler 1909 - 1914, Düsseldorf 1957, S. 126.

IV. Zweifrontenkrieg und Zusammenbruch 1914-1918

1) Memorandum Eyre Crowe, 1.1.07 („die Errichtung"); Bericht Sazonov an den Zaren, 20.1.14 („von der"), Sazonov lt. Journal einer russischen Sonderkonferenz, 21.2.14 („am Bosporus"), alles in: *Erwin Hölzle* (Hg.), Quellen zur Entstehung des Ersten Weltkrieges, Darmstadt 1978, S. 37, 191, 195f.

2) Botschafter Buchanan an den englischen Außenminister Grey, 14.4.13 („daß die"), in: *Hölzle*, Quellen, S. 151; Jagow an Botschafter Lichnowsky, 18.7.14 („Österreichs"), in: *Imanuel Geiss* (Hg.), Julikrise und Kriegsausbruch 1914, Bd.1, Hannover 1963, S. 208.

3) Franz Joseph I. an Wilhelm II., 2.7.14 („die Isolierung"), österreichischer Botschafter an Außenminister Berchtold, 5.7. („auf die"), 6.7.14 („wie auch"), alles in: *Geiss* I, S. 65, 84, 93.

4) Artikel in „Die Post", 24.3.14 („unsere ganze"), nach: *Fritz Fischer*, Krieg der Illusionen, Düsseldorf 1987, S. 545; *Kurt Riezler*, Tagebücher, Aufsätze, Dokumente, hrsgg. von Karl Dietrich Erdmann, Göttingen 1972, S. 185 (14.7.14: „Sprung").

5) Grey an Rumbold, 6.7.14 („militärisch" usw.); Wilhelm II. an Jagow, 28.7.14 („Kapitulation"); Bethmann Hollweg an Botschafter in Wien, 28.7.14 („völliger"); Vermerk Crowe, 25.7.14 („um das"); Botschafter

Lichnowsky an Jagow, 29.7.14 („sich zu"), alles in: *Geiss* I, S. 102ff., 377, und *Geiss* II, S. 184, 197, 278f.

6) Vortragsnotiz Sazonovs, 25.7.14, in: *Geiss* I, S. 420.

7) Sitzungsprotokoll des PreußStM 30.7.14 („aber es"); Bethmann Hollweg an Wilhelm II., 28.7.14 („die Schuld"), beides in: *Geiss* II, S. 373, 192.

8) Moltke an Bethmann Hollweg, 29.7.14, in: *Geiss* II, S. 263.

9) So Tirpitz am 2.8.14, in: *Geiss* II, S. 575.

10) Nach *Riezler*, Tagebücher, S. 187 (20.7.14).

11) DuM II 1, S. 17f.: Südekum an Bethmann Hollweg, 29.7.14.

12) Hugo Haase und Bethmann Hollweg im RT, 4.8.14, beides nach: *Fenske* II, S. 371, 365, 367.

13) Denkschrift Falkenhayn, Dez. 1915, nach: *Wolfdieter Bihl* (Hg.), Deutsche Quellen zur Geschichte des Ersten Weltkrieges, Darmstadt 1991, S. 174f.

14) Bethmann Hollweg an Grünau, 23.6.16, nach: *Gerhard Ritter*, Staatskunst und Kriegshandwerk, Bd. 3, München 1964, S. 227.

15) Ansprache Wilhelms II., Mai 1916 („Sie sind"), in: *Fritz Endres* (Hg.), Hindenburg. Briefe, Reden, Berichte, Ebenhausen 1934, S. 45; Hindenburg an seine Frau, 10.2.16, und ders. an Graf Westarp, 23.12.18 („Mein Name"), beides nach: *Walther Hubatsch*, Hindenburg und der Staat, Göttingen 1966, S. 51, 56.

16) *Erich Ludendorff*, Kriegführung und Politik, Berlin 1922, S. 330 („in seiner"); Hindenburg an den RK, 13.9.16 („das ganze") und 2.11.16 („auch an"), beides in: *Erich Ludendorff* (Hg.), Urkunden der Obersten Heeresleitung über ihre Tätigkeit 1916/18, Berlin 1920, S. 67; *ders.*, Meine Kriegserinnerungen 1914-1918, Berlin 1919, S. 462 („die beste").

17) Zur Sozialdemokratie s. o. S. 194; Kriegszielpetition der Wirtschaftsverbände, 20.5.15, in: *Fenske* II, S. 397.

18) Bethmann Hollweg im RT, 9.12.15, nach: *Fenske* II, S. 428.

19) Bethmann Hollweg an Zimmermann, 19.11.14, nach: *Bihl*, Quellen, S. 91.

20) Friedensresolution des RT, 19.7.17, nach: *Fenske* II, S. 487.

21) Denkschrift des AA, Mai 1915, nach: *Winfried Baumgart*, Deutsche Ostpolitik 1918, Wien/München 1966, S. 385, 387.

22) Besprechung im Großen Hauptquartier, 14.8.18 („daß wir"), Aufzeichnung v. Eulitz über Vorgänge am 30.9.18 („die Kriegführung"), Vortrag v.d. Bussche am 2.10.18 („darf keine"), alles in: *Ludendorff*, Urkunden, S. 501, 525, 538.

23) sog. Dritte Note Wilsons, 23.10.18 („militärischen"), Hindenburg an den RK, 20.10.18 („Kampf bis") und 14.10.18 („ehrenvoller"), alles in: Amtliche Urkunden zur Vorgeschichte des Waffenstillstands 1918, Berlin 1927, S. 190, 166, 112.

24) *Wilhelm Groener*, Lebenserinnerungen, Göttingen 1957, S. 460.

25) (*Georg A. von Müller*), Regierte der Kaiser?, hrsgg. von Walter Görlitz, Göttingen 1959, S. 231 („eben"); *Alfred von Tirpitz*, Erinnerungen, Leipzig 1919, S. 457 (Brief v. 23.3.15).

26) Erklärung des RK vom Januar 1918, in: *Huber*, Dok. III, S. 221.

27) RT 307, S. 856 (5.4.16).

28) Friedrich Stampfer an Richard Fischer, 13.6.15, nach: *Wolfgang Kruse*, Krieg und nationale Integration, Essen 1993, S. 69 („die Niederlage"); RT 307, S. 857: Friedrich Ebert, 5.4.16. Kruse erläutert die Haltung der Sozialdemokratie ausführlich.

29) Scheidemann in: *Huber*, Dok. III, S. 182; Erzberger in *Fenske* II, S. 483.

30) Gesetz über die Ermächtigung des Bundesrats ..., 4.8.14, in: *Huber*, Dok. III, S. 139.

31) Vgl. hierzu *Konrad Roesler*, Die Finanzpolitik des Deutschen Reichs im Ersten Weltkrieg, Berlin 1967, S. 196, 205f.

32) Hindenburg an den PreußKrM, 31.8.16, in: *Ludendorff*, Urkunden, S. 65.

33) Sitzung des PreußStM, 26.11.16, nach: *Gerald D. Feldman*, Armee, Industrie und Arbeiterschaft in Deutschland 1914 bis 1918, Berlin/Bonn 1985, S. 193.

34) Nach *Jürgen Kocka*, Klassengesellschaft im Krieg, Göttingen 1973, S. 42. Bei Kocka auch die Angaben über die Beschäftigungs- und Lohnverhältnisse.

35) Erklärung des sozialdem. Parteivorstands und der Generalkommission der Gewerkschaften, 25.7.16 („putschistische"); Sitzung des PreußStM, 11.12.15, beides in: DuM II/1, S. 424, 259f. Zu den Streikforderungen 1917/18 s. dort S. 612 und DuM II/2, S. 75.

36) Hindenburg an den RK, 1.11.16, in: *Ludendorff*, Urkunden, S. 82.

37) *Karl von Hertling*, Ein Jahr in der Reichskanzlei, Freiburg/Br. 1919, S. 176 („auf"); Erlaß Wilhelms II., 30.9.18, in: *Huber*, Dok. III, S. 253.

38) (anonymer) Aufruf, Aug. 1918, in DuM II/2, S. 189.

39) Scheidemann an den RK, 29.10.18 („wenn der"); Erklärung Wilhelms II. vom 1.11.18 („ich danke"); RK an Wilhelm II., 7.11.18 („in blutigem"), alles in: *Huber*, Dok. III, S. 290, 291, 302.

Ausgewählte Literatur

In der Regel wird nur Literatur genannt, die seit 1945 erschienen ist; Aufsätze werden nicht verzeichnet. Auf die Angabe von Reihentiteln etc. wird verzichtet.

Titel, die bereits in D. Hertz-Eichenrode, Deutsche Geschichte 1871 - 1890, Stuttgart 1992, S. 205ff. genannt sind, werden nicht wiederholt.

A. Allgemein

1. Darstellungen:

Mommsen, Wolfgang J., Bürgerstolz und Weltmachtstreben, Deutschland unter Wilhelm II. 1890 bis 1918, Berlin 1995

Nipperdey, Thomas, Deutsche Geschichte 1866 - 1918, 2 Bde., München 1990/92

Ullmann, Hans-Peter, Das Deutsche Kaiserreich 1871 - 1918, Frankfurt/M. 1995

Wehler, Hans-Ulrich, Deutsche Gesellschaftsgeschichte, Bd. 3, München 1995

2. Quellen

[Eulenburg-Hertefeld] Philipp Eulenburgs politische Korrespondenz, hrsgg. von John C. G. *Röhl,* 3 Bde., Boppard/Rh. 1976 - 83

Fenske, Hans (Hg.), Quellen zur deutschen Innenpolitik 1890 - 1914, Darmstadt 1991

Fenske, Hans (Hg.), Unter Wilhelm II. 1890 - 1918, Darmstadt 1982

Gutsche, Willibald, Baldur Kaulisch (Hg.), Herrschaftsmethoden des deutschen Imperialismus 1897/98 bis 1917, Berlin 1977

[Holstein] Die geheimen Papiere Friedrich von Holsteins, hrsgg. von Norman *Rich* u. a., 4 Bde., Göttingen 1961-63

3. Biographien

Neue Deutsche Biographie, (bisher) Bd. 1 - 17, Berlin 1953ff.

Berlepsch: *Berlepsch,* Hans-Jörg von, „Neuer Kurs“ im Kaiserreich?, Bonn 1987

Bethmann Hollweg: *Gutsche,* Willibald, Aufstieg und Fall eines kaiserlichen Reichskanzlers, Berlin 1973

Bülow: *Fesser,* Gerd, Reichskanzler Bernhard von Bülow, Berlin 1991
Jarausch, Konrad H., The Enigmatic Chancellor, New Haven/London 1973
Winzen, Peter, Bülows Weltmachtkonzept, Boppard/Rh. 1977
Caprivi: *Meisner,* Heinrich Otto, Der Reichskanzler Caprivi, Darmstadt 1969
Eulenburg-Hertefeld: *Burmeister,* Hans-Wilhelm, Prince Philipp Eulenburg-Hertefeld (1847-1921), Wiesbaden 1981
Hindenburg: *Görlitz,* Walter, Hindenburg, Bonn 1953
Ruge, Wolfgang, Hindenburg, Köln 1981
Hohenlohe-Schillingsfürst: *Müller,* Karl Alexander von, Der dritte deutsche Reichskanzler, München 1932
Holstein: *Rich,* Norman, Friedrich von Holstein, Göttingen 1965
Richter, Günter, Friedrich von Holstein, Göttingen 1969
Hugenberg: *Guratzsch,* Dankwart, Macht durch Organisation, Düsseldorf 1974
Lieber: *Traut,* Michael, Der Reichsregent. Ernst Liebers Weg vom Männer-Casino Camberg an das Ruder kaiserlicher Großmachtpolitik, Bad Camberg 1984
Ludendorff: *Venohr,* Wolfgang, Ludendorff, Berlin/Frankfurt a. M. 1993
Naumann: *Theiner,* Peter, Sozialer Liberalismus und deutsche Weltpolitik, Baden-Baden 1983
Roesicke: *Tippelskirch,* Gerd Dieter von, Agrarhistorische Ausschnitte aus der Zeit von 1893 bis 1924 im Lichte des Wirkens von Dr. Gustav Roesicke, Stollham/Oldenburg o. J.
Tirpitz : *Kaulisch,* Baldur, Alfred von Tirpitz und die imperialistische deutsche Flottenrüstung, Berlin 1982
Vollmar: *Jansen,* Reinhart, Georg von Vollmar, Düsseldorf 1958
Wilhelm II.: *Balfour,* Michael, Der Kaiser, Frankfurt/M. 1967
Gutsche, Willibald, Wilhelm II., Berlin 1991
Röhl, John C. G., Wilhelm II. Die Jugend des Kaisers 1859 - 1888. München 1993

B. Einzelgebiete

1. Verfassung, Parlament, Parteien

a) Verfassungsgeschichte:

Botzenhart, Manfred, Deutsche Verfassungsgeschichte 1806 - 1949, Stuttgart usw. 1993
Huber, Ernst Rudolf, Deutsche Verfassungsgeschichte seit 1789, Bd. 4,5, Stuttgart usw. 1969, 1978
Huber, Ernst Rudolf, Dokumente zur deutschen Verfassungsgeschichte, Bd. 2,3, Stuttgart usw. 1986, 1990

b) Regierung, Bundesrat, Reichstag:

Bermbach, Udo, Vorformen parlamentarischer Kabinettsbildung in Deutschland, Köln/Opladen 1967

Grosser, Dieter, Vom monarchischen Konstitutionalismus zur parlamentarischen Demokratie, Den Haag 1970

Lerman, Katharine Anne, The Chancellor as Courtier. Bernhard von Bülow and the Governance of Germany, 1900 - 1909, Cambridge 1990

Molt, Peter, Der Reichstag vor der improvisierten Revolution, Köln/Opladen 1963

Röhl, John C. G., Deutschland ohne Bismarck, Tübingen 1969

Schiffers, Reinhard, Der Hauptausschuß des Deutschen Reichstags 1915 - 1918, Düsseldorf 1979

Schüssler, Wilhelm, Die Daily Telegraph-Affäre, Göttingen 1952

Zmarzlik, Hans-Günter, Bethman Hollweg als Reichskanzler 1909 - 1914, Düsseldorf 1957

c) Parteien, Wahlen, Verbände:

Fenske, Hans, Deutsche Parteiengeschichte, Paderborn usw. 1994

Blackbourn, David, Class, Religion, and local Politics in Wilhelmine Germany. The Centre Party in Wurttemberg before 1914, Wiesbaden 1980

Düding, Dieter, Der Nationalsoziale Verein 1896 - 1903, München 1972

Elm, Ludwig, Zwischen Fortschritt und Reaktion. Geschichte der Parteien der liberalen Bourgeoisie in Deutschland 1893 - 1918, Berlin 1968

Groh, Dieter, Negative Integration und revolutionärer Attentismus. Die deutsche Sozialdemokratie am Vorabend des Ersten Weltkrieges, Frankfurt/M. usw. 1973

Loth, Wilfried, Katholiken im Kaiserreich, Düsseldorf 1984

Peck, Abraham J., Radicals and Reactionaries. The Crisis of Conservatism in Wilhelmine Germany, Washington 1978

Ritter, Gerhard A., Die Arbeiterbewegung im Wilhelminischen Reich, Berlin-Dahlem 1963

White, Dan S., The Splintered Party. National Liberalism in Hessen and the Reich, 1868 - 1918, Cambridge 1976

Bertram, Jürgen, Die Wahlen zum Deutschen Reichstag vom Jahre 1912, Düsseldorf 1964

Kühne, Thomas, Dreiklassenwahlrecht und Wahlkultur in Preußen 1867 - 1914, Düsseldorf 1994

Patemann, Reinhard, Der Kampf um die preußische Wahlreform im Ersten Weltkrieg, Düsseldorf 1964

Suval, Stanley, Electoral Politics in Wilhelmine Germany, Chapel Hill/London 1985

Chickering, Roger, We Men Who Feel Most German. A Cultural Study of the Pan-German League, 1886 - 1914, London 1984

Deist, Wilhelm, Flottenpolitik und Flottenpropaganda, Stuttgart 1976

Eley, Geoff, Reshaping the German Right. Radical Nationalism and Political Change after Bismarck, New Haven/ London 1980

Flemming, Jens, Landwirtschaftliche Interessen und Demokratie, Bonn 1978

Galos, Adam, Felix-Heinrich Gentzen, Witold Jakóbczyk, Die Hakatisten. Der Deutsche Ostmarkenverein (1894 - 1934), Berlin 1966
Mielke, Siegfried, Der Hansa-Bund für Gewerbe, Handel und Industrie 1909 - 1914, Göttingen 1976
Peters, Michael, Der Alldeutsche Verband am Vorabend des Ersten Weltkrieges (1908 - 1914), Frankfurt/M. usw. 1992
Puhle, Hans-Jürgen, Agrarische Interessenpolitik und preußischer Konservatismus im wilhelminischen Reich (1893 - 1914), Hannover 1966
Tenfelde, Klaus, u. a., Geschichte der deutschen Gewerkschaften von den Anfängen bis 1945, Köln 1987

d) Militär:

Berghahn, Volker R., Der Tirpitz-Plan, Düsseldorf 1971
Förster, Stig, Der doppelte Militarismus, Stuttgart 1985
Ritter, Gerhard, Staatskunst und Kriegshandwerk, 4 Bde., München 1954-68
Schoenbaum, David, Zabern 1913, London 1982

2. Sozialpolitik, Minderheiten

a) Sozialpolitik:

Quellensammlung zur Geschichte der deutschen Sozialpolitik Abt. IV, Bd. 1 - 4, Stuttgart/Jena/New York 1982-94
Rassow, Peter, Karl Erich Born (Hg.), Akten zur staatlichen Sozialpolitik in Deutschland 1890 - 1914, Wiesbaden 1959
Born, Karl Erich, Staat und Sozialpolitik seit Bismarcks Sturz, Wiesbaden 1957
Köhne, Renate, Nationalliberale und Koalitionsrecht, Frankfurt a. M./Bern 1977
Neuhaus, Rolf, Arbeitskämpfe, Ärztestreiks, Sozialreformer, Berlin 1986
Saul, Klaus, Staat, Industrie und Arbeiterbewegung im Kaiserreich, Düsseldorf 1974
Teuteberg, Hans-Jürgen, Geschichte der industriellen Mitbestimmung in Deutschland, Tübingen 1961

b) Minderheiten:

Rehm, Max, Reichsland Elsaß-Lothringen, Bad Neustadt a.d.S. 1991
Balzer, Brigitte, Die preußische Polenpolitik 1894 - 1918 und die Haltung der deutschen konservativen und liberalen Parteien, Frankfurt/M. usw. 1990
Jakóbczyk, Witold, Pruska Komisja Osadnicza 1886 - 1919, Poznan 1976
Korth, Rudolf, Die preußische Schulpolitik und die polnischen Schulstreiks, Würzburg 1963
Kulczycki, John J., School Strikes in Prussian Poland, 1901 - 1907, New York 1981

3. Wirtschafts- und Finanzpolitik

Blaich, Fritz, Kartell- und Monopolpolitik im kaiserlichen Deutschland, Düsseldorf 1973

Baudis, Dieter, Helga Nussbaum, Wirtschaft und Staat in Deutschland vom Ende des 19. Jahrhunderts bis 1918/19, Berlin 1978

Grabas, Margrit, Konjunktur und Wachstum in Deutschland von 1895 bis 1914, Berlin 1992

Hentschel, Volker, Wirtschaft und Wirtschaftspolitik im wilhelminischen Deutschland, Stuttgart 1978

Krototh, Rudolf, Die Finanzpolitik des Deutschen Reiches während der Reichskanzlerschaft Bethmann Hollwegs und die Geld- und Kapitalmarktverhältnisse (1909 - 1913/14), Frankfurt/M. 1986

Roesler, Konrad, Die Finanzpolitik des Deutschen Reiches im Ersten Weltkrieg, Berlin 1967

Weitowitz, Rolf, Deutsche Politik und Handelspolitik unter Reichskanzler Leo von Caprivi 1890 - 1894, Düsseldorf 1978

Witt, Peter-Christian, Die Finanzpolitik des Deutschen Reiches von 1903 bis 1913, Lübeck/Hamburg 1970

4. Außenpolitik und Kolonien

Behnen, Michael (Hg.), Quellen zur deutschen Außenpolitik im Zeitalter des Imperialismus 1890 bis 1911, Darmstadt 1977

Geiss, Imanuel (Hg.), Julikrise und Kriegsausbruch 1914, 2 Bde., Hannover 1963/64

Hölzle, Erwin (Hg.), Quellen zur Entstehung des Ersten Weltkrieges, Darmstadt 1978

Die Große *Politik* der Europäischen Kabinette 1871 - 1914. Sammlung der Diplomatischen Akten des Auswärtigen Amtes, 40 Bde., Berlin 1922-27

Bley, Helmut, Kolonialherrschaft und Sozialstruktur in Deutsch-Südwestafrika 1894 - 1914, Hamburg 1968

Fischer, Fritz, Krieg der Illusionen. Die deutsche Politik von 1911 bis 1914, Düsseldorf 1987

Gründer, Horst, Geschichte der deutschen Kolonien, Paderborn usw. 1991

Hildebrand, Klaus, Das vergangene Reich. Deutsche Außenpolitik von Bismarck bis Hitler 1871 - 1975, Stuttgart 1995

Lahme, Rainer, Deutsche Außenpolitik 1890 bis 1894, Göttingen 1990

Oncken, Emily, Panthersprung nach Agadir. Die deutsche Politik während der Zweiten Marokkokrise 1911, Düsseldorf 1981

Schmidt, Gustav, Der europäische Imperialismus, München 1989

Schöllgen, Gregor, Imperialismus und Gleichgewicht. Deutschland, England und die orientalische Frage 1871 - 1914, München 1984

Vogel, Barbara, Deutsche Rußlandpolitik, Düsseldorf 1973

5. Erster Weltkrieg

a) Quellen:

Bihl, Wolfdieter (Hg.), Deutsche Quellen zur Geschichte des Ersten Weltkrieges, Darmstadt 1991

Deist, Wilhelm (Hg.), Militär und Innenpolitik im Weltkrieg 1914 - 1918, 2 Bde., Düsseldorf 1970

Matthias, Erich, Rudolf Morsey (Hg.), Der Interfraktionelle Ausschuß 1917/18, 2 Bde., Düsseldorf 1959

Scherer, André, Jacques Grunewald (Hg.), L'Allemagne et les problèmes de la paix pendant la première guerre mondiale, 4 Bde., Paris 1962-78

b) Allgemeine Darstellungen, Außenpolitik:

Kielmansegg, Peter Graf, Deutschland und der Erste Weltkrieg, Stuttgart 1980

Klein, Fritz u. a. (Hg.), Deutschland im Ersten Weltkrieg, 3 Bde., Berlin 1968-69

Mai, Gunther, Das Ende des Kaiserreichs, München 1987

Baumgart, Winfried, Deutsche Ostpolitik 1918, Wien/München 1966

Fischer, Fritz, Griff nach der Weltmacht, Düsseldorf 1961

Winterhager, Wilhelm Ernst, Mission für den Frieden, Stuttgart 1984

c) Militär, Innenpolitik

Afflerbach, Holger, Falkenhayn, München 1994

Groener, Wilhelm, Lebenserinnerungen, Göttingen 1957

Janßen, Karl-Heinz, Der Kanzler und der General, Göttingen 1967

Kitchen, Martin, The Silent Dictatorship, London 1976

Schmidt, Ernst-Heinrich, Heimatheer und Revolution 1918, Stuttgart 1981

Bieber, Hans-Joachim, Gewerkschaften in Krieg und Revolution, 2 Bde., Hamburg 1981

Daniel, Ute, Arbeiterfrauen in der Kriegsgesellschaft, Göttingen 1989

Feldman, Gerald D., Armee, Industrie und Arbeiterschaft in Deutschland 1914 bis 1918, Berlin/Bonn 1985

Kocka, Jürgen, Klassengesellschaft im Krieg, Göttingen 1973

Kruse, Wolfgang, Krieg und nationale Integration. Eine Neuinterpretation des sozialdemokratischen Burgfriedensbeschlusses 1914/15, Essen 1993

Miller, Susanne, Burgfrieden und Klassenkampf. Die deutsche Sozialdemokratie im Ersten Weltkrieg, Düsseldorf 1974

Roerkohl, Anne, Hungerblockade und Heimatfront, Stuttgart 1991

Zunkel, Friedrich, Industrie und Staatssozialismus, Düsseldorf 1974

Personenregister

Sachregister